本书获得南昌大学"双一流"博士点建设专项经费、国家自然科学基金项目"企业组织的知性管理、新型二元创新与可持续成长：机理、路径及模式"（71962021）的资助

知性管理与企业创新驱动成长

INTELLECTUAL MANAGEMENT AND
FIRM'S INNOVATION-DRIVEN GROWTH

喻登科 等 ◎ 著

经济管理出版社
ECONOMY & MANAGEMENT PUBLISHING HOUSE

图书在版编目（CIP）数据

知性管理与企业创新驱动成长/喻登科等著. —北京：经济管理出版社，2021.4
ISBN 978-7-5096-7999-9

Ⅰ.①知… Ⅱ.①喻… Ⅲ.①企业管理—知识管理—研究 Ⅳ.①F272.4

中国版本图书馆 CIP 数据核字（2021）第 094047 号

组稿编辑：杜　菲
责任编辑：杜　菲
责任印制：张莉琼
责任校对：陈　颖

出版发行：经济管理出版社
　　　　　（北京市海淀区北蜂窝 8 号中雅大厦 A 座 11 层　100038）
网　　址：www.E-mp.com.cn
电　　话：(010) 51915602
印　　刷：唐山昊达印刷有限公司
经　　销：新华书店
开　　本：720mm×1000mm/16
印　　张：26.5
字　　数：425 千字
版　　次：2021 年 8 月第 1 版　2021 年 8 月第 1 次印刷
书　　号：ISBN 978-7-5096-7999-9
定　　价：98.00 元

·版权所有　翻印必究·

凡购本社图书，如有印装错误，由本社读者服务部负责调换。
联系地址：北京阜外月坛北小街 2 号
电话：(010) 68022974　邮编：100836

总　序

　　南昌大学是国家"双一流"计划世界一流学科建设高校，是江西省唯一的国家"211工程"重点建设高校，是教育部与江西省部省合建高校，是江西省高水平大学整体建设高校。2014年5月，南昌大学管理学院成立，学院由管理科学与工程、图书情报与档案管理、信息管理与信息系统三个老牌学科组成。管理科学与工程学科，具有从本科专业、一级学科硕士学位授权点到一级学科博士学位授权点、博士后流动站的完整体系，是江西省"十二五"重点学科。因此，在学科建设方面，管理学院在设立之初就奠定了雄厚基础。

　　南昌大学管理学院第一任领导班子中，彭维霞书记雷厉风行，涂国平院长沉着稳重。在他们的带领下，管理学院迈入了发展新征程，在教学、科研、社会服务、人才培养等方面均取得了显著成效。2019年，感谢组织信任、领导推荐和同事支持，本人有幸成为了管理学院的第二任院长。感恩于前辈打下的基础，我辈少了筚路蓝缕的艰辛，却多了任重道远的压力；得益于前辈创设的体制，我辈继承了艰苦奋斗与稳健发展的精神，却也感受到了更多对于创新发展的期盼。

　　当前，管理学院存在规模小、底子薄、知名度不高的问题，南昌大学管理科学与工程学科在学科排名中落后于诸多"985"高校的相关学科。为此，本人时常思考如何推动学院奋起直追、实现跨越式发展，颇有心得。

　　学科建设是学院发展之本。2017年，我国开始统筹推进世界一流大学和一流学科建设，南昌大学仅有1个学科入列。管理科学与工程学科，离"世界一流"这一目标还有遥远距离。但是，"双一流"建设为管理学院管理科学与工程学科的发展，指明了方向，也带来了机遇。管理学院的追赶式发展，需要以学科建设为抓手，在学科带头人与学科团队建设、科研平台与教学基地建设、高质量和有特色的学科品牌建设等方面做文章、争成效。

学术研究是学院发展之基。学术研究能力是学科发展的硬实力。在学校排名、学科评估、学术资源配置等方面，学术研究成果一直都是关键业绩指标。全面提升学院教师的学术研究能力、专心打造具有国际和国内影响力的高水平科研成果，是管理学院突破话语权壁垒、实现跨越式发展的战略要点。在学院内培养学术意识、推广研究型文化、引导和激励卓越研究成果的诞生，应该始终作为学院科研管理工作的重心。

人才培养是学院发展之魂。高校是高级人才培养的重要基地。人才培养，包括学生的培养，也包括学者的培养。大学之魂，不在"大"，而在"学"——学生、学者与学术，共同构成了大学。因此，管理学院的未来发展，既寄托在优秀在校生的培养以及优秀毕业生的回馈之上，也寄托在培育大师、培养国家级与省级拔尖人才、引进具有学术追求和研究能力的青年学者之上。学院是全体师生的学院，需要全体师生的共同努力，也希望能够成为全体师生共同成长的沃土。

思想宣传是学院发展之路。南昌大学管理学院，一直都在"默默无闻"地发展。然而，作为哲学社会科学的一员，管理学科也理应承担反映民族思维、发扬精神品格、宣传思想文化、服务国家智库、繁荣社会发展的使命。很多高校的经济与管理学院之所以能在学校发展中举足轻重，也正是因为占领了思想宣传和服务社会的高地。南昌大学管理学院需要领会习近平主席在哲学社会科学工作座谈会上的讲话精神，加强和改进宣传思想文化工作，全心培养"文化名家"、"四个一批"人才和"宣传思想文化青年英才"，在思想宣传和社会服务方面勇创佳绩。

品牌塑造是学院发展之志。高校之间的竞争，不亚于企业竞争，品牌塑造同样是高校之间竞争制胜的重要法宝。南昌大学管理学院急需在人才培养、学术研究、社会服务等各方面提升能力、培育优势、凝练特色、塑造品牌，走差异化发展道路，才有可能"变道超车"，实现跨越。加强品牌塑造，既需要高水平学术研究成果和大师级学者等硬实力作为支撑，也需要特色、文化、制度改革等方面的软实力提供支持。

正是基于上述考虑，本人在担任管理学院院长之后，开始着手规划和布局，而这套"南昌大学管理科学与工程博士点学术研究丛书"的组织出版，正是学院围绕学科建设、学术研究、人才培养、思想宣传和品牌塑造等目标而实施的一项集体行动。希望能通过丛书出版，加强南昌大学管理学院的学术传播与品牌推广，激励管理学院全体教师的学术研究与成果发表，为南昌大学管理科学与工程学科的建设做出贡献。

在此，感谢南昌大学对管理学院发展的重视，并将管理科学与工程博士点列入学校学科建设的支持项目，学校的经费支持资助了本套丛书的出版；感谢管理科学与工程系师生的辛勤工作与创造性努力，本套丛书所发表的研究成果都是他们学术探索的劳动结晶，是他们的工作促成了本套丛书的顺利出版。

本套丛书包括 15 本学术专著。它们可以归纳为科技创新与知识管理、农业经济与生态管理、系统动力学、物流与供应链管理、政府政策与社会管理 5 个方向。

科技创新与知识管理方向，包括喻登科教授的《科技成果转化知识管理绩效评价研究》、《知性管理与企业创新驱动成长》，陈华教授的《科技型中小企业协同创新策略研究》，薄秋实副教授的《协同创新的组织模块化过程和创新模式研究》以及余伟副教授的《企业开放式创新的形成机理》。

农业经济与生态管理方向，包括徐兵教授的《城乡协调发展下中部地区农村经济系统重构》，傅春教授的《绿色发展蓝皮书》，毛燕玲教授的《非营利性农村基础设施融资机制》以及邓群钊教授的《基于承载力的排污权组合分配研究》。

系统动力学方向，包括刘静华教授的《农业系统动力学》和祝琴副教授的《系统动力学建模与反馈环分析研究》。

物流与供应链管理方面，包括徐兵教授的《农产品供应链运作与决策——基于PYO模式的研究》以及谢江林副教授的《资金约束供应链系统分析与决策》。

政府政策与社会管理方向，包括石俊博士的《政府财政支出与经济高质量发展》和曹开颖副教授的《再制造背景下政府政策与企业以旧换新策略研究》。

这5个方向基本囊括了南昌大学管理学院管理科学与工程学科的主要研究领域。我们在硕士与博士的招生与培养、学术团队与学科建设等方面，都主要是从这几个研究方向加以推进。其中，系统工程与系统动力学是南昌大学管理科学与工程学科的特色方向。

欢迎对这些研究方向感兴趣的学者与同行来南昌大学管理学院交流，欢迎对相关领域有需求的企业提供合作机会，欢迎在这些研究方向有发展潜力的青年博士能加入我们的研究队伍，欢迎有志于从事这些方向研究的同学能够报考南昌大学管理科学与工程专业的硕士与博士。南昌大学管理学院将始终秉承开放创新的理念，欢迎你们的交流与指导，也接受你们的批评与指正。

正因为有你们的支持，我相信，南昌大学管理学院会越办越好。

南昌大学管理学院院长

2020年4月20日

序

做具有东方特色的原创性管理学研究一直以来都是我作为一名中国管理学研究者的执着追求与梦想。但是，原创性探索殊为不易，本人自2010年博士毕业并从事高等学校教师工作以来，也就提出了两种相对具有原创贡献的理论：其一为全要素网络理论，研究成果已经集结为专著《全要素网络与产业集群发展》出版；其二就是本书系统论证的知性管理理论。

一个新理论的诞生需要经历如下过程：对现象的观察与问题的思考；为理论创造寻找理论基础；凝练理论逻辑；建构理论框架；形成完整的方法论论证体系；建立理论对话关系。知性管理理论，源自对当今中国差序化经济生态格局的思考：如果说华为、中兴、格力等大型高科技企业的发展依赖的是技术创新，那么滴滴、拼多多、抖音、美团等新兴企业的爆炸式成长又依赖的是什么？为此，我们引入了技术创新与商业模式创新耦合的二元创新理论。

然而，二元创新促进企业可持续成长的内在逻辑是什么？为何有的企业能依靠商业模式创新迅猛发展，如拼多多；有的企业在商业模式创新上只是昙花一现，如ofo；有的企业依靠技术创新为国争光，如华为，同时也还有绝大多数的中小企业几乎没有技术创新的投入与能力，但它们仍在维续生存与发展。目前，尚没有好的理论来解释不同企业在创新战略多样性和异质性上的偏好与选择。

为弥补这一理论缺口，本人组织了一众研究团队成员认真梳理了心理学、社会学、管理学等多学科的理论，借鉴创新管理、战略管理等理论思维，整合知识管理、组织性格、二元创新、核心竞争力与持续竞争优势等理论，开发出了知识管理理论，并系统阐述了知性管理的理论逻辑和框架，论证了知性管理对企业创新驱动成长的作用机理与路径。2019年，相关研究思路和计划受到国家自然科学基金项目的经费资助，在此表示衷心感谢。

迄今为止，课题组围绕知性管理理论发表了20余篇高水平学术论文，其中的部分中文期刊论文整理并构成了本书的主体内容。本书包括二十章，除第一章"绪论"和第二十章"结论与启示"外，剩下的十八章大致可归纳为六篇：第一篇，包括第二至第三章，提出和构建知性管理理论；第二篇，包括第四至第六章，对组织性格的内涵与维度展开深度研究；第三篇，包括第七至第十章，论证知性管理对企业技术创新、商业模式创新的影响机理；第四篇，包括第十一至第十三章，测量知性管理对组织绩效提升的作用路径；第五篇，包括第十四至第十六章，探索知性管理在核心竞争力获取、竞争优势培育中的作用；第六篇，包括第十七至第十九章，考察员工知性特质的价值，为企业层面的知性管理理论补充微观机制。

本书研究内容，是全体研究团队成员近五年时间共同努力的成果。第二、第三章，主要完成人是江西科技师范大学副教授周荣博士；第四章，硕士生薛静做出了主要贡献；第五章，薄秋实副教授为执笔人；第六章，薛静与李容撰写了初稿；第七、第十一和第十二章，硕士生肖欢为主要完成人；第八和第十四章，严红玲硕士做出了核心贡献；第九章的主要贡献者是李静依硕士；第十章的撰稿人为严影硕士；祈馨逸同学为第十三章做出了数据分析与初稿撰写的贡献；张阳博士主笔撰写了第十五章；刘江莹同学参与了第十六章的研究工作；吴琬悦同学参与了第十七章的研究；陈叶和周子新同学共同完成了第十八章的研究；第十九章，由喻登科、刘佳艺、薄秋实、姚晓杰等师生共同完成。在此，感谢所有团队成员的努力付出，感谢为研究团队在访谈、问卷调查等工作中提供过帮助的所有好心人。

本书的出版还得益于多方面的支持。感谢南昌大学"双一流"博士点建设专项经费和国家自然科学基金委的资助；感谢《科技进步与对策》和《情报杂志》等多个期刊社对研究成果发表的支持；感谢南昌大学管理学院领导的支持和团队成员的共同努力；感谢妻子儿女对我科研事业的无私支持。

序

　　本书的出版不是知性管理理论研究的结束，而是开始。本书将作为一个里程碑，用以铭刻过去；但它更是一个风向标，将会开启未来。我们有着远大的目标，将知性管理理论培育为中国新经济环境下解释企业组织持续成长的核心理论，在战略管理、组织理论中占一席之地。为实现这一目标，团队还需要更多付出与努力，需要有更"顶天"和"立地"的探索，需要有更多人、更多机构的支持。我们已经做好准备，等待接受读者的检阅和批评。

喻登科

南昌大学管理学院 E613 室

2021 年 2 月 6 日

前　言

　　党的十八大强调要坚持走中国特色自主创新道路、实施创新驱动发展战略。创新成为企业组织获得长期竞争优势的源泉,"创新驱动发展"理念已然成为中国企业的共识。基于资源观的视角,企业获得持续性成长的基础是拥有稀缺和有价值的资源,因而企业需要具备寻找和获取资源的能力。大多数学者认为创新驱动发展的根本在于原始创新,实现技术跟踪向技术自主跨越。而另一些学者则通过考察中国产业与市场认为商业模式创新能够通过促进经济结构的转变、增加产品种类和以颠覆性创新改善产品质量等途径有效驱动经济增长。技术创新和商业模式创新均已成为创新驱动发展战略的重要抓手。对接竞争战略理论与二元创新理论可发现,技术创新与商业模式创新的耦合交互才是企业同时获得核心竞争力与差异化竞争优势,并最终形成可持续竞争优势的关键所在。探究中国企业组织的创新之路具有重要的理论价值,也对企业组织的创新驱动成长具有重要启示。

　　在知识经济背景下,知识资本是经济的基础资源,是企业持续竞争优势的核心来源。技术创新理论的研究者认为,在知识资本对持续竞争优势的作用路径中,技术创新起到重要的中介性作用。那么,商业模式创新的前因是什么？根据对中国企业实践的观察我们发现,大多数企业实现商业模式创新的方式主要体现在采用新的物流渠道、引入新的支付方式、增强顾客消费体验、创造新的盈利模式等。而这些新型方式的指向都在于让企业组织提供的产品或服务与竞争对手相区别,即建构差异化竞争优势。在竞争战略理论中,企业组织的经营战略被归纳为成本领先战略、差异化战略和集中化战略三种类型,可见差异化对于企业组织生存与发展的重要性。核心竞争力与差异化竞争力共同构成了组织的竞争能力，核心竞争力的来源是知识与技术，而差异化竞争力有赖于组织性格的驱动。组织性格是一个相对宽泛的概念，它包括公司战略的多样性、组织文化的特殊性、企业产品的异质性、员工性格的融合性等多方面内容。正因为组织性格的差异性，企业组织能够以一种不同于竞争对手的模式来不断打破已有的市场竞争格局，为组织发展创造机遇。因此，本书将组织性格设置为商业模式创新的前因要素纳入创新路径加以讨论。

知识资本、组织性格、技术创新、商业模式创新之间还存在着什么样的作用关系？首先，根据对中国企业实践的观察，我们发现缺乏核心技术支持的、为了差异化而差异化的商业模式创新不能在市场竞争中长久生存；只有将技术创新与商业模式创新相结合，以技术改造与产品升级为支撑的商业模式变革，才能为顾客所忠诚。由技术创新带动商业模式创新，已然成为中国企业竞争的制胜之道。其次，知识资本会影响组织性格的形成。随着知识资本的创造和积累，企业组织会逐渐改变其战略定位、决策方式和行为风格，从而持续地、潜移默化地改变组织性格。再次，任何的商业模式创新都源于创意，而创意的产生又和人才、知识有关，况且商业模式创新的实现也需要有人力资本、关系资本和结构资本的支持，因此，知识资本应该对商业模式创新有着驱动作用。最后，技术创新涉及很多方面的决策，如创新方向、创新投入和创新应用的决策等，这些决策和组织战略、组织文化以及组织体制等密切相关。换言之，组织性格会对技术创新产生显著影响。

基于以上考虑，本书以知识资本和组织性格共建的知性管理为前因，以技术创新和商业模式创新耦合的二元创新为中介，探索企业组织培育核心竞争力、获得竞争优势并进而实现可持续成长的路径。在中国新经济情境下，该路径对于指导企业组织如何实施创新驱动发展战略有重要的启引作用。本书的主体研究内容包括六篇十八章，具体如下：

第一篇，整合知识管理与性格管理理论，提出知性管理新理论。以巨人集团、华为公司和湖南卫视为案例开展知性管理理论与实践的比较分析。

第二篇，通过质性分析提取中国情境下企业组织性格的维度，定义组织性格的内涵。进而构建探索性理论架构,阐明企业性格的表现形式和演化机制,提炼企业性格对组织竞争优势形成的作用路径。最后,通过对家电品牌产品在线评论的质性分析提取网购情境下产品品牌人格的构成维度,为组织性格研究提供微观证据。

第三篇,在企业层面,以高新技术产业上市公司为样本,对企业性格特质组合与创新导向的关系进行探索性研究;在团队层面,测度40个科研团队的知性互补水平和强强联合水平,探究团队知性特质对团队合作研究成效的积极影响。通过问卷调查,验证知识资本、组织性格对技术创新与商业模式创新的双驱作用机制,技术创新与商业模式创新之间的相互作用,以及二者对企业竞争优势的交互作用。

第四篇,首先,以30家上市公司为小样本,初步检验知识资本、企业性格与企业绩效间的作用关系;其次,以沪深中小板233家企业为大样本,对上述关系做复核、深度分析;最后,以中国知识密集型服务业236家上市公司为样本,确认性验证知识资本与性格特质对组织绩效的影响路径。

第五篇,首先,从知识资本和组织性格出发引入技术创新能力和商业模式创新能力作为中介变量,构建组织核心竞争力和竞争优势形成路径的概念框架;其次,将因变量转换为组织惰性,建立结构方程模型考察知性管理对抑制组织惰性的积极影响;最后,整合知性管理与未来取向理论,从知识资本与组织性格两方面探索创新型企业未来取向的实现机制。

第六篇,微观视角的机制研究。首先,建立结构方程模型测量员工知识与性格特质对社会认同的积极作用;其次,以员工知性特质为前因,以工作岗位为中介,以工作环境为调节,探究员工工作绩效的形成路径;最后,考察一种特殊的员工——大学教师群体中知性特质对科研教学业绩和职业发展的积极影响。

本书得出的主要结论有:企业组织的可持续成长依赖其构建的技术创新与商业模式创新二元耦合体系;技术创新依赖知识资本驱动,而商业模式创新则依赖组织性格;知识资本与组织性格的耦合、互促、共演为企业持续发展提供了源源不断的动力。企业组织开发与实施知性管理有利于其创新驱动发展战略目标的实现以及健康与可持续成长。

根据研究结论，本书提出以下建议：第一，新经济环境中企业组织应打造技术创新与商业模式创新耦合互动的创新系统；第二，企业组织应做好知识资本与组织性格的协同治理；第三，企业组织的创新之路是一条从知识—性格协同治理到二元性创新的道路，但知识资本与组织性格在二元性创新体系中的作用机制不同。遵循知性管理、二元创新与企业成长的内在机理与作用规律来优化组织、强化管理、驱动创新，这是新经济环境中企业组织创新制胜的关键诀窍。

目　录

第一章　绪论 ……………………………………………………… 001
　一、研究背景与意义 ………………………………………… 001
　二、国内外研究现状 ………………………………………… 004
　三、命题、内容与观点 ……………………………………… 011
　四、研究方法与理论贡献 …………………………………… 017
　本章参考文献 ………………………………………………… 019

第二章　知性管理的理论与实现 ………………………………… 022
　一、知性管理理论的提出 …………………………………… 023
　二、知性管理的实现 ………………………………………… 031
　三、本章小结 ………………………………………………… 038
　本章参考文献 ………………………………………………… 038

第三章　知性管理实施的多案例比较 …………………………… 039
　一、知性管理的理论架构 …………………………………… 040
　二、知性管理的初步印象 …………………………………… 041
　三、多案例比较分析 ………………………………………… 045
　四、知性管理理论架构完善 ………………………………… 053
　五、本章小结 ………………………………………………… 056
　本章参考文献 ………………………………………………… 057

第四章 组织性格的维度与认知差异 ·········· 059
一、文献回顾 ·········· 060
二、研究设计 ·········· 062
三、研究结果 ·········· 065
四、本章小结 ·········· 075
本章参考文献 ·········· 076

第五章 组织性格的表现形式与演化机制 ·········· 078
一、组织性格的内涵与理论架构 ·········· 080
二、组织性格的表现形式 ·········· 081
三、组织性格的演化机制 ·········· 083
四、企业竞争优势来源的性格基础观 ·········· 086
五、本章小结 ·········· 090
本章参考文献 ·········· 092

第六章 产品的品牌人格及作用 ·········· 093
一、文献回顾 ·········· 094
二、研究设计 ·········· 096
三、品牌人格 ·········· 097
四、作用机理 ·········· 101
五、本章小结 ·········· 106
本章参考文献 ·········· 107

第七章 组织性格的创新导向 ·········· 110
一、文献回顾 ·········· 111
二、研究方法 ·········· 114
三、实证分析 ·········· 117

四、本章小结 ……………………………………………………… 120

　　本章参考文献 …………………………………………………… 121

第八章　知性管理与团队创新 …………………………………… 123

　　一、文献回顾 ……………………………………………………… 124

　　二、研究设计 ……………………………………………………… 126

　　三、研究结果 ……………………………………………………… 131

　　四、本章小结 ……………………………………………………… 137

　　本章参考文献 …………………………………………………… 139

第九章　知性管理与二元创新 …………………………………… 141

　　一、背景与问题 …………………………………………………… 141

　　二、理论与假设 …………………………………………………… 143

　　三、研究设计 ……………………………………………………… 149

　　四、研究结果 ……………………………………………………… 155

　　五、讨论与启示 …………………………………………………… 161

　　六、本章小结 ……………………………………………………… 165

　　本章参考文献 …………………………………………………… 166

第十章　知性视角的二元创新与竞争优势 ……………………… 168

　　一、理论基础与研究设计 ………………………………………… 169

　　二、问卷调查与数据获取 ………………………………………… 172

　　三、研究结果 ……………………………………………………… 175

　　四、本章小结 ……………………………………………………… 180

　　本章参考文献 …………………………………………………… 182

第十一章　知性管理对组织绩效的作用 ………………………… 184

　　一、研究假设 ……………………………………………………… 185

二、研究设计与样本选择 ·· 191

三、实证分析 ·· 196

四、本章小结 ·· 204

本章参考文献 ··· 206

第十二章　中小企业中的知性管理与组织绩效 ···················· 210

一、研究假设 ·· 211

二、研究设计 ·· 213

三、实证分析 ·· 216

四、本章小结 ·· 221

本章参考文献 ··· 223

第十三章　知识密集型服务业的知性管理与组织绩效 ············ 225

一、文献回顾 ·· 226

二、理论分析 ·· 227

三、研究假设 ·· 228

四、研究设计 ·· 231

五、实证分析 ·· 233

六、本章小结 ·· 242

本章参考文献 ··· 243

第十四章　知性管理、核心竞争力与竞争优势 ······················ 246

一、文献回顾与研究假设 ·· 247

二、研究设计 ·· 254

三、实证分析 ·· 256

四、本章小结 ·· 267

本章参考文献 ··· 269

第十五章　知性管理与组织惰性 274

一、理论基础与研究假设 276

二、研究设计 283

三、实证分析 286

四、本章小结 292

本章参考文献 295

第十六章　创新型企业的知性管理与未来取向 298

一、基础理论与研究框架 299

二、研究假设 303

三、研究设计 310

四、实证分析 313

五、本章小结 320

本章参考文献 322

第十七章　员工的知性特质与社会认同 326

一、理论架构 327

二、研究假设 329

三、研究设计 334

四、实证分析 336

五、本章小结 347

本章参考文献 348

第十八章　知识型员工的知性特质与工作绩效 350

一、理论基础与研究假设 351

二、研究设计 357

三、研究结果 363

四、本章小结 ·· 366

本章参考文献 ·· 369

第十九章 高校教师的知性管理与职业发展 ································ 372

一、文献回顾 ·· 374

二、研究设计 ·· 376

三、研究结果 ·· 378

四、高校教师知性管理的理论框架与管理逻辑 ································ 394

五、本章小结 ·· 397

本章参考文献 ·· 397

第二十章 结论与启示 ································ 399

一、主要结论 ·· 399

二、管理启示 ·· 401

第一章
绪论

一、研究背景与意义

(一) 研究背景

21世纪初,知识经济模式掀起了一股新的发展浪潮。以知识资本密集为特征的高技术企业得到高度重视与长足发展,知识管理受到热议而被认为是企业组织赢得核心竞争力的源泉。然而,中国经济与全球科技的高速发展激发了中国时代变迁的潜能。仅过去10余年,以技术创新为导向的高技术企业的风头逐渐被后起之秀——一些以商业模式创新为手段的新兴产业和企业所遮盖。高新技术产业、战略性新兴产业等概念的相继提出意味着我国产业经济的发展重心开始从追求"高"技术向创造"新"商业偏移。而"互联网+"、大数据等技术的商业应用使得以商务智能为驱动力的新经济更是蓬勃健壮发展。

2016年,政府工作报告中首提"新经济",宣告着新经济发展模式正式纳入国家发展战略。新经济是对知识经济的继承与发扬，而不是抛弃或转轨。新经济既包括以知识密集和高技术为特征的数字经济与知识经济，也纳入了新的内涵，补充了以互联网技术应用和商业模式创新为主导的平台经济和共享经济。新经济既强调以高新技术为基础，也重视以新兴业态为手段，它是一种更具包容性的技术—商业双驱动经济发展模式。

那么，在新经济环境中，企业组织要依赖于什么样的资源与能力、通过什么样的机理与路径来赢得持续竞争优势并以此促进组织可持续成长呢？显然，新经济环境中企业组织体现高新技术特征的核心要素仍有赖于知识资本，通过知识创新促进技术创新，支撑组织实现技术驱动的内涵式发展，奠基组织的核心竞争力；而以互联网技术应用和商业模式创新为特征的业态生成则需要寻找新的理论指引和工具支持。根据Resnick（2003）的研究，除核心竞争力外，企业组织还有另外一种竞争力——差异化竞争力，塑造这种竞争力的核心因素在于组织性格。由此启发，新经济环境中企业组织的可持续成长应该取决于内外两方面：对内，依赖知识资本驱动技术创新，打造低成本和高附加值的实现路径，谋求内生性的核心竞争力；对外，依赖组织性格引导新兴技术应用和商业模式创新，打造因异质性产品、服务、渠道带来的价值增值路径，不断获得暂时性竞争优势。因此，以技术创新为内驱、以商业模式创新为助力，在核心竞争力基础上通过持续不断地获得暂时性竞争优势而累积起持续竞争优势，这应该是新经济环境中企业组织可持续成长之要义。

作为企业组织可持续成长路径的两大基石，知识资本与组织性格成为新经济环境下企业组织的管理重心。而在一个企业组织中，知识资本与组织性格之间本身就是依存关系：知识资本的积累会逐渐改变企业组织的内在行为方式和外在气质形象，对组织性格产生潜移默化的影响；组织性格又反向影响企业组织的知识型文化、知识行为模式和知识应用领域，从而决定知识资本的效能发挥。如果类比于人类，知识资本决定着企业组织的"智商"，而组织性格则决定着企业组织的"情商"。知识资本与组织性格的相互匹配、协同演化与融合升级，为企业组织可持续成长提供了根本动力。

关于这一论断，本书提出一种全新的管理理论——知性管理，着重强调对知识与性格两种资源要素的融合性管理；后续相关研究也表明，企业可以通过知识资本和组织性格的共同驱动和交互影响来提升绩效。本书结合质性分析、计量分析、案例分析、思辨研究等多种方法探索新经济环境中企业组织可持续成长的机理、路径与模式。

（二）研究意义

1. 丰富和完善中国新经济情境下企业组织的组织性格理论

在组织性格研究领域，国外已经有了人格心理学、认知心理学和管理心理学等研究方向的积累，但无论国内还是国外，相关的研究成果都比较缺乏。基于国外企业组织的性格维度划分无法直接应用于诠释中国新经济环境中的企业组织性格。中国需要有适合本土情境的组织性格理论。本书致力于中国情境下组织性格的维度开发，推动相关理论的本土化，提高理论的应用指导价值。

2. 丰富和完善知性管理理论

知性管理理论由本书研究团队提出。本书不仅提出了初步的理论架构和大致验证了知识资本、组织性格与企业绩效之间的作用关系，而且对于知识资本与组织性格的交互作用机理、二者对企业创新与组织成长的作用机理与路径等，都进行了深入分析。知性管理理论在新经济环境下企业组织中的实践，也提供了案例资料支持。通过本书的整理与启发，希望能将知性管理理论做得更加深入、普适和实效，在真正意义上建构完善的知性管理理论。知性管理理论拓展了对企业组织可持续竞争优势源泉的思考，在未来有希望引发更为广泛的讨论。

3. 拓展二元创新理论并指导企业更好地开展创新实践

已有的二元创新理论大多从探索式创新与利用式创新、渐进式创新与突变式创新等方向探索，但是，在中国新经济环境下，这些创新理论通常难以抓住新经济发展的本质。本书提出技术创新与商业模式创新耦合的新型二元创新体系，既是对二元创新理论体系的新拓展，也对现实中企业组织更加均衡、持续地推进创新实践以及实现"创新驱动发展"战略具有重要的指导性意义。

4. 为组织可持续成长的理论研究与实践发展提供了新思路

组织成长理论有内生成长、并购成长和网络化成长等观点，分别源自资源基础观、环境学派、网络集群等理论的支持。它们为组织可持续成长机理研究提供了各自的观察视角，但实际情况却是：组织可持续成长是一个复杂的演化过程，它既内生性地依赖于组织的资源与能力，又外生性地决定于组织环境和市场因素，是内外兼修的系统工程。因此，对组织可持续成长规律的诠释呼唤更加整合和系统的理论，对新经济环境中企业组织的多渠道成长路径而言，尤为如此。本书从知识资本与组织性格双基石出发，沿技术创新与商业模式创新的双主线，瞄准核心竞争力和竞争优势的双目的，为组织可持续成长的机理与路径提供一种更强有力的解释。

二、国内外研究现状

（一）组织成长及可持续性

组织成长一直都是学者高度关注的主题。早期的组织成长理论按其驱动力进行划分，构成了内生成长论和外生成长论两派观点。内生成长论将组织成长的动因归结为企业内部因素，包括资源、知识、能力、企业家精神、创新与学习行为、管理方式与组织特征等。外生成长论则重点探究各种外部环境因素对企业成长的影响，包括行业定位、生命周期、地理位置、市场竞争、融资条件、政府补贴、政策制度以及国际化与并购行为等。

随着全球化竞争的加剧，企业之间的竞争与合作关系发生变化，企业单独依靠内部资源积累或者过度依赖外部机遇都已经难以支撑组织成长。针对这种新出现的竞争格局，一些学者引入产业集群理论进行组织成长机理研究，为组织成长模式赋予一个更宽泛的网络化情境。由此，催生了组织成长理论的第三派观点：网络化生存与发展。持这类观点的学者认为，企业组织需要融入产业集群网络中才能更好地生存与发展，通过产业网络能够更有效率地获取资源、学习知识和提升适应力，组织所建构的网络关系本身就是决定其成长潜力的最核心资源。企业组织所布局网络的结构、位置、资源规模、异质性、联结关系、整合强度等成为组织成长能力的决定性因素。

组织可持续成长的根本动力，不同学者有不同的诠释，但主要都聚焦于两方面：其一，异质性资源、专有知识、核心竞争力、动态能力等要素；其二，动态学习、持续变革、创新、具有路径依赖性的演化等。这两个方面有一个共同特征，即都认为企业组织可持续成长的动力源自内因驱动。这一观点为本书从内因视角进行研究设计坚定了信心。

关于组织可持续成长的机理，国内学者做出了一些探索性的研究工作。例如，范明和汤学俊（2004）将组织可持续成长解释为一个随外部环境随机涨落而发生的自组织过程，其机理服从耗散结构理论中的自组织规律。陈耀和汤学俊（2006）阐述了组织学习、可持续成长能力与持续竞争优势之间的关系，指出交互学习与逻辑演进构成了组织可持续成长的机理和路径。陈昆亭和周炎（2020）则认为市场需求变化会倒逼企业创新能力提升，促进组织可持续成长。

已有研究为本书提供了诸多理论支持。然而，在中国当前新经济环境下，企业的生存与发展出现了新特征：创新驱动的可持续成长成为企业核心主题，企业可通过整合知识、资源与能力提升技术驱动的核心竞争力，也可依赖商业模式创新谋求暂时性竞争优势。因此，将技术创新与商业模式创新相结合，建构系统化的创新驱动可持续成长理论，才能有效引导新经济环境中企业组织健康发展。

（二）持续竞争优势

持续竞争优势，通常被用作衡量组织成长可持续性的标准。

竞争优势的概念发源于美国战略管理学家波特（2005），指企业拥有创造超过成本的顾客感知价值并因此获得利润的能力，后来逐渐演变为表征企业表现超过行业平均水平（或行业内大部分竞争对手）并因此获得超额利润。经过学者的研究，已经探明的竞争优势来源包括竞争战略、核心资源、核心能力与动态能力等，由此又启发形成了一系列的理论，如竞争战略理论、核心竞争力理论、动态能力理论等。

经过20世纪90年代的集中研究后，学者逐渐发现，竞争优势应该分为暂时性竞争优势和可持续竞争优势两种类型。相对于暂时性竞争优势，持续竞争优势更难获得，因为它必须具有相对较长时间的可持续性。支撑可持续性的关键因素通常被认为有两种，即核心能力与动态能力——前者能支撑竞争优势的维持与稳固；后者促进竞争优势的更新与进化。将暂时性竞争优势、核心竞争力、动态能力三种理论整合，有学者建构了一种持续竞争优势形成的机理模型：以核心竞争力为支撑，以动态能力促进暂时性竞争优势的动态演进，从而实现竞争优势的可持续。因此，持续竞争优势的来源复杂，有着二元性甚至多元性。

诸多文献提供证据，作为核心竞争力与动态能力的前因，知识资本和知识管理与持续竞争优势之间有着密切联系。

（三）知识资本

在知识经济时代，知识资本取代劳动力、资本和土地等要素，成为企业组织获得核心竞争力与持续竞争优势的最核心资源。Garbraith（1969）首次提出知识资本概念，将知识资本界定为知识活动，赋予知识资本动态特征。比较广泛接受的知识资本定义，认为它是企业内部各种以知识形态表现且有利于促进组织目标实现的资源，包括知识产权、核心技术、诀窍经验和数字信息等，这是一种静态的视角。

关于知识资本的维度构成，已被识别出的有人力资本、结构资本、关系资本、创新资本、流程资本、顾客资本、更新与发展资本等。倪嘉成等（2018）指出，在当前中国的互联网经济情境下，人力资本及其驱动的知识转移，已成为新创企业成长的核心要素。随着开放式创新与网络化生存等理念的提出，也有学者开始将一些相关的能力要素补充到知识资本的维度中，如 Laperche 和 Liu（2013）认为复杂创新网络环境下的企业组织，其知识资本构成必须要包容考虑网络吸收能力和开放创新战略两个方面。

知识资本促进组织可持续成长的路径主要有：在结构资本与人力资本的组合效应下提升组织的技术创新能力，进而通过提高生产效率带动财务绩效增长；关系资本尤其是组织对客户关系、供应商关系的有效处理，能够为组织带来服务水平的显著增强；知识资本能够引导组织内文化、制度、流程的改进，提升管理效能；知识资本的嵌入能够提升企业形象与品牌价值，直接实现知识资本与经济效益的转换。此外，知识资本还是企业组织核心竞争力与竞争优势的重要来源。

（四）组织性格

企业组织作为一个由员工群体形成的集合，员工个体的性格特质会经过群体甄选、相互同化后诞生出渐趋稳定的文化、风格与特质。虽然对员工性格、组织文化、品牌人格等概念早有研究，但组织性格这一概念，直到2000年才由 Bridges 正式提出。

组织性格的研究主要有三个方面的理论基础：①人格心理学，认为组织性格融合了一个组织内全部员工个体所具有的、共同的性格特征，它是员工个体人格在群体行为与决策时的涌现性特质。②认知心理学，认为性格特质并不是企业组织固有的、内生的，取决于认识这种性格特质的观察者，不同观察者对同一组织所认知到的性格特征可能都是不一样的，但只要被观察到，就可以被认为是组织的性格。③组织心理学，认为组织与个体具有类似性，都是有机体，因此组织性格是组织所固有的特征，组织文化、组织惯例、组织认同、企业形象、组织伦理、品牌人格等都属于组织性格的范畴。也有学者从综合性的视角对组织性格的概念进行归纳，认为组织性格既有内生性也有外生性，既有先天因素也受后天环境的影响。组织性格并无好坏之分，成功的组织会根据既定的目标以及可持续发展的需要培育并适时调整组织性格，使之更好地为组织服务。

　　组织性格是一个多维结构，可以从多种尺度进行认知与观察；而且，认清组织性格的维度特征对于解释组织决策行为以及预判组织成长路径具有重要价值。早期学者大都直接引入人格心理学中的大五人格理论将组织性格维度划分为情绪稳定性、外向性、宜人性、开放性和尽责性。但 Bridges（2000）等认为，组织与自然人个体还是有显著区别的，个体人格理论不能充分、有效地诠释组织性格。为此，他提出了组织性格观测的 MBTI 理论，将组织性格分为四个维度：在组织定位维度，分为内向型和外向型；在战略制定维度，分为事实型和直觉型；在决策方式维度，分为理性型和情感型；在环境感知维度，分为判断型和感知型。这一理论的提出更多地考虑到组织管理与决策过程，在管理实践启示方面更具指导价值，因此受到了很多学者的认同。但是，也有学者认为，这种人为划分维度的方式过多地加入了主观判断和模型化，并不一定能真实反映企业组织的性格特质，他们还是坚持应该更多地考虑组织员工与外部观察者的切身感受，让组织性格的维度划分更加人性化。此外，也有学者将组织性格维度直接应用到企业的类型划分，如 Jorge 和 Robert（2003）将企业分为以目标为导向的成就型企业、以稳定为导向的保守型企业、以员工为导向的合作型企业和以知识为导向的创新型企业。不同的组织性格维度划分方式各有利弊，但他们的研究思路都值得中国学者借鉴。

　　对于中国学者而言，更突出的问题在于，缺乏中国情境下组织性格的维度研究。在这方面，喻登科和薛静（2018）从员工认知的视角，在开放式问卷调查收集数据基础上，提取到了组织性格的五个维度——创新、宜人、开放、责任、发展，由此建构了企业组织的"五型性格"框架；Yu 等（2018）在另一项调查研究中经过更系统的质性分析开发出了一个新的组织性格维度架构，包括进取、尽责、创新、宜人、民主和团结，这一维度框架或许更能体现中国企业和东方文化的特色。

　　组织性格会显著影响组织绩效，这一观点得到了多项研究成果的证据支持。组织性格能够使得企业组织区别于竞争对手而存在。根据薄秋实等

(2017) 的论证，组织性格可以通过作用于无形资产、核心能力、动态能力三条路径为企业带来持续竞争优势。Li 和 Yu（2018）甚至初步论证了组织性格对技术创新和商业模式创新的积极影响。

关于组织性格在组织可持续成长路径中功能与作用机理的研究，国内外均鲜见，有待更深入和全面的探索；而基于中国情境和新经济环境的研究，则更具本土化特色和现实意义。

（五）二元创新理论

Duncan（1976）最早使用"二元性"概念描述组织能力，表示组织在动态复杂环境下，灵活兼顾当前事业和未来发展的双重能力。大多学者对二元性的研究基本沿用 March（1991）提出的"利用"和"探索"。Benner 和 Tushman（2003）、He 和 Wong（2004）、Andriopoulos 和 Lewis（2009）等将这一理念引入创新理论，提出了利用性创新和探索性创新的二元创新理论。此外，渐进式创新与突变式创新也是二元创新理论的一个重要主题。很多学者论证过二元创新对组织绩效、组织成长的积极影响。

近年有不少尝试从技术创新与商业模式创新两个维度来发展创新理论，但国外学者更多地将商业模式创新称为市场创新。例如，Zhou 等（2005）提出创新的两种类型为以现有技术重大进步和现有方案替代为目标的技术创新和面向新兴市场的市场创新；Nyström（2010）提出技术创新与市场创新相结合，应该成为企业新产品开发的核心战略；O'Connor 和 Rice（2013）探析了技术创新与市场创新之间的作用关系，重点讨论了二者耦合的驱动与约束机制；Li 等（2015）从技术轨迹和市场导向两个维度刻画创新的二元性；Silva 等（2017）研究了由技术创新与市场创新双元驱动的突变式创新对海外贸易效益的影响。

国内多位学者尝试着讨论了技术创新与商业模式创新之间的耦合、交互、共演关系。在转型经济的独特情境下，企业只有做到二者的协调与平衡，用"两条腿走路"才能获得持续竞争优势。阿里巴巴、小米、谷歌、苹果、亚马逊等公司的成功经验均表明，技术创新与商业模式创新遵循的是协同发展路径，商业模式创新能驱动技术创新，同样技术创新也对商业模式创新产生影响。而且，有研究表明，二者的交互作用对企业绩效具有显著的正向影响。

将技术创新与商业模式创新作为一个整体而直接提出一种新型二元创新体系概念，还是由刘静华等（2019）完成的。

（六）技术创新与商业模式创新

自熊彼特（2018）将技术创新作为核心要素纳入生产体系后，它就一直被认为是现代企业竞争与发展的力量源泉。国外学者对技术创新做了大量研究，核心关注点包括技术创新的轨道与范式、机理与机制、影响因素和产出效益、创新系统、渐进式创新与突变式创新、原始创新与模仿创新、产品创新与工艺创新等。国内学者除紧跟国外研究前沿外，还结合中国经济发展实际，有着特色性的创新研究领域，如自主创新、集成创新、引进消化吸收再创新、科技成果转化、二次创新等。进入21世纪后，经济发展新出现了两个侧重点，一是更加重视环境保护，二是更加倾向于集群与网络化竞争。因此，在技术创新领域的研究又增加了两个新的热点话题：环境创新与开放式创新。

自Timmers（1998）首次提出商业模式概念之后，学者从盈利模式、价值主张和运营方式等方面做了大量的探索性研究。已探明的商业模式创新成功案例不外乎以财务资源、生产资源或知识资源为内在支持，以利益相关者网络系统为外在力量，设计半开放式或开放式商业体系，为核心企业带来更强的竞争力。从现有文献来看，商业模式创新的前因既包括管理认知、资源能力、组织活动、盈利模式等内因，也包括产业技术、商业情境、市场机会、价值网络等外因；而其后果通常被设定为企业绩效、价值创造、组织成长、竞争优势等目标内容。当然，也有少数研究开始探测商业模式创新的路径与机制。在商业模式创新的计量分析中难点在于量表开发，目前仅有少数几份相对成熟的量表。

三、命题、内容与观点

（一）科学命题

在当今中国大浪淘沙的时代，我们见证了经济高速发展背景下新建企业、新兴产业、三新经济的风生水起，感慨于华为、格力这样的技术领头羊的成长足迹，也惊叹于阿里巴巴、美团、抖音等商业模式创新者的爆炸式发展。我们有幸生活在一个包容的时代，在这个时代，任何形式的创新都有可能取得成功。我们也不幸生活在一个残酷的时代，在这个时代，任何企业和个人都面临随时被淘汰的风险。环境的快速变迁赋予我们无穷的机遇，但是机遇只会为做好了准备的企业而短暂停留。那么，我们讨论的主题就是，在这么一个特殊的时代，企业需要做好什么样的准备？或者说，什么样的企业才能做到可持续发展？

大众创业、万众创新，或者说国家的创新驱动发展战略为我们思考这个问题提供了答案。创新是应对环境变化和提升环境适应力的关键。技术创新、管理创新、制度创新、商业模式创新等都能为企业组织的竞争制胜增加砝码。可是，我们不禁要问，创新这种行为，它成功的驱动要素是什么？

在战略管理理论中，能力提升与资源整合永远是企业成长的根本。能力与资源是支撑企业创新发展的力量。如果说关乎一个人类个体成长潜力的最重要因素是双商（智商与情商），那么以此类比，关乎一个企业持续成长的核心要素是知识与性格。即本书提出的根本性科学命题是：知识资本与组织性格构成了企业可持续成长的核心要素，二者的协同治理有利于企业组织提升技术创新与商业模式创新能力，并由此帮助企业提高绩效水平和获得持续竞争优势。在本书中，我们将这一整套逻辑进行严密推演、严谨论证、严格提炼，归纳并提出一种新的管理理论——知性管理理论。

（二）研究内容

本书的主体研究内容包括6篇共18章，每篇包括3章研究内容，分别是：第一篇，知性管理理论的提出，包括第二、第三、第四章；第二篇，组织性格理论研究，包括第五、第六、第七章；第三篇，知性管理驱动创新发展研究，包括第八、第九、第十章；第四篇，知性管理驱动绩效提升研究，包括第十一、第十二、第十三章；第五篇，知性管理提升竞争优势研究，包括第十四、第十五、第十六章；第六篇，微观层面知性管理研究，包括第十七、第十八、第十九章。通过十八章内容，系统阐述知性管理理论及其在促进企业创新与可持续发展中的作用机理和路径。

具体地，各章研究内容包括如下：

第一章，绪论。阐述研究背景、国内外研究现状以及对全书内容与观点做提要性介绍。

第二章，知性管理的理论与实现。将知识管理与性格管理结合，提出知性管理理论。从知识与性格对企业发展具有同等重要影响的认知提出知性管理的概念，分析其内涵、艺术体现与特征。

第三章，知性管理实施的多案例比较。以巨人集团、华为公司和湖南卫视三家国内知名组织为案例进行知性管理理论与实践上的比较分析。在案例分析基础上初步探索"知性合一"的机理，进一步完善知性管理理论架构。

第四章，组织性格的维度与认知差异。根据认知心理学进行研究设计，通过问卷调查获得员工认知视角的组织性格描述性词语，利用质性分析工具编码提取中国情境下企业组织性格的五个维度，并运用独立样本t检验方法对不同性质企业组织的性格表征差异和不同类型员工在组织性格上的认知差异进行分析。

第五章，组织性格的表现形式与演化机制。在明确界定企业性格内涵的基础上构建一项探索性理论架构，阐明由组织成员个体人格到组织层面企业性格的表现形式和演化机制，并基于六项核心特征的分析指出企业性格对组织竞争优势形成的三条作用路径，提炼出竞争优势形成的性格基础观。

第六章，产品的品牌人格及作用。通过收集国内三大家电品牌产品的在线评论，利用质性分析工具编码，提取中国网购情境下产品品牌人格的构成维度，探悉品牌人格对口碑评价的作用机理，为组织性格研究提供微观视角的证据。

第七章，组织性格的创新导向。以高新技术产业185家上市公司作为样本，利用2014～2016年的财务治理等数据，对企业性格特质组合与创新导向的关系进行探索性研究。

第八章，知性管理与团队创新。从知识与性格两个维度出发构建评价体系，以获得国家自然科学基金委管理科学部项目经费资助的40个科研团队为评价对象，测度科研团队的知性互补水平和强强联合水平，并将评价结果与团队的合作研究成效进行回归分析。

第九章，知性管理与二元创新。在中国新经济发展情境下，将创新分为技术创新与商业模式创新。以知识资本和组织性格为前因，构建实现创新的路径模型。在设计调查问卷、收集样本数据的基础上，对模型进行结构方程分析。

第十章，知性视角的二元创新与竞争优势。通过问卷调查获取数据验证技术创新与商业模式创新之间的相互作用关系以及二者交互作用对企业竞争优势的积极影响。

第十一章，知性管理对组织绩效的作用。以30家上市公司作为样本，将回归分析与双因素分析方法结合，探索性地使用财务与治理数据研究知识资本、企业性格与企业绩效的关系，同时测量二者在驱动绩效提高过程中的交互作用。

第十二章，中小企业中的知性管理与组织绩效。以2013～2015年沪深中小板233家企业为样本，构建结构方程模型，对知识资本、组织性格和组织绩效之间的关系进行实证分析。

第十三章，知识密集型服务业的知性管理与组织绩效。引入性格特质变量探索在知识资本对组织绩效的作用路径中性格特质所起到的调节与中介作用,为知识资本理论提供新的认知方向。在做出关系假设和变量设置的基础上构建知识资本、性格特质、组织绩效的影响路径模型,以中国知识密集型服务业 236 家上市公司为样本进行模型路径的实证分析。

第十四章,知性管理、核心竞争力与竞争优势。从知识资本和组织性格出发,引入技术创新能力和商业模式创新能力作为中介变量,构建组织核心竞争力和竞争优势形成路径的概念框架,以 370 份调查问卷数据为支撑,采用结构方程模型方法进行实证分析。

第十五章,知性管理与组织惰性。以知识资本和组织性格为前因,以知识能力为中介,构建诠释组织惰性降低路径的结构方程模型,并通过源自 286 份调查问卷的样本数据进行实证分析。

第十六章,创新型企业的知性管理与未来取向。整合知性管理与未来取向理论,从知识资本与组织性格两方面探索创新型企业未来取向的实现机制。以进入 2018 年全球创新企业 1000 强的 94 家中国上市企业为样本,在收集其 2015~2017 年数据的基础上采用回归分析方法检验创新型企业知识资本、组织性格与未来取向之间的作用关系。

第十七章,员工的知性特质与社会认同。具有知性特质的员工不仅是企业组织的重要资源,也是社会的中坚力量,他们的社会认同对我国建设和谐社会具有重要意义。以 CGSS 2015 调查数据为样本来源,通过 AMOS 建立结构方程模型测量员工的知识与性格特质对社会认同的积极作用,以及工作业绩和自我调适在作用过程中的中介效应。

第十八章,知识型员工的知性特质与工作绩效。根据人职匹配理论,知识型员工与工作岗位、工作环境的匹配和互动对员工工作绩效有着重要影响。引入知性特质作为前因变量,建构以工作岗位为中介、以工作环境为调节、以工作绩效为目标的研究框架,并在问卷调查基础上测量这些变量之间的作用路径。

第十九章,高校教师的知性管理与职业发展。通过对南昌大学 16 位教师的深度访谈,采用质性分析方法,从知识与性格两个维度出发讨论二者对高校教师教学与科研工作乃至职业发展的作用关系。

第二十章，结论与启示。对全书的研究结论进行归纳，并指出不足之处和做出未来研究方向的展望。

（三）核心观点

对应于第二至第十九章的研究内容，本书共提炼归纳出18条核心观点：

（1）知性管理是将知识管理与性格管理结合，以内在管理与外在管理并重的方式，利用古典理论与现代技术，实现感性与理性融合的科学决策，从而做到特色经营与内涵发展，实现企业管理的短期与长期目标。

（2）巨人集团、华为公司和湖南卫视三家企业在知性管理的管理层次、管理特征、管理职能、管理流程和实现技术以及最终的"命运"等方面均存在显著区别，将知识管理与性格管理有效融合、实现"知性合一"的湖南卫视能够获得持续竞争优势，是知性管理实施的成功典范。

（3）企业性格可以分为创新、宜人、开放、责任、发展五个维度，它们围绕情感、思想和目标三个中心构成完整体系，由此形成企业组织的"五型性格"框架。企业组织在性格表征与认知等方面均存在差异，这意味着组织性格既有内生也有外生的成分，从人格心理学和认知心理学角度对其进行诠释都有一定的科学依据。

（4）企业性格的表现形式可由心理特质与行为标识两项要素来刻画，其演化机制主要由组织身份和组织惯例的作用来实现。企业性格具有六个方面特征，这些特征使得企业性格成为组织资源与能力VRIN特征的来源。

（5）品牌人格可以分为实用、实惠、高效、周到、移情、保障六个维度，它们以情感和效能为中心构成完整体系。品牌人格通过一定的作用路径影响口碑评价，而口碑评价也会反过来促进品牌人格的塑造，由此形成反馈环。

（6）企业能够从组织定位、稳健意识、内部决策和外部感知四个方面培育自身特定的性格特质。企业可以利用性格特质要素的有效组合寻求创新的整体提升，建立可持续的竞争优势。

（7）对于团队整体的合作研究成效，知性互补起到显著的负向作用，强强联合起到显著的正向作用。对于团队成员人均实现的合作研究成效，强强联合起到显著的负向作用，知性互补与强强联合的交互作用起到显著的正向影响。

（8）知识资本对技术创新有着显著的正向影响，但对商业模式创新的直接效用不显著。知识资本能够通过组织性格的中介作用对技术创新与商业模式创新均产生显著的积极影响。技术创新正向影响商业模式创新，它在知识资本对商业模式创新的作用路径上起中介作用。

（9）技术创新与商业模式创新在整体上具有较强的相关性，但它们之间的互促作用需要达到一定的门槛值后才能显著呈现。二者不仅是竞争优势的重要前因，而且在提升企业竞争优势时存在正向交互效应。

（10）知识资本中的人力资本与性格特质中的股东态度、员工感受、社会责任等均对企业绩效有正向的影响，且大部分知识资本要素与性格特质要素之间存在显著的交互作用。企业组织可通过调节知识资本与性格特质的投资组合、利用二者的交互影响来提升企业绩效。

（11）知识资本有利于直接提升企业的短期与长期绩效，同时知识资本可通过企业组织性格的中介作用显著提升企业短期绩效，而企业组织长期绩效的根本来源是知识资本的创造与积累。

（12）知识资本中的结构资本与顾客资本对组织绩效具有显著的正向影响，而人力资本对组织绩效起负向作用；性格特质中诚信、声望、创新、权力的中介作用关系基本都被证实，但调节关系只有少数被证实。性格特质的间接效应能够使得知识资本对组织绩效的提升效能增加近一成，而且正向的辅助性作用主要由声望和创新两种特质来支持。

（13）知识资本对核心竞争力与竞争优势的形成有直接正向作用，并分别通过技术创新能力和商业模式创新能力起间接作用。组织性格通过技术创新能力和商业模式创新能力间接促进核心竞争力形成，但对竞争优势的形成只能通过中介变量施加间接影响。知识资本有利于组织性格的形成，核心竞争力对竞争优势的作用不显著。

（14）知识资本和组织性格对组织惰性有显著的负向影响。知识资本和组织思维通过知识能力的中介作用对组织惰性施加影响，而组织本能和组织情感则直接作用于组织惰性。知识资本和组织思维通过知识能力中介对资源惰性的负效应要远大于其对程序惰性的负效应；相反地，组织本能和组织情感对程序惰性的负效应要远大于其对资源惰性的负效应。

（15）知识资本与企业组织的研发倾向正相关。内向型性格与组织的研发倾向和社会责任正相关。直觉型、感知型和情感型性格在知识资本对研发倾向的影响路径上起显著的调节作用。

（16）知性特质对企业员工的社会认同存在直接与中介作用，因此，基于员工知识资本与性格特质协调发展的视角，国家可在企业层面深入强化社会和谐的微观治理。

（17）知识型员工的知性特质会通过工作岗位的中介作用对工作绩效产生显著的正向影响，且在此作用路径上工作环境的调节效应显著。

（18）高校教师在教学与科研工作中均有知识与性格的显著表现。教师的职业发展依赖于教学与科研，而教学与科研本身既可能是矛盾冲突关系也可能是相辅相成关系，关键在于教师的平衡与协调。教师的知识与性格之间存在着相互转化机制，二者的共同作用有利于促进教师职业发展。

四、研究方法与理论贡献

（一）研究方法

本书综合运用了思辨研究、案例研究、计量分析、问卷调查、质性分析等方法，定性与定量相结合，为知性管理理论提供全方位的论证。

1. 思辨研究

以思辨研究为起点，在对接经济发展现状和企业成长理论的基础上发现理论不足，从人格心理学、战略管理、创新管理等领域的理论开始集成思考、辨析和推演，最终提出知性管理理论并建立起知性管理、二元创新与企业成长的研究新架构。

2. 案例研究

以巨人集团、华为公司、湖南卫视三家企业为样本进行多案例比较分析，探索知性管理理论的内在机理与逻辑，并验证知性管理理论在现实中的有效性。

3. 计量分析

将层次多元线性回归、典型相关分析、双因素方差分析、结构方程模型分析等多种统计与计量方法贯穿始终，为知性管理理论中知识资本与组织性格之间的关系、知性管理对二元创新的作用、知性管理对企业绩效和竞争优势的效应等机理的论证提供源自实证的证据。

4. 问卷调查

多个章节的研究内容都是基于问卷调查所获得数据的计量分析。问卷调查法的大量应用为本书在理论与现实结合上提供了保障。

5. 质性分析

多个章节的研究内容采用访谈来获得数据资料，并采用内容分析、质性分析等方法完成观点论证。例如，在第七章，对海尔、美的及格力三大知名家电品牌中冰箱、空调和洗衣机等商品的在线评论数据进行扎根理论方法论下的质性分析，提炼中国电商情境下的产品品牌人格特质维度；在第十九章，以高校教师为研究对象，在访谈南昌大学16位教师的基础上对访谈资料进行内容分析，探析了个人层面知性管理理论对职业发展的影响机理。

（二）理论贡献

本书的理论贡献主要体现在以下三个方面：

1. 构建了一个全新的理论，即知性管理理论

虽然它是在整合知识管理与组织性格两个理论基础上提出来的理论，但由于我们赋予了它新的哲学内涵、时代背景、逻辑体系以及管理框架，并进

行了全方位的论证，这一理论已经有了独立性，能够启发学术界对知识管理、企业可持续发展等理论的新思考，且对于我国当前企业成功模式的多样性具备非常强的边际解释力。

2. 为创新驱动发展的战略管理理论提供了支撑性逻辑

无论是我国提出的创新驱动发展战略，还是纯学术上的二元创新理论，实际上都只告诉我们"创新能够促进企业发展"，却未能清晰解答"企业如何应用创新实现可持续发展"。本书将二元创新重新归纳为技术创新与商业模式创新的耦合共演逻辑，并将其前因解释为知识资本与性格特质的协同治理与共轭双驱，揭示了创新驱动发展战略的本质规律，对于创新管理理论也是一种拓展与深化。

3. 丰富了绩效管理理论、持续竞争优势理论和企业成长理论

对于管理学领域的学者而言，思考管理学存在的意义一定是围绕短期绩效如何实现、长期持续竞争优势如何培育、企业组织如何保障基业长青等目标性问题而开展讨论。本书以知性管理理论为开端，落脚于回答知性管理对组织绩效、竞争优势、可持续成长的作用机理与路径，有利于深化学术界与实业界对于绩效与优势根本性源泉的认识，做出了原创性的理论贡献。

本章参考文献

［1］Resnick, J. T. Character is foundation of firm's reputation［J］. U. S. Banker, 2003, 113（3）：24-26.

［2］范明，汤学俊. 企业可持续成长的自组织研究——一个一般框架及其对中国企业可持续成长的应用分析［J］. 管理世界，2004（10）：107-113.

［3］陈耀，汤学俊. 企业可持续成长能力及其生成机理［J］. 管理世界，2006（12）：111-114.

［4］陈昆亭，周炎. 有限需求、市场约束与经济增长［J］. 管理世界，2020, 36（4）：39-53.

［5］迈克尔·波特. 竞争优势［M］. 北京：华夏出版社，2005.

[6] Galbraith, J. K., Bryant, S. H. Ambassador's journal: A personal account of the Kennedy years [J]. International Affairs, 1969, 46 (3): 630.

[7] 倪嘉成, 李华晶, 林汉川. 人力资本、知识转移绩效与创业企业成长——基于互联网情境的跨案例研究 [J]. 研究与发展管理, 2018, 30 (1): 47-59.

[8] Laperche, B., Liu, Z. SMEs and knowledge - capital formation in innovation networks: A review of literature [J]. Journal of Innovation & Entrepreneurship, 2013, 2 (1): 1-16.

[9] Bridges. The character of organizations: Using personality type in organization development [M]. California: Davies - Black publishing, 2000.

[10] Jorge, E. F., Robert, T. H. The character of organizations [J]. Journal of Business Strategy, 2003, 24 (1): 38-40.

[11] 喻登科, 薛静. 组织性格维度及表征与认知差异: 员工认知视角 [J]. 科技进步与对策, 2018, 35 (20): 1-8.

[12] Yu, D., Xiao, H., Bo, Q. The dimensions of organizational character and its impacts on organizational performance in Chinese context [J]. Frontiers in Psychology, 2018 (9): 1049.

[13] 薄秋实, 喻登科, 姜睿清. 企业性格内涵、表现形式与演化机制——一种解释竞争优势来源的新架构 [J]. 科技进步与对策, 2017, 34 (18): 67-73.

[14] Li, J., Yu, D. The path to innovation: The antecedent perspective of intellectual capital and organizational character [J]. Frontiers in Psychology, 2018 (9): 2445.

[15] Duncan, R. B. The ambidextrous organization designing dual structures for innovation [J]. The Management of Organization, 1976 (1): 167-188.

[16] March, J. G. Exploration and exploitation in organizational learning [J]. Organization Science, 1991 (2): 71-87.

[17] Benner, M. J., Tushman, M. L. Exploitation, exploration, and

process management: The productivity dilemma revisited [J]. Academy of Management Review, 2003 (28): 238 – 256.

[18] He, Z. L., Wong, P. K. Exploration vs. Exploitation: An empirical test of the ambidexterity hypothesis [J]. Organization Science, 2004 (15): 481 – 494.

[19] Andriopoulos, C., Lewis, M. W. Exploitation – exploration tensions and organizational ambidexterity: Managing paradoxes of innovation [J]. Organization Science, 2009, 20 (4): 696 – 717.

[20] Zhou, K. Z., Chi, K. Y., Tse, D. K. The effects of strategic orientations on technology – and market – based breakthrough innovations [J]. Journal of Marketing, 2005, 69 (2): 42 – 60.

[21] Nyström, H. Technological and market innovation: Strategies for product and company development [J]. R&D Management, 2010, 24 (4): 387 – 389.

[22] O'Connor, G. C., Rice, M. P. A comprehensive model of uncertainty associated with radical innovation [J]. Journal of Product Innovation Management, 2013, 30 (S1): 2 – 18.

[23] Li, C., Liu, Q., Zhu, X., et al. Market orientation and technological innovation: The moderating role of entrepreneurial support policies [J]. International Entrepreneurship & Management Journal, 2015, 11 (3): 645 – 671.

[24] Silva, G. M., Styles, C., Lages, L. F. Breakthrough innovation in international business: The impact of tech – innovation and market – innovation on performance [J]. International Business Review, 2017, 26 (2): 391 – 404.

[25] 刘静华,喻登科,周荣. 新经济环境下新型二元创新体系研究 [J]. 科技进步与对策, 2019, 36 (8): 9 – 18.

[26] 熊彼特. 熊彼特经济学全集 [M]. 北京: 台海出版社, 2018.

[27] Timmers, P. Business models for electronic markets [J]. Electronic Markets, 1998 (8): 3 – 8.

第二章
知性管理的理论与实现

弗兰西斯·培根在17世纪初就提出了"知识就是力量"的经典论断；荣格则于19世纪提出了"性格决定命运"的人生至理。对于个人而言，知识与性格是其命运的主宰；万物同理，对于企业而言，知识管理与性格塑造也异常重要。

20世纪末，知识管理理论兴起；21世纪初，我国引入知识管理理论并开展相关研究工作与企业实践；甚至有学者提出，我们已经进入了知识经济时代。目前，知识管理理论已在中国实业界普及，但真正实践并取得成功的企业案例还少之又少。那么，在知识经济时代，企业应该如何进行知识管理、应用知识来改变命运？

公元前5世纪，希波克拉特根据人体内四种体液的多寡，将人的气质分为胆汁质、多血质、黏液质和抑郁质四种类型。管理心理学也形成了管理者个性、气质、性格、能力等一套系统的理论。同时，管理心理学家也认为：管理者的性格会影响其决策偏好，让企业形成不同的文化与战略。

企业是否存在"性格"？把企业当成人来看，并不是管理学家的奇想。1819年，马萨诸塞州高等法院就判定达特茅斯学院属于独立实体，与它现有的成员应区别对待，为企业的仿生学理论提出了思想雏形。2005年，约翰·凯和方柏林正式提出了"企业有没有性格"的问题；2007年，高鹤君在《经济参考报》发表《企业要有性格》一文，李虹出版《企业的性格》一书。企业应该拥有"性格"的理念进入国人视野。2011年，国核电力院召开企业性格色彩方案发布会，发布了中国红、能量橙、创想黄、科技蓝四种企业性格色彩，首次试图应用性格色彩来反映管理理念。

知识、性格与命运是怎样的关联？企业的知识与性格是否是其生存与发展的核心影响因素？什么样的管理方式能够让企业产生知性美？本书试图提出一种新的管理理念，即知性管理。通过将企业的知识与性格完美融合，让性格赋予知识灵性，重塑具有灵性的知识管理，让企业家们领略管理艺术。

一、知性管理理论的提出

（一）知性管理的内涵

知性管理有非常丰富的内涵，本质是知识与性格的融合性管理。在此需要强调的是，知性管理虽然追求达到"知性美"的管理艺术境界，但知性管理不是着力于"对企业进行知性（化）地管理"。因为"知性"作为形容词是一个难以描述和掌握的概念，"知性化地管理"这种理念可能会使得知性管理理论走向形而上学，而不是落到实地，应用于指导实践。为此，本书强调知性管理是对知识和性格这两种核心要素的管理，是将感性和理性这两种决策模式结合的管理，是促使企业内在升华和外在形象一致的管理。务必让知性管理理论做到"务实"与"务虚"结合，既具有理论高度又易于贯彻落实。具体而言，本书从结构、模式、手段和目标等方面对知性管理理念加以界定，让知性管理从概念走向执行、从感性认识走向系统思考。

1. 知性管理的本质

知性管理的本质是"知识管理＋性格管理"。知识管理强调企业组织中知识的学习、共享、整合、创新与利用，强调对员工、组织制度、技术平台等各种媒介载体中知识资源的挖掘与整合，目前已经形成了一套较为完善的系统理论。企业的性格从广义上讲是企业作为整体的意识认知和行动方式的精炼；从狭义上讲是企业中员工在工作风格、社交风格、沟通形式、职业态度等思想与行为上的共同规律，形成的具有特色和标志性的企业传统、作风和价值取向等。知识管理重视的是企业运行过程中知识资源的获取、积累、利用和价值转化，它是一种强调后天控制的管理行为。企业性格的形成与塑造和企业家的价值取向与工作风格密切相关，和企业一贯以来的文化相关，很大程度上它在企业创业之初就已经存在，但在之后的生存与发展过程中还在不断演化。因此，性格管理更强调的是一种先天禀赋资源的引导和管理，它具有"先天"战略定位和"后天"路径依赖的双重特性。知识管理能够通过一些策略措施在短时间强化，但性格管理是一个长期引导的过程，很难在短期内见到显著成效，强行为之甚至会遇到企业惯性的抵抗。在一定程度上，知识管理专注于提升企业的生产力，而性格管理专注于改善企业内部的生产关系。生产力和生产关系只有在和谐和相互适应的情况下才能发挥出最大成效，支撑企业的快速发展。

2. 知性管理的结构

知性管理的结构是"内在管理+外在管理"。虽然性格对个人而言在一定程度上是内在的，但其实性格只有张扬成一种独特个性后才能体现；对于企业而言，性格更多的是一种外在表现，如企业的形象与管理风格等。知识管理对于企业而言是一种内在的管理，核心知识资源是企业最宝贵的财富，是企业核心竞争力的源泉。知性管理就像一株大树，知识管理是树根，深埋地下却是树之根本；管理风格与企业形象管理等是树枝与树叶，是与外界环境互动的表现形式。知性管理既要做好内在的知识管理，更要做好外在的性格管理。对内要打好知识基础，通过知识创新引导技术创新与产品创新，为客户提供高知识含量的产品与服务；对外要做好文化宣传与形象塑造，要让员工、顾客、供应商等利益相关者感受到企业的诚意与特色，对企业产生好感。内在管理是从根本上孕育和提升企业的核心竞争力，而外在管理的主要目标是提升企业形象与品牌价值，塑造企业的差异化竞争优势。

3. 知性管理的模式

哲学家康德认为，知性是介于感性与理性之间的一种认知能力。因此，知性管理从模式上来划分,包括感性管理和理性管理。西蒙曾提出:"管理就是决策。"企业决策的方式有两种:一是凭借本能、过去的经验、企业组织长期形成的智慧等以类似于"拍脑袋"形式做出的决策,它是非理性行为,即感性决策;二是建立在知识、模型、方法、调研、研讨等基础上做出的决策,它是更为理性的行为,即理性决策。感性管理是传统企业、中小企业经常采用的模式,它的科学性与执行有效性完全取决于领导者、决策者的感性认识;理性管理是规范化、专业化企业组织的管理模式,它的科学性与执行有效性由组织制度来保证。感性管理和理性管理各有优势:感性管理能捕捉瞬间机会和潜在机遇,在执行上能利用领导者的个人魅力,体现管理艺术上的人文关怀;理性管理则能回避创新与管理风险,能"令行禁止",为企业做出一个更为长远、宏观的发展规划。其实,企业既需要感性管理也需要理性管理,它们应该是互补的。利用感性管理发挥高层决策者的"第六感"作用,为企业决策提供一个大概的方向;再利用理性管理探讨该发展方向的科学性、价值与风险,然后形成更为具体的执行方案。在现代企业管理制度下,真实的企业管理是将高层经验决策为基础的感性管理和辅助工具决策为基础的理性管理相结合的管理。当感性管理和理性管理在决策或方案上出现偏差或矛盾时,就需要相互地协商、妥协、折中和选择,做出最终的管理决策。这个管理决策是感性和理性协调与折中的结果,因此,它是介于理性与感性之间的决策行为。事实上,"感性管理+理性管理"最终实现的就是介于感性与理性之间的管理决策。

4. 知性管理的手段

那么,如何实现知性管理呢?知性管理的实现手段应该是经典理论与现代技术的结合。所谓经典理论,主要是指哲学中的唯物与辩证法思想、经济学中的经典思想理论和一些管理学思想等;而现代技术则主要包括当代经济管理中的前沿建模技术和信息管理技术与软件平台等,如专家系统、管理信息系统、内网、外网、商务智能平台等。经典理论是管理者做好决策的主要思想来源与依据,现代技术则能够为更快、更好、更科学地做出决策提供载体平台,起到辅助决策作用。在现代激烈竞争的情况下,管理者做决策不仅要有自身的知识与经验，更需要依靠技术平台来收集数据、处理信息和辅助决策。因此，如何将思想理论与现代技术合二为一，充分发挥经验、知识与技术的作用，是知性管理的主要内容。知性管理是要利用现代技术实现"知识"的作用，利用思想理论来发挥管理者和组织的"性格"特色，在决策上不仅做到科学，而且做到艺术。

5. 知性管理的目标

知性管理的目标包括经营与发展两个层面：经营层面要做到差异化和特色化，即"特色经营"；发展层面要以知识创新为核心，谋求持续竞争优势，走"内涵发展"路线。特色经营能使企业在短期内与竞争对手实现差异化，从而利用差异化战略塑造自己的品牌形象，赢得稳定的市场与利润池。内涵发展能使得企业在长期内做到知识的不断积累与创新，持续提升核心竞争力，让企业随着市场一起演化进化，做到基业长青。特色经营是企业性格外放的结果，是企业将性格特色融入产品中，并提升客户感知价值而达到的；内涵发展则是企业知识资源持续创新与充分利用的结果，不断将更具价值与功能的知识嵌入产品中，依靠提高产品本身的知识含量与附加值而实现的。

综上，将知性管理的内涵界定如下：知性管理是将知识管理与性格管理结合，以内在管理与外在管理并重的方式，利用古典理论与现代技术，实现感性与理性融合的科学决策，从而做到特色经营与内涵发展，实现企业管理的短期与长期目标。知性管理的内涵是一个逐渐丰富与拔高的概念，它包括五个层次：第一层是由知识管理和性格管理打下的基础；第二层是由内在管理与外在管理塑造的结构，为组织层；第三层是由感性管理和理性管理并举的运行模式；第四层是由经典理论和现代技术搭建的管理手段与载体平台；第五层是由特色经营和内涵发展并重的目标层，保证知性管理目标的成功实现。知性管理内涵的五层次构成如图2.1所示。

（二）知性管理的艺术体现

一流企业经营的不仅是产品，更应该是企业自身。一个人经营自身，除要健康成长与实现人生价值外，更要在整个成长过程中张扬个性、充满快乐。

第二章 知性管理的理论与实现

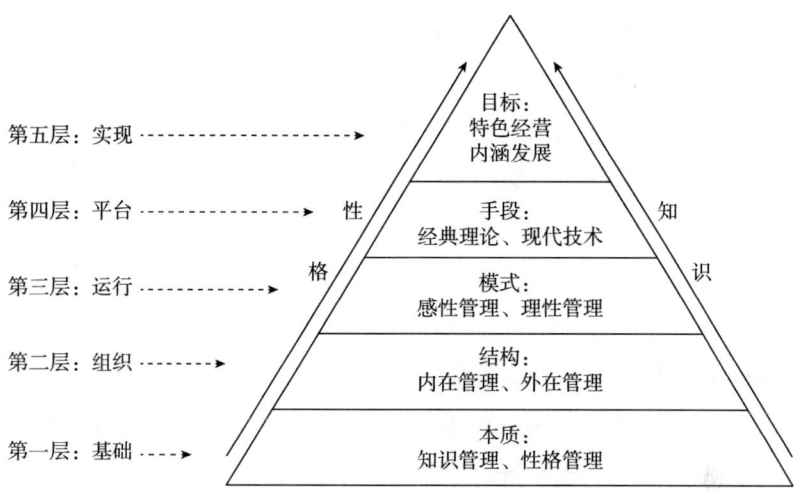

图 2.1　五层次知性管理理论

企业亦是如此，它的目标除生存与发展外，更应该专注于向顾客、市场、社会展示其自身的形象，塑造深入人心的品牌，要用长久的性格与文化宣传来打造只属于自己的名片。一个人向社会展示和证明自己，依靠的是渊博的知识、独特的个性与优雅的形体，我们常称之为"知性美"。对于企业而言，也应该追求"知性美"，专注于用知识与技术、差异化产品与服务、对社会与环境负责的形象与态度来得到市场认同，让企业赢得集"知识、特色与责任"于一身的良好口碑，树立积极和充满诚意的企业形象。知性管理就是要帮助企业做到这一点，"知性美"是知性管理实施后应有的外在表现，是企业管理艺术化大成的反映。在一定程度上，知性管理大成的企业，从外在表现上就类似实现了"对企业知性化、艺术性的管理"。

知性美是一种聪明的美、智慧的美。在大数据时代，企业家做决策时有了更为强大的数据支持；但大数据要变为信息和知识，还需要更进一步的处理与整合。知识能为管理与决策提供非常有价值的指导，但如果知识能够进一步转化为智慧，则能将科学决策与艺术化管理变为企业自身的本能，在任一时刻都激发与显现出来。知性美就是要做到形成企业智慧。马关生和刘越

（2013）在知识管理的基础上提出了一种新的管理理念，即智慧管理，认为智慧管理是知识管理的升级模式，是对知识管理的补充、拓展与超越。因此，企业管理不仅要做到知识管理，更要注重智慧资源的管理，包括企业家特殊才能、高级知识员工经验、组织惯例与本能、产业链适应性资源、产品品牌价值等。要使企业对外体现知性美，需要企业对内做出改进与完善，包括智慧决策、内涵领导、高端经营、智能控制等。只有在企业内部做到"智慧"，在社会看来才能显示出"聪明"。知性美中的聪明、智慧特性主要由知识管理、内在管理、理性管理来塑造。

知性美是一种独特的美、优雅的美。同行企业有着很多的同质性资源，这是它们适应产业发展所必备的基础性资源；但企业只有在获得异质性资源后才能培养出竞争者所难以模仿的核心竞争力。异质性资源是企业在成长过程中所创造和积累的独特的、有价值的资源，正是这种资源的独特性使得企业的产品、品牌与竞争对手有所区别，从而在竞争过程中张扬出个性。但是，光有异质性资源不够，还需要有异质性能力的转化作用，才能将这些异质性资源嵌入产品中。何谓异质性能力？除要具有异质性（难以替代、不可模仿）的能力要素外，更要依靠异质性的能力形成与积累过程来将这些能力嵌入、夯实在企业的组织惯例中，进而对企业的文化、理念、性格、偏好等方面产生影响，使得企业表现出深厚的知识底蕴和优雅的行为举止，透出源源不断的魅力，吸引顾客，巩固市场。知性美中的独特、优雅特性主要由性格管理、外在管理、感性管理来塑造。

知性美是一种稳重的美、成熟的美。当一个企业做大、做强到一定程度后，应该具有面对任何市场剧变、技术风险都处理起来游刃有余，能够具有强大的环境适应能力与组织柔性，让企业在困境中亦保持安然。企业组织如果能够将技术创新、制度创新、管理创新与市场创新贯穿整个组织发展过程和扩展到组织业务活动的所有环节就能在环境变化时依靠创新来及时做出调整，得到最有利于适应环境变化的方案，表现出比竞争对手更积极主动、稳重成熟的内在优势与外在形象。而柔性管理则是环境适应能力的前提条件，因为刚性化管理下是难以做到时时随环境变化而变化的。知性管理在柔性管理上具有先天的优势,因为知性管理主张创新知识与张扬个性,这两个方面都会要求组织管理具备人文关怀精神和权变思想,在管理机制上自然就表现为柔性化趋势。知性美中的稳重、成熟特性需要由知识管理与性格管理、内在管理与外在管理、感性管理与理性管理共同来塑造。

(三) 知性管理的特征

知性管理是与其他管理理论既存在联系又有所区别的新型管理模式,它在管理要素方面具有自己的独特特征,主要体现在:

1. 组织的开放性与网络性

企业组织的开放性能够让组织及时地了解和学习外部环境中的前沿知识与新兴技术,能够让企业的性格与外部环境实现交融,将其特色与美感张扬与显现。开放性是企业组织进行知识学习、协同创新与性格管理的必要条件。同时,企业组织还须具备网络化特性,只有在网络组织中,网络节点(企业中的知识型人才)之间才能迅速地实现知识共享与转移,从而提高知识整合与创新能力,提高高层管理决策的传达效率与执行力,以强化组织的环境适应能力。因此,要实施知性管理,首先需要对企业组织进行改造,让其具备开放性与网络性特征,契合企业组织的知识管理与性格管理。

2. 机制的和谐性与柔性

在机制上,企业组织要做到和谐。根据和谐管理理论,一方面,企业要遵循"和则",主要包括诚信、责任、互补、合作、可持续、回馈等;另一方面,企业要遵循"谐则",主要包括匹配、一致、可变、适调、可优化等。企业组织的机制只有做到"和",才能有利于组织内的知识共享与协同创新;只有做到"谐",才有利于组织的差异化经营与特色发展。柔性主要体现为"以人为本",是指管理者要对下属员工进行人文关怀和针对性的激励,要能够发挥知识型员工自身在管理中的作用,塑造共同愿景,实现自我超越。企业管理机制的柔性化是一个组织中知识型员工达到一定密度时必须具备的特征,只有在柔性化的机制下知识型员工才能感到舒适和被重视,有利于知识型员工的共享与创新行为发生与绩效提升。也只有在柔性化的机制下,知识型员工独特的个性才能充分地体现与张扬，为企业整体的性格形成与发展注入活力。

3. 文化的创新性与共享性

知识管理是知性管理的基础与核心，而知识管理的两个核心活动环节是知识共享与知识创新，因此企业组织要营造创新性与共享性的文化氛围。优秀的创新型公司在企业环境、公司价值观、规章制度和内部网络四个方面都有利于创新，创新性文化由此包含五个方面的因素：清晰和具有挑战性的战略愿景、高层管理者的支持、领导的榜样作用、组织方面的有力配合、新员工的选择和抵制者的撤换。共享性文化则要求知识主管要拥有鼓励知识共享的核心理念、要求企业有完善的以知识共享为导向的激励机制、要求企业中知识型员工树立合作竞争的观念、要求把企业中的个人创新与团队精神有机地结合起来、要求企业内存在相同与不同知识结构的人才之间的知识沟通与交流。只有企业组织建立起有利于知识共享与创新的文化，知识管理才能得以顺利进行，知性管理才有了基本条件。

4. 人才的知识性与密集性

知性管理的实施者一定是高技术、知识密集型企业，企业中绝大部分员工都是知识型员工。因此，企业中的人才具有知识性与密集性的双重特征。Sherman 等（2005）提出知识型企业是产销创新性产品的企业，拥有相当高比例的知识型人才，并且技术研发费用投入比例非常高。在高密度知识型员工的条件下，企业的管理无论是方式还是手段都应该做出改变，要通过正式与非正式的组织引导来建立知识型员工之间的知识网络，利用知识网络来促进企业内部的知识流转、整合、协作与创新。在马斯洛的需求层次理论中，知识型员工拥有更高层次的需求，企业的组织管理者应针对这种更高层次的需求，提供宽松的文化、自由发展的平台、有利于沟通与交流的合作环境、人文关怀与精神激励等。此外，知识型员工在性格上也会更趋深度化与多样化，需要给予宽松环境和有利氛围来引导知识型员工的性格张扬与健全发展，从而提高知识型员工的精神生活水平和职业发展诉求，让知识型员工为企业健康与可持续发展带来创新活力。

5. 资本的智力性与社会性

在资本方面，知性管理除要求有较高比例的金融资本外，更要求有较多的智力资本与社会资本积累。高智力资本是知识型企业的特色，也是知识型企业彰显知识底蕴和智慧形象的支撑要素。企业的智力资本主要包括人力资本、关系资本、结构资本和创新资本等，这些资本既是知识管理的对象，也是知识管理的投入与产出。知识管理通过将人才、组织、制度中的隐性知识和文本化的显性知识加以整合与创新，转化为价值，实现企业绩效目标。同时，知识型企业还应该具有高社会资本的特征，信任、互惠性规范等社会资本是知识管理的基础，也是企业形成良好性格并彰显团结奋进形象的支撑。知性管理可以通过知识管理来积累智力资本，通过性格管理来培育社会资本，形成企业心智，展现"知性美"。

二、知性管理的实现

（一）知性管理的职能

按照传统的管理学理论，常将管理职能分为计划、领导、决策、激励、控制等。在此为了实现企业的知性管理，也从突出知识管理与性格管理的双重特色方面来分析知性管理的职能。

1. 知性战略与计划

实施知性管理的企业在制定战略时，除要实现其短期和长期发展目标，培育核心竞争力，获取持续竞争优势外，还需要专注于开发和展示自身的"知性美"。换言之，企业知性战略应该是专注于"修炼自身"和"服务社会"的一个集内在发展与外在责任于一体的综合行动，只有在这两个方面都做到"至善"，其外在形象才能"至美"。在具体行动上，企业知性战略应将重点放在打造品牌和塑造形象上,而做到这两点的主要方式是以知识创新为核心、以特色和差异化为竞争手段,既满足客户的功能需求也满足客户的心理需求。在计划方面,知性管理的计划主要应采取滚动计划模式,在"静"与"动"之间寻求一种平衡与优化。知性计划是弹性且能自优化的,根据性格定位来确定概要计划,根据知识创新的进程来做出具体计划。知性计划应落实到"特色经营"和"内涵发展"的目标上,重点将业务活动放在彰显特色和创新知识方面,换言之,企业的核心业务应是营销与研发。

2. 知性领导与组织

企业实施知性管理在组织层面上要突出知识网络和社会网络的作用,用非正式组织的形式联系、凝聚知识型员工,使知识共享与协同创新在心理契约而非行政手段下完成;在领导层面上,企业管理层应该在技术与知识层面达到较高水平,能在一定程度上形成对一般知识型员工的指导与榜样作用,不仅是行政上的领导,更是职业发展道路上的领路人。知性管理中的领导职能应该充分体现人文关怀特征,通过关心知识型员工的精神生活与个人职业发展来为他们提供良好环境和发展平台,以此留住员工和充分发挥员工的效能。在实施知性管理的企业中,企业或团队的领导者应该具备非常高的技术技能、人际技能、概念技能和性格特色,在宏观把握、人际沟通、创新引导、性格引领等方面都能"领"、"导"知识型人才。

3. 知性决策

知性决策是指企业管理者在当前内外部环境条件下,运用感性和理性结合的技术方法对解决问题的方案进行研究与选择的全过程。知性决策过程如下:首先是感性决策,由高层领导者根据当前局势和战略定位做出大致判断,定出决策目标与走向;其次是理性决策,智囊团队在内外部调研与现代技术方法建模的基础上给出一些可行方案和建议;最后还是感性决策,由领导者根据过去经验和长期形成的"第六感"来选择方案,做出"拍板"。感性决策能够发挥出高层领导者的经验优势,体现企业管理者的性格偏好和知性管理的艺术化;理性决策能保证决策的科学性,用数据、信息与知识来体现知性管理的规范化。知性决策本身就是一个非常艺术的过程,它是上层领导与职能员工互动的过程,如何既发挥领导者的能动性与行事风格又在决策中嵌入员工的意志,是需要上层领导细致把握的一个平衡。在知性决策下,决策过程能将规范化和艺术化结合,同时还能将其可执行性提到一个较高水平。

4. 知性激励

知性激励是指激发知识型员工的工作动机,采用多样化和有针对性的方法去调动知识型人才的积极性与创造性,使知识型人才完成知识创新任务。知识型员工比劳动力型员工有更加多样化、更高层次的需求,除要满足较高水平的物质生活和精神生活需求外,还要"被尊重"、"自我实现"和"自我超越"。因此,制定多样性和针对性的激励方案对知识型员工密集度高的企业而言尤为重要。一般而言,国内在这方面的主要做法有股权激励、职称晋升、职务提拔、提供发展平台、资助深造等,通过这些方式让有创造力和发展潜力的知识型员工在物质生活上无忧,在工作中感觉被认可和被尊重,且有较为优越的工作条件和较为广阔的发展平台。在知性激励中应尽量以正激励为主,而避免使用负激励。因为知识型员工在知识创新和性格发展等方面都会面临一定程度的风险,也更会去追逐长远目标而非短期目标的实现,容忍他们的失败和鼓励他们的长远成功是必要的。

5. 知性控制与反馈

知性控制是根据知性计划与绩效标准,监督检查各项活动及其结果,并根据偏差调整行动或计划。知性控制的主要内容是人员控制、信息控制和绩效控制,因为:知识型人才是知识型企业的核心资源,信息是知识型企业掌控动态与把握全局的根本,绩效则是企业的管理目标。在传统的企业中,控制的目标是尽量降低偏差或避免失败,而在企业知性管理过程中则要采取弹性控制机制,给予知识型员工一定的容错空间,以保留知识型员工的创新积极性。但也正因为知识型企业中知识型员工"出错"的概率提高,为了规避不必要的损失,就有必要在出现错误时及时发现和纠正,即控制要做到"实时"。这个要求对于知识型企业是能够实现的,只要依靠其强大的信息管理技术和有效的智能管理、文化引导即可。在弹性与实时性的控制下,需要将控制结果迅速反馈相关的计划部门与领导，然后制定方案来做出相应调整以避免错误的严重化。而对于做得出色的员工或项目则要实时地给予表扬和鼓励，同时要及时将相关的经验知识分享给其他知识型人才，实现绩效的最大化。在知识型企业中，要有一套完整的知性控制、评估与反馈机制，以保证企业知识创新的前沿性和性格特色的时代性。

（二）业务流程中的知性管理

按照价值链理论，可将企业的业务流程主要分解为研发、物流、生产、营销、服务五个组成部分。知性管理也包括对这些业务流程的管理，而且要在这些业务流程中发扬知性管理的特色与优势，让"知性美"在流程展开中自然体现。

1. 研发阶段的知性管理

知性管理所覆盖的研发阶段是一个较宽泛的概念，包括从产品创意产生、产品概念形成、产品市场研究、产品设计、产品开发、产品试验等整个新产品开发的全生命周期过程。从管理角度而言，重点包括产品的知性战略与研究设计、研发组织与人员的知性管理等。从战略规划来说，企业在产品研发上的知性战略应该突出强调产品的知识含量与个性特色，主打差异化品牌，和其他竞争对手的品牌要有比较明显的区别与优势，以在客户和市场中形成较为鲜明的企业形象。从产品研究设计环节来说，企业的知性管理重点落在知识管理上，应用知识共享与创新来提高研发效率，同时也通过知识的创新与利用来增加产品中的知识与技术含量，让知性管理来树立企业作为高技术企业或知识型企业的良好形象。从研发组织与人员的管理环节来说，一方面应用知识管理来组织团队成员的研发创新，挖掘、整合组织中的知识资源与创新潜力；另一方面应用性格管理来彰显知识型人才的性格特色，将企业性格、风格、理念、形象等通过研发人员的设计过程嵌入新产品中，形成自具风格特色的主打产品。研发阶段的知性管理比较重要，因为在该阶段，知识含量与性格特色都要融入产品研发过程，之后企业的知性营销与品牌形象塑造才能有所凭借。

2. 物流过程的知性管理

物流阶段也是一个比较重要的过程，它涉及企业的两个重要环节：一是与上下游产业链、供应商的战略合作关系；二是企业的成本与质量控制。上游产业链、供应商不仅向企业提供原材料，更是企业获得一些前沿技术、知识与信息的重要渠道，也是企业做差异化产品的支撑因素，知性管理完全可以应用到供应商管理中，让供应商成为企业知识创新与特色形成的来源。同时，供应商也是企业成本与质量控制的主要渠道，通过供应商的战略合作关系做"质优价廉"、"高性价比"的差异化产品是企业的必然选择。大多数走差异化路线的知识型企业几乎都有着其他竞争对手所不可比拟的供应渠道，如戴尔等。而下游的分销商则是企业进行知性营销、形象宣传、品牌塑造的窗口，也是企业收集最新的客户信息和市场动态的渠道，它们在知性管理中的作用不言自明。对物流过程做知性管理，是要通过知性管理将企业的"知性美"感染到上下游产业链，让它们参与到企业知性管理中来，为企业的知性管理目标实现提供合作性帮助。

3. 生产阶段的知性管理

生产阶段相对于一个知识型企业而言，是相对次要的过程。但生产阶段也能够实施知性管理，如将知识管理、信息化管理应用于生产制造环节，从而提高生产效率、产品质量和降低生产成本等；再如应用性格管理形成具有特色和优势的生产工艺管理，从而在性能、质量、功能、员工士气等方面形成差异化优势。企业的知性管理在不同业务流程阶段要一以贯之，而生产阶段属于业务流程中的中间环节，它上承研发与物流过程，下接营销与服务环节。因此，企业一定要做好生产阶段的知性管理，这样知识型企业才能将研发与营销等阶段的知性管理战略目标达成一致，避免在知性美的体现上出现"美中不足"。在生产阶段，知性管理的重点可包括知识技能岗位轮换与知识竞赛、弹性工作制度、知识型员工职业生涯规划、知识密集型资源与产品的管理等，以此突出企业的知识特性和人性化管理特色。

4. 营销阶段的知性管理

在知识管理兴起之初，就有人提出了知识营销的概念。知识营销对企业市场营销创新具有指导作用，其实质是在市场营销过程中引入知识管理，将知识注入产品服务提供过程，提高客户的感知价值，达到提升客户满意度、增强企业核心竞争力的效果。知识营销能够通过产品推广与宣传的方式让顾客理解和接受企业的知识含量与技术底蕴，在知识层面做到差异化优势。此外，在特色推广和差异化营销等方面，也有学者提出了特色营销、绿色营销、品牌营销、声动营销、个性化营销、概念营销、服务营销等营销理念，目的在于通过个性化的营销渠道或宣传企业的特色来促进销售和拉动市场。但无论什么营销模式，都需要在营销过程嵌入某些能打动客户的价值才能吸引客户和开发市场。在营销阶段做知性管理就是要在营销过程中同时嵌入知识与性格特色，让企业的产品在技术先进性和产品特色化两方面都取得优势，让客户从产品中就能体会到一种"美"，即从知性营销来将企业的"知性美"传达给客户和市场。

5. 服务过程的知性管理

对于知识型企业而言，服务也是企业为客户提供的价值，企业可以通过知识型、特色型服务来辅助产品差异化策略的实现。随着企业竞争日益加剧，服务竞争的理念已经有 30 多年研究历史。知识型企业要充分利用服务来提高其高技术产品的普及率，让客户了解和接受其高技术性能的新产品，让客户在享受产品知识价值的同时也感受到企业为其带来的舒适与满足感。知识型企业也要在服务环节充分嵌入自己的性格与特色，通过个性化的服务模式和风格化的服务流程让顾客感觉到企业的与众不同，在顾客那里形成独特的形象，并将其逐渐打造成企业的风格标志。服务过程的知性管理，要利用服务过程传递给客户物化产品所无法实现的差异化和美感，通过艺术化的服务来为客户提供附加价值，为企业带来新的利润源。一些知识型企业通过服务创新成功地塑造了产品的新形象，如西尔斯公司、中远集团等。具体而言，服务过程的知性管理包括知性服务战略制定、知性服务创新设计、知性服务供应与特色体现、知性服务改进等，在这些环节都要遵循企业总体的知识与性格定位，让服务环节也为推进企业战略目标实现做出贡献，让知识型企业不仅从知识经济也从服务经济中有所收获。

（三）知性管理的实现技术

知性管理的核心内容是知识管理和性格管理，兼顾内在管理与外在管理、感性决策与理性决策等，因此，它的实现技术也主要围绕这些方面的内容来进行：

1. 与知识管理、内在管理、理性决策相关的技术

知识管理的主要活动包括知识获取、知识共享、知识整合、知识创新、知识利用、知识发布等，相关的实现技术也要对这些知识管理活动提供保障和支持。知识获取的实现技术包括外网平台技术、专家库技术、数据挖掘技术、知识智能获取技术、知识库技术等；知识共享的实现技术包括内网平台技术、合作研发平台技术、管理信息系统、知识编码技术、知识交易系统等；知识整合的实现技术是要利用知识挖掘与分类整理技术来建立知识整合的支持平台；知识创新的实现技术主要包括合作研发技术平台、知识产权管理技术等；知识利用的实现技术有工艺开发技术、新产品开发技术、生产管理技术、营销管理技术等；知识发布的实现技术主要是外网和企业门户平台等。在知识管理的基础上，进一步利用先进的管理技术将知识转化为核心竞争力就基本实现了内在管理的目标。而理性决策的相关实现技术则主要是智能决策技术，在专家库、知识库、模型库基础上采用这种技术在企业内为高层管理者打造决策支持系统。

2. 与性格管理、外在管理、感性决策相关的技术

让企业拥有成功的性格，需要有一些相关的技术作为支持，如情绪管理技术、人性化组织技术、人才多样化性格管理技术、产品差异化设计技术等。在企业性格管理基础上将性格力量张扬与传递，利用特色经营技术、品牌塑造技术、形象管理技术等"包装"，经营出一个"完美"的企业形象。而在企业的感性决策方面，技术体系已经较为成熟，包括头脑风暴法、专家意见法、德尔斐法等。

三、本章小结

21世纪是知识经济、服务经济时代,但随着知识密集化、服务竞争激烈化,客户与市场都逐渐变得挑剔,希望贴上一些标签,获得高质量与个性化兼具的产品和服务。企业形象与产品品牌在市场竞争中的重要性日益加强,顾客不仅开始关注产品本身,更关注产品后的企业形象、品牌价值和社会责任。企业开始"拟人化",只有在展现"知性美"后才能获得客户青睐,这些特征尤其在技术与知识密集型企业中尤为突出。知识管理需要不断升级,有学者提出了智慧管理理念,已经有了一些人性化特征,但还不够,本章提出将知识管理与性格管理相结合,让企业兼具雄厚知识底蕴和特色性格形象,为企业在核心竞争力培育和持续竞争优势获取上均带来崭新的思路。当然,限于当前在性格管理方面研究成果的局限性,知性管理可能更多的是一种理念与思路,离形成一套完善的、可具操作性的理论体系还有一定的距离,这也正是未来需要长期探索的方向。未来,需要从更多的案例和实证研究方向来检验、提炼知性管理的理论、方法和工具,以形成更为完善的理论体系,开启一种全新的管理模式。

本章参考文献

[1] 马关生,刘越. 新的管理理念:智慧管理 [J]. 科技进步与对策,2013,30 (4):1-7.

[2] Sherman, D. J., Berkowitz, D., Souder, E. W. New product development performance and the interaction of cross – functional integration and knowledge management [J]. The Journal of Product Innovation Management, 2005 (22): 399 – 411.

第三章
知性管理实施的多案例比较

现代竞争环境下,知识与性格都是企业竞争力的关键要素。在知识经济背景下,"知识就是力量";而在竞争激烈的市场环境中,个性化特征和特色化发展道路是企业组织发展空间的重要影响因素,即"性格决定命运"。Resnick(2003)提出企业组织有两种竞争力来源:知识与技术是核心竞争力来源;"组织性格"是差异化竞争力的来源。对于企业而言,这两种竞争力都不可或缺。例如,微软以核心竞争力知名,但其在差异化竞争力方面的优势就不显著。因此,有必要将知识管理和性格管理结合,升级管理理论,同步开发和管理企业组织的知识资源与性格因素,为企业组织提升核心竞争力与获得差异化竞争优势提供理论指导。

本书第二章已经提出了知性管理的新理念,认为知性管理是对知识与性格的管理,是知识管理与性格管理的融合。知性管理对知识管理是一种升级,能够平衡企业组织在"专一化"和"差异化"两种战略上的选择,解决知识管理实践中存在的一些问题。本章将在此基础上,以案例比较分析的方式对知性管理的理论与操作进行讨论,为企业组织实施知性管理提供实践启示。

一、知性管理的理论架构

知识管理起源于 20 世纪末,已发展成为一种成熟的管理理论,被学术界和实业界广泛接受。然而,在知识管理几乎成为知识经济时代知识型组织的管理圣经的同时,在实践中很多企业组织的知识管理存在问题甚至完全失效。一些企业(如诺基亚、福特和柯达)虽然在技术和知识方面具有竞争力,但往往因为不善于改变和不具有特色优势而遭市场淘汰。一定程度上,知识管理能够提高经营效率和核心竞争力,但无法从根本上扭转市场导向与客户选择。甚至过度专注于现有核心竞争力的维持与强化,而忽略市场和产业的变迁,往往让企业组织错失领先发展的新机遇。

性格管理能与知识管理构成优势互补。印度果阿首席大臣 Manohar Parrikar 明言:"没有性格特色,知识就是废物。"(Panaji,2012)当大多数企业都集中在知识资源与能力的竞争时,性格特色通常能为企业组织带来更高的客户满意度和美誉,从而富于价值。在知识竞争中嵌入性格特色因素将成为组织竞争制胜的法宝。

性格管理,倡导企业组织在人力资源、特色产品和差异化经营模式等方面的个性化选择。Goffee 和 Jones(1998)认为性格管理就是文化管理。而 Moore(2005)则指出:"性格管理要求企业组织通过持续优化自身而变得越加优秀,这种优秀体现在坚持走自己的个性化道路,不为了取悦客户或打击竞争对手而改变。"综合国内外相关文献,性格管理主要包括三个层面的内容:①发展方向,探索一条适合企业自身条件的个性化发展路径;②产品战略,打造出相对于竞争对手而言具有个性化特质和差异化价值的产品或服务组合;③文化培育,持续优化企业组织与员工、客户、政府和社会公众等利益相关者的关系,从而以和谐、完美的形象赢得赞誉。

知性管理是知识管理与性格管理整合的管理理念。在第二章中，本书做了如下界定：知性管理是将知识管理与性格管理相结合，以内在管理与外在管理并重的方式，利用古典理论与现代技术，实现感性与理性融合的科学决策，从而做到特色经营与内涵发展，实现企业管理的短期与长期目标。由此提出了知性管理的五个管理层次、管理特征、管理职能、管理流程、实现技术和艺术体现，形成了较为系统的管理理论。

二、知性管理的初步印象

（一）性格决定命运：巨人集团案例

在20世纪90年代，"巨人"二字曾经响彻全国。由史玉柱领导的巨人集团引领和见证了中国改革的一代风潮，但也倒在了风口浪尖。其快速的崛起和瞬间的溃败都源于其性格，或者说史玉柱主导下的巨人集团在性格上的优势与缺陷写就了这样一部兴衰史。

1. "成"于性格

无论是巨人集团还是史玉柱都有许多独特的、不可模仿的性格，如专注、执着、自信、自律、诚信等，也正是这些性格特质使史玉柱引领的巨人集团迅速崛起，也使得史玉柱在巨人集团倒下后迅速东山再起。专注、执着与自信等性格特质是巨人集团崛起的主要依赖。史玉柱做事有个纪律：同一个时间，只管做一件事情。例如，史玉柱做网络游戏时，虽然还是脑白金的股东，但基本不参与决策；而在做脑黄金、黄金酒等产品的广告策划时，巨人集团广告与策划部的人必须每周访谈50个消费者，正是通过消费者的专注调查，其广告营销成为市场营销中的经典案例。巨人集团在做产品时也专注于电脑和生物产业两个方面，而且都是利用"偏执"的广告形成自己的优势，这几乎成为巨人集团的"招牌动作"。2000年，史玉柱再次创业，开始重建巨人。他之所以能够迅速东山再起，其在业内的声誉与信誉也是重要因素。2001年，史玉柱承诺还清购买珠海巨人大厦楼花的债，以"维护企业家的信用"。

2. "败"于性格

巨人集团的快速崛起使得其在管理制度方面根基不稳，它的战略方向与重大决策基本都依靠史玉柱的个人领导能力与精神魅力。而史玉柱本身性格上的偏好——军人崇拜与自尊自负又将巨人集团带向了一条不归路。在巨人集团的历史上曾经一度实施军事化管理。1995年2月10日，史玉柱下达"总动员令"，发动"三大战役"，成立总指挥部，下设"八大方面军"，将30多家独立分公司改编为军、师，用以推动电脑、保健品、药品三大系列产品的销售。大规模的闪电战术起到了效果：不到半年，子公司从38个发展到228个，员工从200人发展到2000人，订货量半个月内就突破3亿元。但快速的多元化发展也埋下了隐忧：一年后，史玉柱不得不宣布进行整顿，进行干部大换血；但产品利润被个人私吞现象非常严重，各种违纪违规、挪用贪污事件层出不穷。军事化管理并没有造就巨人集团严格的管理制度，反而财政上的责、权、利不配套为巨人集团的科学化与规范化管理带来了弊病。

自尊自负的性格缺陷主要体现在巨人大厦的建设上。1992年，公司决定建设巨人大厦时计划盖18层，后来改为38层，而最后因为"珠海地标建筑"的诱惑竟然改为建70层。巨人集团快速崛起为其带来了一个错觉——形势一切大好。也正是这种爱面子和自负的心理使得巨人集团要建设全国最高建筑，同时还要在建设巨人大厦时不向银行贷一分钱。史玉柱的独断专行和一意孤行还在继续，直到1996年5月，他还把所有子公司的利润投入巨人大厦的建设中，使得其最主要的盈利来源保健品产业失去"造血功能"。1996年11月，巨人大厦没有按时完工，由于无法退赔而陷入破产危机。

（二）知识就是力量：华为公司案例

华为公司一直是技术创新的领跑者，创新是其四大核心理念之一。对华为公司而言，自主的技术知识是企业立足之根本，是企业竞争制胜的法宝。"知识就是力量"在华为人身上得到最有力的体现。

1. 以技术研发为核心

华为公司长期坚持不少于销售收入10%的研发投入，用于预研和对新技术、新领域的研究与跟踪。2012年，华为公司研发费用投入48亿美元，而近10年投入的研发费用总和超过190亿美元。华为公司在瑞典、美国、印度、俄罗斯和中国多地均设立了研发机构，进行产品与解决方案的研发人员有6万多名，占公司总人数的近50%。华为公司还与领先运营商成立34个联合创新中心，技术领先成为其商业成功与持续竞争优势的核心源泉。

华为公司的研发投入有了回报，专利数以平均每天申请6个的速度增长，而且质量较高，90%以上都是发明专利。华为公司2008年提交了1737项PCT国际专利申请，超过松下公司和飞利浦公司，居全球第一。在3GPP基础专利中，华为公司占7%，居全球第五。2011年华为公司累积申请中国专利36344项，国际PCT专利10650项，外国专利10978项，共获得专利授权23522项。同时，华为公司还坚持参加各种技术标准的制定，它加入了ITU、3GPP、ETSI等123个标准组织，向标准组织提交文稿近2万篇。

正是依靠这条完全自主的技术创新路线，2011年开始华为公司进入《财富》世界500强，2014年更是排名全球第285位。华为公司在专利和标准的发展历程表明，知识赋予了它无坚不摧、勇往直前的力量。

2. 以特色管理为辅助

当然，作为一家行业领跑的知名大企业，华为公司在其经营管理上也有其特色之处。只是在高技术和专业人才密集型的战略安排下，特色化管理仅为华为公司完善自身组织结构与文化的辅助手段。相对于技术研发的领先优势，特色管理上要"稍显弱势"。事实上，华为公司在文化建设、组织经营、产品组合、品牌发展等方面表现出了一些与业内其他企业所不同的特质。

在文化建设方面，以反应灵敏和团队协作为核心的华为公司"狼性"精神为业内所称道，任正非眼中的"乌龟精神"则是他引导企业在不断地自我批判中实现追赶战略的精神支撑。在组织经营方面，《华为基本法》在一段时间内曾为引导其逐渐优化与完善的管理大纲,也被引为业内第一部管理圣经。在产品组合方面,华为公司实现了由提供产品到建立系统的产品组合,再到提供全球领先电信解决方案的转型。品牌发展方面,华为公司坚定地走出一条"自主品牌出口"的道路,为其海外战略实施与市场拓展提供了保障。2015年,华为公司闯入"全球最具价值品牌百强榜"。

(三)知性打造品牌:湖南卫视案例

2013年湖南卫视整体收视位居全国第三,省级卫视第一,取得了40个全国收视冠军。湖南卫视在最具价值和含金量的黄金档和晚间档的超高收视证明了其在市场意识、品牌战略、策划创新、资源整合等方面的领先性。湖南卫视以青春、时尚、快乐为性格体现,以创新营销、创意策划、人才整合为知识支撑,打造出中国最具品牌价值的省级卫视,真正将知识与性格融合在一起,展现出了一种独特的"知性美"。

1. 性格特色:青春、时尚、快乐

2002年,湖南卫视确立"锁定娱乐、锁定年轻、锁定全国"的战略定位,突出"青春、靓丽、时尚"的频道特色,提出要"打造最具活力的中国电视娱乐品牌"。2004年,推出"快乐中国"的核心理念,整合栏目资源,强化频道特色。2013年,打出湖南卫视"快乐中国、听我青春"主题口号,从自制电视剧、常规栏目和大型娱乐活动多路进攻。该年底,湖南卫视以"越成长、越青春"为主题推出亲情记录节目《爸爸去哪儿》大获成功。2014年,打出"越欢聚、越青春"口号,编排创新再度升级,从点状分布全面升级为全天带状形态,全力打造22点档后晚间栏目带。此外,以青春和快乐为主题,湖南卫视还成功推出选秀节目《超级女声》、综艺节目《快乐大本营》、自制偶像剧《丑女无敌》等,而以年轻人为主要收视群体的跨年演唱会更是连续九年问鼎收视冠军,被国内数十个卫视效仿。正是湖南卫视这样一种性格定位与特色体现,才能让其一直受到年青一代的青睐。

2. 知识支撑:创新营销、创意策划、人才整合

湖南卫视在创新营销方面取得极大成功,独创了互动营销模式,多次获

得杰出营销人金鼎奖、中国媒介创新营销奖、长城奖媒介营销奖金奖等。除强大的营销力外,湖南卫视取得成功主要依靠的是超强的创意策划能力,依靠其策划的各种青春偶像剧、选秀和综艺节目,在受众上较其他卫视具有明显优势。湖南卫视通过成功策划各类新颖的节目,总是能够将它们做成知名品牌,让后晚间黄金档同样创高收视率。湖南卫视的创意策划也多次获奖,如2007年获得杰出策划团队奖、2012年获风尚创意策划奖等。此外,湖南卫视还非常注重人才的培养与资源整合,旗下笼络了何炅、汪涵等一批优秀主持人是其综艺节目高收视率的保证;通过选秀节目和自制偶像剧培养、吸纳了李宇春等一批影视新星,这些新星的粉丝在一定程度上也是其各类节目大受欢迎的保证;而领导管理者魏文彬、节目制作人龙丹妮等则是湖南卫视战略制定与经营管理的中坚力量。凭借强势的平台资源和强大的创新能力,湖南卫视以优质的创新节目、独特的编排、整合品牌资源的经验,在广告市场和观众口碑上均实现丰收,荣登"中国500最具价值品牌排行榜"。

三、多案例比较分析

(一) 总体比较

从知识与性格两个维度、高和低两个等级刻度可以将企业组织在知性管理上的能力分为四个象限,上述三家案例企业则分别落在三个象限内,如图3.1所示。需要特别说明的是,两个维度等级的高与低只是相对于维度之间所起的作用而言的。性格维度相对于知识维度较高,意味着企业组织获取竞争优势主要采取的是差异化战略;而知识维度得分相对较高,则意味着企业组织获取核心竞争力的源泉是领先的技术知识水平;两个维度均较高的企业组织则说明它有效地实现了技术领先战略和差异化战略的融合,能在平衡和整合知识管理与性格管理的基础上,不断提升核心竞争力并以此赢得持续竞争优势。事实上,只要能成为行业内脱颖而出的大型企业,技术知识水平、异质化管理模式都是缺一不可的。

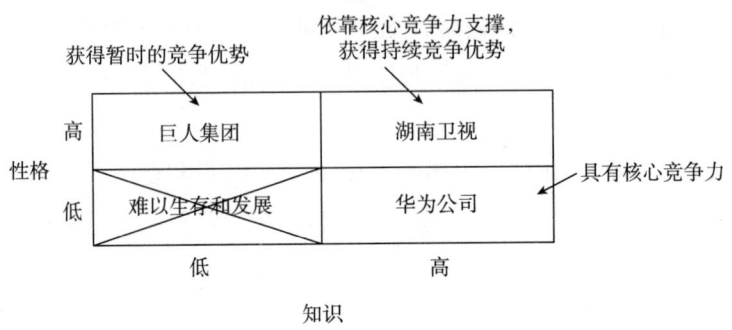

图3.1 案例企业性格与知识的二维比较

巨人集团在性格特色上具有优势,但在知识维度上的得分相对较低。集团在生物产业和保健品行业的膨胀式发展,以及频繁的并购业务,极大地稀释了其在电脑行业本来具有的技术领先优势。缺乏核心竞争力的巨人集团即使由于生物和保健品行业的差异化营销而带来的竞争优势,也只能是暂时的,难以支撑巨人集团的可持续发展。虽然华为公司在经营管理上也具有业内其他企业所不可比拟的特色,但相对而言,引导华为走向国际领先的源泉还是来自强大的技术力量。相对于性格管理,华为公司在知识与技术管理上要获得更高分。值得注意的是,任正非(华为公司创始人)和史玉柱(巨人集团创始人)都曾经选择对公司进行军事化管理,然而最终两家公司的发展方向和命运却截然不同。因此,性格管理并不是特色化管理那么简单,性格管理也需要有技术能力和知识管理的支撑。华为公司具有核心竞争力,是由其可持续的研发投入与产出来支撑的。对技术和产品持续创新的高度重视是华为公司有别于巨人集团的战略选择。总体而言,湖南卫视的管理经营模式实现了知识管理与性格管理的同步、融合与互促性发展,真正体现了管理的知性化,体现了"知性美"。湖南卫视依靠创意、人才、营销模式等各方面的特色创新，有效地将知识与性格的优势发挥出来，依靠核心竞争力的培育与提升，为其获得持续竞争优势提供支撑。对于性格、知识两个维度都处于较低水平的象限空间，是无法支持大型企业长期生存的。

从巨人与华为两家案例企业的比较分析中还可发现一条重要启示：性格水平相对较高、知识水平相对较低的巨人集团最终被淘汰，而知识水平相对较高、性格水平相对较低（相对于自身的技术领先优势而言）的华为公司却成为行业领袖；这说明技术水平和知识能力是企业组织生存与发展的必要条件，而性格水平和差异化特色只有在技术领先的前提下才能发挥出赢得竞争优势的作用，是企业组织在竞争环境中区别于竞争对手的重要因素。没有知识资源和核心能力的支撑，差异化和个性化就难以持续；但缺乏产品特质的情况下，产品的知识含量和技术领先性本身就能形成一定的特质，为企业组织赢得市场与客户。对于华为公司所处的信息与通信行业而言，行业规范对其产品异质性的要求相对较低，而对其技术领先性和产品质量要求较高，使得华为公司能够在行业中取得领先性的竞争优势。

在知识与性格相权衡这个问题上，和行业特征是有重要关系的，这可以引入一家新的企业来说明。诺基亚公司在传统手机行业具有技术领先优势，但手机行业和信息与通信行业有所不同，客户对手机产品的需求是多样化的。随着智能手机、音乐手机等各种新型手机产品的出现和市场细分，只有基本通信功能和款式"老土"的诺基亚公司无法满足大多数年轻客户的需求，然而年轻人却正是手机消费的主要客户群体。随着手机的普及以及更新换代的加快，诺基亚公司在技术领先和质量保证等方面的优势就显得更不必要。因此，与华为公司在战略选择方面基本相同的诺基亚公司，却面临着与华为完全不同的命运，正遭遇市场萎缩的挑战。

（二）管理层次比较

从知性管理五个管理层次对三家案例企业的比较分析结果如表3.1所示。

表 3.1 案例企业在管理层次上的比较

层次	巨人集团	华为公司	湖南卫视
基础层	有研发和技术优势，但缺乏持续的知识管理；性格特色明显，但性格中的优势与缺陷均比较显著	持续的研发与知识管理；品牌特色与企业形象都是建立在技术优势基础之上	在人才、创意策划、创新营销方面显示具备知识底蕴；性格定位非常准确有效，特色显著
组织层	内在管理较好，形成了核心竞争力；但外在管理较弱，在员工、客户、融资渠道等方面的管理上存在欠缺	内在管理非常好，形成显著的核心竞争力与持续竞争优势；外在形象、品牌塑造、相关利益者管理等方面也做得不错	内在管理非常到位，形成竞争力和竞争优势；外在形象、性格张扬、品牌经营等方面也非常具有特色和取得成功
运行层	以感性决策为主，导致后来的决策失误	以理性决策为主，专业管理、独立审计，稳扎稳打	感性决策与理性决策相结合，决策与评估、激励为一体
平台层	传统的管理手段	依靠现代技术较多	管理思想与现代管理技术的融合
实现层	发展难以持续，最终失败	内涵发展方面非常成功，技术领先，进入世界 500 强	特色经营成功，内涵发展也较为顺畅

湖南卫视在五个层次上均具有显著优势；华为公司的主要优势体现在研发能力上；巨人集团最初具有技术领先优势然而最终在特色化营销、资本化运作和快速多元化等操作下逐渐失去核心竞争力，面临失败。从表中可以发现，知识管理和性格管理对企业组织而言都非常重要，而二者的整合才是企业组织可持续竞争优势的保障。依靠技术研发和知识管理、提升和优化自身能力、稳扎稳打的公司（如华为），能培育出竞争力和获取竞争优势。没有技术与能力支持，在管理上过于经验主义和追求个性化的公司（如巨人），决策上的失误很可能为整个企业带来灾难性后果。当然，最佳的管理案例是湖南卫视所代表的类型，能够将知识管理和性格管理相互嵌入、相互促进——以人才、创意等知识资源与能力来支持其个性化经营模式和特色化产品组合，以品牌特色吸引更多的知识资源和提升知识能力。无论是基础管理资源，还是组织、运行和实现等各方面，湖南卫视都具有显著的知性管理特

征，体现出一种独特的"知性美"。这就是湖南卫视能够在行业口碑品牌中独树一帜的原因。

（三）管理特征比较

三家案例企业在管理特征上具有显著区别，如表3.2所示。

表3.2 案例企业在管理特征上的比较

特征	巨人集团	华为公司	湖南卫视
组织	过于集权，开放性不足	在技术方面较为开放，和诸多国际组织存在交流与合作；组织分布式发展，通过内部研发系统平台在局部上形成网络化组织	节目由点向面、群发展，组织内部团队之间存在较好的资源共享、整合与合作创新；与外部其他演艺公司、艺人也存在紧密合作关系，开放度非常高
机制	内部不和谐，财务管理混乱，制度上缺乏柔性，环境适应性不足	存在合作与竞争，内部和谐上达到一种平衡；进行较为广泛的预研，对技术环境变化的适应性较强	节目板块相互支撑，团队合作较为和谐；每年都能策划新的主打节目，环境适应性和持续发展能力较强
文化	较重视创新，尤其是营销创新；共享型文化建设上存在不足	"狼性文化"：学习、创新、获益、团结。团队精神非常强，做实企业文化	形成了共享与创新型的企业文化，能够做到资源整合与知识协作
人才	有一批技术型、创业型人才，但在企业发展后期人员扩张过快，鱼龙混杂，管理混乱	人才具有知识型、密集型特征。高技术研发人才占总员工数量近50%。知识型人才存在一定的地域、知识结构分布性，能实现知识互补	收揽了较多的优秀策划人、主持人、管理人、影视明星，也做到了人才济济，相对于其他省级卫视在人才资源上要丰富得多
资本	具有一定的智力资本与社会资本优势	智力资本上的优势非常显著，社会资本也有所积累	社会资本的优势显著，智力资本为其成功提供有力支持

依靠人员、团队间的协作（如湖南卫视）要比集权化的组织模式（如巨人集团）更为有效。从华为公司和湖南卫视的管理特征共性上来看，合

作、内部竞争以及适应性竞争机制是知性管理的需要。学习性、共享性和创新性是实施知性管理的企业组织的典型文化特征。在人才方面，创新型、知识型人才在规模与结构上都有较高要求。对于知识型企业而言，社会资本和智力资本其实同样重要。从五个特征的案例比较上来看，在管理特征各方面的优化程度是组织知性管理成熟度的反映。从表中文字描述来看，湖南卫视和华为公司在管理特征上要比巨人集团更加成熟和有效。一定程度上，巨人集团规模膨胀后的后期管理是混乱的、低效的，决策失误和企业失败是必然的。

（四）管理职能比较

三家案例企业在管理职能上的比较如表3.3所示。

表3.3 案例企业在管理职能上的比较

职能	巨人集团	华为公司	湖南卫视
战略计划	有雄心但无战略，缺乏长远战略和宏观计划，导致三大产业难以相互支持，资金链断裂	有长远战略，能依靠技术优势执行战略计划，战略中的特色非常鲜明，即依靠技术取胜	战略定位清晰，主打"青春、时尚、快乐"，且能依靠人才、技术、资金、品牌等优势进行资源整合，实施战略计划
组织领导	个人英雄主义，军人崇拜，主要依靠史玉柱的力量整合与推动各种资源	知识型、网络型、分布式组织模式，集权与分权相结合的领导方式，组织较具效率	以知识网络和社会关系网络推进组织管理，领导也颇为知性，能够发现和充分利用人才，整合人才资源的能力强
决策	感性决策，决策容易失误	理性决策，借助团队力量和现代管理决策辅助平台	感性决策与理性决策的结合，有助于特色与风格的发扬
激励	激励失效，导致团队内出现各种违规违纪、挪用贪污事件	形成了系统的激励方案，使得企业能够在技术研发方面做出大量成果	有系统激励措施，对创意策划、节目主持、明星培养、节目制作等都有具体激励方案
控制反馈	控制失据，违规事件频发，财务控制无序，财务危机没有及时传递并实施战略调整，最终使得资金链断裂而破产	在组织、财务、生产、营销、IT、行政、研发、公关、对外投资等方面都制定了系统的内控方案，参照《华为公司内部控制手册》	由于要彰显个性，制作特色化、高质量节目，所以在内控方面尽管多次变革但仍存在一些问题，使得其利润水平并不如预期

巨人集团几乎在所有的管理职能上都存在问题：战略上无远见、过度依赖领导者魅力的组织、经验主义的决策模式、激励制度的混乱与失效、财务失控等。当这些管理问题和规模迅速扩张联系在一起时，"巨人"的倾塌就不再是意外。华为公司的管理职能以研发活动和知识创新为中心，这种管理职能配置在知识密集型行业中无疑是有效的。对于湖南卫视，能够在知识管理和性格管理的双重管理职能上实现平衡与融合是非常不容易的。每一种管理职能的有效发挥最终都会影响企业组织的目标和绩效实现，湖南卫视在知性管理职能上的机制与策略值得借鉴、学习和推广。当然，知识管理和性格管理在职能上的需要有时会产生冲突，例如，湖南卫视在特色频道建设方面的需求使得其必须在决策上冒一定的风险，而这种风险的存在为内部控制提出了挑战。这是华为这种稳健型公司能够在内部控制上比湖南卫视这种"个性张扬"型组织能够做得更好的原因。

（五）管理流程比较

三家案例企业在知性管理流程上各具优势和劣势，如表3.4所示。事实上，巨人集团的管理流程使得其在吸引顾客和市场扩张方面极具优势。在研发投入上，巨人集团虽然不如华为公司那样重视和大规模投入，但前期其实还是形成了技术领先优势与核心竞争力。巨人集团的问题出在管理流程的衔接上，没有将各流程的决策一体化。过度的营销使得生产、物流和售后服务都跟不上，而大量的广告投入又稀释了研发效应的积极影响，不同的业务板块相互挪用资金，最后导致管理流程上的分崩离析，因资金链断裂而破产。华为公司在管理流程上是成功的。依靠知识资源和技术网络的支持，华为的管理流程总是稳健而有效的。在产品差异化上的劣势由其解决方案的特色服务来弥补，实现由产品制造企业向技术服务企业的成功转型。湖南卫视有效地将知识管理和性格管理的流程相结合：一方面，其管理流程围绕创意策划和人才等知识资源而展开；另一方面，管理流程又时刻体现其特色战略定位，即"青春、时尚、快乐"。

表 3.4　案例企业在管理流程上的比较

流程	巨人集团	华为公司	湖南卫视
研发	利用技术优势进行研发创新,利用知识管理进行产品更新换代,但产品中特色、风格体现不明显	持续、高密度、高质量的研发支撑企业走技术制胜路线,知识管理应用有效,但性格的彰显是建立在技术基础上的,缺乏与众不同的企业典型形象	核心内容是进行创意策划,依靠高质量创意策划来彰显企业定位的性格特色,将知识管理与性格管理有效地结合起来
物流	分销渠道拓展较快,但知识与技术合作关系并不密切	与供应商和分销商存在战略上的合作关系	与其他媒体影视公司存在非常好的合作关系,能利用合作渠道制作特色节目,彰显风格
生产	企业存在三个不同的产业板块,生产过程缺乏知识合作,性格特色并不统一	在信息与通信解决方案、设备提供等方面形成系列产品,知识与技术含量高。产品标准化,缺乏特色但也是一种美	产品生产过程和节目本身都具有特色,且特色都围绕企业总体性格定位来完成,实现了知识生产与性格塑造的融合
营销	创新营销,在营销方面非常具有特色,形成市场营销中的典型案例。但营销广告并不人性化,多有诟病	创造了一套非常成功的立体营销技术,尤其在海外营销上优势显著。华为在营销人才、营销资源的整合上具有优势,营销方式具有一定的特色	依靠专业化市场细分,形成特色化营销思路,整合各种营销资源,实现自我营销。基本实现知识支撑与性格彰显的融合,有效地塑造了品牌形象
服务	服务的理念尚比较模糊	将服务从产品中剥离,形成专业化服务解决方案,包括咨询服务、网络集成服务等,让服务促进知识传递与特色宣传	将服务与营销相融,形成特色化服务营销模式,以观众为导向、以沟通为手段,让客户享受到便利、特色、高质服务

(六) 实现技术比较

三家案例企业在知性管理实现技术方面的情况如表 3.5 所示。由于知性管理本身还是一种新理念,没有完全对应的技术工具,只能是从传统的管理技术和工具中加以分离和引进。巨人集团倒闭时间较早,在实现技术上的比较意义不大。华为公司和湖南卫视的快速成长也是近年的事情,它们的先进管理技术与工具也是在中国企业管理水平迅速提升的近阶段才逐渐建立和完善。华为公司的实现技术优势主要体现在研发环节的知识管理,通过各种信息化管理平台和从 IBM 引进的 IPD 管理流程,让其研发水平和技术领先优势从行业中迅速拔尖。相对而言,湖南卫视的管理技术主要体现在软性的管理经验上,依靠制度建设和品牌经营,打造出一套对其自身非常有效的管理模式。湖南卫视相对于其他企业都更具有性格管理方面的经验,而这些经验和管理技术值得总结和提炼。但这些经验本身就是嵌入于组织和制度中的隐性知识,具有模糊性和路径依赖性等特征,其他组织在模仿和借鉴上又存在困难。这为本书后期研究提供了新方向。

表 3.5 案例企业在实现技术上的比较

实现技术	巨人集团	华为公司	湖南卫视
与知识管理、内在管理、理性决策相关的技术	尚未借助现代化的知识管理系统来辅助管理	信息化管理平台非常完善,内网、外网、门户网站、专家库、研发平台等都已建立。尤其是从 IBM 购买的集成产品研发(IPD)流程对华为的发展功不可没	对内建立信息化管理系统,对外建立完善的信息化平台。在人才库、产品策划技术等方面的优势尤其突出
与性格管理、外在管理、感性决策相关的技术	有性格无管理,使得其性格缺陷与优势一样明显	有自己的特色定位,以成熟稳重的技术领先形象示人,产品标准化但服务颇具特色	性格管理技术高超,能在特色经营、品牌培育、形象塑造上赢得竞争优势

四、知性管理理论架构完善

从以上三家案例企业的比较分析中可以发现,知识管理和性格管理对企业组织可持续经营与发展的重要性。知识管理致力于提高企业组织的技术知识水平，引导核心竞争力的提升；性格管理致力于提高企业组织的差异化经营水平和特色管理水平，在文化和品牌等方面赢得相对优势，是企业竞争优势的来源之一。然而，最完善的管理框架是将知识管理与性格管理融合——知性合一，实现知性管理，以核心竞争力的提升来为竞争优势的可持续性提供保障。综上分析，湖南卫视在知性管理上相对做得最好，在此以湖南卫视为案例进一步分析知性合一的机理，以进一步完善知性管理的理论架构。

1. 管理层次上的知性合一

湖南卫视在知性管理层次上有非常明晰的战略与功能定位，同时也非常巧妙地利用知识管理和性格管理的互促作用来极大程度地推动战略目标的实现。一方面，湖南卫视以人才、创意、创新营销技术等知识资源为核心支撑，通过知识资源的有效管理与整合来实现其产品组合的特色化，进而达到品牌建设的目的。另一方面，在特色产品策划与生产、品牌经营的过程中，引进和培养各种人才，吸收与整合外部创意创新资源，为知识资源的积累与能力提升提供持续源泉。在湖南卫视案例组织中，知识和技术水平是其管理能力内在化的体现，而特色产品和品牌是其经营能力的外在化反映。以知识管理促进性格管理有利于通过特色化产品来提高盈利能力和建立品牌价值；以性格管理带动知识管理有利于知识资源积累与能力提升。依靠知识管理和性格管理的互促作用实现了管理手段与战略目标的一致性；并逐渐通过两方面管理水平的提升，促进组织的完善与发展。此外，湖南卫视在内部管理和外部管理上也实现了平衡与互促，在增强自身实力的同时致力于品牌与形象的经营。湖南卫视"知性合一"理念的贯彻，实现了特色经营和内涵发展目标的辩证统一与均衡发展。

2. 管理特征上的知性合一

在组织、机制、文化、人才、资本等方面，湖南卫视体现出了知性合一的特征。开放性和网络性的组织结构为其积极引进知识资源和对外品牌宣传均提供了条件。在人才、创意等知识资源的开放性流动时，湖南卫视在业内的品牌影响力与合作口碑也在迅速提升。和谐性与柔性的管理机制为特色产品打造提供保障的同时，有利于其产品开发团队之间的知识协作。共享性文化有利于湖南卫视众多产品开发团队之间人才与创意等知识资源的共享与整合，创新性文化有利于湖南卫视开发出特色化的产品、服务与频道。湖南卫视大量的知识型人才，一方面是其知识资源创新与融合应用的基本条件，另一方面也是其产品策划与成功开发的保障。在资本方面，湖南卫视更是依靠强大的合作网络与交流渠道，实现了社会资本与智力资本的共同发展。在管理架构的不同方面都遵循知识管理和性格管理的双重需求，从而打造出知性合一的整合型管理模式，使得湖南卫视在管理上具有独一无二的特征，是支撑其在业内迅速赶超和领先的力量源泉。

3. 管理职能上的知性合一

在战略、组织、决策、激励和反馈等管理职能上，湖南卫视实现了知性合一。湖南卫视的战略目标和战略手段非常清晰：战略目标是特色产品经营与品牌发展，而战略手段是人才整合与创意开发。知识型的战略手段结合特色化的战略目标为湖南卫视开拓出了一种极具特色和竞争力的管理模式。网络型和团队型的组织架构为其产品分工和团队协作提供了方便，同时也为其单一产品的特色开发和产品组合的协同发展奠定了基础。感性决策是其不断尝试和推出青春特色风格的卫视产品的关键，而理性评估与决策是组织内产品、团队的竞争与能力优化的推动力。在激励与反馈上不断地创意尝试、收视效果反馈、系统激励，是湖南卫视在激烈竞争中保持领先优势且越做越好的关键。不同的管理职能，均保持知性合一才能充分发挥知性管理的功能，在管理职能相互协调与促进的基础上满足知性管理的功能需求，达到知性管理的预期效果。

4. 管理流程上的知性合一

从湖南卫视的案例中可知，管理流程上的知性合一特征非常显著。在研发过程中，知识资源与技术能力是研发的基础，而特色产品的策划和营销渠道的创新则是研发流程的目的。以知识管理为保障的研发能力，推动了特色化研发目标的实现。在物流过程中，流动的人才、创意等知识资源越具有特色，产品和品牌的特色就越有保障。湖南卫视的很多产品受到年青一代的普遍欢迎，除创意设计非常具有新意外，更多的是源于偶像派影视明星的收视拉动作用。在生产过程中，湖南卫视以明星群体和制作群体来保证产品质量，以创新性策划方案和创新营销手段来提升产品特色。在营销过程中，湖南卫视以年轻群体为目标客户，采用各种创新性、特色化、时尚性的营销手段来赢得客户与市场。在一系列的管理流程中，知识资源的嵌入性是湖南卫视产品质量的保障；而以"青春、时尚、快乐"为核心的品牌特色嵌入是湖南卫视主打产品在客户定位有效性、客户满意度和客户忠诚度上的保证。

5. 实现技术上的知性合一

在实现技术方面，湖南卫视依靠信息化平台建设、收视频道建设、网络收视平台建设等"硬"技术实现了知识型人才的开发和知识型产品的推广；同时依靠产品创新设计、品牌经营、形象塑造等"软"技术实现了产品和组织层面的性格发展。

综上，在知性管理理论架构的各方面，包括管理层次、管理特征、管理职能、管理流程和实现技术等都保证知性合一，是知性管理"知性美"艺术效果的保证。企业组织实施知性管理应该将知识管理和性格管理融合并完全嵌入管理体系中，保持知识管理和性格管理的协同互促、共轭平衡的发展状态。

五、本章小结

知识管理理论已经被国内外很多企业所引进和应用，其成效褒贬不一。知识管理对以核心技术为主体的专一化战略实施很有帮助，但对差异化战略的实施效果则不明显。然而，随着市场竞争加剧，个性化特征成为产品或服务辨识的重要因素，顾客不仅关注产品本身的质量、技术和功能，还关注产品背后的品牌、企业形象和社会责任等。只有在产品特色、企业文化和社会形象等各方面都受到认可的企业组织才能在行业中独树一帜，赢得声誉和价值。性格管理，或者说特色化管理、差异化战略管理等，对于企业声誉与形象的建设是必要的。为此，本书第二章已经提出了知性管理的理念，将知识管理和性格管理有效地融合，较为系统地提出了知性管理理论的基本架构。本章在前期研究的基础上，选择国内三家非常知名的组织进行知性管理的案例分析，让读者能加深知性管理这种新兴管理理念的理解，同时也能为企业组织进行知性管理的实践提供更具操作性的指导和借鉴。

通过案例分析，提出了知性合一的管理理念，进一步完善了知性管理的理论架构。本书得出这样的结论，知性管理需要在企业经营管理过程中将知识管理和性格管理相融合，做到知识管理与性格管理在管理层次、管理特征、管理职能、管理流程和实现技术等各方面的统一，让知识管理与性格管理相互协同与共同促进，方能实现知性管理的艺术效果。湖南卫视的案例提供了知性合一的一种有效模式，可供借鉴与参考；而对于其他的企业组织，要从管理历史和发展现状上考虑，开发符合自身条件与需求的知性管理模式。

在本章案例中，既有知性管理做得不到位的教训，也有知性管理相对做得比较好的经验。但无论是教训还是经验，都能让知性管理由理论框架向理论深化、由理论探索向实践活动更进一步。当然，这离建立完善的知性管理理论还有较远的距离，未来还需要有更多的理论探讨、案例分析，也需要有更多的实证分析来进行理论规律的检验。这是未来的研究方向，也希望有更多学者能接受知性管理理念，加入知性管理理论的研究行列。

本章参考文献

[1] Resnick, J. T. Character is foundation of firm's reputation [J]. U. S. Banker, 2003, 113 (3): 24-26.

[2] Panaji. Knowledge without Character is waste: CM [N]. United News of India, 2012-09-08 (U6).

[3] Goffee, R. and G. Jones The character of a corporation: How your com-

pany's culture can make or break your business [M]. London: Harper Collins, 1998.

[4] Moore, G. Corporate character: Modern virtue ethics and the virtuous corporation [J]. Business Ethics Quarterly, 2005, 15 (4): 659 – 685.

第四章
组织性格的维度与认知差异

在新经济时代背景下,传统的组织管理模式和运行机制已不能满足市场竞争的需求。Resnick(2003)指出,在知识与技术日益成为核心竞争力源泉的同时,组织性格成为塑造差异化竞争力的核心因素。随着市场竞争的日益加剧,一种符合时宜且适应定位的性格特质管理模式成为企业组织主导商业模式创新,并以此赢得差异化竞争优势的有效途径。近年来,国内外学者对于组织性格影响组织运行状况的内在机制开始了尝试性探索,也取得了一些具有启发价值的研究成果。例如,付悦等(2012)以组织学习能力为中介,验证了组织性格决定组织命运的假设;喻登科等(2016,2017)深入讨论了知识资本、性格特质与企业绩效之间的作用关系,并实证测量了影响路径与效应。但现有实证研究中,学者用于观测的组织性格维度多借鉴人格心理学中的 Big Five 理论或 MBTI 理论,在组织管理视角尚缺乏一个系统的、有效的尺度架构。再者,组织性格的理论研究起源和根植于西方文化,而中国和西方国家在市场竞争环境、组织治理制度、社会文化与关系处理等方面都存在着显著性差异。因此,国外文献中关于组织性格的理论探索性成果可能无法情境转移并适用于中国文化背景下生存的组织。那么,在中国特色社会主义市场经济背景下,企业组织将体现哪些性格特征,不同性质的企业组织在性格特质上是否会存在显著差异,不同类型的个体对企业组织性格的认知是否也会存在差异?回答这些问题,将有助于我们了解这些企业,掌握它们的共性与个性,并进而对我们解释很多经济管理现象和预测产业演化规律提供启示。为此,本章基于认知心理学理论,通过员工认知的问卷调查,以质性分析方法提取组织性格的维度,并采用独立样本 t 检验辨识不同性质的组织、不同经历的员工在组织性格认知上的差异,以此形成对中国企业组织性格特质的维度诠释架构。

一、文献回顾

企业组织作为一个由员工群体形成的集合,员工个体的性格特质经过群体甄选、相互同化后诞生出渐趋稳定的文化、风格与特质;这些特质决定了组织在情境中的行为惯例与行动策略,对企业组织的适应性生存至关重要。虽然对员工性格、组织文化、品牌人格等概念早有研究,但组织性格这一概念,直到 2000 年才由 Bridges 正式提出。组织性格的研究主要有三个方面的理论基础:①人格心理学,该理论认为组织性格融合了一个组织内全部员工个体所具有的、共同的性格特征,它是员工个体人格在群体行为与决策时的涌现性特质。②认知心理学,该理论认为性格特质并不是企业组织固有的、内生的,取决于认识这种性格特质的观察者,不同观察者对同一组织所认知的性格特征可能都是不一样的,但只要被观察到,就可能被认为是被观察组织的性格。③组织心理学,该理论认为组织与个体具有类似性,都是有机体,因此组织性格是组织所固有的特征,组织文化、组织惯例、组织认同、企业形象、品牌人格等都属于组织性格的范畴。也有学者从综合性的视角对组织性格的概念进行归纳,认为组织性格既有内生性也有外生性,既有先天因素也受后天环境的影响,但总体而言,性格特质对于一个企业组织而言,在一定时间内具有一致性和持久性:一致性体现为由个体人格组成的组织性格,在企业组织内不同员工个体的认知观与行为习惯等方面会基本表现一致;持久性是指组织性格的变化是相对稳定的,能够被稳定观察到,也稳定影响组织内的员工个体。但无论如何，研究者都强调，组织性格并无好坏之分，成功的组织会根据既定的目标以及可持续发展的需要培育并适时调整组织性格，使之更好地为组织服务。

组织性格是一个多维结构，它可以从多种尺度进行认知与观察；而且认清组织性格的维度特征对于理解一个组织的决策和预判它的行动轨迹具有重要价值。早期学者大都直接引入人格心理学中的大五人格理论，将组织性格维度划分为情绪稳定性、外向性、宜人性、开放性和尽责性。但 Bridges 等学者认为，组织与自然人个体还是有显著区别的，个体人格理论不能充分、有效地诠释组织性格。为此，他提出了组织性格观测的 MBTI 理论，将组织性格分为四个维度：在组织定位维度，分为内向型（I）和外向型（E）；在战略制定维度，分为事实型（S）和直觉型（N）；在决策方式维度，分为理性型（T）和情感型（F）；在环境感知维度，分为判断型（J）和感知型（P）。这一理论的提出更多地考虑组织管理与决策过程，在管理实践启示方面更具指导价值，因此受到了很多学者的认同。但是，也有学者认为，这种人为划分维度的方式过多地加入了主观判断和模型化，并不一定能真实反映企业组织的性格特质，他们还是坚持应该更多地考虑组织员工与外部观察者的切身感受，让组织性格的维度划分更加人性化。例如，Slaughter 等（2004）借用 Aaker（1997）对品牌人格的研究方法，识别出了组织人格的五个维度，即团结、创新、权威、节约和时尚；而 Chun 等（2006）则从能力、宜人、进取、高雅和无情五个维度探讨了组织性格对消费者认知和员工吸引力的影响。此外，也有学者将组织性格维度直接应用到企业的类型划分，如 Jorge 等（2003）将企业分为以目标为导向的成就型企业、以稳定为导向的保守型企业、以员工为导向的合作型企业和以知识为导向的创新型企业。不同的组织性格维度划分方式各有利弊，但它们的研究思路都值得中国学者借鉴。对于中国学者而言，更突出的问题在于，尚未有中国情境下企业组织性格的维度研究。为弥补这一缺口，本章将借鉴认知心理学理论，从员工认知的视角对中国企业的性格特质进行维度划分，并探悉组织性格在不同性质企业上的表征差异和不同类型员工上的认知差异，丰富中国情境下的组织性格理论。

二、研究设计

(一) 问卷设计、发放与回收

问卷设置三方面题项：①员工身份与类型识别题项，包括性别、学历、工龄、工作岗位；②工作单位性质识别题项，包括组织规模、组织经济成分与组织技术类型；③员工认知视角下的组织性格特质题项，这一题项为开放式填空，要求被调查者给出"5个最适合描述所在工作单位的形容词（或名词、短语）"。

问卷调查委托专业服务机构问卷星网站完成。调查时间为2017年2月27～28日。问卷共发放239份，其中系统通过测谎题项自动识别出无效问卷25份，回收问卷214份，回收率为89.54%；剔除非企业单位来源的问卷5份以及部分数据缺失或无效的问卷3份，回收有效问卷206份，有效回收率为86.19%。206份有效问卷的来源与分布情况如表4.1所示。

表4.1 问卷的来源与分布情况

员工身份与类型	变量属性	频率分布（%）	工作单位性质	变量属性	频率分布（%）
性别	男	42.2	组织规模	大型企业	19.4
	女	57.8		中型企业	66.0
学历	专科及以下	7.8		小微企业	14.6
	本科	84.0			
	研究生	8.2			

续表

员工身份与类型	变量属性	频率分布（%）	工作单位性质	变量属性	频率分布（%）
工龄	少于1年	1.0	组织技术类型	高技术企业	45.1
	1~3年	24.3		非高技术企业	52.9
	3年以上	74.7		其他	2.0
工作岗位	管理岗	43.7	组织经济成分	国有企业	26.7
	研发岗	33.0		外资或合资企业	29.1
	生产岗	8.3		私营企业	43.7
	营销岗	14.5		其他	0.5
	其他	0.5			

从调查样本的特征来看，被调查者中性别比例较为均衡；本科学历人员居多，这基本反映了我国企业组织内员工的学历层次；员工工龄大都达到一年以上，意味着他们对组织有较为深入的认识，能够准确描述他们所在的工作单位；各个工作岗位都有一定规模的被调查者，能够满足对不同员工对组织性格认知差异进行分析的需求；在工作单位性质方面，各类型组织分布较为均衡，有助于探究不同性质企业间组织性格维度的差异。

（二）研究步骤与方法

1. 数据整理与词频统计

通过问卷调查共收集描述企业组织性格的不重复的有效词语576个。采用Excel软件对这些词语进行词频统计，高频词语如表4.2所示。

表4.2　描述企业组织性格特质的高频词

词语	频数	词语	频数	词语	频数
创新	78	积极	17	技术	9
和谐	48	责任	16	活力	6
团结	38	高效	14	温馨	6

续表

词语	频数	词语	频数	词语	频数
发展	27	科技	12	自由	5
稳定	26	合作	11	保守	4
开放	21	公平	9	和睦	4

2. 采用质性分析方法提取组织性格维度

采用以扎根理论为基础的质性分析方法进行组织性格的维度提取，它是一种基于实际资料逐步反复编码，不断比较归纳，最终建立理论机制的研究方法。具体地，包括开放式编码、主轴编码和选择性编码三个分析步骤。首先，对问卷识别出的组织性格描述性词语进行同义词、近义词、反义词编码，形成相应的词汇集，以此生成一些宏观概念，实现初步的开放式编码；其次，对同一概念下的词语进行差异辨识，生成具有概括性和辨识度的范畴，完成主轴编码；最后，在范畴基础上再进一步归纳，形成几个具有典型性、代表性、独立性的主范畴，提取组织性格的维度，构建最终的理论架构。

3. 采用独立样本 t 检验方法辨析组织性格的表征与认知差异

在质性分析提取组织性格维度的基础上，采用如下步骤为各维度进行量化赋值：①对于某一样本，当它给出的五个描述性词语出现时，给予赋值，否则赋值为 0；②具体赋值时，被调查者越早想到的词语，越能描述企业组织的性格特质，因此采用加权赋值的方式，即第一个词语赋值 5 分，第二个出现的词语赋值 4 分，以此类推，最后一个出现的词语赋值 1 分；③当被调查者给出的描述性词语与主范畴意义相反时，赋值为负，而分值权重与上一步骤相同。因此，每一样本在每一维度的得分值区间为 $[-15, 15]$，在所有维度上的得分总和也在区间 $[-15, 15]$。

在完成维度赋值的基础上，采用独立样本 t 检验来分析组织性格维度在不同性质企业组织间的表征差异以及不同类型员工对组织性格的认知差异。独立样本 t 检验的过程采用 SPSS 工具包完成。

三、研究结果

（一）维度提取

借鉴国内外学者对于组织性格及其维度的研究，通过开放式编码、主轴编码和选择式编码三个步骤，提取到组织性格的五个维度，分别是创新、宜人、开放、责任、发展。质性分析的编码过程如表4.3所示。

表4.3 组织性格维度分析的编码过程

开放式编码	主轴编码	选择式编码
A1 创新、日新月异、前沿、自主研发	创新	创新
A2 高科技、科技人才密集、科技	科技	
A3 技术先进、技术、有技术含量的、追求最新技术	技术	
B1 福利一般、没有保险、人性化、福利好、有保障、能重视员工诉求	工薪待遇	
B2 工作氛围和睦、氛围好、和睦、温馨、包容、温暖、同事好相处、友善、和谐、团队化、沉闷、融洽、齐心、友爱、万众一心	工作氛围	宜人
B3 平等、公平、自由、民主、背景、贪污、受贿、舒适、整洁、环境优美、能力第一、不讲人际关系、人性化	工作环境	
C1 外向、保守、公开、有活力、传统、死板、活泼、灵活、僵硬、开明、融合	接受能力	开放
C2 现代化、市场化、国际化、根据市场变化不断调整、开拓、国际贸易、随机应变、故步自封	环境适应性	

续表

开放式编码	主轴编码	选择式编码
D1 严格、信用、假、商业诚信、务实、诚心的、值得信赖、可靠的	信誉水平	责任
D2 质量、专业、认真、仔细、注重产品质量、严谨、细致、质量至上、生产员工质量意识差	商品质量	
D3 守法经营、管理用心、合理竞争、遵守法规	经营状况	
D4 乐施善行、有责任感的、敢于担当、道德、正能量、负责、环保的、为人民服务	社会责任	
E1 奋斗、进取、需发展、干劲十足、锐意进取、效益好、水平高、日薄西山、业绩好、提口号、行业领先、稳健、领导一代不如一代、努力向上	发展现状	发展
E2 前程似锦、与日俱进、突飞猛进、不断壮大、有潜力、知名度不断提升的、朝气勃勃、前景广阔、潜力巨大	发展前景	

1. 创新维度

根据质性分析与词频统计结果，本书提取的组织性格的第一个维度是创新。从编码过程可以发现，创新这一特质被众多被调查者以多种形式提到，而其中技术的高与新、技术创新人才以及技术研发的自主性等被重点强调。在全球化经济背景下，创新早已成为一个企业发展的核心竞争力来源，是培育与获得持续竞争优势的关键所在；而在党的十八大明确提出要实施创新驱动发展的战略、强调科技创新是提高社会生产力和综合国力战略支撑的背景下，创新更成为中国大多数企业的口号、标签与象征性活动，是一个企业对外宣传的重点所在。因此，毋庸置疑，创新成为西方国家企业组织和中国企业组织所共有的、核心的性格维度。与国外稍有不同的是，中国企业组织特意强调了"自主研发"这一具有浓厚中国政策导向特色的词语，意味着一些企业已经开始从模仿创新、集成创新、引进消化吸收再创新等方式中转型，走上自主创新的道路。对于"日新月异"这一词语的理解，或许特别适合描述当前中国技术与经济发展的态势，日新月异的市场环境对企业而言既是机遇也是挑战，关键在于企业组织能否通过技术创新、管理创新来适应市场环境的快速变迁。具备创新性格的企业组织，无疑在国内外竞争中更具优势。

2. 宜人维度

本书提取的第二个性格维度是宜人。作为员工最为关注和敏感的话题，宜人性这一性格维度被快速提取并不意外。根据编码过程追溯，中国企业的员工在宜人维度重点关注工薪待遇、工作氛围和工作环境三个方面。工薪待遇是员工努力工作的根本动力，工作氛围有利于产生凝聚力和情感归属，而良好的工作环境有利于激发员工的效能感。在宜人维度，和谐、自由、团结、温馨和公平等词语被高频次提到。和谐，要求员工之间和睦相处；自由，强调给员工充分的发展空间；团结，意味着要有共同愿景与组织目标；公平，重在建设有效的考核与激励机制。这些词语几乎涵盖了组织建设的方方面面，包括战略远景、组织文化、制度设计等，旨在强调要为员工创造一个优越的软环境。以人为本，是中国科学发展观思想的核心；在"中国制造2025"中，人才为本也被列为基本方针。再根据马斯洛的需求层次理论，员工在通过工薪待遇满足基本物质生活需要的基础上会追求更高层次的情感归属、自我价值实现等需要。因此，无论是基于中国情境还是根据理论分析，宜人性都应是企业组织性格特质的一个重要观察视角。建立一套良好的组织运行制度，重视员工不同层次的需求，提供宜人性的组织氛围，是企业组织平稳、健康与可持续发展的保障。

3. 开放维度

在经济全球化与互联网技术日益发达的背景下，开放性成为一个企业组织在面临市场环境复杂性和不确定性等问题时必须具备的性格特质。中国在改革开放以后，开放已经成为大多数中国人、中国企业的共识。因此，本书提取的第三个组织性格维度为开放性，具体包括组织对外部环境的接受能力和适应能力两个范畴。对外部环境的接受，要求企业组织要有开明的心态，要以活泼、灵活的方式处理与外部环境的动态协调，要有融于环境的意愿，而不是选择保守和封闭；对外部环境的适应，则强调主动进行现代化、市场化和国际化的改造，具备前瞻性的眼光和开拓进取的精神。从调查结果来看，中国的企业组织在开放性这一维度差异相对比较大：一部分传统产业、年龄较大的企业组织，可能尚未能更新观念，难以做到开放进取；而另一些处于新经济下的新兴企业，则能够以开放心态包容一切，甚至能做到商业模式创新，改变外部环境。

4. 责任维度

根据质性分析结果，本书提取的责任维度不仅包括对外承担社会责任，而且包括对投资者、客户、员工负责，责任维度提取的范畴包括信誉水平、商品质量、经营状况、社会责任四个方面。在企业组织成为一国主要经济主体的情势下，各个国家都在强调企业组织应该承担起社会责任。2011年，中国社会科学院发布了《中国企业社会责任报告》，将社会责任界定为责任管理、市场责任、社会责任和环境责任四个方面；而且，中国有越来越多的上市公司都将社会责任报告纳入信息披露的必要内容。在这种情境下，中国企业的员工将负责任作为观察和评判企业组织性格的一个基准，也是适合时宜的。调查认为，企业组织要勇于承担责任，在守法经营、保证质量、重视信誉、服务公众等方面做出表率，要为维护社会秩序、保障社会和谐、促进社会繁荣做出贡献。只有承担了社会责任的企业组织，才能获得多方利益相关者的认可，才能受到社会公众的尊敬，才能有更多发展的机会。当然，从调查中也可以看出，还是有一部分企业组织的员工并不认可其所在工作单位的负责任态度，可能还有一些企业组织在信誉与质量等方面存在问题。

5. 发展维度

本书提取的最后一个组织性格维度是发展，调查显示，员工对企业组织的发展现状和发展前景非常关注，也只有在发展现状良好的企业才能安稳地工作；只有在发展前景看好的企业才有奋斗的动力。从开放式编码中原始数据可知，企业员工对发展现状的描述性词语经常有"奋斗"、"进取"、"稳健"、"效益好"、"行业领先"等。这些词语中一部分用来刻画过程，另一部分用于描述结果，这说明员工通常会结合工作过程和结果两方面来评判企业组织的发展状况。而与此同时，大多数被调查者都比较肯定其所在工作单位的发展前景，通常会用"前程似锦"、"突飞猛进"、"有潜力"、"前景广阔"等词语来形容。发展是硬道理，在市场竞争日益激烈的环境中，企业组织必须给员工展示良好的发展能力和潜力，才能让全体员工产生凝聚力和动力，共同为实现发展目标而奋斗。也只有不断进步的企业组织，才能留住具有竞争力和自我实现价值观的优秀员工，不被市场洪流所淹没。

企业组织作为一个社会群体，有其多样性和复杂性，其组织性格也不只表现为一个特定的维度，它是一个多维度复合的有机体。本书基于员工认知的视角，借助质性分析工具提取到五个用于刻画组织性格的维度。当然，这五个维度虽然基本符合我国企业组织的价值观与管理伦理，但是否能够高度概括中国情境中大部分企业组织的性格特质，其科学性、系统性与有效性都有待进一步的理论探索与实践检验。需要特别解释的是，本书提取组织性格维度的方法是开放式问卷调查，这本身就类似采用了访谈技术，是一种探索性的研究方法，没有加入任何的先验性理论框架来保证其效度；而提取到这五个维度后，其效度只能依靠未来据此开发量表并问卷调查之后才能得以验证。

比照人格心理学中的"大五人格"理论发现：本书提取得到的组织性格五维度与个体人格五维度有三个是类似的，即开放、宜人、责任；也有两个维度是不同的，在组织性格中强调创新与发展，而在个体人格中更重视外倾性与神经质。这种潜在的重合性是科学合理的，因为组织也是由很多个体组成的，组织性格在一定程度上可以说是众多员工个体人格的群体选择与系统涌现，组织性格与个体人格的相似性正反映出二者的"一脉同源"关系；而且组织也是有机体，有着组织心智，会表现出与人类个体相似的性格特征，也在情理之中。当然，二者之间的区别我们也需要表示认同，毕竟组织与个体在情感、行为与目标上均会要求有异，企业组织必然要追求成长和发展，因此从"创新"和"发展"两个维度去归纳组织性格是更为恰当的；而人类个体对情绪体验的追求会更多，从"神经质"和"外倾性"两个维度去总结人格也为更佳。

那么，这五个维度之间是什么关系呢？在人格心理学中，有一种"九型人格"理论，它对人的性格按照思想中心、情感中心、本能中心三个方面进一步划分为九种类型。在此，借鉴这一理论，并根据企业组织的特点将"本能中心"修改为"目标中心",从思想中心、情感中心、目标中心三方面进一步对组织性格的五个维度进行归纳。特别说明的是,本书旨在建立区别于个体性格而专属于组织性格的维度架构,在此引用"九型人格"理论,并不是吸纳其核心思想,而仅借鉴这种以三个中心来更为系统归纳和总结维度间关系的思维方式;而且,为了更契合组织的特点,也已将个体层面的本能中心做出了修改,用目标中心来更加恰当地概括企业组织在性格体现与追求上的最高层次。最终得出结论:宜人维度和责任维度属于企业组织的情感中心,分别表征企业组织的对内情感和对外情感;开放维度和创新维度属于企业组织的思想中心,分别表征企业组织的思想输入和思想输出;发展维度属于企业组织的目标中心,表征企业的价值取向。

由此,本书提出企业组织的五型性格框架,如图4.1所示。五型性格框架的核心精神包括:①企业组织的性格以情感、思想和目标为中心;②以三个中心为基础,衍生组织性格的五个维度,分别为宜人、责任、开放、创新和发展;③以情感为中心,企业组织通过内部修炼,孕育"宜人"特质,再通过由内向外移情,塑造外部修养,表现出对外承担"责任"的特质;④以思想为中心,企业组织以"开放"性特质实现尽可能的思想输入,再经过组

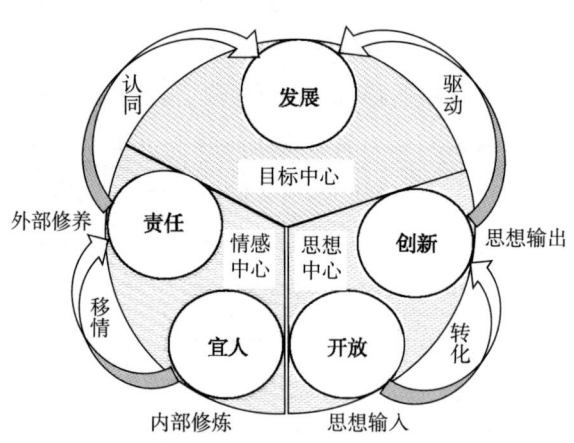

图 4.1 企业组织的五型性格框架

织对思想的转移转化，实现思想输出，在此过程中培育出组织的"创新"型性格；⑤企业组织以情感为中心获得内、外部认同，以思想为中心获得创新驱动力，在两者基础上走出一条属于自己的"发展"道路。对于一个谋求可持续发展的企业组织而言，五种性格特质缺一不可，而且需要做到在性格特质层面的高度匹配与相互作用才能让组织性格健康成长。

（二）表征与认知差异分析

既然已经提取出组织性格的五个维度，那么它们是否能对企业组织起到辨识性作用？如果不能，则意味着提取的五个维度可能是缺乏实际意义的。类似地，不同类型的个体在组织性格认知上是否存在差异？如果是，则意味着组织性格理论更多应归属于认知心理学，否则需要考虑归属于人格心理学。因此，对组织性格的表征差异和认知差异进行分析，对于验证、丰富和完善组织性格理论具有重要意义。据此，在对组织性格五维度进行量化赋值的基础上，采用独立样本 t 检验方法进行表征和认知差异的分析，结果如表4.4 和表4.5 所示。

表4.4　独立样本 t 检验的显著性水平

组织性格维度			创新维度		宜人维度		开放维度		责任维度		发展维度	
属性		方差假设	Levene	t	Levene	t	Levene	t	Levene	t	Levene	t
Panel A：认知	性别	相等	0.929	0.476	0.132	0.592	0.284	0.961	0.391	0.796	0.933	0.583
		不等		0.476		0.580		0.959		0.798		0.584
	工龄	相等	0.683	0.605	0.220	0.440	0.896	0.966	0.434	0.580	0.247	0.954
		不等		0.606		0.435		0.968		0.551		0.957
	学历	相等	0.330	0.582	0.144	0.614	0.057 *	0.154	0.037 **	0.293	0.104	0.292
		不等		0.572		0.707		0.337		0.064 *		0.424
	岗位	相等	0.007 ***	0.035	0.541	0.387	0.432	0.968	0.475	0.219	0.182	0.089 *
		不等		0.016 **		0.369		0.968		0.229		0.059

续表

组织性格维度			创新维度		宜人维度		开放维度		责任维度		发展维度	
属性		方差假设	Levene	t	Levene	t	Levene	t	Levene	t	Levene	t
Panel B: 表征	组织 规模	相等	0.437	0.837	0.775	0.520	0.066*	0.281	0.024**	0.044	0.008***	0.937
		不等		0.845		0.515		0.151		0.026**		0.948
	经济 成分	相等	0.019**	0.087	0.134	0.011**	0.987	0.621	0.211	0.887	0.603	0.017**
		不等		0.067*		0.022		0.628		0.898		0.022
	技术 类型	相等	0.000****	0.000	0.658	0.238	0.831	0.690	0.190	0.587	0.503	0.917
		不等		0.000****		0.235		0.687		0.580		0.916

注：****$P<0.001$；***$P<0.01$；**$P<0.05$；*$P<0.10$。

表 4.5 中每个维度第一列数据为方差方程的 Levene 检验的 Sig.；第二列数据为均值方程 t 检验的 Sig.（双侧）。性别属性的分类为男、女；工龄属性的分类为三年以内和三年以上；学历属性的分类为本科及以下和研究生学历；岗位属性的分类为研发或管理岗以及非研发管理岗；组织规模属性的分类为大型企业和中小型企业；经济成分属性的分类为国有企业和非国有企业；技术类型属性的分类为高技术企业和非高技术企业。

表 4.5　组织性格维度表征与认知的均值与标准误差异

属性		创新维度		宜人维度		开放维度		责任维度		发展维度	
		均值	标准误	均值	标准误	均值	标准误	均值	标准误	均值	标准误
Panel A 认知	学历 （本科及以下— 研究生）	—	—	—	—	—	0.692	−0.811	0.423	—	—
	岗位 （研发管理— 非研发管理）	−0.851	0.349	—	—	—	—	—	—	1.221	—
Panel B 表征	组织规模 （大型企业— 中小型企业）	—	—	—	—	—	0.249	1.077	0.473	—	0.923

续表

属性		创新维度		宜人维度		开放维度		责任维度		发展维度	
		均值	标准误	均值	标准误	均值	标准误	均值	标准误	均值	标准误
Panel B 表征	经济成分（国有企业—非国有企业）	0.661	0.358	0.562	—	—	—	—	—	-0.061	—
	技术类型（高技术企业—非高技术企业）	1.392	—	—	—	—	—	—	—	—	—

1. 认知差异分析

从表4.4的 Panel A 可知，不同性别和工龄的被调查者对所在单位的企业性格认知并没有显著区别，这意味着男性和女性员工对所在单位的性格观测视角基本相同，对性格的评判也基本类同；类似地，工龄在三年以下和以上的员工对工作单位的性格认知基本相同，意味着组织性格的认知应该不需要三年就能做到。但是，不同学历的员工对开放、责任这两个维度的认知情况有显著差异，结果表明，高学历员工对组织的开放性、负责任态度更为敏感，会提出更高要求。结合表4.5的 Panel A 可知，不同岗位的员工在创新和发展这两个维度的认知上有显著区别，管理、研发岗位的员工相比于生产、营销等岗位的员工会更加重视组织的长远发展潜力；但令人意外的是，也许他们每天都在做创新、谈创新，却也更容易在调查中对创新这一特质视而不见，所以在创新这一维度的认知上反而不如非管理、研发岗位的员工重视。以上结论对于企业组织在性格培育、员工管理与发展规划等方面均具有重要的启示意义，同时也表明，即便企业组织性格有其内生的一面，但不同员工在性格认知上还是会有差异，这些差异意味着企业组织性格还有其外生的成分，组织性格的认知心理学基础有其成立的依据。

2. 表征差异分析

从表4.4的 Panel B 可知，企业的组织规模、经济成分与技术类型等性质都会影响其性格表征。具体地，大型企业与中小型企业在开放、责任和发展维度存在显著性差异；国有企业和非国有企业在创新、宜人、发展维度存在显著性差异；高技术企业和非高技术企业在创新维度存在显著性差异。从表4.5 的 Panel B 可进一步知悉，虽然大型和中小型企业在开放、责任和发展维度没有检测到显著均值差异，但大型企业有显著更大的方差，意味着大型企业在开放、责任和发展三个维度呈现更大的两极分化现象，在一些大型企业开放式发展和承担相应社会责任的同时，另一些大型企业可能在得过且过"啃老本"。根据调查结果，国有企业的员工比非国有企业的员工在创新、宜人和发展维度方面有更加强烈的感受，或许是受国家政策引导所致，国有企业员工会更加关心和强调创新，也更加注重员工关怀和为员工创造良好的工作环境；但是，在创新与宜人维度做得明显要更好的情况下，国有企业员工却明显要比非国有企业员工对其所在单位的发展状况和前景表示悲观，创新与宜人未能转化为良好的发展前景，反而可能是国有企业员工缺乏忧患意识和奋斗动力的缘由。尤其要重视的是，高技术企业和非高技术企业在创新维度的差异特别显著，说明"创新"几乎成为了高技术企业的识别标签。然而，意外的是高技术企业和非高技术企业相比，并没有在其他维度（尤其是发展维度）表现显著性差异，这是否暗示着，在我国特殊的政策背景下，"创新"也仅仅是高技术企业的标签，而没能为高技术企业的发展做出实质性贡献。换言之，这是否意味着我国很多高技术企业的创新可能都是象征性、形式上的创新，而创新成果的价值转化能力偏弱，无法形成对其发展的驱动力？以上结论对于很多希望进一步发展的企业而言都具有重要的启发价值。同时也表明，企业组织性格更多地还与企业组织本身有关，组织性格有很多内生的成分，人格心理学或组织心理学或许会是组织性格成因与规律诠释的更优理论。

四、本章小结

组织性格理论的提出对于解释很多企业组织的特色化发展路径有明显的优势，它是对知识管理、核心竞争力等理论的有力补充：前者通常适合解释新经济环境下的新兴企业发展轨迹，而后者通常适合解释知识经济环境下的高新技术企业发展模式。在新经济日益繁荣的中国，组织性格理论将有着巨大的应用前景。然而，无论在国外还是国内，目前的组织性格理论都尚未完善，甚至可以说组织性格的内涵、构成维度都未达成共识。国外学者有了一些前沿性的探索，从认知心理学、人格心理学和组织心理学等角度对组织性格做了一些研究，也对组织性格的维度做了一些探索性的测量。但是，中国的政策环境、行业环境与经济环境与国外都有着显著区别，中国企业需要能更恰当诠释其组织性格的理论。据此，本书试图借鉴认知心理学理论，在问卷调查、质性分析与独立样本t检验等方法的基础上，对中国情境下企业组织的性格维度及其表征与认知差异进行剖析。经过研究确实得到了一些非常具有启发性价值的结论：①中国企业组织的性格特质可以归纳为创新、宜人、开放、责任和发展五个维度；②这五个维度又可以继续归纳为以情感、思想和目标为中心；③在前两个结论的基础上，中国的组织性格理论可以整合为五型性格框架；④无论是不同性质企业组织的性格表征，还是不同类型员工对组织性格的认知表征都存在着一些显著性的差异；⑤这些差异除能给予管理实践启示外，更重要的是其理论贡献，它意味着组织性格同时具有内生和外生成分，从认知心理学和人格心理学对组织性格进行解释有着其内在的科学依据。

本章研究结论极大地丰富和完善了组织性格理论。其一，相较于大五人格理论，本书提取的组织性格五维度要更加切合企业组织实际，能反映组织在创新与发展方面的特别追求；其二，相较于 MBTI 理论，它又更加"人性化"，而不是 MBTI 那种比较强硬的分类和评判，更适合诠释"性格"这一概念；其三，相较于品牌人格理论，它更专注于企业组织本身，而不着眼于企业组织的产品与品牌，因此它更能称为"组织性格"；其四，与 Chun 等（2006）提取的组织性格维度（能力、宜人、进取、高雅和无情）相比，本书提取的组织性格维度有所优化，它涵盖了一个更重要的中心，即目标中心所包容的发展维度，因此，也就对组织性格概括得更为全面一些；其五，本书提出的五型性格框架紧紧地抓住了中国当前经济发展环境中企业组织以开放式创新推动可持续发展的管理理念和特征表现，因此，它也是一种符合中国情境的组织性格理论，对中国的企业组织性格管理有着重要的启示性意义。

当然，本章研究仍存在着一些局限，如相对于中国庞大的企业群体，本书调查的样本数量不大，可能影响研究的效度与信度；只是初步对组织性格的表征与认知差异进行了解释，但这些差异出现的真正原因及内在规律有待进一步的研究。因此，未来将从以下方面进行完善：发放更大规模的问卷量表或进行深度访谈，以更好地提取组织性格维度；深入探索组织性格维度间的内在关系和机理，分析组织性格表征与认知差异发生的成因与机制，进一步完善组织性格理论。此外，也将利用本书提取的五型性格框架做拓展性的实证分析与案例研究，从实践资料的演绎与归纳分析中验证五型性格框架的效度，为未来建构完善的企业组织五型性格理论奠定基础。

本章参考文献

［1］Resnick, J. T. Character is foundation of firm's reputation［J］. U. S. Banker, 2003, 113（3）：24-26.

［2］付悦, 陈国权. 组织性格决定组织命运？——以组织学习能力作为中介的模型［J］. 经济管理, 2012, 34（8）：97-104.

［3］喻登科, 肖欢, 彭静等. 知识资本与性格特质对企业绩效的交互作用研究［J］. 科技进步与对策, 2016, 33（22）：146-155.

[4] 喻登科,肖欢,彭静等. 知识资本、组织性格与组织绩效的结构方程分析——基于中小板上市企业的经验数据［J］. 科技进步与对策, 2017, 34（23）: 138-146.

[5] Bridges. The character of organizations: Using personality type in organization development［M］. California: Davies-Black Publishing, 2000.

[6] Slaughter, J. E., Zickar, M. J., Highhouse, S., et al. Personality trait inferences about organizations: Development of a measure and assessment of construct validity［J］. Journal of Applied Psychology, 2004, 89（1）: 85-103.

[7] Aaker, J. L. Dimensions of brand personality［J］. Journal of Marketing Research, 1997, 34（3）: 347-356.

[8] Chun, R., Davies, G. The influence of corporate character on customers and employees: Exploring similarities and differences［J］. Journal of the Academy of Marketing Science, 2006, 34（2）: 138-146.

[9] Jorge, E. F., Robert, T. H. The character of organizations［J］. Journal of Business Strategy, 2003, 24（1）: 38-40.

第五章
组织性格的表现形式与演化机制

企业的竞争优势从何而来？与企业资源基础观一脉相承的核心能力观、知识基础观和动态能力观均认为，竞争优势是由企业所拥有的与环境相匹配的各种特定的资源、能力和知识所决定。然而现实的企业实践却对战略管理领域中这些经典理论提出了极大的挑战。一方面，全球化和网络化背景下各类知识和资源的溢出性和流动性增加，企业赖以获取和维持竞争优势的战略性资产和核心能力的 VRIN 特征（有价值的、稀缺的、无法替代的和难以模仿）正逐渐遭到削弱，竞争企业可以通过不完全模仿、母公司衍生和投资并购等手段实现快速的直线式追赶甚至跨越式追赶。

另一方面，动态能力概念的提出虽然在一定程度上解决了如何获取和更新构成竞争优势的核心能力和知识目录这一静态能力视角所无法回答的问题，但同时带来了新的理论问题，即为何一些企业总是能够积累与环境相适应的知识和资源而另一些企业却频繁受困于能力陷阱？这同时也使得企业陷入了"先有环境变化再进行被动适应"的逻辑怪圈，由此失去了遵循自身发展路径和组织特征进行探索性创新与突破式创新，进而发展新兴领域并主动塑造环境甚或引领市场的先机和原动力。

以上两方面的局限性均反映出了资源观与能力观对企业主体意识和创造力的忽视，未从本质上揭示竞争优势的来源。资源观、能力观与知识观也无法解释知识经济时代屡见不鲜的一些现象：为何一些资源丰富、技术过硬、实力雄厚的企业（如柯达、诺基亚）在竞争中惨遭淘汰；为何一些新兴企业、品牌（如滴滴出行、iPhone）能够以其历史积累所不相称的速度占领市场？这不得不引发我们思考一个问题：是否还有一些遗漏的或者是新出现的重要因素，在形成企业竞争优势的源泉？

在探索企业竞争优势源泉的过程中，我们会发现一个事实：学者总是致力于揭示企业组织如何获得异质性资源或能力以及它们又如何作用于竞争优势的形成，却缺乏对资源或能力异质性特征的来源解释，也忽视了企业组织作为社会实体，其心理特质和决策偏好对异质性认知与抉择的影响。事实上，由员工个体构成的企业组织，其组织行为往往遵循着与个体相似的心智过程；这种心智与组织惯例、心理特质、选择偏好等隐性因素有着莫大关系，却通过显性的资源获取、知识学习与能力积累等过程表现出来，并最终作用于企业竞争优势的形成与提升。本章借鉴 Machen（1911）的"人格隐喻"手法，将这些无法归纳的隐性因素称为企业性格。

虽然关于企业组织的异质性特征早有相关研究，然而在这些研究成果中，企业组织的异质属性考察维度非常广泛，包括员工人格特征、组织文化特色、公司产品特性和企业战略多样性等。广泛的内涵使得在解释异质性为竞争优势来源时很难深入本质，也缺乏对企业组织实践的指导价值。而且，也尚未有文献将异质性特征中直指企业本质属性规律的特征辨识，给它们赋予企业性格的标签，更未给企业性格做一个系统而清晰的学术化定义。基于此，本章拟在融合人格心理学与组织理论相关知识的基础上系统界定企业性格的概念，构建企业性格的理论分析架构；通过讨论企业性格的内涵结构、表现形式和演化机制，探索企业性格对竞争优势形成的作用机制，提出竞争优势形成的性格基础观，为解释企业组织的竞争优势来源提供一个新的理论架构。

一、组织性格的内涵与理论架构

人格或性格是心理学的核心概念之一,一直以来存在着多个研究流派,其中:人格特质流派的先驱者奥尔波特将其界定为"个体内部身心系统的动力组织,决定了个体对环境的调节方式",反映了遗传素质所造就的个体的人格特质;行为主义流派的代表人物斯金纳认为人格是"个体在社会化过程中习得的独特的行为方式的组合",侧重说明后天的经历和环境对人格的影响;而以凯利的个人建构论为基础的认知流派,继承了人本主义心理学所强调的自由意志的思想,将人格解释为个体有意识地对客观事物进行认知和评价后所构建的差异化的价值观念和信息加工方式。结合这些流派的观点,兰迪和戴维(2014)提出了一项全面性的人格定义,即"人格是个体内部的心理特质和机制的集合,具有组织性和相对持久性,它们影响到个体对心灵内部的、物理的和社会环境的适应以及与它们的相互作用"。

在此我们借鉴和拓展个体人格的定义来界定企业的性格。严格来讲,性格与人格在概念内涵上略有差异,性格实际上从属于人格,是人格的主要成分之一,具体指个体在对现实世界稳定的态度和习惯化的行为方式上表现的人格特征,基本上是由后天经历的社会环境塑造而成。在本书中,一方面,基于对组织行为的研究目的,在行为层面企业性格等同于企业人格,并将重点引入社会认知视角下与态度和行为相关的个体人格理论来分析企业的性格;另一方面,企业作为一种非生物体和社会性实体,其组织行为主要受到内部的管理环境和外部的市场环境的影响,因而也更适合使用企业性格一词来突出其后天性的形成和表现。而就这些意义而言,我们也倾向于综合性地采纳人格心理学中行为主义流派和认知流派的观点,将企业性格界定如下:由特定的组织身份和组织惯例所产生和作用的,组织相对稳定且统一的心理特质以及与之相适应的行为标识。

这一定义在界定组织性格内涵的同时，实际上也反映了本书在人格心理学系统化的学科架构下围绕企业性格几个最基本问题的关注，即组织性格的要素构成和结构关系、组织性格的内在演化机制和企业性格的外在表现形式。借鉴人格系统模型，本书将组织性格划分为两个作用层次（表现形式和演化机制）和四项基本要素（心理特质、行为标识、组织身份和组织惯例），并构建组织性格的探索性理论分析架构，如图5.1所示。

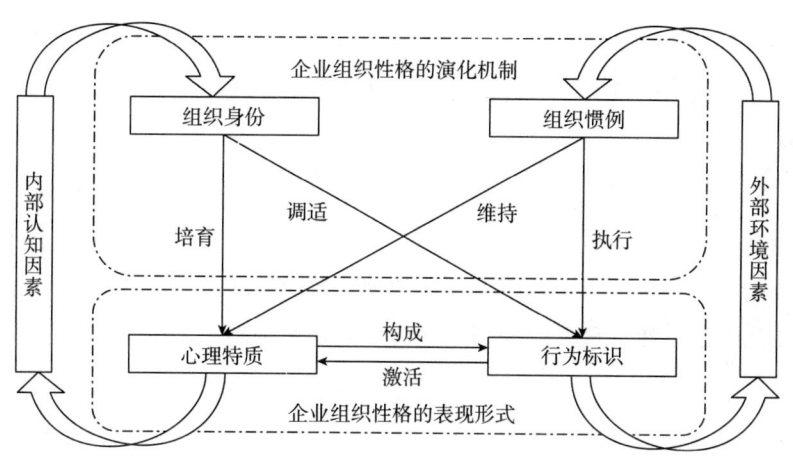

图 5.1　企业组织性格的探索性理论架构

二、组织性格的表现形式

企业组织作为由众多特质各异的个体组合的社会体，其性格应该是组织成员个体人格的集体涌现。人格特质理论指出，特质是个体人格的基本单元,揭示人格作用于人类外在行为表现的三方面功能性特征。第一,人格特质的共通性,即人类存在共有的宽泛性的人格特质结构,如最广泛认同的大五人格因素;第二,人格特质的差异性,即不同个体在各项人格特质因素上的分布状态呈现出显著且稳定的差异;第三,人格特质的变化性,虽然人格特质相对稳定,但在特定的情境下,一部分人格特质的行为表达可能会受到阻碍,个体会有选择性地在行为上突出那些屈从于情境需要的人格特质。在不同情境中的人格—行为变化也是一种由已有的人格特质构成和产生的行为规则。

个体人格的功能特征成为我们理解企业性格核心内容与表现形式的基础。企业组织由既具有共通性又具有差异性的人格特质的众多个体构成,这些个体在人格上的竞争、协同与交互相容就形成了各具特色的企业性格。由此,企业性格的核心内容是组织成员的个体人格特质,以及它们在组织层面集体涌现所衍生的心理特质与心智模式。然而,企业性格又并非是个体人格特质的简单加总。基于对人格变化性的理解,企业正是提供了一种社会性和制度化的组织情境,这种较为强势的情境使得个体成员与之适应的某些人格特质不断得以强化和凸显,而另一些无关的甚至相悖的人格特质则难以表现。由此,组织成员在企业日常的运作过程中人格特质的趋同反应造就了组织层面整体性、稳定性和持续性的企业性格。此时,企业性格体现为在特殊情境下所展示的决策偏好与行为模式,本书称为企业性格的行为标识。

由此,再借鉴国内外心理学研究者对人格内容和层次的一贯性区分方式,企业组织性格具有两种相互关联的表现形式:

其一,组织成员在企业内部共同呈现的心理特质与心智模式。与个体层面的人格特质类似,组织层面的心理特质是企业跨时间和跨情境的独特行为背后稳定的心理动机和价值取向所在,反映了企业组织在对待自我、社会、目标、利益和价值等方面相对稳定的情感体验和心理倾向。此时的企业性格由众多个体的人格特质通过组织层面的涌现过程和趋同反应所产生,这个不断竞争与协同并最终达成一致的过程具有内隐性,只有组织内部的成员才能相互识别和体会。但是,这种内隐性的企业性格,由于体现了所有组织成员的共同愿景，因此在企业组织的战略决策与演化路径中，心理特质与心智模式都发挥着主导性的作用。

其二，企业在特定情境中所展现出来的具体的行为标识。作为人格心理学中社会认知视角下提出的一项核心构念，企业的行为标识是其组织成员心理特质的一种组合方式和外在表达。即在外部环境和企业行为的交互作用过程中参与其中的组织成员会有意识或无意识地将他们所拥有的与当前任务情境相匹配的一部分心理特质激活，并使其通过企业组织层面的各种标准化操作程序、决策规则、行动风格或文化载体等形式反映，由此构成了一些具有一定特色和标志性的行为标识。这种情境—特质—行为的联系无论是组织内部还是外部都能直接观察到，并且通常会对外部环境产生潜在影响。

三、组织性格的演化机制

企业组织性格的培育、发展、优化与外显对于企业组织通过性格对外展现其特色与形象具有重要意义。挖掘企业性格的演化机制是管理学视角下为企业性格理论提出的要求。参考人格心理学理论，企业性格的形成与发展也应该是一个"先天"与"后天"交互的过程："先天"因素体现在由个体认知上升到群体认知、由个体身份上升到组织身份的内在机制，它类似生物个体的遗传因素，在企业创立之初就已经镌刻其中成为基因。"后天"因素体现在外部环境对企业性格形成与适应性演化的影响，当企业组织在外部环境不断刺激下做出类似生物个体的应激反应时就形成了处理特定情境中特定问题的反应集，即组织惯例。由此，组织身份和组织惯例的作用对企业性格的形成与发展具有重要的影响，是企业性格演化机制的核心因素：其中，组织身份主要作用于企业性格的培育与调适，而组织惯例主要着力于企业性格的维持与执行。

（一）基于组织身份的培育机制和调适机制

在人格心理学中，人格是以个体的认知建构为核心和基础。在组织层面，企业性格也应当是组织及其个体根据其主观意志进行有意识的判断和选择的结果，这种主观意志集中体现在企业的高层管理团队通过社会化的建构方式创设的组织身份，即这些战略领导者以及其他组织成员关于"什么是企业最为核心、独特和持久的组织特征"的共享心智模型。由组织身份的定位与认知逐步生成企业战略、使命、共同愿景等一系列在企业中起核心标识作用的特质，由此渐渐衍生出企业组织独一无二的性格。

作为一项多维度的认知性结构，组织身份的功能大致与个体人格的认知—情感加工系统相符，主要作用于对企业性格的培育和调适。一方面，组织身份反映了组织成员对企业所持有的目标和价值观的感知，以及对现实世界中自我、他人、事件和情境的认知表征，因此能够使他们通过回答"我们是谁"这一问题而培育出共通性的心理特质。企业在初创期性格的形成往往取决于其企业家或高层管理团队对其组织身份的理解和共识，他们特定的价值取向或战略目的导致企业在初始禀赋和能力的积累和运用方面具有相应的心理偏好。而这些早期组织成员呈现的心理特质为随后加入的其他成员提供一种参照性或制约性的隐性基准，使后者无论是基于对组织目标的支持和拥护还是仅仅出于维持成员资格的目的，均会对在组织中应当表现出来的心理特质进行自我分辨、自我强化和自我延续，这种"去个人化"的组织认同过程最终会使组织成员在一些核心的心理特质上逐渐趋于一致。这种类似基因的遗传机制也正是组织层面企业性格的生成与培育机理——企业性格从初生到成熟，都会保持初创企业家心理特质和精神意志的印记，也会保持对企业初始组织身份的组织记忆。

另一方面，组织身份还包含了企业对特定情境中行为结果的预期和自我效能的信念，以及对组织行为和资源能力进行自我调节的计划和策略，因而也为其组织成员提供了"我们要做什么"这一问题的答案，从而能够对企业与环境交互作用过程中形成的各类行为标识进行有效的调适。这种调适机制不仅使企业在面对某种特殊情境时会通过既定的计划和策略来部署相关的组织成员，并决定这些成员的哪些心理特质得以激活、哪些需要受到限制，继而基于被激活的心理特质构建与外部环境相适应的行为标识。同时，组织身份在一定的情境中还能够作为一种经验的过滤装置，促使企业根据自身的组织身份主动地物色和选择适当的情境特征进行响应，并且通过已有的一些行为标识来影响甚至改变外部环境。即当企业的组织身份逐渐以声望的形式被外部环境所熟知时，会使得环境中的各种利益相关者依据企业的行为标识与其发生互动，进一步有助于企业性格在各类情境中的变化和发展。

（二）基于组织惯例的维持机制和执行机制

通过组织身份培育的初始企业性格好比孩童时期的个体人格是易变和可塑的，会在"后天"与外部环境交互作用过程中不断地发展和完善。随着企业在特定社会文化和产业环境中的运作，其组织成员在企业已有心理特质基础上经过长期互动与适应过程会自发性地形成各种组织惯例，其中一部分组织惯例在与组织绩效关联的过程中被证明是与环境适应被存留并被反复运用继而成为企业固有的一种行动倾向。这种社会性的组织学习过程反映了环境因素对企业性格的影响作用，并且主要是通过组织惯例的维持机制和执行机制来实现。

首先，企业组织惯例的存在能够将其组织成员共同拥有和表现的心理特质长期维持在一定的类型和水平，成为企业性格稳定性的重要来源。作为一种集体性的组织现象，组织惯例一般由分布于企业内部不同时空位置的多个组织成员参与其中，并通过协作的方式相互联结。在这一过程中，组织成员之间不仅能够共享和感知彼此的知识技能，还能够通过建立对"在怎样的情况下需要怎样做"的共同认识来调整在相应任务中各项人格特质的具体表达。为了使组织协作过程以及组织成员之间建立的行为共同体不至于遭到破坏，每一位参与者都需要注意其人格特质的前后一致性以保证组织惯例的良好平衡。当一部分组织惯例逐渐演变成循环交互的行为模式时，在这些组织惯例中所隐含的个体层面的各项人格特质就将以习惯化或契约性的方式涌现为组织层面整体性的、稳定的心理特质。

其次，组织惯例是使企业性格在特定情境中通过行为标识的形式得以良好执行和外显的基础。从人格研究的相关构念上看，行为标识是由组织成员的人格特质和相关的认知—情感单元以一种"如果—那么"的情境依赖方式构成的，其本质就是通过组织惯例的不同"面向"的交互作用转化而来。一方面，组织惯例的施为通常被看作是一种触发性的组织程序，决定了由某项情境特征所能激活的组织成员人格特质的时间和顺序。随着这种激活程序的反复操作和强化，企业成员拥有的各项人格特质之间形成了一些无意识的关联结构和触发规则，使得由此构建的行为标识能够在相同或相似的情境中被快速而有效地提取和执行，减少相应的认知资源和不确定性，并提升企业对外部环境的感知性能与响应速度。另一方面，企业能够通过组织惯例的明示面向对已有的行为标识进行抽象化表征，甚至使其嵌入在以实体方式展现的人工载体中，这种将复杂性的行为模式简化为标签性的行为规则或战略架构的过程不仅提高了行为标识在组织内外部的可识别性，还有助于使其被提取并迁移至新异的情境中以指导组织成员心理特质的激活和具体行为活动的开展，这也使得企业性格成为组织内部一种能发挥战略性和变革性作用的强有力行动杠杆。

四、企业竞争优势来源的性格基础观

事实上从上文的描述和分析中已经揭示出企业性格在形成和发展过程中由其基本要素之间的相互作用机制而产生的六大核心特征（见图5.2）。首先，企业组织成员在个体层面的共通性与差异性，当其在组织层面整体涌现时就形成了企业性格的统合性与特异性特征：统合性意味着企业层面跨个体的心理特质趋同，而特异性则意味着差异化的个体心理特质仍保留潜在作用，而使得企业组织之间总是有所不同。其次，由于组织惯例的维持机制，组织成员所共享的各项心理特质会表现出跨情境的一致性和跨时间的持久性，在整体上就使得企业性格具有相对的稳定性。同时，组织惯例的执行机制会在特定的情境中激活组织成员内隐的心理特质并组合构成各项行为标识，这种企业性格的外显表现形式正是因为组织惯例无意识和模式化的反复执行而呈现出易提取性和可识别性。最后，组织身份的调适机制使得行为标识能够迁移到其他情境并作用于行为计划或决策规则，表现为企业性格的可迁移性。

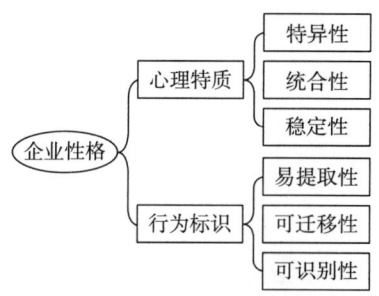

图 5.2　企业组织性格的六大核心特征

六个方面的性格特征使得企业能够区别于竞争对手存在，并在相同的竞争情境中发挥出不同的能力、展现出不同的行为、实现差异化的绩效。事实上，企业性格的这些特征与竞争优势资源基础观、能力基础观中强调的资源与能力的 VRIN 特征也存在着潜在的关联性，为此，本书以已有的竞争优势理论为桥梁，厘清企业性格与企业竞争优势之间的作用路径与关系，提出企业竞争优势的"性格基础观"这一新视角、新理论，为探索企业竞争优势的前因要素与本质来源提供一种全新的研究框架，如图 5.3 所示。性格基础观的特色在于将企业组织的性格特征作为其资源与能力 VRIN 特征的前因变量与调节变量，整合企业竞争优势理论中的资源基础观与能力基础观理论，把企业性格诠释为企业竞争优势的更基础来源。企业竞争优势的性格基础观，揭示企业竞争优势形成的三条路径，分别通过促进与调节企业组织中的无形资产、核心能力、动态能力而为企业带来持续竞争优势。

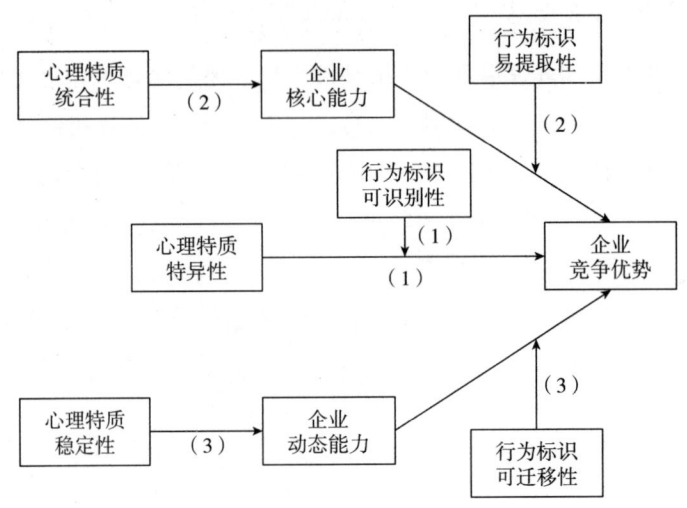

图 5.3　企业竞争优势形成的性格基础观

（一）性格特征作为企业无形资产的作用路径

人格心理学证据表明：积极的人格特质能够作为一种有效的生理或认知机制催生个体的积极行为，并提升其自我效能感和主观幸福感。类似地，企业组织所拥有的特异性心理特质以及由其构成的行为标识也应该会为企业带来直接性的竞争优势。从资源基础观的角度，特异性的心理特质可以被看作是企业所培育和积累的一种稀缺且难以模仿的无形资产，而对应的行为标识则是使这些资产实现其价值的途径与手段，它们都应该属于企业组织智力资本的范畴，是企业竞争优势赖以形成的异质性资源。不同类型与特异水平的心理特质会对企业组织的经营管理绩效与品牌形象产生不同的影响；不同类型心理特质的组合与不同特异水平心理特质的均衡会对特定情境下的企业组织绩效产生最匹配的效果。特异性心理特质作为前因辅以行为标识可识别能力的调节作用，能够让企业性格以无形资产、智力资本等形式在企业竞争优势形成与发展中发挥出最大作用。

（二）性格特征作为企业核心能力基础的作用路径

在个体层面，衡量心理健康的标准在于个体与其人格相关的自我概念、情感体验、心理动机和生理反应等方面的协调程度，这些人格构成成分之间的和谐统一决定了个体能否避免由内心的紧张和矛盾造成的人格障碍，并培育出独特而有效的行为风格。与之类似，在组织层面，企业心理特质上的统合性反映了内部组织成员感知的组织身份与所期望的组织身份是否一致，并由此影响个体之间能否通过交互性的组织学习对各自知识和技能进行有机的协调和整合，进而通过人力资本、战略愿景、共同心智、学习能力、创新能力等中介因素而最终影响企业核心能力的形成和发展。此外，企业核心能力在实际运用过程中还需要通过组织内部隐性知识的积累和共享来提升其运作效率和增强其不可模仿性，因而由核心能力带来的竞争优势将与行为标识的易提取性高度相关。由此，可确定性格基础观视角下企业竞争优势形成的第二条路径：组织成员心理特质的统合性作用于企业核心能力，并通过后者的中介作用来提升企业在静态环境中的竞争优势，而行为标识的易提取性则在其间起调节作用。

（三）性格特征作为企业动态能力基础的作用路径

在一定时间和情境的跨度范围内，趋于稳定的人格特质通常被看作是个体行为成熟度的一种体现，能够使个体自主地选择其所处的情境并且以一贯的行动方式来适应和改变环境。对于企业而言，一方面，拥有相对稳定的心理特质实际上反映了其高层次、抽象化的组织惯例的演进和作用，能够有效地指导组织成员在各种不同的情境中对企业内外部资源和能力进行识别、更新、创造和重构，由此成为企业动态能力的重要来源。另一方面，因为企业动态能力的效用通常与其运用方向和运作成本密切相关，企业能否基于特定的认知和动机对已有行为标识进行选择性的存留和迁移将影响其动态能力向竞争优势的转化效率。因此，心理特质的稳定性水平与企业的动态能力具有潜在的因果关系，行为标识的可迁移性则会在动态能力与组织绩效之间起调节作用，这两项企业性格特征有助于提高企业在动态环境中的竞争优势，此为性格基础观中企业竞争优势形成的第三条路径。

五、本章小结

相较于人格心理学在解释和预测个体行为方面所取得的丰硕研究成果，由其衍生的组织层面企业性格概念一直未能得到管理学科相关研究领域的足够重视。与人格心理学相似，在竞争环境中企业组织也会面临着性格决定命运的选择规律，企业性格通过作用于无形资产、核心能力与动态能力的形成与发展成为企业持续竞争优势的来源。为此，本书提出了一项全新的、探索性的理论框架，为企业性格理论奠定基础。

通过整合人格心理学与企业竞争优势理论，本章主要完成了三个方面的研究内容：界定了企业性格的内涵，提出了企业性格探索性分析框架；研究了企业性格的表现形式与演化机制；提出了企业竞争优势形成的"性格基础观"。研究表明：①可以借鉴人格心理学理论，对企业性格的内涵、要素与层次进行较为清晰的界定，形成相对系统的分析框架；②企业性格的表现形式可由心理特质与行为标识两项要素来刻画，而其演化机制则主要由组织身份和组织惯例的作用来实现；③企业性格具有六个方面的特征，这些特征使得企业性格成为组织资源与能力 VRIN 特征的来源，由此可整合竞争优势理论中的资源基础观与能力基础观，提出一种全新的竞争优势理论框架，即性格基础观，揭示出企业性格成为持续竞争优势根本来源的三条作用路径。

提出企业性格理论框架，揭示企业竞争优势的性格基础观，是本书的核

心命题,该命题的提出对于未来相关方面的研究具有较强的开拓性和启发性,集中表现在三个方面:

(1) 企业性格主要是以心理特质和行为标识两种形式存在并发挥其具体作用,其中前者是嵌入于组织成员整体的内隐形式,而后者则是能够被直接观察的外显形式,对于这两者及其相关特征变量的测量和跨层次分析将成为未来研究有待重点解决的问题。在实际的研究过程中可以将人格心理学中一些成熟的实验方法和评估量表引入组织情境,辅佐以案例内容分析和档案资料分析的方法来开发这些构念的测量量表。

(2) 作为企业性格的前因因素,组织身份和组织惯例分别在不同时期通过相应的作用机制影响企业性格的演化,使得每个企业在其心理特质和行为标识的特征方面呈现一定的差异性。但这两项组织因素本身也是具有多个层面和多个维度的核心变量,并且两者之间也存在一定的相互作用关系,因此未来研究还需要进一步揭示组织身份和组织惯例之间的互动过程及其对企业性格的作用机制,以更好地分析和检验组织身份的各项特征(如强度、同一性和吸引力)、组织惯例的各项特征(如内隐性、触发性和路径依赖性)以及企业性格六项核心特征之间的因果关系,由此探讨企业如何通过组织身份的设定和组织惯例的演进来有效促进其性格的培育和执行。

(3) 将企业性格的六项核心特征看作是企业积累具备 VRIN 特征的资源和能力并将其转化为竞争优势的基础,其中假定心理特质的特异性、统合性和稳定性分别是企业无形资产、核心能力和动态能力的重要来源,而行为标识的可识别性、易提取性和可迁移性则决定了企业在这些资源和能力运用方面的效率,由此强调企业性格实际上具备了一种价值创造的功能。在性格基础观分析框架下,企业能够通过由性格驱动的无形资产积累与动态能力提升,为外部环境传递个性化的价值同时也为其自身创造价值,从而创造新的竞争优势来源。这一观点不仅拓展了企业竞争优势理论的研究视角,也为现实企业如何追求卓越提供了一定的实践指导。然而,实践中的证据需要依靠未来在案例分析与实证研究方面更多的探索。

本章参考文献

［1］Machen, W. Corporate personality［J］. Harvard Law Review, 1911, 24（5）: 347-365.

［2］兰迪·拉森, 戴维·巴斯. 人格心理学——人性的科学探索［M］. 郭永玉等译, 北京: 人民邮电出版社, 2014.

第六章
产品的品牌人格及作用

在新经济时代背景下,随着互联网技术的高速发展及电子商务平台的广泛应用,网络购物逐步显示出其区别于传统购物方式的优越性,已然成为现代购物方式的主流。据统计,2017年的"双十一"期间通过支付宝结算的商品成交额达1682亿元,与2016年同期相比增长率高达39%,全日支付总数达14.8亿笔,全日物流订单达8.12亿笔,展示出中国电子商务发展的强劲爆发力以及无限潜力。同时,便捷的购物方式、逐步健全的第三方支付方法以及日益进步的物流技术也预示着网络购物不仅是一时浪潮,而在被源源不断地注入新的生命力。但是,对于电商企业来说,机遇与挑战并存。一方面,互联网和电子商务的发展使得电商企业面对更广阔的销售市场,同时,节省了租金、库存费用等成本;另一方面,网络的虚拟性使得顾客只能依赖网页中对产品的介绍及其他网购者的评价形成产品与品牌认知,而这种认知所具有的主观因素以及潜在的信息不对称很容易造成顾客信任的缺失。近年来,有关新经济环境下网购情境的研究得到国内外学者的广泛关注。例如,Anaza(2014)探讨了网购情境下人格特质对顾客满意度及顾客行为的影响;侯红维(2016)以关系质量为中介变量,探讨网购情境下顾客参与对重购意向的作用。但是,作为企业组织差异化竞争优势来源的核心构成要素之一,在产品品牌人格研究领域鲜有发表相关成果。再者,品牌人格具有明显的文化依赖性,国外的研究成果也不一定能适合诠释中国情境下产品品牌人格的独特形成规律。那么,在中国的网购情境中,企业组织如何塑造产品的品牌人格?产品的品牌人格又通过什么样的作用机理对口碑评价与顾客行为产生影响?回答这些问题,无论从理论创新还是应用指导方面都有着重要意义——对网购情境中产品品牌人格的维度进行本土化分析,可以为国内蓬勃发展的电商企业在品牌人格塑造方面提供重要启示。因此,本章对国内三大知名电器品牌的线上评论进行质性分析,逐步编码,由此提取中国网购情境下产品品牌人格的构成维度并提炼其对口碑评价的作用机理,建构与丰富品牌人格理论。

一、文献回顾

随着产品同质化程度的日益加深,品牌人格作为差异化竞争优势的新源泉应运而生,成为消费者认知与辨识产品的重要影响因素。学术界对品牌人格概念的界定还存在一定分歧,这种分歧导致品牌人格定义分为两大派系:即品牌形象论和品牌人格维度论(王保利等,2009)。在品牌形象论方面,Aaker(1997)将品牌人格定义为"消费者所感知的品牌的一系列人格特征",这一定义受到学者的广泛推崇。品牌人格的形成主要与品牌的外在附属物有关,如品牌使用者的形象、品牌代言人及价格等因素,而与具体产品本身的功能特性无太大关联(傅俊清和王垒,2004)。消费者倾向于选择品牌人格与自我概念一致性高的产品,而且消费者对于产品的喜爱还会加强自我概念(Dolich,1969)。品牌形象论认为,品牌人格对品牌忠诚具有显著的正向预测作用(尤斌,2011),因此,个性化鲜明且具有人格特质的品牌可以提升消费者认同,促进购买行为。

品牌人格维度的研究多以人格理论为基础,根据对不同人格理论的借鉴,研究方式主要集中于两个方面:一是采用演绎法,提出基于人格类型论的品牌人格维度;二是采用归纳法,提出基于人格特质论的品牌人格维度

(王保利等，2009）。前者以弗洛伊德人格和阿德勒人格的应用为典型：将弗洛伊德人格应用于品牌人格维度研究，提取表现和抑制两个维度（Ruth，1990）；将阿德勒人格应用于品牌人格维度研究，提取自信和顺从两个维度（Rossiter，1993）。后者的研究成果更为丰硕，且渐趋主流。例如，Heylen（1995）整合基于弗洛伊德人格和阿德勒人格的品牌人格维度，提出新的品牌人格二维模型，形成了"阴阳二重性"品牌人格理论的雏形；Aaker（1997）以人格特质论中的"大五"模型为基础，开发出一个系统的品牌人格维度量表，包括真诚、刺激、胜任、教养、强壮五个维度；进一步地，Aaker 等（2001）通过对美国、日本及西班牙三种不同文化背景下品牌人格维度的研究，提出品牌人格构成维度会在不同社会文化背景下显示出独特性——强壮维度为美国文化背景所独有，平和维度是日本文化背景所特具，而激情维度在西班牙文化背景有特别体现。受此启发，国内学者李胜兵和卢泰宏（2003）将品牌人格维度本土化，以中国传统文化为视角发展出中国特色的品牌人格维度，即仁、智、勇、乐、雅；通过与美国、日本品牌人格维度的比较研究，发现中国产品品牌人格的建立在一定程度上会受到外来理论或文化的影响。随后，Sung 和 Tinkham（2005）通过研究韩国和美国两个典型的代表东西方文化的品牌人格，发现韩国消费者感知品牌深受儒家价值观影响，被动喜爱与支配倾向是其特有的维度。郭芯（2016）将品牌人格与城市旅游进行结合，发现城市旅游的品牌人格包括真诚卓越、欢乐高雅和时尚刺激三个维度。此外，景进安（2006）对品牌人格稀释危机的探讨，侧面反映出塑造品牌人格并不断加以强化的必要性；廖成林和杨恒（2007）以性别气质为独特视角，编制品牌的性别气质量表，为企业组织增强对品牌定位的管理指引了方向。

关于品牌人格的后果研究，主要集中在品牌人格对客户满意度、客户忠诚度积极影响的实证研究方向。例如，Kumar 等（2006）、Lin（2010）、刘雯瑜（2013）、泥川（2018）等均通过实证分析为品牌人格对客户忠诚的正向作用提供了证据。但是，在品牌人格与客户忠诚之间，目前涉及的核心变量聚焦于品牌认知（Kim et al.，2001）、客户信任（Yongki et al.，2009）、客户满意（Zuhroh & Rofiaty, 2014）等，而且通常散落于实证研究类文章中，未能对品牌人格的作用规律与机理做出系统而有效的总结。

文献回顾表明，尚未有研究将网购情境与品牌人格有效结合。为弥补上述缺口，本书希望通过对网购产品的在线评论进行质性分析建构新经济背景下中国产品的品牌人格维度架构，探求品牌人格与口碑评价之间的作用机理，形成初步的理论体系，为电商企业塑造品牌人格、赢得顾客口碑提供决策借鉴。

二、研究设计

（一）数据收集

首先，鉴于本章致力于网购情境中的品牌人格研究，数据资料来源设定为网络商城的在线评论。其次，考虑电商经营经验以及产品知名度等因素，特将产品定位到海尔、美的及格力三大知名家电品牌中的冰箱、空调和洗衣机等商品。

数据收集时间为 2018 年 3 月 27～31 日。为保证数据资料的有效性，在收集评论过程中遵守以下筛查原则：①剔除评论比较简单、无有价值信息（如只有"好""好评""赞"等字样）的帖子；②剔除无关乎产品及其附属性质的评论（如打广告等内容）；③剔除相同评论（如复制他人内容）。此外，遵循客观、真实的原则，尽量保证评论的完整性、真实性与可靠性。关于样本量的确定，遵循理论饱和准则。得到海尔品牌的有效评论 628 条，美的品牌的有效评论 1025 条，格力品牌的有效评论 436 条。各品牌每种产品的评论数尽可能相当。

(二) 研究方法

本章采用以扎根理论为基础的质性分析方法，它强调从观察入手，针对某一现象来发展并归纳式地完成理论建构。扎根理论被认为是定性研究领域中最具科学性的方法论。在程序上，扎根理论形成了严格的程序化编码步骤，自下而上分别为开放性编码、主轴式编码以及选择性编码，形成最终的核心范畴编码。本书以企业与消费者之外的第三者观察视角，致力于总结产品品牌人格的构成维度，及其对口碑评价作用路径中的中间变量，丰富和完善品牌人格理论。为最大化地消除编码过程中主观因素的影响，保证编码的有效性及准确性，不断回归至原始资料进行分析，以确定最终的概念与范畴。在构造理论框架的过程中始终保持高度的理论敏感性，贯穿持续比较的思维，不断修正理论直至达到理论饱和。

三、品牌人格

（一）品牌人格维度提取

从提取的 2089 条有效评论中随机抽取 1000 条进行编码分析，其他评论用于检验理论饱和度。通过借鉴国内外学者对品牌人格维度的研究，在质性分析的基础上经过三级编码总结出家电产品品牌人格的六个维度，分别为实用、实惠、高效、周到、移情、保障。对其他评论内容进行饱和度检验，没有发现新的范畴，故认定所提取维度有效。具体编码过程如表 6.1 所示。

（二）品牌人格维度理论框架

根据质性分析，提取品牌人格的第一个维度是"实用"。在对在线评论进

表 6.1　品牌人格维度的编码过程

部分原始资料	范畴	主范畴
A1 质量不错，海尔有保障	质量	实用
A2 产品外观不错，师傅服务好，物流效率高	外观	
A3 冰箱很漂亮，功能很多，实用性强，适合家庭用，很喜欢	实用	
B1 海尔物流……速度快，价格便宜	定价	实惠
B2 很高兴选择了这款冰箱，刚好"三八节"晚上几小时搞活动少了100元，价格实惠	促销	
B3 订单宣传是送话费的页面，但是需要上传照片。这也没啥，关键没有上传照片的端口……希望后面买的消费者慎重思考吧	赠品	
C1 下单后第二天就收到货了，感觉高端大气上档次，很满意	物流快速	高效
C2 送装即时安装到位，服务好，在这给安装师傅胡水平点赞	送装一体	
D1 海尔服务超级好，师傅敬业并专业。5星	服务态度	周到
D2 声音小，制冷效果好，保鲜效果好，总之非常满意，已经使用半个月了，目前没有任何问题，售后非常好	售后服务	
E1 这个容量放在厨房刚刚好，就像是定制的，非常喜欢。声音也很小，外观高大上，刚好可以满足我们一家三口的需要	定制化	移情
E2 用了十来天了，制冷效果杠杆的，噪声很小，空间很大，温度可以随意设定，很人性化的设计，必须给5个赞	人性化	
E3 冰箱很前卫，做工精细，设计合理，功能齐全，是家居必备品。最大的优点就是可以远程操作。紧随时代的步伐	智能	
E4 海尔冰箱真心不错。外观漂亮，制冷超快省电静音，安全又可靠	节能	
F1 宝贝收到，特地用了两天才来评价。是正品海尔，非常好，超大容积，超静音，刚开起来都没感觉有在运转。以后有朋友要买的话肯定推荐这款，性价比很高	品质保障	保障
F2 下单第二天就收到货了，但现在才来评价。机子送来有划痕，我怀疑是拿样机给我	物流安全	
F3 连续打了三天电话，货好不容易到了，安装师傅告知安装要收费，一个排水管子的快速接头要60元。远方的我们给父母买个机器都那么不让人省心	收费公开	

行编码的过程中,实用性这一特质被广大消费者所提到,他们关注的重点多在产品质量、功能、外观以及实用性是否能够带来效益增加等方面。毋庸置疑,产品存在的价值大部分体现在能否增加顾客满意度,而实用正是顾客感知价值与使用价值的核心要件。即使在产品更新换代速度极快的时代,实用仍是产品的立根之本。

提取的第二个品牌人格维度是"实惠"。提到产品,消费者总先想到"性价比"一词。在产品同质化日趋加剧的状态下,消费者会更趋向于选中花费较少的产品,这时价格作为抢占市场的关键因素就显得尤为重要。此外,编码显示,促销活动与赠品等也是强化顾客对"实惠"特质感知的重要因素。

提取的第三个品牌人格维度是"高效",具有显著的网购情境特征。随着电子商务的迅速发展及人们快节奏生活方式的转变,高效性成为企业面对市场不确定性和顾客不稳定性等问题时必须具备的特质。在网购情境中,在生产地、分销地和顾客位置分离的情况下,如何有效地实现高效物流服务是电商企业面临的重大挑战。诸如本章所探究的海尔、美的及格力三大品牌,高效性不仅体现在物流速度上,还体现在对送装一体这一服务承诺的实施效果上。

提取的第四个品牌人格维度为"周到",既包括有关产品所涉及的员工的服务态度,也包括对产品售后的处理方式。随着全民文化水平的显著提升,心灵上的满足及受尊重程度已经成为消费者购买产品时所考虑的重要因素,服务态度在一定程度上影响着顾客的消费决策。

"移情"作为提取的第五个品牌人格维度,具体包括定制化、人性化、智能和节能等方面。定制化满足消费者的差异性需求,人性化则带来消费者感官上的满足,二者都能极大强化顾客对产品与服务的感知价值。智能表征产品的技术先进程度,而节能满足现代社会对环境保护的要求,它们是家电产品的专属性品牌特质。

"保障"是提取的最后一个维度。网购情境中消费也有着局限性,主要表现在顾客通常不能直接接触实物产品,网络提供图片与产品实物不符已成为常态,因而卖家与买家之间形成的信息不对称时常会影响消费者对产品的满意度和对品牌的忠诚度。从产品品质、物流安全、收费公开等方面彰显品牌的可信赖程度,是电商企业在产品品牌人格塑造过程中应该要考虑的重要问题。

借鉴"阴阳二重性"品牌人格理论,进一步探究品牌人格六维度之间的内在关联性,提炼得到品牌人格的双中心论,即情感—效能理论。可以情感、效能为中心,进一步对品牌人格的六个维度进行归纳:情感中心专注于提升顾客对品牌的情感联系,在产品的设计与服务等环节注入"感情黏合剂",让顾客体验到附加效用和价值;效能中心专注于产品本身的品牌特质塑造,从功能、定价、物流等环节为顾客带来实实在在的效用。由此,"实用"、"实惠"和"高效"维度从属于效能中心,"周到"和"移情"维度从属于情感中心,而"保障"维度作为一种特殊的特质维度,贯穿效能与情感中心。

根据品牌人格的维度提取与情感—效能中心分析,得到网购情境下产品品牌人格的中心—维度架构如图6.1所示。这一架构的核心内涵包括:①产品品牌人格以情感和效能为中心;②以情感和效能为中心,衍生出品牌人格的六个维度:实用、实惠、高效、周到、移情和保障;③以效能为中心,品质作为品牌存在的意义,赋予品牌"实用"特质,再通过成本降低,进一步孕育出"实惠"特质,而"高效"作为网购情境下品牌的附加属性也必不可少;④以情感为中心,品牌以"周到"服务,提升消费者感知价值,在此过程中衍生出品牌的"移情"维;⑤"保障维"既体现产品内在属性,即"效能",又体现企业提供的外在附加属性,即"移情";⑥品牌塑造应以效能为中心提升产品硬性标准,以情感为中心打造品牌附加价值,通过效能和情感来同时强化顾客对产品的满意度和忠诚度。情感与效能相辅相成,不可或缺,二者共同促使品牌走上可持续发展道路,为产品和企业带来持续竞争优势。

第六章 产品的品牌人格及作用

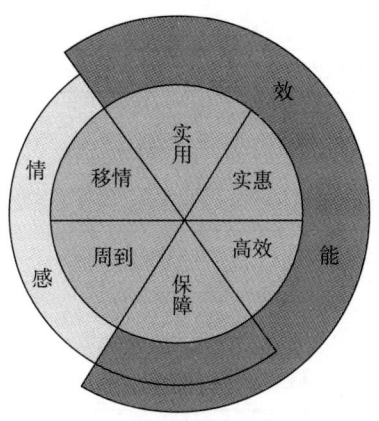

图 6.1 品牌人格的中心—维度架构

四、作用机理

(一) 编码分析

为进一步丰富品牌人格理论和提高理论的应用指导价值,本章基于所收集的有效评论进行再次编码,力求提取出品牌人格作用于口碑评价的中间变量,辨识出品牌人格对口碑评价的作用机理与路径。经过三级编码,共形成13个范畴,其中4个为主范畴,分别为是顾客感知、购买行为、购后体验以及扩散行为。具体编码过程如表 6.2 所示。

表 6.2 口碑作用机理的编码过程

部分原始资料	范畴	主范畴
A1 一个世界一个家,海尔中国制造,海一样的新鲜,让海尔永远满足!就是冲着海尔来的,就知道自己不会失望。物超所值,三门大冰箱,服务周到,售后完善。一次相当满意的购物	品牌偏好	顾客感知

续表

部分原始资料	范畴	主范畴
A2 我是海尔的忠实铁粉，原来的旧家电全部是海尔的，现在换新房了必须是海尔全套	品牌认知	顾客感知
A3 一次不错的购物，虽然是6月18日下单的，半个月后才与这冰箱见面；冰箱看起来挺上档次的，昨日收获时虽然不能试机，期待也是一个良好的结果	心理预期	
B1 物流也太慢了，快20天才把货送来，现在还没有安装，说好的7个工作日完成呢？这就是所谓的世界名牌。你们夏天不热吗？让客户等这么长时间。质量不知道好不好，但是服务太差	切实需求	购买行为
B2 家里的冰箱和热水器都是海尔的，"双十一"又买了洗衣机和热水器。海尔服务很给力，送货人员辛苦了，150多斤一个人背上的三楼	时间契机	
B3 之前去朋友家里看到这款冰箱感觉很漂亮，朋友说非常好用，性价比高。买了之后觉得确实不错，值得	公众牵引	
C1 我是买了送给爸妈的，听老人说很好用，父母很开心。而且安装师傅的服务态度相当好，连垃圾都帮忙收，给师傅100个赞	使用体验	购后体验
C2 这次购物，就是奔着美的品牌来的。洗衣机买得很满意，就是安装时工作人员没按标准收费，反馈到官网客服，现在问题已经得到解决。建议加强售后管理，不要毁了潜在客户对美的品牌的信赖	互动体验	
C3 实物比图片看起来还要高端大气上档次，洗衣安静平稳。官方正品质量有保证	现实比对	
D1 物流、送货、安装、客服都非常满意，洗衣干净，不伤衣物，海尔产品值得推荐	推荐	扩散行为
D2 服务不错，三天到货，还想买几台冷静王，可是商城一直没货，只能又下了一台品圆。格力商城更给力，支持格力品牌	支持	
D3 不得不说速度和服务都很赞。之前买的两台空调都是格力的，第一次尝试美的空调，后续如果用得好，会和朋友推荐的。美的也应该是信任的品牌，希望质量也可以像速度和服务一样	信任	
D4 空调效果很好，时尚外观，使用很舒适，已经介绍朋友去选购海尔产品，会做忠诚用户	忠诚	

根据编码，提取的第一个主范畴为顾客感知，具体包括消费者品牌偏好、品牌认知和心理预期。品牌偏好指消费者对企业或品牌选择的偏好性，

在评论中显著表现出两种偏好，即"支持国货"与"支持特定品牌"。这两种偏好由消费者自身价值观以及社会网络舆论导向作用形成，并产生于购买行为发生之前。品牌认知是基于过去使用形成的切身体验，从行为经济学视角来看，是消费者通过过去经验对当下做出的合理假设，即默认当下的产品与服务是过去的延续与继承，形成了一定程度上的思维定式。心理预期是消费者对产品或服务形成的提前期望。在网购情境中，消费者只能通过官方商城对产品的描述来具化产品，因此心理预期主要表现在对产品或服务的联想与期待。

编码提取的第二个主范畴为购买行为，具体包括切实需求、时间契机与公众牵引。切实需求指消费者对产品存在着实际需求，如评论中反映的"今年夏天天气太热了"指代的季节性需求、"搬了新家"指代的延拓性需求等。时间契机反映出中国的消费者会有目的地在合适时间进行消费。例如，"趁着'双十一'降价来买"的相关评论表示消费者将提前规划并选择合适的契机进行消费，以较低投入获得较高收益。此外，在现实生活中，消费者与他人接触时往往表示出具有倾向性的消费暗示，出于心理认同，被暗示的个体往往会进行模仿与重复的行为，这种暗示扩散后便形成了从众消费行为，在此用"公众牵引"来表征这种消费暗示以及扩散。已有研究表明，网购情境下，消费者购买动机包括求廉动机、求便动机、求质动机、彰显动机、求同动机、交互动机以及归属动机等，而本书提取的切实需求、时间契机与公众牵引等范畴，实际上正是消费者求质动机、求廉动机与求同动机的体现。

购后体验为品牌人格对口碑评价作用机理研究中提取的第三个主范畴，具体包括使用体验、互动体验及现实比对。在购买行为完成后，消费者便进入体验感知阶段：在使用过程中，会因产品功能品质而产生使用体验；电商企业售后部门对顾客的服务跟进、信息反馈、问题处理等会让顾客形成交互体验；同时，使用体验与消费预期进行对比会形成现实比对的心理效果。消费者在购买产品后的多元化体验，是顾客形成产品满意度的最重要过程，是产品品牌被进一步强化还是被质疑的决定性因素。

作用机理研究中提取的最后一个主范畴为扩散行为。扩散行为作为潜在消费者获知品牌人格的重要渠道,对于电商企业的产品与品牌发展起到正向促进作用。评论中提到的类似于"以后再也不来买了"、"会推荐给朋友"、"会继续支持"等词句表达出消费者在未来消费倾向上的情绪、偏好与意向,反映出他们对品牌的认可度与忠诚度。只有消费者形成对品牌人格的积极认知并予以强化,品牌人格的魅力才能被持续拓展和扩散,提升品牌内在价值。如表6.2中所表述,我们将"推荐"、"支持"、"信赖"、"忠诚"等范畴纳入"扩散行为"主范畴,用以表征消费者对品牌人格的最终认同与口碑抉择。

(二)路径分析

为明确各主范畴之间的指向关系,开发出能够统领各主范畴的故事线,再次检视和编码所收集的有效评论,由此归纳阐述品牌人格对口碑评价的作用路径。具体编码分析过程如表6.3所示。

表6.3 主范畴间的关系指向性

部分原始资料	涉及主范畴	主范畴间的指向关系
试用了一会,还行。这是买的第二台美的空调了,第一台空调买了10年还用得好好的,加上家里的空调扇、落地扇、鸿运扇、豆浆机、电饭煲都是美的,信赖美的	顾客感知	顾客感知→购买行为
	购买行为	
工作了半个月了。这款洗衣机10公斤,大容量,好用。宝贝刚买回第二天就清洗被罩和窗帘,太实用了。价格超值,"双十一"下的单。好、好、好,有需要的朋友赶快下手,好货不等人	购买行为	购买行为→购后体验
	购后体验	
外观非常漂亮,安装师傅耐心介绍各项功能,还介绍了Wi-Fi的使用。然后,插上电源试运行,转动平稳,噪声很低。非常棒,海尔品牌值得信赖	购后体验	购后体验→扩散行为
	扩散行为	
给朋友介绍,朋友反馈回来说比实体店便宜多了,还要给公婆来一台	扩散行为	扩散行为→口碑
	口碑	
海尔产品创新不断,没有辜负咱的信任。1996年买的变频空调现在还很好用,我家电器海尔品牌的大家电有十多件了。张瑞敏一直是企业家楷模,点个赞	口碑	口碑→顾客感知
	顾客感知	

基于编码分析，进一步总结归纳出品牌人格对口碑评价的作用机理与路径。在市场竞争日益激烈的情况下，企业为其产品塑造迎合消费者需求的品牌人格成为其差异化竞争的重要因素。品牌人格作为顾客感知的基础，对顾客感知存在指向性。由表6.3可知：顾客感知是消费者购买行为发生的前提，通过品牌感知会让顾客形成相应的心理预期，这种预期会促进或抑制购买行为，因此，顾客感知对购买行为存在单向指向性；购买行为发生后，消费者将衡量产品价值是否满足其自身诉求，能否带来实际效用，即产生购后体验；将购后体验与他人进行交流，会表达出再购买的欲望，也会影响他人的消费决策，因此，购后体验与扩散行为之间又存在指向关系；当扩散行为有效发挥其效能，进一步强化顾客认知时，便形成了品牌的口碑评价；在网购情境下，由于信息不对称，消费者会倾向于选择口碑评价相对更好的品牌，因而口碑评价又会影响顾客感知。经过上述作用过程，便形成了完整的由品牌人格作用于口碑评价的故事线。

基于这一故事线，进一步探究：口碑是否会通过一定的路径影响品牌人格？既然消费者会基于口碑评价做出其相应的消费决策，那么同样地，企业也应该会将口碑评价作为衡量其是否成功塑造品牌人格的标准。也就是说，无论是主动探寻还是被动接受，企业都将通过评估品牌口碑状况来做出维持或改善其品牌人格的决策。因此，增补性地将企业行为纳入品牌人格对口碑评价的作用路径，建构品牌人格对口碑评价的作用机理模型，如图6.2所示。

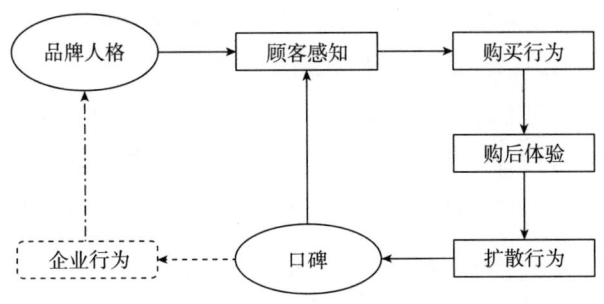

图6.2　品牌人格对口碑评价的作用机理

五、本章小结

我国电子商务的高速发展促进了网络购物的兴起，对实体企业造成不小的冲击。越来越多的企业开始将视角转入电子商务平台，试图依托平台开拓更为广阔的市场。然而，随着产品同质化程度的日益加剧，电子商务往往不能为一些企业带来成功，甚至可能因为过度消费网络效应，而对线下辛苦打拼来的品牌价值带来负面影响。而且，在产品同质化情况下，照搬传统企业依靠提供高质量产品与服务的模式已经很难作为其差异化竞争的优势来源，如何在网购环境中塑造与提升品牌，成为很多电商企业需要面对的问题。在品牌研究领域，品牌人格因结合了营销学、心理学、管理学等多学科知识，在解决品牌塑造问题中有着得天独厚的优势，成为该领域的焦点话题。研究品牌人格的构成维度以及网购情境下品牌人格对口碑评价的作用机理，有助于为电商企业塑造品牌人格、赢得顾客口碑指明方向，对于我国新经济发展具有重要意义。

本章通过对海尔、美的及格力三大国内知名品牌商品的在线评论进行质性分析，不仅提炼出品牌人格的六个维度，而且归纳了其对口碑评价的作用机理，这些观点和结论对其他电商企业也具有重要的参考和借鉴价值。通过研究，中国网购情境下产品的品牌人格维度可概括为实用、实惠、高效、周到、移情及保障，它们以情感和效能为中心，构成了一个完整的品牌人格维度体系。进一步对在线评论进行深入剖析，提炼出由品牌人格到口碑评价的作用路径。品牌人格通过顾客感知、购买行为、购后体验、扩散行为等中间过程形成口碑评价，而口碑又会反过来影响和改变顾客感知。因此，品牌人格、口碑评价与企业行为，共同建构一个作用反馈环；企业组织只有遵循这一反馈环中的作用机理，才能更好地塑造与提升品牌人格，促进品牌可持续发展。

当然，本章研究也存在局限性：第一，由于资料均来自官方商城在线评论，不能排除其存在"刷好评"行为，在一定程度上可能会影响研究的效度与信度；第二，仅仅涉及海尔、美的及格力三大国内知名品牌的部分商品，研究结论能否适用于中国广大电商品牌还有待验证。这些局限性也督促笔者深入探索，包括进行实地调查获得消费者认知，做更大规模的数据收集与编码，等等，以此建构更具普适性的网购情境中的中国本土化的品牌人格理论。

本章参考文献

［1］Nwamaka, A. A. Personality antecedents of customer citizenship behaviors in online shopping situations［J］. Psychology & Marketing, 2014（4）：251–263.

［2］侯红维. 网购情境下顾客参与对重购意向影响研究——以关系质量为中介变量［D］. 山东财经大学, 2016.

［3］王保利, 江思恩, 孙巍. 国外品牌人格研究述评［J］. 心理科学进展, 2009（5）：1033–1040.

［4］Aaker, J. L. Dimensions of brand personality［J］. Journal of Marketing Research, 1997, 34（3）：347–356.

［5］傅俊清, 王垒. 品牌人格研究述评［J］. 心理科学, 2004（2）：347–349.

［6］Dolich, I. J. Congruence relationships between self images and product brands［J］. Journal of Marketing Research, 1969, 6（1）：80–84.

［7］尤斌. 品牌人格与品牌忠诚的关系研究［D］. 河南大学, 2011.

［8］Ruth, W. J. Effects of freudian sexual symbolism in advertising on self-reported purchasing tendencies: A preliminary intrabrand analysis［J］. Psychological Reports, 1990, 67（8）：1207–1210.

［9］Rossiter, J. R. Brand awareness and acceptance: A seven-set classification for managers［J］. Journal of Brand Management, 1993, 1（1）：33–40.

［10］Heylen, J. P, Dawson B, Sampson P. An implicit model of consumer behaviour [J]. Journal of the Market Research Society, 1995, 37 (1): 51 - 67.

[11] Aaker, J. L., Benetmartínez, V., Garolera, J. Consumption symbols as carriers of culture: A study of Japanese and Spanish brand personality constructs [J]. Journal of Personality & Social Psychology, 2001, 81 (3): 492 - 508.

[12] 李胜兵, 卢泰宏. 品牌个性维度的本土化研究 [J]. 南开管理评论, 2003 (1): 4 - 9.

[13] Sung, Y., Tinkham, S. F. Brand personality structures in the United States and Korea: Common and culture - specific factors [J]. Journal of Consumer Psychology, 2005, 15 (4): 334 - 350.

[14] 郭芯. 城市旅游品牌个性及其与感知价值的关系 [D]. 新疆大学, 2016.

[15] 景进安. 品牌个性稀释危机及其防范 [J]. 科技进步与对策, 2006, 23 (5): 85 - 87.

[16] 廖成林, 杨恒. 品牌的性别气质量表编制 [J]. 软科学, 2007 (2): 25 - 28.

[17] Kumar, R., Luthra, A., Datta, G. Linkages between brand personality and brand loyalty: A qualitative study in an emerging market in the Indian context [J]. South Asian Journal of Management, 2006, 13 (2): 11 - 35.

[18] Lin, L. The relationship of consumer personality trait, brand personality and brand loyalty: An empirical study of toys and video games buyers [J]. Journal of Product & Brand Management, 2010, 19 (1): 4 - 17.

[19] 刘雯瑜. 品牌人格、品牌信任和品牌忠诚的关系研究 [D]. 湖南师范大学, 2013.

[20] 泥川. "五因素人格"、品牌人格化和品牌忠诚度的实证研究——以玩具游戏产业为例 [J]. 商业经济研究, 2018 (5): 67 - 70.

[21] Kim, C. K., Han, D., Park, S. B. The effect of brand personality and brand identification on brand loyalty: Applying the theory of social identification [J]. Japanese Psychological Research, 2001, 43 (4): 195 - 206.

[22] Yongki, L., Kijoon, B., Jinyoung, K. Family restaurant brand personality and its impact on customer's emotion, satisfaction, and brand loyalty [J]. Journal of Hospitality & Tourism Research, 2009, 33 (3): 305-328.

[23] Zuhroh, Hadiwidjoyo, D., Rofiaty, Djumahir. The role of brand personality congruity (BPC) on brand loyalty mediated by customer value and brand trust (Study on Blackberry Smartphone users) [J]. European Journal of Business & Management, 2014, 6 (21): 164-172.

第七章
组织性格的创新导向

在市场竞争日益激烈的当今时代,企业组织面临的压力不断呈现多元化趋势。即使是为了应对近似甚至相同的外部环境变化,不同企业的具体选择和策略可能依然截然不同。这种企业间的行为差异根源何在?企业性格理论为回答上述问题提供了富有启发价值的理论视角。企业性格作为组织内不同个体共有的、可以被外界识别的个性特征,是组织间的关键差异之一,也是差异化竞争力的重要来源。由企业性格主导的差异化竞争战略也成为一些企业组织打破现有市场均衡、为绩效提升创造机遇的重要手段。而企业培育性格特质,实施差异化战略,必须注意发挥创新导向的重要作用,使创新导向成为企业性格与绩效的联系桥梁。在激烈的全球竞争和产品生命周期越来越短的情况下,创新作为当代企业发展的一大主题,为企业获得持续竞争优势及其隔离机制提供了基础。因此了解组织性格与企业创新的内在关系有助于为企业获取可持续竞争优势。

然而,从文献检索来看,国际上关于组织性格的研究成果较少,其中一些学者对组织性格与企业绩效的关系进行了研究,但结论存在很大的争议,部分研究验证组织性格的培育对企业绩效有正向影响,部分学者却发现组织性格的塑造并未显著提高企业绩效。综观这些文献,其研究集中在组织性格与绩效的比较上,而很少关注组织性格通过何种途径影响企业绩效,特别是在国内,还没有发现基于内地数据的实证研究。而研究组织性格影响绩效的途径,挖掘黑箱内部的作用机理,是一个更有现实指导意义的问题。有鲜明性格的企业组织必然重视创新，而创新活动能够提高企业绩效也已被学术界广泛论证。

因此，本章基于企业创新视角，提出一个新的概念模型，实证分析企业性格对企业创新导向的作用机制和路径，以及不同的性格特质组合是否会对创新导向产生不同的影响。

一、文献回顾

（一）企业性格

企业不仅是由数据和图表组成的商业实体，每个企业都具有独特的性格。关于企业组织的性格特质，尚未积累较为充分的研究成果，也未有较为统一的认识。从组织治理角度，Moore（2005）认为组织性格是一个相对广泛的概念，包括组织战略、组织文化、产品定位、员工个性等多方面的选择偏好。而 Bridges（2009）借鉴人格心理学知识将区分人体性格的 MBTI 理论应用到组织层面进行了更为系统的研究。由此，他把组织性格分为四个维度，分别为外向型/内向型、事实型/直觉型、理性型/情感型、判断型/感知型。借鉴 Bridges（2009）的观点，本书将组织性格分为如表 7.1 所示的八类。

表 7.1 企业组织性格特质的维度

分类依据	维度		
	偏好	维度方向	偏好
组织定位	专注组织内部的完善，希冀通过技术创新、产品研发和提高领导者效能来提升核心竞争力	内向型（I）←→外向型（E）	专注外部市场的竞争，积极致力于行业规范的制定，谋求竞争优势

续表

分类依据	维度		
	偏好	维度方向	偏好
稳健意识	聚焦在过往经验基础上的稳定经营，专注组织稳健与可持续发展	事实型（S）←→直觉型（N）	不断制定新的愿景与谋划未来，希望通过积极的改变而抓住市场中的每一个发展机会
内部决策	通过流程与制度来规范企业组织的运营，重大决策过程会听取多数利益相关者的意见	理性型（T）←→情感型（F）	大股东的情感偏好能够影响组织决策。组织的经营决策依赖少数高层管理者的判断、偏好与个人见解
外部感知	对外部环境保持模糊感知，但不急于做出判断与相应决策，维持企业组织的稳定经营	感知型（P）←→判断型（J）	对外部环境的变化极为敏感，迅速做出相应的判断与决策调整，外部适应性良好

性格决定命运，组织性格与组织发展也存在千丝万缕的联系。早在20世纪50年代，Newman就提出组织性格对组织行为具有解释以及预测作用。Otto在2006年的研究中发现，组织人格与组织的财务数据具有相关性，如组织人格维度之一的"声望"与组织规模和组织利润具有相关性。Hofmann和Jones（2005）等验证了组织内所存在的集体人格与组织绩效显著相关。Men和Tsai（2015）认为公众参与和亲密随和的企业特质有助于增强组织—公共关系，从而提升企业经营绩效。Church等（2015）探讨性格特征与企业发展间的联系，发现性格特征在企业发展中的作用常常被忽视或低估，事实上性格特征与企业发展具有显著的相关关系。值得关注的是，在研究者对组织性格的影响普遍持积极态度的同时，也有学者初步探讨了组织性格的消极后果。例如，Miller提出，组织性格高度同质化可能降低组织结构灵活性而导致组织无法适应环境变化。自组织性格概念提出以来，国内外学者进行了一系列的探索性研究，但就国外学者所取得的研究成果来看，既有研究在该领域的实证研究较为零散，尤其在影响效果和影响机理方面的探讨略显不足。

（二）创新导向

随着经济全球化的发展，企业所面临的外部环境呈现越来越多的动态特征。环境的不断变化对企业的管理提出了巨大的挑战。技术革命和国际市场竞争的日益激烈使得创新导向在竞争中发挥着极其重要的作用。在组织创新领域的研究中，许多研究验证了创新对绩效的影响，创新导向对绩效的正向影响则已被许多学者的实证研究所支持，认为不管是在何种产业，企业的创新活动是提高组织绩效的一个重要途径。创新导向对企业绩效的提升起着重要作用，可以大大提高企业管理的效率，增加市场份额，提高利润率。许多学者也对影响企业创新的因素进行了研究。研究人员对R&D投资、企业家精神、文化、企业学习行为、内部沟通等问题进行了深入研究。组织性格作为维持竞争优势的一个源泉，对创新导向有着重要的影响作用，但鲜有文献考虑了二者之间的作用机制。

（三）企业性格与创新导向

资源基础观认为企业是资源的集合体，组织资源在企业的创新行为中起着重要作用。Fu（1998）指出，企业创新过程是核心资源成长的过程，是企业增加技术产品附加值、增强竞争优势的过程。在以往的相关研究中，研究者主要关注正式制度对创新的影响，较少关注非正式制度中的相关因素（如企业性格）与创新的关系。事实上，企业内部的大量创新活动最初都是从特定主体的个体行为开始的。Scott和Bruce（1994）认为组织的创新行为是个人、领导者、工作团队和组织气氛相互作用的结果。这些要素恰是企业性格的重要体现，代表了企业非正式制度的核心内容。创新已成为工业革命以来社会转型的基本引擎，而企业性格通过影响企业管理者和员工的价值观、思维方式和行为对企业创新导向发挥重要作用。企业的非正式社会关系和默契促进了生产资源的交换和整合，促进了创新。实际上，创新的选择是一种由企业性格驱动的行为。企业的性格特质组合决定其在创新选择中对技术机会和市场机会的识别和把握。基于此，本书认为不同的企业性格特质组合对企业创新导向具有不同的影响。

二、研究方法

（一）样本选择与数据来源

我国进入"九五"时期以来，高新技术产业迅速发展并形成一定规模，在我国新经济发展中占据举足轻重的作用。高新技术企业具有知识密集特征，且通常代表新技术和新事物的发展走向而活跃于市场，具有与传统产业的企业所不一样的性格特质、价值取向与经营逻辑。由此，本书以高新技术产业的上市公司为样本，进行企业性格组合、创新导向二者作用关系的实证分析。样本选择与数据获取的过程如下：①选择沪深市场的高新技术行业上市公司为研究对象，确定了361家上市企业；②剔除相关资料不全和数据残缺的公司，最终确定有效样本158个，其行业分布情况如表7.2所示；③企业性格变量的数据来源于CSMAR财务报表数据库与治理数据库以及公司官方网站披露信息的手工整理，创新导向的测量指标数据来源于iFIND财务报表数据库；④为避免财务数据和上市交易数据波动性的影响，将数据的时间窗口选择为2014~2016年，在数据处理时对三年数据进行平均处理；⑤数据整理采用Excel 2010完成。

表7.2　样本的行业分布情况

行业代码	行业名称	样本数（家）	所占比例（%）
C0	医药制造业	100	54.05
C1	铁路船舶航空航天制造业	19	10.27
C2	信息传输、软件和信息技术服务业	66	35.68
	合计	185	100.00

（二）变量设计

Kundu 和 Katz（2003）认为创新意图是创新导向的重要构成要素，而创新投入强度能很好反映企业对于创新的重视程度，研发投资密集度是被广泛采用来衡量创新研发投入的指标之一，因此使用企业研发投资占总销售额的比例来表示企业创新投入强度，即企业创新导向。

用广告投入占比表示企业对获取社会关注的投入，体现 E 型性格组织对外部市场的关注度。接着，使用对外投资/所有者权益来测度企业组织的 N 型性格，因为：一方面，N 型性格越突出的企业组织会越激进和偏好风险，从而可能为组织带来越高的投资收益；另一方面，组织的 N 型性格会让其更多地从事主营业务以外的金融理财与投资业务，增加营业收入中的投资收益占比。La Porta 等（2000）把管理者和控股股东称为内部人，在公司治理研究中，通常采用与持股集中度相关的指标度量公司内部人控制程度。由此，选用前十大股东的持股比例，体现 F 型性格组织的决策集中情况。股东大会是上市公司公众股东对公司重大事项发表意见和行使决策权利的场所。股东大会上形成决议的数量，反映出公司对外部环境和内部改进等方面所做出重大调整的频率与强度。因此，使用上市公司股东大会的平均决议数量作为组织 J 型性格的测度指标。各变量的测度指标和计算方法如表 7.3 所示。

表 7.3 变量的测度指标和计算方法

	变量	测度指标	计算方法	变量简称
创新导向	创新投入强度	研发投资密集度	R&D 投入/销售收入	IN
组织性格	E 型性格	广告投入强度	广告费用/总费用	E
	N 型性格	对外投资占比	对外投资/所有者权益	N
	F 型性格	股权集中度	前十大股东持股比例	F
	J 型性格	会议决议数	年会议决议数量/年会议数	J

根据上文和现有文献编制了多项测量量表，具体研究框架如图 7.1 所示。

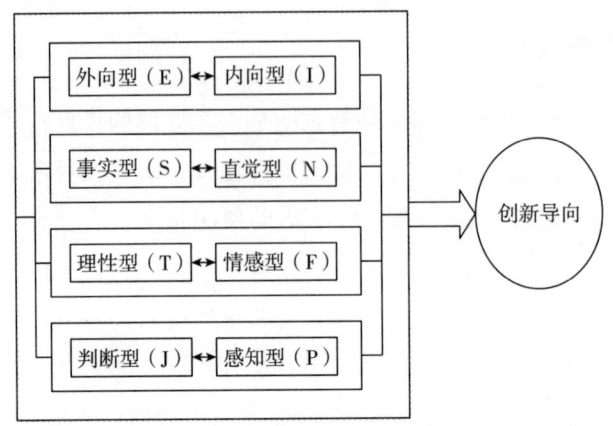

图 7.1　创新导向研究框架模型

（三）方法选择

在现有文献中，大多采用的是 OLS（普通最小二乘法）和面板数据模型估计，这些估计方法无法将处于条件分布不同位置上的自变量的差异影响考虑进来，而只能够度量自变量对因变量的平均影响，因此存在较大的局限性。另一种看似可行的思路是采用样本分组的方式，依据企业创新导向高低将样本分组分别进行回归。但分组的方法会使每组的样本数量随着分组的增加而减少，尤其是在分组数很多时，每组样本数将减少得非常厉害，造成样本信息的大量损失。

分位数回归最早由 Koenker 和 Bassett 于 1978 年提出。有别于普通最小二乘法依据因变量均值进行回归，分位数回归方法是依据因变量的条件分位数对自变量进行回归，因此可以得到所有分位数下的自变量回归系数，度量回归变量对分布的影响，并能捕捉分布的尾部特征。分位数回归方法对于因变量的某些非标准分布下回归方程的系数估计有较好的效果。基于这个特点，采用分位数回归方法，在 Eviews 8 软件中探讨在条件分布不同位置上，不同的性格组合是如何对企业的创新导向产生影响。

三、实证分析

考虑到分位数回归可以排除极端值干扰、更加全面地反映出条件分布全貌等优点,通过185个企业数据的分位数回归验证不同分位点组织性格组合对创新导向的影响是否存在差异。众所周知,分位点越多越能够直观反映条件分布的全貌,鉴于可行性与篇幅所限,文中仅选取极具代表性的五个分位点(0.10、0.25、0.50、0.75、0.90)进行分析说明。

前提假设为对于四个维度上的八种性格变量,企业不能同时拥有同一维度上的两种性格特质,因此最多可能会拥有四种鲜明性格的组合。此外,企业可能拥有同一维度上的两种性格之一,也可能在该维度上较为中庸,并未培育出鲜明性格。因此在进入回归前,对标准化后的数据利用 3σ 准则进行离散化处理,数据分布在 $(\mu-\sigma, \mu+\sigma)$ 内定义为没有显著性格,即设为0;数值小于 $\mu-\sigma$ 则认为企业拥有同一维度左边的鲜明性格,设为1,数值大于 $\mu+\sigma$ 则认为企业拥有同一维度右边的鲜明性格,设为1,从而在转化为二分类变量。因此企业在这四个维度上共有80种可能的性格组合,对其逐一进行分位数回归,回归结果如表7.4所示,由于篇幅所限,表7.4只展示有显著性的回归结果。

表7.4 分位数回归结果(创新导向为因变量)

变量	Panel A(组织性格的单维度作用)				
	Q0.10	Q0.25	Q0.50	Q0.75	Q0.90
I	-0.452	0.015	-0.184	0.082	-0.409
E	0.100*	0.350**	0.353**	0.115*	0.435*
S	-0.532	-0.197	-0.166	-0.145	-0.080
N	-0.070*	-0.703*	-0.278	-0.405	0.075

续表

变量	Panel A （组织性格的单维度作用）				
	Q0.10	Q0.25	Q0.50	Q0.75	Q0.90
T	0.429	0.207	0.314	0.410	0.551
F	0.766***	0.216*	-0.045	-0.327	-0.653***
P	-0.858	0.161	-0.070	-0.073	-0.150
J	-0.006	-0.109	-0.063	-0.127	0.221

变量	Panel B （组织性格的双维度作用）				
	Q0.10	Q0.25	Q0.50	Q0.75	Q0.90
IS	-0.1.06*	-0.016	-0.184*	-0.866***	-0.972***
IN	-0.452	-1.239***	-1.713***	-2.412***	-3.040***
IT	0.771**	0.328	0.314	0.410	-0.208
IF	0.759***	-0.020	-0.466	0.470	-0.158
ET	-1.411**	-0.422	0.330	-0.135	0.405
EF	0.796***	0.173	0.049	-0.449**	-0.853***
EP	0.934***	0.649**	0.341	-0.066	0.075
EJ	1.010***	0.582**	0.281	0.275	0.237
ST	0.771	-0.016	0.606	1.047**	1.524***
NF	0.800***	0.212	-0.262*	-0.961**	-1.589**
NJ	-0.002	-0.701	-0.258	-0.879**	-1.089**
TP	0.985**	0.214	-0.275	0.627	0.016
TJ	0.794***	0.318	-0.048	0.420	0.413
FJ	1.494***	0.723	0.275	0.125	-0.503

变量	Panel C （组织性格的三维度作用）				
	Q0.10	Q0.25	Q0.50	Q0.75	Q0.90
FJE	4.293***	2.747	1.283	-3.073	-9.947***
FPE	1.974*	1.087	1.564	-2.807*	-7.388**
NPE	6.028***	4.525*	6.461*	7.985**	1.097
NTJ	2.507*	0.960	-0.678	-4.860**	-11.733***
NTP	2.146	0.600	-1.038	-5.220**	-12.093***
SFJ	4.293**	2.790	5.426	1.070	-5.803*
SJE	4.154***	2.651*	1.297	-0.981	-7.795***
STE	6.340***	4.837*	3.329	13.602***	6.958**
STI	1.503	-0.044	-1.681	-5.963***	-12.737***
TJI	11.513***	9.967***	8.503***	4.391**	-2.727

续表

变量	Panel D（组织性格的四维度作用）				
	Q0.10	Q0.25	Q0.50	Q0.75	Q0.90
SFJE	4.293***	2.747*	1.283	-3.073*	-9.947***

注：***$P<0.01$；**$P<0.05$；*$P<0.10$。

通过对测量模型的分析和评价检验了性格组合与企业创新的关系。由表7.4的分位数回归分析结果发现了以下关系：

从 Panel A 来看，E 型企业性格与创新导向在各个分位点上的分位数回归均呈显著正相关，且估计系数都较大，说明 E 型企业性格在促进创新导向中发挥着较为重要的作用。反之，N 型企业性格只在 0.10 分位点和 0.25 分位点对创新导向有显著的负向影响。这个结果表明，创新投入强度较小的新兴企业培养 N 型企业性格是不合适的。在 F 型企业性格方面，仅通过了 0.10、0.25 和 0.90 分位点的显著性检验。然而，F 型企业性格对创新导向的影响在低分位点和高分位点截然相反。这意味着 F 型企业性格对具有一定创新投入的小型企业的创新导向有促进作用，反之，当企业创新投入达到一定临界规模时，则对企业创新导向有负向抑制作用。

从 Panel B 来看，IS 型和 IN 型性格组合在大多数分位点上均显著，且其回归系数的绝对值逐渐增大，表明 IS 型和 IN 型性格组合在企业创新导向中的负向效应是随着企业创新投入强度的增强而增大。此外，IT 型、IF 型、TP 型、TJ 型、FJ 型、IN 型性格组合与创新导向均只在 0.10 分位点呈显著相关，其中只有 IN 型性格组合与创新导向呈负相关。NF 型、EF 型性格组合对创新导向的影响在低分位点和高分位点也截然相反，这与 F 型性格恰恰相同，且从回归系数可以看出，与 F 型性格相比，随着 N 型性格和 E 型性格的加入，使两个性格组合对创新导向的影响都呈现了一定的增强作用。结果还发现，ST 型、NT 型性格在 0.10、0.25 和 0.50 分位点上均不显著，而在 0.75 分位点上在 5% 置信度水平上显著，且之后显著性不断增加。这表明 ST 型和 NT 型性格组合对企业创新导向的促进作用要在创新导向达到一定水平后才会显现，即企业需要具有一定的创新基础。

从 Panel C 来看，TJI 型性格组合在各个条件分位点的分位数回归中都非常显著，弹性系数较大，说明加大 TJI 型性格组合的培育力度有利于促进企业创新。且 TJI 型性格组合的估计系数呈下降趋势，0.10~0.75 分位点的估计系数分别为 11.513、9.967、8.503、4.391，表明对于创新投资较小的战略性新兴企业而言，TJI 型性格组合对其创新导向的驱动力要强于企业创新投入已达到一定规模的大企业。此外，NTP 型、STI 型只在 0.75 和 0.90 分位点与创新导向呈显著负相关，与 ST 型、NT 型性格组合呈现结果相同，因此可以得出与 ST 和 NT 性格组合分析中相似的结论。再者，SFJ、SJE、NTJ、FJE、FPE 型性格组合对创新导向的影响在低分位点和高分位点也截然相反，这也与 EF 型、NF 型性格组合的分析结果相同。

从 Panel D 来看，SFJE 类型的性格组合在几乎所有分位点上都与创新导向显著相关。具体而言，它在 0.10、0.25 分位点上对创新导向有正向影响，而在 0.75、0.90 分位点上对创新导向有负向抑制作用，这也可参照 F 型性格组合分析中得出的结论。

综上，高新技术企业可培育独具特色的性格特质来大幅提升企业的创新导向，或需利用性格特质有效的要素组合来整体谋求企业创新导向的提升，进而建立持续性竞争优势。

四、本章小结

本章以情绪资本理论为基础，探索性地使用公司财务与组织治理数据来度量企业性格，试图提供自报告式以外的经验证据。通过对 2014~2016 年我国 185 家上市公司的实证研究发现组织性格四个维度间相互影响、互相作用、共同促进企业创新导向的提升。根据本书所得到的结论，可提出以下启示：

企业组织可从组织定位、稳健意识、内部决策和外部感知四个方面来培育自身的性格特质：在组织定位方面，以产品导向为主的发展战略更能保证企业创新的实现；在稳健意识方面，建议相对成熟的企业组织坚持贯彻自身的战略，稳健经营，谋求可持续发展；在内部决策方面，相对集权的决策方式可能会比分散决策更有利于企业组织的稳定与发展；在外部感知方面，对外部环境的迅速感知与快速决策，会在短期内让企业组织打破惯例并疲于应对，但从长期来看，则有利于学习、吸收新知识并建立起新的知识体系，为企业组织带来创新活力和发展潜力。企业组织需要在四个维度的性格特质上做出权衡与选择，并根据自身的发展定位、组织性质和经营目标来确定最佳的性格特质组合，以充分发挥性格特质对市场与客户的积极影响，为企业创新提升带来新的驱动力。

本章研究具有一定的局限性，需要进一步深入研究，从而得出一个更全面、更广义的结论。首先，样本数量不够充裕，一定程度可能会影响研究结论的科学性与可信度。此外，组织性格的各构成要素均采用单变量测量，可能会影响变量的解释力。

未来，可通过以下三方面进一步完善优化：通过更大范围、更多行业的数据为研究假设的验证提供更为丰富而可靠的证据；通过对组织性格和企业创新的更加综合且系统的测量，提高研究结论的科学性与可信度；从理论分析的视角，组织阐释性格与创新导向之间的作用机理，将研究结论拓展在理论层面加以论证，开创一种新的企业组织治理范式。

本章参考文献

［1］Moore，G. Corporate character：Modern virtue ethics and the virtuous corporation［J］. Business Ethics Quarterly，2005，15（4）：659 – 685.

［2］Bridges. The character of organizations：Using personality type in organization development［M］. California：Davies – Black publishing，2009.

［3］Newman，W. H. Basic objectives which shape the character of a company［J］. Journal of Business of the University of Chicago，1953，26（4）：211.

［4］Otto，P. How people perceive companies：Personality dimensions as fundamentals? [C]. Proceedings of the 28th Annual Conference of the Cognitive Science Society, 2006.

[5] Hofmann, D. A., Jones, L. M. Leadership, collective personality, and performance [J]. Journal of Applied Psychology, 2005, 90 (3): 509.

[6] Men, L. R., Tsai, W. H. S. Infusing social media with humanity: Corporate character, public engagement, and relational outcomes [J]. Public Relations Review, 2015, 41 (3): 395 –403.

[7] Church, A. H., Rotolo, C. T., Margulies, A., et al. The role of personality in organization development: A multi – level framework for applying personality to individual, team, and organizational change [J]. Research in Organizational Change & Development, 2015 (23): 91 –166.

[8] Miller, D. Stale in the saddle: CEO tenure and the match between organization and environment [J]. Management Science, 1991, 37 (1): 34 –52.

[9] Fu, J. Technology innovation [M]. Beijing, Tsinghua University Press, 2001.

[10] Scott, S. G., Bruce, R. A. Determinants of innovative behavior: A path model of individual innovation in the workplace [J]. Academy of Management Journal, 1994, 37 (3): 580 –607.

[11] Kundu, S. K., Katz, J. A. Born – international SMEs: BI – level impacts of resources and intentions [J]. Small Business Economics, 2003, 20 (1): 25 –47.

[12] La Porta, R., Lopez – de – Silanes, F., Shleifer, A. Investor protection and corporate governance [J]. Journal of Financial Economics, 2000, 58 (1): 3 –27.

[13] Koenker, R., Bassett, G. Regression quantiles [J]. Econometrica, 1978, 46 (1): 33 –50.

第八章
知性管理与团队创新

　　科学研究应该是一项集体活动:科学研究的创意来源需要学者相互激发与讨论,科学研究的过程需要学者分工与协作;科学研究成果的传播、扩散与应用需要建立在学者知识分享行为的基础上。而且,随着科学发展与学科分化,个人力量在科研成果创造中的作用渐趋弱化,跨学科、跨专业、跨领域的大型科研团队的建立成为很多大型科技攻关项目的必然选择。科研团队内合作成为决定团队和谐、稳定、有效的关键因素。合作是团队运行的内在特征,与其说是一种选择,不如说是一种需要。据统计,20世纪90年代以前,大部分科研成果都归属于一个作者,但近年来,研究人员在科学研究中相互合作已然成为一种普遍现象。许多优秀的研究成果都是由多位研究人员共同完成和署名。

　　通过组建有效的科研团队,可以促进科研资源共享,谋求协同科技创新,提高科学研究效率。而科研团队的有效性,突出表现为团队内部成员之间的密切合作。为此,许多高校、研究机构等科研型组织纷纷制定政策、采取措施引导和激励团队建设与合作研究,然而外在力量的干涉效果往往微乎其微。换言之,科研团队内的合作主要受到来自内在力量的驱动。关于这种内在力量的研究主要聚焦知识与性格在两个方面。多项研究表明,团队成员之间知识结构的互补性是科研团队存在的价值,也是通过成员合作能够取得更大科研成效的根本原因。此外,在一些研究成果中发现,科研团队稳固的关键在于成员之间志同道合和志趣相投;而另一些研究成果则辩称,差异化、互补性的性格有利于团队成员之间加强交流与合作。

于是，这又引发出一个新的问题：在知识维度，一个有效的科研团队，成员之间应该是知识互补还是强强联合；在性格维度，成员之间应该是性格互补还是志趣相投？当然，也许有学者会辩驳：这是一个错误的问题。因为任何一个好的科研团队，既需要有共同的理想、智力、理念与态度，但也务必要保持一定的差异性；在知性互补与强强联合之间保持一个平衡，是组建一个卓越科研团队的诀窍。那么，我们所要研究的科学问题就可以转化为：影响科研团队内合作的关键因素，是知性互补，还是强强联合，抑或二者的交互作用？

对于上述问题的回答，在相关领域鲜有研究成果。由此，本书从知识和性格双重视角建立评价体系，以40个主持国家自然科学基金项目的科研团队为研究对象，探究科研团队内部合作的决定因素，为科研团队建设提供理论依据。

一、文献回顾

也许是强强联合对于科研团队有效性影响的显而易见性，在这一命题上的讨论鲜见；在知识维度对科研团队合作的研究都是基于互补性的视角。例如，张朝孝和蒲勇健（2004）通过博弈模型探究了团队合作与激励结构的关系，指出当团队成员之间的工作具有互补性时，合作对团队的作用会大于竞争的作用；Cassiman 和 Veugelers（2006）利用来自比利时制造企业的社区创新调查数据研究发现，企业研发团队的创新活动依赖外部知识的互补性；宝胜（2008）揭示知识创新过程中不同主体间合作共生的可能性，并重点研究了知识创新过程中以智力互补为特征的几种合作模式；李盛竹和付小红（2014）认为科研合作的本质是科技创新所需的不同生产要素间的优化组合，团队成员间的合作其实就是知识主体在知识结构上的互补；张喜征等（2016）对小米手机产业链知识模块进行互补性划分，探究了跨组织协同创新过程中互补性知识的配置过程。由此可知，知识互补，对科研团队内的合作创新有着重要影响。

　　心理学认为，当个体遇到拥有自身所缺乏特质的另一个体时，会产生好感和吸引力甚至羡慕的情绪，性格互补也由此成为选择合作对象的驱动力之一。张朝孝和蒲勇健（2004）研究发现，当团队生产具有互补性时，将不同性格的员工安排在一起可以减少团队内耗；九州（2012）经过论证后指出，团队领导应让互相欣赏的团队成员合作，互补性格会对合作成果的产生带来积极意义；马培培和洪林（2012）提出，在构建科研团队时应让成员的人格特质在团队中得到互补，个体性格的不完美在经过团队成员的互补后可以使团队趋于完美；陈福军（2014）对本科生参与"企业经营决策模拟"课程进行了基于性格互补的团队合作学习实验，发现基于性格互补的分组合作可以避免团队中的"搭便车"现象；孙庆等（2015）研究指出，在性格互补基础上进行合理分工，能充分发挥个体的能动性与才能，而且利用性格互补可以增强团队内交流，提高合作效率；Lykourentzou 等（2015）使用基于人格的群体动态方法，研究了众包团队工作中两种主要类型任务的个性组合，发现团队成员的差异性性格可以是工作的一个强有力的内在动因。

　　经济学意义的强强联合是指大型企业为了进一步增强竞争优势，获得垄断性超额经济利润而进行合作或并购的行为。反映在科研团队层面，强强联合既着力主张在特定知识领域内拥有丰富知识量的学者进行学术合作，也重点强调拥有共同的伟大理想和类似的高尚情商的学者自行聚集在一起进行协同创新。经济学领域的强强联合，有一些研究成果可供参考，如：陈德智和王浣尘（2003）在结合企业创新实践基础上，探索了几种切实可行的企业间合作创新模式，发现大企业之间的创新合作可以更大程度优势互补；秦绍德（2005）对上海医科大合并复旦大学进行案例分析，得出强强联合可以集中力量、优势互补的结论；肖红和朱艳玲（2007）对我国中小型物流企业进行SWOT分析，指出强强联合可以通过建构合作联盟和促进资源互补来提高单个中小型企业的竞争力。这些研究成果表面来看与本书关系不紧密，但它们的结论却反映了一条重要的信息：强强联合或许只是过程和手段，优势资源互补才是真实目的。推而广之，在科研团队层面，强强联合也许能够促进知性互补，进而促进科研团队内合作成效的实现与提升。由此，关于知性互补与强强联合存在交互性作用的研究假设就有了立论依据。

二、研究设计

（一）研究对象

受国家自然科学基金资助的创新研究群体是我国高水平科研团队的代表。科学基金共享服务网公开了历年获得国家自然科学基金资助的项目，同时还公布了部分已经结题项目的结题报告。在结题报告中公布了研究内容、项目执行过程、研究成果等方面的信息，这些信息的披露为我们研究这些科研团队提供了收集数据的可能性。

鉴于信息披露的起始时间为2006年，我们将研究的时间窗口设置为2006～2016年。考虑到不同学科的科研团队在人员构成和成果呈现等方面可能存在较大差异，我们将研究对象限定为受"管理科学部"基金项目资助的科研团队。考虑到我们在收集和整理数据方面的工作量，进一步将检索关键词限定为"知识共享"，以缩小研究对象的样本规模。最终检索到40个科研团队，以此作为研究对象，探究科研团队内部合作的内驱因素。40个科研团队在成员数量（实际参与人数，而非项目申报书中的人数）、项目资助类型、项目资助经费强度、项目结题年份四个属性上的表现情况如表8.1所示。

表 8.1 科研团队的基本情况

科研团队	成员数量（人）	项目资助类型	项目资助经费强度	项目结题年份
科研团队 1	24	1	15	2006
科研团队 2	7	1	15	2006
科研团队 3	41	1	15.8	2007
科研团队 4	13	1	16	2007
科研团队 5	14	1	15	2007
科研团队 6	3	1	7	2006
科研团队 7	9	0	15	2008
科研团队 8	17	1	18.5	2009
科研团队 9	14	1	19	2009
科研团队 10	20	1	18	2010
科研团队 11	17	1	21	2010
科研团队 12	8	1	24	2011
科研团队 13	25	1	24	2011
科研团队 14	23	1	22	2011
科研团队 15	23	1	26	2012
科研团队 16	3	1	26	2012
科研团队 17	15	1	28	2012
科研团队 18	15	1	28	2013
科研团队 19	30	1	25	2013
科研团队 20	24	1	27	2013
科研团队 21	8	0	17.7	2013
科研团队 22	40	1	45	2015
科研团队 23	15	0	19	2014
科研团队 24	14	0	21	2014
科研团队 25	18	0	20	2014
科研团队 26	2	0.5	34.5	2016
科研团队 27	15	0	20.5	2015
科研团队 28	20	0	22	2015
科研团队 29	11	0	22	2015
科研团队 30	16	1	54	2016

续表

科研团队	成员数量（人）	项目资助类型	项目资助经费强度	项目结题年份
科研团队31	13	0	21	2015
科研团队32	13	1	56	2016
科研团队33	20	1	44.6	2016
科研团队34	28	1	54	2016
科研团队35	32	1	54	2016
科研团队36	6	1	18	2016
科研团队37	12	0	19	2016
科研团队38	14	0	20	2016
科研团队39	7	0	20	2016
科研团队40	6	0	22	2016

注：项目资助类型中，1表示面上项目，0表示青年科学基金项目；0.5表示地区科学基金项目，仅有1项。

（二）指标体系

根据评价学理论，构建评价指标体系时应遵循科学性、系统性、重要性、层次性、独立性、可比性、可行性、动态性等原则。对于本书而言，科研团队内部互补性和强强联合水平的评价显然就应该以知识和性格两个维度为起点，逐级往下扩展，形成具有科学性、系统性和层次性的指标体系。在这个指标体系构建过程中难点在于如何利用科学基金共享服务网中公开的项目结题报告中的有限信息量，来保证底层指标在数据获取上的可行性。这就要求我们适当在科学性与可行性之间进行平衡与妥协，更多考虑设计工具性指标来测量难以量化的知识与性格。

根据知识管理理论，将知识分为内涵知识和外显知识两方面加以测量；根据心理学理论，将性格分为个体性格和集体性格两方面加以测量。结合上述考虑，设计出面向科研团队内部合作的知性互补水平和强强联合水平的评价指标体系如表8.2所示。

表 8.2　评价指标体系

一级指标	二级指标	底层指标		
		编号	名称	定义
知识	内涵知识	X_{11}	理论知识	成员发表论文中所使用理论知识的数量
		X_{12}	方法知识	成员发表论文中所使用方法知识的数量
		X_{13}	工具知识	成员发表论文中所使用工具知识的数量
	外显知识	X_{21}	学科专业	成员所属的学科专业（主要学科人数/团队总人数）
		X_{22}	学历结构	成员的学历
		X_{23}	职称结构	成员的职称
性格	个体性格	X_{31}	发表意愿	成员发表论文的数量
		X_{32}	追求卓越	成员发表高水平论文数量/成员发表论文总数量
		X_{33}	交流偏好	成员发表会议论文数量
	集体性格	X_{41}	团队忠诚	成员发表论文总数/团队发表论文总数
		X_{42}	合作精神	成员合作发表论文总数/成员发表论文总数
		X_{43}	沟通能力	成员与团队内其他成员合作人数/团队总人数

表 8.2 中底层指标均是从单个成员个体角度进行界定与测量，科研团队的指标数据需要在此基础上进行再次加工才能获得。理论知识、方法知识、工具知识在具体测量时均进行了编码化处理，以保证这些指标的可计量性。学科专业这一指标比较特殊，在衡量"互补性"时，采用的定义是"成员所属的学科专业"，但在观察"强强联合"这一特征时，"成员所属的学科专业"因无法反映强弱之别，而采用"主要学科人数/团队总人数"这一指标来反映团队成员在主体学科专业上的聚集程度。性格维度的所有底层指标，全部设计替代性的工具变量来加以量化观测。指标中的高水平论文，在本书中定义为 SCI、SSCI 检索的期刊论文以及国家自然科学基金委管理科学部指定的重要期刊论文。

（三）数据收集与整理

数据的收集与整理遵循如下三个步骤：

1. 指标数据的收集

首先,通过查阅40个科研团队的结题报告收集每个科研团队的参与成员姓名以及在参与该项目研究过程中发表学术论文的情况。其次,从CNKI、Web of Knowledge、Scopus等数据库中下载每个科研团队用来结题该科研项目的所有学术论文。最后,统计所有学术论文的特征数据,阅读学术论文并根据编码统计论文中涉及的理论知识、方法知识和工具知识等情况,汇总得到每个科研团队每个成员的指标数据。

2. 科研团队知性互补的指标数据测量

熵权法是一种根据指标数据差异性来确定指标权重的方法:差异性越大,权重越大。我们所定义的互补性,实际上可以通过差异性来替代性反映:科研团队成员在知识与性格两维度的指标上差异越大,科研团队的互补性越强。因此,决定采用基于区间熵的熵权法来计算各科研团队的互补性数据。首先,将各科研团队每个成员的指标数据进行无量纲化处理,使得数据落在 $[0, 1]$ 内;其次,将 $[0, 1]$ 分为五个均等长度区间,即 $[0, 0.2)$、$[0.2, 0.4)$、$[0.4, 0.6)$、$[0.6, 0.8)$、$[0.8, 1]$,然后统计一个科研团队某一项指标上落在每一个区间的成员数占总成员数量的比例;最后,按照这一比例进行熵权计算,得到的熵权结果就构成了一个科研团队在各指标上知性互补的测评数据。

3. 科研团队强强联合的指标数据测量

强强联合就意味着在一个科研团队中,指标得分较大的团队成员所占的比例较大。由此,采用落在较大值 $[0.6, 0.8)$、$[0.8, 1]$ 的团队成员数占总成员数量的比例累加来建构反映团队强强联合程度的统计量。

依次完善上述三个步骤,得到40个科研团队反映知性互补与强强联合的指标数据。

(四)研究方法

本书涉及三种研究方法的组合应用。首先,采用基于区间熵的熵权法测量各科研团队知性互补的指标数据,以及测量指标权重。熵权法是一种应用较为普遍的客观赋权方法，它适合于评价对象数量较多且指标数据可量化获取的情形，其原理是指标数据的差异性越大、对应指标的权重越大，越有利于放大评价对象之间的差异，提高评价结果的分辨率。显然，熵权法适合本书的情形与需求，可用于测量指标权重。指标权重的测量结果如表 8.3 所示。

表 8.3　指标权重

评价目的	X_{11}	X_{12}	X_{13}	X_{21}	X_{22}	X_{23}	X_{31}	X_{32}	X_{33}	X_{41}	X_{42}	X_{43}
知性互补水平测量	0.085	0.088	0.088	0.071	0.068	0.088	0.086	0.088	0.078	0.089	0.085	0.086
强强联合水平测量	0.062	0.081	0.085	0.085	0.103	0.102	0.076	0.102	0.075	0.076	0.097	0.055

其次，采用 TOPSIS 方法测量科研团队的知性互补水平和强强联合水平。TOPSIS 是一种同时选择正理想方案和负理想方法，并以两个方案为基准点，测量评价对象与这两个基准点之间的距离，并以距离比来表征评价结果的一种评价方法。TOPSIS 方法因同时选择双基点且采用欧氏距离来测量差距而在评价结果的科学性与准确性方面有一定优势，它适合本书对知性互补水平和强强联合水平进行测评的目的。

最后，采用引入交互项的多元线性回归分析方法检验科研团队合作研究成效与团队知性互补水平和强强联合水平之间的关系，由此验证研究假设，回答本书提出的科学问题。

三、研究结果

（一）科研团队知性互补水平与强强联合水平的测量

在数据收集与处理的基础上，采用 TOPSIS 方法测量得到 40 个科研团队的知性互补水平和强强联合水平,如表8.4所示。由表可知,40个科研团队的知性互补水平都集中在0.4~0.5,说明科研团队在知识和性格两个维度上的互补性发展较为均衡;而它们的强强联合水平分布在0.1~0.4,相比互补水平,强强联合水平的离散程度更大,表明科研团队之间的强弱比较或许重点体现在高端科研人员上,即强强联合水平会带来科研团队的异质性。而两个评价结果都不超过0.5,表明我国科研团队在知性互补和强强联合两方面都有着成长空间,未来可以通过加强这两方面以促进更好的团队内合作。

从表8.4中40个科研团队在知性互补水平和强强联合水平上的排序情况可以看出,两种排序在一些科研团队中有着一致性,而在另一些科研团队中则出现了背离,这意味着科研团队的知性互补与强强联合可能存在着某种联系,但又存在着根本上的区别,因此,结合两方面探索科研团队内合作的驱动因素,有着重要性与必要性。

表8.4 科研团队的知性互补与强强联合水平

科研团队	知性互补		强强联合		科研团队	知性互补		强强联合	
	水平	排序	水平	排序		水平	排序	水平	排序
科研团队1	0.485	32	0.291	33	科研团队21	0.484	33	0.319	18
科研团队2	0.486	31	0.316	20	科研团队22	0.484	35	0.308	26
科研团队3	0.463	40	0.314	21	科研团队23	0.481	37	0.339	11
科研团队4	0.491	25	0.343	10	科研团队24	0.491	27	0.358	8
科研团队5	0.495	19	0.408	2	科研团队25	0.505	13	0.239	36
科研团队6	0.482	36	0.364	6	科研团队26	0.531	1	0.381	3
科研团队7	0.498	17	0.297	30	科研团队27	0.492	24	0.234	37
科研团队8	0.469	38	0.301	29	科研团队28	0.508	12	0.421	1
科研团队9	0.515	4	0.311	23	科研团队29	0.504	14	0.317	19
科研团队10	0.487	30	0.334	12	科研团队30	0.497	18	0.376	5
科研团队11	0.513	6	0.309	25	科研团队31	0.503	15	0.323	15
科研团队12	0.494	23	0.322	17	科研团队32	0.491	26	0.332	13
科研团队13	0.484	34	0.311	22	科研团队33	0.468	39	0.311	24

续表

科研团队	知性互补		强强联合		科研团队	知性互补		强强联合	
	水平	排序	水平	排序		水平	排序	水平	排序
科研团队14	0.494	21	0.305	28	科研团队34	0.500	16	0.323	16
科研团队15	0.487	29	0.217	39	科研团队35	0.489	28	0.142	40
科研团队16	0.516	3	0.363	7	科研团队36	0.524	2	0.259	34
科研团队17	0.514	5	0.330	14	科研团队37	0.509	10	0.305	27
科研团队18	0.495	20	0.376	4	科研团队38	0.512	8	0.344	9
科研团队19	0.511	9	0.296	31	科研团队39	0.513	7	0.233	38
科研团队20	0.494	22	0.295	32	科研团队40	0.509	11	0.240	35

（二）基于知性互补与强强联合的科研团队内合作研究成效

1. 合作研究成效的度量

为探究强强联合与知性互补水平对科研团队内合作研究成效的影响，需先对40个科研团队的合作研究成效进行度量。在管理科学部资助的国家自然科学基金项目中，合作研究成效主要是以学术论文形式呈现。而度量学术论文应该从质、量两方面加以考虑：量是一个科研团队发表学术论文的数量；质是一个科研团队发表高水平学术论文的数量。在此定义的高水平学术论文是指被SCI、SSCI检索的国际期刊论文以及发表在国家自然科学基金委指定重要学术期刊上的论文。为了提高数据的可比性，将质与量两方面考量的指标比例化处理，即除以所有科研团队在对应指标上的最大值。进而考虑一个科研团队在合作研究发表论文时应该兼顾质与量，为这两方面的度量指标赋予相等权重，构造出测量科研团队合作研究成效的统计量。即第 i 个科研团队的合作研究成效为：

$$合作研究成效_i = \frac{1}{2}\left(\frac{发表论文数量_i}{\max_i(发表论文数量)} + \frac{发表高水平论文数量_i}{\max_i(发表高水平论文数量)}\right)$$

(8.1)

经过统计与数据整理，得到40个科研团队的合作研究成效如表8.5所示。

表8.5 科研团队的合作研究成效

科研团队	成效	排序	科研团队	成效	排序	科研团队	成效	排序	科研团队	成效	排序
T1	0.533	8	T11	0.329	15	T21	0.415	12	T31	0.148	32
T2	0.183	28	T12	0.096	35	T22	0.592	4	T32	0.204	27
T3	1.000	1	T13	0.523	9	T23	0.275	21	T33	0.379	14
T4	0.279	19	T14	0.544	7	T24	0.390	13	T34	0.667	2
T5	0.208	25	T15	0.654	3	T25	0.263	23	T35	0.458	10
T6	0.090	36	T16	0.038	40	T26	0.079	37	T36	0.075	38
T7	0.285	17	T17	0.100	34	T27	0.175	30	T37	0.208	26
T8	0.435	11	T18	0.329	16	T28	0.281	18	T38	0.263	24
T9	0.158	31	T19	0.269	22	T29	0.177	29	T39	0.048	39
T10	0.588	5	T20	0.279	20	T30	0.550	6	T40	0.106	33

2. 合作研究成效的回归分析

以科研团队的知性互补水平、强强联合水平为自变量，以合作研究成效为因变量，构建多元线性回归分析方程，考察科研团队合作研究成效的影响因素与强度关系。考虑知性互补水平和强强联合水平的兼容性与交互性，将二者的交互项引入回归方程；考虑科研团队成员数量、项目资助类型、项目资助经费规模等因素可能会影响团队合作研究成效，将其作为控制变量纳入回归方程。采用 SPSS 对变量数据进行中心化处理，以尽量消除变量间的共线性问题；同时进行异方差检验，并采用加权最小二乘法消除异方差性问题。回归分析结果如表8.6所示。

表8.6 回归分析结果（因变量：合作研究成效）

变量与参数	模型1	模型2	模型3	模型4
常数项	0.007	0.001	0.058	0.064
成员数量	0.595***	0.772***	0.633***	0.640***
资助类型	-0.010	-0.002	-0.090	-0.099
经费规模	0.093	-0.006	0.057	0.058
知性互补水平	-0.323***		-0.296**	-0.293**

续表

变量与参数	模型1	模型2	模型3	模型4
强强联合水平		0.197*	0.152	0.168
交互项：知性互补水平×强强联合水平				-0.028
R^2	0.675	0.631	0.695	0.696
Adj R^2	0.638	0.589	0.650	0.640
F	18.210***	14.991***	15.506***	12.574***
Durbin-Watson	2.198	2.096	2.041	2.012

注：***P<0.01；**P<0.05；*P<0.10。

从表8.6可以得出结论：知识互补水平对科研团队内合作研究成效具有显著的解释力，但它的作用方向为负，即知识互补水平越高，科研团队内的合作研究成效反而越低；强强联合水平对科研团队内合作研究成效也有较强的解释力，而它的作用方向为正，即强强联合水平越高，团队合作研究成效也会越高。但是，在科研团队内，知识互补水平和强强联合水平不能同时形成显著的解释力，而且二者的交互作用对合作研究成效的影响也不显著。同时，控制变量中成员数量会对科研团队合作研究成效产生非常显著的影响，而项目资助类型和资助经费规模的影响不显著。

3. 人均合作研究成效的回归分析

然而，如表8.6所示，科研团队内合作研究成效的绝大部分都由控制变量"成员数量"在做解释，而且这一控制变量甚至还与知性互补水平、资助类型、经费规模等变量有较强的相关性（见表8.7）。此时，表8.6中结果与结论的准确性有待更加深入的检验。为此，将"成员数量"这一控制变量引入因变量设计，对因变量加以改造，将其重新设置为"人均合作研究成效"。即人均合作研究成效=合作研究成效/成员数量。

表8.7 自变量间的相关系数矩阵

变量	1	2	3	4	5
知性互补水平1	1.000	-0.144	-0.451***	-0.304**	-0.019
强强联合水平2	-0.144	1.000	0.001	0.272*	0.223

续表

变量	1	2	3	4	5
成员数量 3	-0.451***	0.001	1.000	0.376**	0.341**
资助类型 4	-0.304**	0.272*	0.376**	1.000	0.261
经费规模 5	-0.019	0.223	0.341**	0.261	1.000

注：***$P<0.01$；**$P<0.05$；*$P<0.10$。

以人均合作研究成效为因变量，以知性互补水平、强强联合水平为自变量，以项目资助类型、项目资助经费规模为控制变量，重新构建回归分析模型，得到拟合结果如表8.8所示。由此得出新的结论：知性互补水平对科研团队人均合作研究成效的影响不显著，而强强联合水平反而会负向影响科研团队的人均合作研究成效；知性互补水平与强强联合水平的交互作用会对科研团队的人均合作研究成效产生显著的积极影响。同时，本书还可以得到一条极具价值的附加性结论：国家自然科学基金项目的资助经费强度反而会对科研团队的人均合作研究成效产生显著的负向影响。

表8.8　回归分析结果（因变量：人均合作研究成效）

变量与参数	模型5	模型6	模型7	模型8
常数项	-0.098	-0.207	-0.185	-0.235
资助类型	0.150	0.318	0.284	0.362
经费规模	-0.394**	-0.346**	-0.342**	-0.386**
知性互补水平	-0.029		-0.054	-0.055
强强联合水平		-0.308*	-0.312*	-0.513***
交互项：知性互补水平×强强联合水平				0.387**
R^2	0.147	0.232	0.235	0.342
Adj R^2	0.076	0.168	0.147	0.245
F	2.074	3.630**	2.685**	3.533***
Durbin-Watson	1.932	2.080	2.080	2.007

注：***$P<0.01$；**$P<0.05$；*$P<0.10$。

第八章 知性管理与团队创新

四、本章小结

近年来，我国在科学研究经费方面的投入力度在持续加大，与此同时实现的目标是学术论文数量在世界排名上的持续上升。在高校获得的研究经费投入方面，最主要的来源是国家自然科学基金委的项目支持。以主持国家自然科学基金项目为依托而组建的科研团队，成为我国高校科研创新的主体单元。但是，很多科研团队都面临着一些问题，如名存实亡，即署名在申报书和结项报告上的成员众多，而实际执行和完成项目的人却很少。如何组建一支名副其实且成效显著的科研团队，成为高校和很多项目负责人亟须解决的问题。

知性互补和强强联合为科研团队建设提供了思路。本章从知识和性格两个维度建立评价体系，选取获得国家自然科学基金委管理科学部项目经费资助且已结项的40个科研团队作为评价对象，测度科研团队的知性互补水平和强强联合水平。进而以成员数量、项目资助类型、项目资助经费强度为控制变量，建构知性互补水平、强强联合水平之于团队内合作研究成效的多元线性回归分析模型，以探究科研团队内合作研究成效的内驱力与实现机制。根据研究结果，得出以下结论：

（1）知性互补和强强联合是决定科研团队合作的两个维度，两者负相关但不完全对立。科研团队在知性互补水平方面发展较为均衡，但在强强联合方面的差异性更加巨大。在知性互补水平和强强联合水平方面，科研团队有着较大的调整空间，通过调整知性互补或强强联合来谋求更高的合作研究成效是可行的。

（2）知性互补水平会对科研团队的合作研究成效产生显著的负向影响，强强联合水平会对科研团队的合作研究成效产生显著的正向影响。知性互补与强强联合的平衡与协调，在科研团队总体的合作研究成效提升方面不能起到显著的作用。"人多力量大"这一规律在揭示科研团队合作研究成效发生机制上，是显著成立的：实际参与成员数量越多的科研团队，发表论文的数量和质量都会越好。

（3）知性互补水平对科研团队的人均合作研究成效作用不显著，强强联合水平对人均合作成效产生显著的负向影响，知性互补与强强联合的交互作用对人均合作研究成效产生显著的正向影响。这意味着，"人多力量大"只是提升了科研团队总体上的研究成效，但对于个体获得的成效却是反向效果——参与成员越多，平均到每个成员上发表论文的数量和质量有所降低。此外，一条非常重要的结论就是：对于实现和提升科研团队成员的平均合作研究成效而言，统筹与平衡团队的知性互补水平与强强联合水平是必要的。在知性互补与强强联合两方面达成某种平衡与互促是未来科研团队建设与发展应该遵循的规律。

（4）科研团队总体的合作研究成效会显著依赖团队成员数量；科研团队人均实现的合作研究成效，与项目资助经费强度显著负相关。这意味着两条比较消极的结论：我国科研团队的研究成效依靠人数来堆积，而这种堆起来的研究成效分摊到人头上时却是低水平的；而且，政府在科研项目上资助的经费越多，科研团队人均实现的研究成效可能还会越低，即项目经费的支持与激励作用在一定程度上是失效的。

根据上述结论，可以提出以下管理启示：

（1）科研团队的组建需要从成员的知识和性格两个维度加以考虑。团队成员在知识和性格方面的互补性，以及在这两个维度上的强强联合，可以作为建设科研团队的原则。

（2）要增强科研团队总体的合作研究成效，可以一方面增加团队的实际参与人数，另一方面强化科研团队内的强强联合程度。换言之，科研团队的人数越多、学术能力强的人数比例越大，越容易实现总体上的合作研究成效。这条启示对于科研团队的负责人而言具有重要价值。

（3）要增强科研团队人均实现的合作研究成效，可以考虑适度降低团队的强强联合水平，而将重点放到平衡与协调团队的知性互补与强强联合方面，从一种更加均衡的视角来组建可持续发展的科研团队。既然项目资助经费强度对人均合作研究成效的激励作用失效，那么政府在科研项目立项资助时，可考虑适当增加经费资助的项目数量，而非着力增大单个项目的经费资助额度。这两点启示对于高校和政府在科研团队管理与立项资助等方面有着重要意义。

当然，本章研究还存在着一些不足之处，如科研团队的样本数量只有40个，可能会影响研究结论的准确性；少部分科研团队在结题报告中呈现的少部分科研成果无法通过公开渠道获得，可能会带来少量的信息损失；理论知识、方法知识和工具知识等指标的辨别和编码依赖研究者的主观看法与判定，可能导致一定程度的主观性问题。因此，未来将通过扩大样本规模、规范数据获取与处理过程等，从知性互补和强强联合两方面对科研团队内合作研究成效的内驱力做出更加深入而有效的研究，以形成更加准确的结论和更有价值的启示。

本章参考文献

［1］张朝孝，蒲勇健．团队合作与激励结构的关系及博弈模型研究［J］．管理工程学报，2004，18（4）：12－16．

［2］Cassiman，B．，Veugelers，R. In search of complementarity in the innovation strategy: Internal R&D and external knowledge acquisition［J］．Management Science，2006，52（1）：68－82．

［3］宝胜．论知识创新的"智力互补型"合作模式［J］．科技管理研究，2008，28（9）：229－230．

［4］李盛竹，付小红．促进知识互补效应的我国产学研合作科研创新激励机制研究［J］．科学管理研究，2014，32（3）：52－55．

［5］张喜征，刘水林，谢悦等．知识互补性视角下跨组织协同创新知识配置研究——以小米手机产业链为例［J］．科技进步与对策，2016，33（11）：136－141．

［6］九州．更具战斗力团队的性格搭配法则［J］．中外管理，2011（11）：122-123．

［7］马培培，洪林．科研团队中集体角色的构建［J］．中国高校科技，2012，（9）：30-31．

［8］陈福军．大五人格性格互补分组对合作学习"搭便车"行为的控制研究［J］．人力资源管理，2014（10）：43-45．

［9］孙庆，李佳，刘桐羽等．性格互补在大学生团队合作中的积极意义［J］．黑龙江科学，2015（6）：191-193．

［10］Lykourentzou, I., Antoniou, A., Naudet, Y. Matching or crashing? Personality-based team formation in crowdsourcing environments［J］．Computer Science, 2015, 2 (1): 1-14.

［11］陈德智，王浣尘．企业之间合作创新模式［J］．科技管理研究，2003，23（3）：33-34．

［12］秦绍德．并校五年不凡路 强强联合更趋强——上海医科大学并入复旦大学以后［J］．中国高等教育，2005（24）：13-15．

［13］肖红，朱艳玲．我国中小型物流企业发展分析［J］．当代财经，2007（9）：74-79．

第九章
知性管理与二元创新

一、背景与问题

当前,中国正在经历一个前所未有的高速发展历程。以互联网、电子商务及高新技术为主体构成的技术力量,驱动着中国"新经济"的蓬勃发展。而这些力量的背后实质上有着两种机制在支撑——技术创新与商业模式创新:其一,技术创新带来企业的技术突破与产业升级,使得中国很多大型企业能够凭借高新技术建立核心竞争力;其二,商业模式创新带来企业的盈利模式变革与行业生态重塑,使得中国很多中小型企业能够依靠差异化体验获得竞争优势,甚至一些商业模式创新的佼佼者都能够打造全新的经济—社会—生态系统,影响人类文明进程。换言之,创新是中国经济发展的根本驱动力。探究中国企业组织的创新之路具有重要的理论价值,也对企业组织的创新发展具有重要的启示性意义。

在知识经济背景下,知识资本是经济的基础资源,是企业持续竞争优势的核心来源。而技术创新理论的研究者则认为,在知识资本对持续竞争优势的作用路径中,技术创新起到重要的中介性作用。大量研究证明了知识资本与技术创新之间的密切联系，如新产品体现了组织知识、将创新过程描述为知识管理过程、将创新型企业描述为知识创造型企业等。因此，以知识资本为前因考虑技术创新的路径在逻辑上顺理成章。

那么，商业模式创新的前因是什么？对中国企业实践的观察发现，大多数企业实现商业模式创新的方式主要体现在采用新的物流渠道、引入新的支付方式、增强顾客消费体验、创新盈利模式等。而这些新型方式的指向都在于让企业组织提供的产品或服务与竞争对手相区别，即建构差异化竞争优势。在竞争战略理论中，企业组织的经营战略被归纳为成本领先战略、差异化战略和集中化战略三种类型，可见差异化对于企业组织生存与发展的重要性。Resnick（2003）指出，核心竞争力与差异化竞争力共同构成了组织的竞争能力，核心竞争力的来源是知识与技术，而差异化竞争力有赖于组织性格的驱动。根据Moore（2005）的论述，组织性格是一个相对宽泛的概念，它包括公司战略的多样性、组织文化的特殊性、企业产品的异质性、员工性格的融合性等多方面内容。正因为组织性格的差异性，企业组织能够以一种不同于竞争对手的模式来不断打破已有的市场竞争格局，为组织发展创造机遇。因此，本书将组织性格设置为商业模式创新的前因要素纳入创新路径加以讨论。

除上述两条路径外，知识资本、组织性格、技术创新、商业模式创新之间还存在着什么样的作用关系？首先，根据对中国企业实践的观察，我们发现缺乏核心技术支持的、为了差异化而差异化的商业模式创新不能在市场竞争中长久生存；只有将技术创新与商业模式创新结合，以技术改造与产品升级为支撑的商业模式变革才能为顾客所忠诚。由技术创新带动商业模式创新已然成为中国企业竞争的制胜之道。其次，知识资本会影响组织性格的形成。随着知识资本的创造和积累，企业组织会逐渐改变其战略定位、决策方式和行为风格，持续地、潜移默化地改变组织性格。再次，任何的商业模式创新都源于创意，而创意的产生又与人才、知识有关，况且商业模式创新的实现也需要有人力资本、关系资本和结构资本的支持，因此，知识资本应该对商业模式创新有着驱动作用。最后，技术创新涉及很多方面的决策，如创新方向、创新投入、创新应用等，这些决策和组织战略、组织文化以及组织体制等密切相关，换言之，组织性格会对技术创新产生显著影响。

基于以上考虑，我们以知识资本为前因变量，以组织性格为中介变量，探索企业组织技术创新与商业模式创新的路径。在中国的新经济情境下，该路径模型对企业组织的创新发展机制有着强大的解释力。本章在模型构建与样本选择方面有着强烈的情境化特征，是一项中国情境背景下的研究成果。而且结论适合新经济环境下的所有企业组织，能为其他文化背景下的企业组织创新发展提供决策借鉴。

二、理论与假设

自20世纪初熊彼特提出创新理论以后，技术创新就受到了广泛的关注。在概念层面，技术创新不仅包括新技术与新工艺的创造，还包括将新技术与新工艺应用到企业生产经营活动的过程。与之形成对比的是，商业模式创新则是进入21世纪后才开始受到关注的创新类型；现实中，引发商业模式创新的是互联网技术在商业领域的大规模应用以及数字经济的蓬勃发展。在新经济时代，商业模式通过描述企业组织创造价值、传递价值和获取价值的基本原理，塑造组织实现价值增值的核心逻辑，成为组织经营战略关注的核心内容。相应地，商业模式创新通过引导组织价值实现模式的创新和变革，与技术创新并驾齐驱，成为组织获得竞争优势的重要源泉。基于创新理论的分析和对中国企业实践的观察，本书旨在探索的创新之路的重点就锁定在技术创新与商业模式创新两个方面。

（一）知识资本与技术创新

知识资本是企业组织所拥有的能够为其创造价值的一切知识，包括员工技能、顾客忠诚以及嵌入于组织文化、制度、流程中的所有知识资源。关于知识资本的构成有二要素、三要素、四要素等多种观点，被广泛接受的观点是三要素说，它将知识资本分解为人力资本、关系资本和结构资本三个维度。

人力资本通过降低企业技术创新风险促进技术创新。人力资本是指企业组织中的所有个体所拥有的知识、经验和能力。一方面，专业知识扎实和技术经验丰富的员工在创新方向的把握上会更加准确，在技术创新的操作上会更能够控制失误，这两方面使得技术创新高效率低风险，激励企业组织积极地进行技术创新探索；另一方面，高层管理者的知识结构与职业素养会影响决策，高层管理者的教育水平对企业技术创新决策产生影响。教育水平在一定程度上能够代表高管的知识能力，而较高的知识能力有助于高管做出正确的决策，引导技术创新取得成功。

关系资本能够让企业迅速感知客户需求和市场变化，形成资源传递网络为技术创新提供资源。Proctor（1998）认为成功创新的基石是理解公司的客户和市场，当企业与客户关系和谐时，能够通过客户反馈及时感知市场变化，为组织技术创新指引方向。同时，关系资本理论还强调企业组织与供应商之间的关系，组织在技术创新方面的设想与安排要实现，需要依赖供应商的配合与协作。而且在一些情境下，与供应商合作本身就能为企业组织提供技术创新的手段。此外，企业组织还可以积极发展与外部组织（如政府、高校、科研院所）之间的关系，建立以本企业为中心的社会网络，加强组织与环境之间的资源交换、能量流通和价值转换，为协同创新提供平台与资源支持，提升组织技术创新能力。

结构资本能够提高企业的沟通和运作效率，保障技术创新的实现。结构资本是企业的组织类无形资产，通常表现为战略文化、组织制度、管理规则、数据库与信息化平台等形式。较高水平的结构资本意味着企业组织在管理层面较为成熟和完善，沟通运营效率和资源流转效率较高。在技术创新过程中，组织需要调用大量的创新资源，结构资本积累丰富的企业组织在技术创新效率方面也会更具优势。中国在专利开发方面最为知名的华为公司，其领先行业竞争对手的技术创新能力就在一定程度上得益于从 IBM 公司引入的集成产品开发流程（Integrated Product Development，IPD）。通过 IPD 的实施，华为公司逐渐建立起了世界级的研发管理体系，形成了卓越的研发能力，为企业核心竞争力的形成做出了重大贡献。

综上，人力资本、关系资本与结构资本均能在技术创新活动中起到积极作用，知识资本可以被认定为技术创新的重要前因要素。由此，提出如下假设：

H9.1：知识资本对技术创新起显著的正向影响。

（二）知识资本与商业模式创新

与技术创新的驱动机制类似，人力资本、关系资本与结构资本对商业模式创新也起着重要的促进作用。首先，人力资本对商业模式创新的驱动机制主要体现在高层管理者领导力的影响。企业组织的领导者通常会是商业模式的设计者，他们的战略眼光、判断能力、性格偏好与行为模式会对组织在商业模式创新的决策上产生深远影响。商业模式创新需要特定的领导力来引导，包括领导者对市场的认知能力和信念以及创造力等。领导者通过意会推进企业初始的商业模式设计，同时他们也对是否维持现状或者模仿市场中的其他商业模式做出决策。

其次，由关系资本引致的行业内学习和跨行业学习让商业模式创新成为可能。行业内学习帮助企业跨越自身边界寻求新的价值创造方式，通过向现有顾客、竞争对手、供应商的学习，企业能够发现新的价值主张、竞争定位和价值源泉。Chesbrough（2010）就提出，对顾客潜在需求的深刻认知是重塑价值创造系统的重要动力。Zott 和 Amit（2008）也认为，竞争对手的商业模式是企业重新设计商业模式的重要参考模板。而行业外学习能够帮助企业采用与同行不同的战略主张来改变与同行相似的商业路径，帮助企业发现全新的价值创造方式，找到新的盈利点，引导商业模式实现跨越式创新。

最后，结构资本有助于提高商业模式价值创造过程的效率。已有研究表明，组织流程有助于企业组织协调其战略、结构、文化与日常工作等，保障其正常运营；而先进的信息系统与技术平台有助于收集信息和知识分享，辅助决策和促进协作，降低运营成本，提高运营效率。此外，执行任务和活动的独特程序或过程是创新绩效的潜在来源，那些程序和系统较差的企业无法实现其潜力，而具有强大结构资本的企业在价值创造活动上更高效。

由此，提出如下假设：

H9.2：知识资本对商业模式创新起显著的正向影响。

（三）组织性格的中介作用

1. 知识资本、组织性格与创新

与人类个体类似，群体也会表现出比较稳定的特质偏好与行为模式，即涌现出群体性格，而组织性格是群体性格的具体体现。个体的性格特质是决定其决策与行为产生的根本性因素；相应地，上升到组织层面，组织性格应能对组织行为产生解释与预测作用。创新作为主导组织演化发展方向的战略性行为，自然也会受到来自组织性格的巨大影响，具体表现为：冒险型的企业组织偏向选择突变式创新战略，稳健型的企业组织偏向选择渐进式创新战略；开放型的企业组织偏向选择开放式的协同创新战略，保守型的企业组织偏向选择内部创新战略；高技术、知识密集型的企业组织偏向选择技术创新战略，善于学习、柔性好、适应性强的企业组织偏向选择商业模式创新战略；等等。

根据组织性格形成的 ASA 理论，组织性格的形成过程可分解为三个阶段。首先，组织的高层管理者在组织创生过程中起到关键性作用，创业者的性格、行为会对组织建设初期的战略、定位与文化等产生决定性影响。其次，随着组织发展壮大，组织内员工个体逐渐增多，不同性格的个体通过适应、吸引、选择、扬弃等过程实现同化。最后，同化后的员工个体性格会重新聚合，从群体层面表现共同特质，由此形成组织性格。从上述组织性格形成过程的描述可以看出，知识资本的作用贯穿组织性格形成全过程：组织性格的诞生有赖于高层管理者与员工等人力资本的引导；个体性格同化需在关系资本的驱动下由员工间交流和组织内互动而实现；个体性格的聚合过程需在组织管理哲学与系统架构下完成，这些架构具体体现为组织结构、管理制度、数据库平台等结构资本。

综上所述，组织性格是创新的影响因素，组织性格的形成又受到知识资本的驱动。我们已经通过分析阐释了知识资本对创新的积极影响。据此，提出如下假设：

H9.3：组织性格在知识资本对创新的作用路径中起显著的中介作用。

2. 知识资本、组织性格与技术创新

在知识经济的大环境下，随着知识资本的逐渐积累，企业组织产生尊重知识人才、看重知识资源、希望创造知识成果的文化，在这种知识型文化的熏陶下，组织性格会带有知识特征。由知识型文化塑造出的知识型组织，总是会期望充分高效地利用其知识资本，在具体的行为上就表现为乐于分享、传播、创新与利用知识资源，支持技术创新与成果转化。随着创新模式的发展演化，如今进入了开放式创新阶段。在开放式创新情境中，企业组织的性格特质在开放、知识、共享三个属性上表现得更加鲜明。企业将跨越组织边界，有目的地通过流入和流出知识以加快内部创新和扩大内部创新外部应用市场这两个独立过程。知识分享型的组织性格与关系资本将共同驱动组织内、组织间的知识交流，促进资源交换和利用，为协同技术创新提供所需的资源和能力。由此，提出如下假设：

H9.3a：组织性格在知识资本对技术创新的作用路径中起显著的中介作用。

3. 知识资本、组织性格与商业模式创新

知识资本尤其是从外部交流与学习过程中获得的知识资本的积累，会逐渐地改变组织性格，使得组织性格与外部环境同化，增强组织对环境的适应力；同时，无论是知识资本积累还是组织性格演化，都会让企业组织对市场变化的感知力增强、对自身战略的调整性增强、对与供应商和客户的上下游一体化改进能力增强，从而辅助企业组织探索新的价值创造方式，实现商业模式创新。实践观察表明，越是知识资本积累较多的组织，越是能够形成一股重视知识交流与增长的力量,并且越是能够抱着一种开放与包容的态度接纳外部冲击和做出积极调整,从而获得越多的市场机会。当市场机会出现时,拥有知识资本积累较多的企业组织更能迅速识别和利用机会,通过试错学习不断地设计、改进、测试和调整初始商业模式,通过识别、优化、适应、修改以及重塑来生成新的商业模式,使得商业模式创新实现。由此,提出如下假设:

H9.3b:组织性格在知识资本对商业模式创新的作用路径中起显著的中介作用。

(四) 技术创新与商业模式创新

技术本身没有价值观,其潜在经济价值必须通过商业模式来实现。商业模式创新是企业建立启发式逻辑,并把技术与其蕴含的潜在经济价值联系的过程。企业必须建立与其核心技术相匹配的商业模式才有可能获得经济上的成功;技术进步为企业组织、合作伙伴和顾客创造组织安排、创新商业模式带来新的机遇。即技术创新通常能够催化商业模式创新。由此,提出如下假设:

H9.4:技术创新对商业模式创新起显著的正向影响。

综合上述研究假设,可建构本章的研究框架,如图9.1所示。

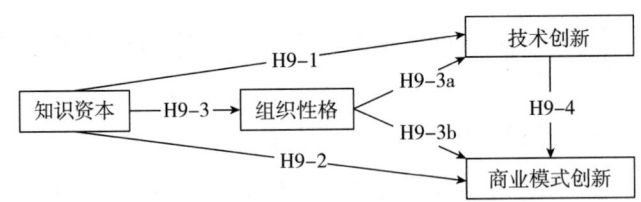

图9.1 知性管理与二元创新研究框架

三、研究设计

（一）变量与量表设计

1. 潜变量

（1）知识资本。用人力资本、关系资本和结构资本三个维度来测量知识资本。借鉴 Subramaniam 和 Youndt（2005）开发的知识资本量表，筛选符合中国企业组织情境的题项，归并整理得到六个题项：各用 2 个题项来测度知识资本的三个维度。

（2）组织性格。其测量可借鉴个体人格的量表。Davies 等（2003）借鉴人格心理学中的大五人格量表开发了组织性格的测度量表，在该量表中，组织性格被分为五个维度加以测量，分别是外向性、进取心、能力、声誉、无情。根据作者对中国企业文化与社会文化的观察，认为无情这一维度不适合形容中国企业。因此，本书从外向性、进取心、能力、声誉四个维度测量组织性格，每个维度挑选 2 个题项进行描述。

（3）技术创新。广义上的技术创新包括开发新产品并将其推向市场、成功实现商业化的完整过程。为了与商业模式创新进行区分，把技术创新界定在技术或者与技术直接相关的范畴，而不涵盖体制、组织、结构、营销等内容。由此，本书将从产品创新和工艺流程创新两个维度来观测技术创新。借鉴 Camisón 和 Villar‒López（2014）设计的量表，基于中国情境加以筛选和改编，得到 6 个题项，产品创新和工艺流程创新维度各包括 3 个题项。

（4）商业模式创新。其定义尚未达成共识。本书从企业价值的角度对商业模式创新进行界定，认为商业模式创新就是采用了新的价值创造方式。对商业模式创新的度量改编自 Zott 和 Amit（2007）开发的新颖型商业模式设计量表，经过筛选，原有 11 个题项最终保留了 6 个题项。

2. 控制变量

（1）环境不确定性。已有研究表明，环境不确定性会对企业组织的商业模式创新产生较大影响：企业组织不断地进行商业模式创新，是为了适应外部环境和市场需求的变化。因此，我们将环境不确定性设置为商业模式创新的控制变量，借鉴 Dess 和 Beard（1984）对环境特征的研究，设计 2 个题项衡量环境不确定性。

（2）高新技术企业认定。这是中国政府对于国内符合国家或地方规定条件的高新技术企业进行资格认定的行为。对于中国企业而言，获得了高新技术企业认定，就意味着会得到来自国家和地方政府的诸多支持，如税收减免、研发费用加计扣除等。总而言之，高新技术企业认定政策对企业组织的技术创新产生显著的积极影响，因此需把它作为技术创新的控制变量。

此外，鉴于企业的所有权结构、人员规模、年龄、所属行业等也会对商业模式创新或技术创新产生影响，把它们也设置为控制变量。

3. 测量题项

知识资本、组织性格、技术创新、商业模式创新、环境不确定性等变量，都是借鉴国外文献中的成熟量表进行题项筛选与改编，生成新的量表加以测量。量表的选择与改编由整个科研团队共同讨论完成，量表生成后还经过了几位在管理学领域拥有长期研究经历的专家的确认。量表的原始尺度用英语开发，适于欧洲和美国等以英语为母语的国家，为了满足内容效度的要求，特邀请两名英语专业且具备管理学知识的学生，一位学生将量表翻译成中文，另一位学生将中文回转翻译成英文，经过几次回溯程序的比较和修改，最终确定了中文版本的量表，该量表从语义上更适合描绘中国情境下的企业组织，且易于被中国企业的员工所正确理解。这些题项采用 5 级李克特量表的形式进行设计，"1"表示对语义陈述"非常不同意"，"5"表示"非常同意"。

最终，生成了一张包括 36 个题项的调查问卷，其中，商业模式创新的题项 6 个、技术创新的题项 6 个、知识资本的题项 6 个、组织性格的题项 8

个、环境不确定性的题项 2 个，以及 5 个反映其他控制变量和 3 个用来识别被调查者身份的题项。变量与题项设计情况如表 9.1 所示。

表 9.1 变量与题项

变量		题项	准则
潜变量	知识资本（Intellectual Capital，IC）	（IC1）本单位员工大多业务熟练 （IC2）本单位员工富有创造力且积极向上 （IC3）在本单位内，员工间经常分享知识，相互学习 （IC4）本单位经常与客户、供应商、合作伙伴等合作解决问题 （IC5）本单位的大部分知识都被固化在单位手册、数据库、组织制度与工作流程中 （IC6）本单位的文化与价值观体系包含着核心的企业精神与商业原则	5 级李克特量表："1"表示"非常不同意"；"2"表示"较不同意"；"3"表示"无意见"；"4"表示"较同意"；"5"表示"非常同意"
	组织性格（Organizational Character，OC）	（OC1）本单位对员工与顾客都很热情 （OC2）本单位以诚信为本，积极承担社会责任 （OC3）本单位紧跟时代潮流，积极了解行业新动态 （OC4）本单位的预期风险承受能力较高 （OC5）本单位以安全、可靠、富有责任感著称 （OC6）本单位专注于目标成就，充满理想 （OC7）本单位充满魅力，行为得体 （OC8）本单位在业内声誉好、威望高	
	技术创新（Technological Innovation，TI）	（TI1）本单位生产的产品可以替代市场上的旧产品 （TI2）本单位的产品范围持续扩大 （TI3）本单位的产品设计持续改进 （TI4）本单位开发了一系列工艺流程 （TI5）本单位掌握了业内的核心生产技术 （TI6）本单位生产成本持续降低	

续表

变量		题项	准则
潜变量	商业模式创新（Business Model Innovation，BM）	（BM1）本单位提供了产品、服务和信息的新组合 （BM2）本单位引入了全新、多样化的合作伙伴 （BM3）本单位在与合作伙伴的协作过程中采用了新颖的方式 （BM4）本单位提供多样化的新产品 （BM5）本单位创造或采用了新的交易方式 （BM6）本单位创造了新的盈利点	5级李克特量表："1"表示"非常不同意"；"2"表示"较不同意"；"3"表示"无意见"；"4"表示"较同意"；"5"表示"非常同意"
控制变量	环境不确定性（Environmental Uncertainty，EU）	（EU1）顾客群体仍在不断变化 （EU2）市场上新的促销手段层出不穷	
	高新技术企业认定（Hi-tech enterprise Confirmation，HC）	本单位取得了高新技术企业的认证	1. 否；2. 是
	所有权结构（Ownership Structure，OS）	我所在的工作单位是一家	1. 国有企业；2. 外资企业；3. 合资企业；4. 民营企业；5. 其他
	人员规模（Staff Size，SS）	我所在的工作单位拥有员工数量	1. 10人及以下（微型企业）；2. 11~100人（小型企业）；3. 101~300人（中型企业）；4. 301人及以上（大型企业）
	年龄（Age，A）	本单位自创办至今的时间为	1. 1年以下；2. 1~3年；3. 4~10年；4. 10年以上
	所属行业（Industry，I）	本单位所处行业为	1. 第一产业；2. 第二产业；3. 第三产业

续表

变量		题项	准则
身份题项	受教育水平	我的学历	1. 专科及以下；2. 本科；3. 研究生及以上
	参加工作时间	我在当前工作单位的时间	1. 1年以下；2. 1~3年；3. 4~10年；4. 10年以上
	当前工作岗位	我当前的工作岗位是	1. 管理岗；2. 技术岗；3. 生产岗；4. 销售岗；5. 其他

（二）问卷发放与数据收集

我们将量表提交给一家提供专业问卷调查服务的机构——问卷星（Star Questionnaire），委托其发放问卷与收集数据。在中国，问卷星是一个大型的、专业的在线问卷调查服务平台，该机构已为2467万用户提供超过16亿份的问卷回收服务，填写问卷的人数超过1亿人；有113家世界500强机构使用过问卷星提供的样本服务，很多中国学者在学术研究过程中也向其寻求过帮助。

问卷发放时间为2018年4月4~9日。通过问卷星平台发放问卷580份，回收问卷366份（回收率为63.10%），其中有效问卷214份（有效回收率为36.89%）。

借助平台的样本数据库进行随机抽样，有效降低了调查对象的选择性偏差。根据调查对象在线填写问卷时IP地址的识别，发现他们来自28个不同的省区市，东部沿海地区的调查对象居多，西部和东北地区的调查对象偏少，这基本与中国的区域经济发展格局一致。通过对调查对象身份数据与部分控制变量数据的统计（见表9.2）可以看出，大部分调查对象的受教育程度都在本科及以上，应该不存在理解不了量表内容的情况；他们在当前工作单位工作的时间足够长，对组织情况有充分了解；主要是管理岗和技术岗的员工，这些岗位的员工是企业知识资本最主要的来源，能够更清楚地回答量表中的题项。此外，调查对象在来自不同产业、不同规模、不同年龄的企业组织中分布较为均匀，来自经过高新技术企业认证和未经认证企业的调查对象数量也基本均衡，调查对象所在单位的所有权结构的分布情况基本符合中国目前的混合所有制经济格局。这些数据都表明，本次调查的样本对象有着一定的代表性，且他们的回答有着一定的可信性。

表9.2 调查对象的分布情况　　　　　　　　　　　单位:%

变量	属性	分布	变量	属性	分布
受教育水平	专科及以下	16.80	所属行业	第一产业	25.23
	本科	77.60		第二产业	37.38
	研究生及以上	5.60		第三产业	37.38
参加工作时间	1年以下	4.70	企业年龄	1年以下	0.50
	1~3年	30.40		1~3年	3.74
	4~10年	45.30		4~10年	36.45
	10年以上	19.60		10年以上	59.35
当前工作岗位	管理岗	39.70	所有权结构	国有企业	20.56
	技术岗	41.10		外资企业	10.28
	生产岗	4.70		合资企业	9.35
	销售岗	10.70		民营企业	57.94
	其他	3.70		其他	1.87
人员规模	10人以下	1.40	高新技术企业认证	是	54.67
	10~99人	30.37			
	100~300人	37.85		否	45.33
	300人以上	30.37			

(三) 数据分析方法

我们采用结构方程模型来检验模型假设。结构方程模型可以同时估计多个潜变量之间的路径关系，且容许潜变量和显变量含有测量误差，在测量的全局可靠性上要优于回归分析方法。本书使用 Mplus 7.0 软件进行潜变量结构方程分析，采用其默认的极大似然估计法，并且选择报告 Bootstrap 分析结果以检验中介效应的显著性。另外，采用 SPSS 19.0 分析工具、验证性因子分析等方法进行信效度检验。

四、研究结果

(一) 描述性统计

各题项数据的描述性统计分析结果如表 9.3 所示。因本书结构方程模型采用的参数估计方法为极大似然估计法（ML），它要求的最理想数据分布为正态分布。但是，Finney 和 DiStefano（2006）研究后又指出，基于 ML 估计方法的稳健性考虑，当峰度小于 7，且偏度值小于 2 时，样本数据的非严格标准正态分布特性并不会对 ML 的估计结果产生足够的影响。由表 9.3 可知，各测量题项的数据为非严格的正态分布，但峰度值在 $-0.843 \sim 1.927$，偏度值在 $-1.129 \sim 0.052$，在 ML 估计法所能容许的范围之内。因此，数据支持，路径分析适宜采用极大似然估计法基础上的结构方程模型去加以完成。

表 9.3 潜变量测量题项的描述性统计

潜变量	题项	均值	标准差	峰度	偏度	潜变量	题项	均值	标准差	峰度	偏度
知识资本（IC）	IC1	3.89	0.879	1.927	-1.129	技术创新（TI）	TI1	3.35	0.895	-0.388	-0.157
	IC2	3.64	0.912	-0.179	-0.287		TI2	3.61	0.880	-0.180	-0.326
	IC3	3.75	0.915	-0.337	-0.331		TI3	3.82	0.972	0.302	-0.751
	IC4	3.68	0.935	-0.214	-0.402		TI4	3.26	0.928	-0.126	-0.011
	IC5	3.01	0.828	-0.806	0.083		TI5	3.40	0.972	-0.573	-0.200
	IC6	3.75	0.935	0.673	-0.796		TI6	3.23	0.914	-0.347	0.052
组织性格（OC）	OC1	3.78	0.941	-0.313	-0.468	商业模式创新（BM）	BM1	3.70	0.779	0.188	-0.373
	OC2	3.95	0.913	0.195	-0.729		BM2	3.40	1.029	-0.786	-0.086
	OC3	3.85	0.848	-0.610	-0.268		BM3	3.33	0.996	-0.431	-0.159
	OC4	3.23	0.929	-0.242	-0.046		BM4	3.56	1.045	-0.285	-0.536
	OC5	3.70	0.971	0.388	-0.704		BM5	3.18	1.043	-0.612	-0.046
	OC6	3.79	0.935	0.555	-0.777		BM6	3.57	0.868	-0.213	-0.160
	OC7	3.58	1.007	-0.454	-0.247						
	OC8	3.70	0.933	0.026	-0.480						

（二）信效度和共同方法偏差

1. 信度

在检验一个构念的各题项间的一致性信度指标中，最常用的是 Cronbach's α 系数。一般认为，Cronbach's α 系数应达到 0.7 以上才能认为是可接受的。本章的各变量 Cronbach's α 系数均大于 0.7（见表 9.4），表明各变量的题项间具有较好的内部一致性。鉴于还有一些学者认为 Cronbach's α 系数不能很好地估计测验信度，拟采用组合信度（CR）再次检验量表的内部一致性。组合信度是结构方程模型中常用的潜变量信度指标，一般 CR 大于 0.6 就认为量表具有很好的内部一致性。如表 9.4 所示，本章所有的 CR 值都远高于 0.7。由此，两种检验内部一致性的方法都显示，量表具有良好的一致性信度。

表 9.4 信效度检验

变量	题项	因子载荷	α	CR	AVE	变量	题项	因子载荷	α	CR	AVE
知识资本（IC）	IC1	0.830	0.727	0.857	0.501	技术创新（TI）	TI1	0.849	0.779	0.870	0.529
	IC2	0.643					TI2	0.683			
	IC3	0.672					TI3	0.810			
	IC4	0.673					TI4	0.712			
	IC5	0.691					TI5	0.640			
	IC6	0.723					TI6	0.644			
组织性格（OC）	OC1	0.831	0.766	0.891	0.508	商业模式创新（BM）	BM1	0.907	0.750	0.876	0.546
	OC2	0.702					BM2	0.645			
	OC3	0.639					BM3	0.697			
	OC4	0.669					BM4	0.779			
	OC5	0.819					BM5	0.645			
	OC6	0.636					BM6	0.747			
	OC7	0.675				环境不确定性（EU）	EU1	0.621	0.720	0.749	0.607
	OC8	0.704					EU2	0.915			

2. 效度

效度检验需包括收敛效度、构造效度和区分效度三方面。平均方差提取（AVE）提供了收敛效度的评估值。如表 9.4 所示，本章所有变量的 AVE 都达到了 0.5 以上，说明量表中的各构念均具有较高的收敛效度。构造效度是指量表的内容能够推论或衡量抽象概念的能力，通常用因子分析来检验。先对每个变量进行 KMO 和 Bartlett 球形检验，各变量的 KMO 值均大于 Kaiser 给出的标准值 0.7，Bartlett 球形测量值显著为 0.000，表明该量表适合做因子分析。接着利用验证性因子分析（CFA）获取各项因子的标准化系数，所有因子标准化系数均大于 0.5，且在 $p<0.001$ 的水平下显著，构造效度达到要求。区分效度是指区别不同概念的程度，通常采用各变量自身 AVE 的平方根值与该变量和其他各变量的相关系数进行比较，当前者高于后者时表明有较高的区分效度。区分效度检验的结果如表 9.5 所示，表中对角元素

（AVE 的平方根值）都高于其对应的非对角元素（相关系数），测量模型具有足够的区分效度。以上结果表明，本章所使用的量表收敛效度、构造效度和区分效度均符合效度要求。

表 9.5 区分效度

变量	IC	OC	TI	BM	EU
知识资本（IC）	0.711				
组织性格（OC）	0.545	0.715			
技术创新（TI）	0.393	0.380	0.728		
商业模式创新（BM）	0.389	0.465	0.452	0.749	
环境不确定性（EU）	0.241	0.131	0.095	0.195	0.779

注：对角数据为变量 AVE 的平方根值；非对角数据为变量间的相关系数。

3. 共同方法偏差

为降低共同方法偏差，采取程序控制和统计控制两种方式。关于程序控制，Podsakoff 等（2003）提出"保护受访者匿名并减少评估的忧虑"可以减少方法的偏见。当我们收集数据时向调查对象保证，数据匿名且仅用于学术研究，所有的受访者都自愿参与本章研究。但是受条件限制，我们采取的程序控制可能并不能完全消除这种偏差，因此需加入统计控制程序。根据 Guide 和 Ketokivi（2015）的建议以及 Li 和 Yu（2018）的研究设计，采用 Harman 单因素检验来评估共同方法偏差的水平。在对所有的潜变量题项同时进行因子分析，析出的五个特征值大于 1 的因子中第一个因子的解释方差为 27.01%，不超过 40%。因此，共同方法偏差在本章中不会对研究结果产生重大影响。

（三）路径分析

根据图 9.1 中的研究框架，采用 Mplus 7.0 工具进行潜变量路径分析，通过测量路径系数来检验变量之间的显著性影响。本章的模型拟合结果显示：$\chi^2 = 1101.467$，$df = 481$，$\chi^2/df = 2.29$（标准值为 3），RMSEA = 0.078

（标准值为 0.8），CFI = 0.926（标准值为 0.9），TLI = 0.998（标准值为 0.9），SRMR = 0.041（标准值为 0.05）。各项指标均符合要求，模型拟合程度较好。

表 9.6 揭示了各潜变量之间关系的标准化路径系数。从中可以看出，在控制了高新技术企业认定、所有权结构、人员规模、年龄、所属行业后，知识资本（IC）对技术创新（TI）存在显著正向影响（β = 0.264，P = 0.000），H9.1 得证。而在控制了环境不确定性、所有权结构、人员规模、年龄、所属行业之后，知识资本（IC）对商业模式创新（BM）的正向影响不够显著（β = 0.088，P = 0.078），H9.2 被拒绝。此外，技术创新（TI）显著地对商业模式创新（BM）有正向促进作用（β = 0.310，P = 0.000），所以，支持 H9.4。知识资本（IC）显著地正向影响组织性格（OC）（β = 0.545，P = 0.000），而组织性格（OC）又显著地影响技术创新（TI）（β = 0.236，P = 0.002）和商业模式创新（BM）（β = 0.295，P = 0.000），因此，H9.3 有了成立的条件。组织性格在知识资本对创新的作用路径上中介效应的显著性，还需要进一步的论证。

表 9.6 标准化路径系数

路径	标准化系数	P 值	Lower 2.5%	Upper 2.5%
IC→OC	0.545**	0.000	0.467	0.825
IC→TI	0.264**	0.000	0.127	0.454
IC→BM	0.088	0.078	−0.012	0.231
OC→TI	0.236**	0.002	0.087	0.377
OC→BM	0.295**	0.000	0.217	0.411
TI→BM	0.310**	0.000	0.213	0.451

注：**P<0.01；*P<0.05。

路径分析的结果如图 9.2 所示。从中可以看出，知识资本对组织性格的正向影响非常强烈；相对于技术创新，组织性格对商业模式创新的影响稍强；对于技术创新，知识资本的直接影响要略强于组织性格的直接影响；技术创新对商业模式创新的正向影响显著。

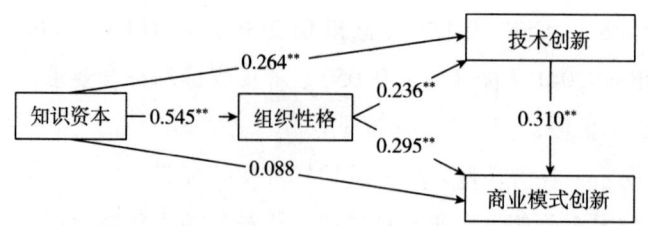

图 9.2　知识资本、组织性格对技术创新和商业模式创新的作用关系路径

注：**P<0.01。

（四）中介效应

在本章的框架设计环节，虽然只做了组织性格作为中介变量的研究假设，但实际上，技术创新也可以被认为是一个中介变量：它在知识资本对商业模式创新的作用路径中起到中介作用。采用 Bootstrap 程序，对组织性格与技术创新的中介效应进行检验，得到结果如表 9.7 所示。

表 9.7　中介效应系数

路径	中介变量	标准化系数	P 值	Lower 2.5%	Upper 2.5%
IC→TI	OC	0.128**	0.005	0.059	0.284
IC→BM	OC	0.161**	0.000	0.126	0.297
	TI	0.082**	0.002	0.027	0.173
OC→BM	TI	0.073**	0.006	0.032	0.144

注：**P<0.01；*P<0.05。

如表 9.7 所示，在知识资本（IC）对技术创新（TI）的作用路径上，组织性格（OC）的中介效应显著（β=0.128，P=0.005）。即知识资本对技术创新不仅有显著的直接效应，还具有显著的中介效应，组织性格在知识资本对技术创新的作用路径中起部分中介作用，H9.3a 通过检验。在知识资本（IC）对商业模式创新（BM）的作用路径上，组织性格（OC）作为中介变量之一，起到显著的中介作用（β=0.161，P=0.000），H9.3b 通过检验。中介效应显著而直接效应不显著，这意味着组织性格在知识资本对商业模式创新的作用路径中起到完全中介的作用。此外，在知识资本（IC）对商业模式创新（BM）的作用路径上，技术创新（TI）作为中介变量起到了显著性的影响（β=0.082，P=0.002）；在组织性格（OC）对商业模式创新（BM）的作用路径上，技术创新（TI）起到了显著的中介效应（β=0.073，P=0.006）。以上结果意味着，在从知识资本到商业模式创新的作用路径中，组织性格与技术创新均起着重要的中介作用；组织性格与技术创新架起了由知识资本通往商业模式创新的桥梁。

Bootstrap 结果同样显示，知识资本对技术创新的直接作用显著，95%置信区间（CI）不包含0（[0.127,0.454]）；知识资本对商业模式创新的作用不显著，95% CI 包含0（[-0.012,0.231]）。中介效应的 Bootstrap 结果显示，组织性格在知识资本影响技术创新的路径上的中介效应显著，95% CI 不包含0（[0.059,0.284]）；组织性格在知识资本对商业模式创新的作用路径上的中介效应也显著，95% CI 不包含0（[0.126,0.297]）；技术创新促进商业模式创新的直接效应显著，95% CI 不包含0（[0.213,0.451]），而且技术创新在知识资本对商业模式创新作用关系中的中介效应显著，95% CI 不包含0（[0.027,0.173]）。总之，Bootstrap 的结果再次确认：知识资本对技术创新有直接的促进作用，对商业模式创新则没有，H9.1 通过，H9.2 被拒绝；组织性格在知识资本对技术创新、商业模式创新的影响中起中介作用，H9.3a 和 H9.3b 通过检验，即 H9.3 整体通过检验。

五、讨论与启示

（一）结果讨论

随着互联网经济、数字经济与电子商务的蓬勃发展，中国迎来了全新的经济发展模式，即"新经济"。2016年，在中国政府工作报告中，将新经济发展模式正式纳入国家发展战略。根据李克强的解读，新经济既包括第三产业中以电子商务和互联网经济为核心的新兴业态，也包括新技术与新商业模式在第一产业和第二产业中的应用。从该定义可以看出，囊括技术创新与商业模式创新的创新，是新经济的根本特征与核心驱动力。在中国的新经济发展情境中，探究"通往创新之路"有着重要的现实意义。

"通往创新之路"有很多条。在知识经济环境中，不少研究都已经证明了知识资本与技术创新之间的关系，技术创新与知识生产是一个互动与耦合的过程：依靠知识生产实现知识资本积累，而知识资本积累为技术创新创造条件，技术创新的成果又表现为知识成果的增长。一定程度上，中国的新经济是知识经济的延伸，但又加入了"新业态"和"新商业模式"等新内涵。所以，知识资本仍是新经济情境中企业组织创新的前因——本章研究结果也印证了这一点，但应该为支持新业态和新商业模式的发展寻找新动力。本章将这种新动力的来源归因到了组织性格这一因素。

组织性格既包括来自个体员工的心理特质与行为模式，也包括组织在成长过程中逐渐固化形成的心理、偏好、风格与模式，它实际上是由知识资本升级为组织心智后外显化的结果。因此，知识资本积累有利于组织性格的形成与演化。随着知识资本的创造与增长，组织在战略定位、决策方式、生产流程与营销手段等方面都会做出调整，潜移默化地改变其思考与行动的模式，即组织性格迁移。知识资本会对组织性格产生显著性影响，这一结论在本章获得了证据支持。

因为组织性格是组织的心理特质与行为模式，基本算得上是组织的心智中枢，所以它对技术创新与商业模式创新均产生正向影响，这是在本章已经得以验证的研究假设。但是，组织性格对技术创新的影响和它对商业模式创新的影响，无论是功能目标还是作用机理都应该是有区别的。组织性格主要影响技术创新的定位、决策、方向、实现模式等，最重要的作用体现在技术创新的前期；而它对商业模式创新的影响，却要贯穿商业模式创新全过程，包括客户定位、价值构建、价值实现、盈利设计、战略控制等。商业模式创新的"新"更依赖组织性格的异质性;而技术创新的"新"则依赖知识资本的异质性。因此,组织性格对商业模式创新的影响效果稍强于组织性格对技术创新的影响效果。

在以中文发表的多篇文献中,都论证过技术创新与商业模式创新的关系。总结起来,学者通常认为技术创新与商业模式创新之间是耦合、互动关系。换言之,技术创新与商业模式创新之间是双向互促的:技术创新为商业模式创新提供技术支持;商业模式创新为技术创新提供价值实现途径。但是,从企业组织的目标出发,其行动逻辑应该遵循"知识—产品—价值"这一转化过程,价值实现是企业组织的最终目标。因此,以知识资本来促进技术、产品创新,再由产品创新促进商业模式创新与价值实现应该是企业组织的运营逻辑。技术创新促进商业模式创新,这一在本章获得检验通过的研究假设能够获得解释,也能够为指导企业组织更好地平衡技术创新与商业模式创新、做好创新战略布局提供决策指引。

综上,中国新经济情境中的"通往创新之路"应该是一条以知识资本为起点,以组织性格为桥梁,促进技术创新并最终驱动实现商业模式创新的路径。在这条路径上,商业模式创新是终极目标所在,技术创新是其手段和保障;组织性格是其核心驱动力,知识资本才是其动力的根本来源。只有遵循这一路径规律的企业组织,才能打造出健康、茁壮、可持续发展的创新体系,通过"知识—产品—价值"这一转化过程为企业组织的价值实现带来持续动力。

(二)研究与管理启示

对于学者而言,本章的启示在于:其一,指出了一条新经济情境中新出现的创新之路,这条创新之路的研究对于丰富创新理论具有重要的理论意义;其二,将组织性格构念引入,指出了一种观察影响创新的前因要素的新视角;其三,未来要促进创新,很显然应该强化知识资本与组织性格,探究知识资本与组织性格之间的互动关系与协同治理将为后来者研究企业组织的创新成长路径打开一扇新的大门。将组织性格引入,由此连通从知识资本到商业模式创新的作用路径，有利于未来进一步探究新经济情境中企业组织的二元性创新（技术创新与商业模式创新）机理，这也是本章的贡献。

　　从实践的角度来看，本章的研究结果对企业组织的管理者也有着重要的启发性意义。首先，证实了知识资本对技术创新和商业模式创新都有直接或间接的促进作用，表明企业组织应高度重视知识资本的开发和积累。例如，需要提高员工的业务熟练度，通过系统的培训增加他们的工作技能；建议组织多与利益相关者进行沟通，以便及时感知环境和市场的变化，提升组织适应性与柔性；设计高效的管理流程，制定完善的管理制度，开发健全的信息技术平台，降低组织成本、提高运营效率。

　　其次，不能忽视组织性格的培育。组织性格在知识资本和创新之间扮演着至关重要的角色，它能够极大地促进知识资本转化为商业模式创新能力。因此，企业组织要注意组织性格的塑造和培育，遵循知识资本与组织性格的转化与互动规律，强化二者的组合运营和协同治理，完善创新路径与系统。关于组织性格的培育，需做好内部修炼与外部呈现两方面，内部修炼包括打造良好的组织文化、树立员工良好的价值观与职业道德观，外部呈现包括培育良好的企业形象与品牌认知、勇于承担社会责任，等等。

　　最后，为新经济环境中企业组织的管理者如何做好新的二元性创新提供了启引。中国的新经济环境具体表现为两个显著特征：一为竞争加剧，很多个人都加入了新经济、新商业行列；二为新的发展思维，在新经济环境中很多规模极小的经营个体之所以能够获得飞速发展，就在于他们有着区别于其他人的独特思维。大中型企业组织虽然在知识资本的积累方面有着优势，但要论及商业模式创新能力，还得跟创意无限的小微企业学习。将技术创新与商业模式创新结合，才是企业组织在新经济环境中获得生存与发展的有效途径。如何组织（平衡、匹配、组合、协调）这种新的二元性创新模式，本章给出了一条指示：以知识资本开发和积累为核心，以组织性格培育和发展为辅助，将二者融为一体、协同治理，可得创新持续发展的动力。

六、本章小结

本章基于来自中国企业员工的 214 份调查问卷数据，探究了知识资本、组织性格、技术创新与商业模式创新四者之间的作用关系，结果表明：知识资本是创新的动力源，直接影响技术创新；组织性格是联系知识资本与创新的桥梁，受到知识资本的正向影响，同时又直接作用于技术创新与商业模式创新；技术创新对商业模式创新有显著的促进作用；组织性格与技术创新在整条路径上的中介效应都是显著的；但是，知识资本对商业模式创新的直接影响不显著。

根据研究结果，可以得出如下结论：企业组织应以商业模式创新和价值实现为根本目标，但在建构创新体系时，商业模式创新需以技术创新为支撑；技术创新同时依赖知识资本与组织性格的支持，而且对知识资本的依赖性稍强，而商业模式创新则直接依赖组织性格；知识资本是创新系统动力的根本来源，组织性格在创新系统中扮演不可或缺的中介角色。

根据上述结论进一步推理，提出以下三条观点：第一，在新经济环境中，企业组织的创新模式，应该是融合技术创新与商业模式创新的一种新型二元性创新模式，只有同时做好技术创新与商业模式创新，且处理好它们之间相互支撑和转化的关系，才能打造健全和可持续发展的创新系统。第二，在新经济环境中，企业组织应做好知识资本与组织性格的协同治理，这种将知识资本固化、升华为组织性格的管理方式，将取代知识管理理论，可能在未来的企业组织实践中更具解释力。第三，在新经济环境中，企业组织的创新之路是一条从知识—性格协同治理到二元性创新的道路，但是知识资本与组织性格在二元性创新体系中的作用机制不同，可将其归纳为偏轭双驱动机理。偏轭双驱动是指企业组织的二元性创新必须依赖知识资本与组织性格的共同驱动，两种驱动力来源缺一不可；但是，知识资本与组织性格对技术创新和商业模式创新的驱动力配比是交错的，知识资本将更多力量用于驱动技术创新，而组织性格将更大程度用于驱动商业模式创新。依照偏轭双驱动机理来打造企业组织的创新之路将成为新经济环境中企业组织创新制胜的关键诀窍。以上三点，是本章最为核心的理论贡献。

本章研究还存在一些局限性。首先是研究样本问题。样本规模虽然已经满足了结构方程模型对于参数估计的条件，但是相对于中国庞大的人口基数以及中国庞大的企业数量而言，样本规模其实是不充足的。由样本统计得出的结论与总体存在着一些偏岐，未来有必要扩大样本规模以进行更为准确的关系测量。其次是横截面研究设计问题。起初，我们在理论上凭经验认为变量之间具有因果关系，不认为因果关系的反馈性是一个严重的问题。虽然结果与我们的推论一致，但是横截面的设计阻止我们从假设关系中推论因果关系。因此，未来的研究可以考虑使用多阶段数据或者纵向研究设计来重新审视我们的模型。最后是共同方法偏差可能会影响研究结果。虽然 Harman 单因素检验表明共同方法偏差不是一个大问题，但正如 Guide 和 Ketokivi（2015）所表明的那样，由于所有技术在处理常见方法偏倚方面都存在问题，"对常见方法偏倚没有直接的补救办法"，因此未来的研究可事先处理好这种共同方法偏差。

本章参考文献

［1］ Resnick J T. Character is foundation of firm's reputation ［J］. U. S. Banker, 2003, 113 (3): 24-26.

［2］ Moore G. Corporate character: Modern virtue ethics and the virtuous corporation ［J］. Business Ethics Quarterly, 2005, 15 (4): 659-685.

［3］ Proctor T. Notes from a marketing perspective ［J］. Creativity and Innovation Management, 1998, 7 (4): 202-203.

［4］ Chesbrough H. Business model innovation: Opportunities and barriers ［J］. Long Range Planning, 2010, 43 (2): 354-363.

[5] Zott C, Amit R. The fit between product market strategy and business model: Implications for firm performance [J]. Strategic Management Journal, 2008, 29 (1): 1-26.

[6] Subramaniam M, Youndt M A. The influence of intellectual capital on the types of innovative capabilities [J]. Academy of Management Journal, 2005, 48 (3): 450-463.

[7] Davies G, Chun R, Silva R V D, Roper S. Corporate reputation and competitiveness [J]. Corporate Reputation Review, 2003, 5 (4): 368-370.

[8] Camisón C, Villar-López A. Organizational innovation as an enabler of technological innovation capabilities and firm performance [J]. Journal of Business Research, 2014, 67 (1): 2891-2902.

[9] Zott C, Amit R. Business model design and the performance of entrepreneurial firms [J]. Organization Science, 2007, 18 (2): 181-199.

[10] Dess G G, Beard D W. Dimensions of organizational task environments [J]. Administrative Science Quarterly, 1984, 29 (1): 52-73.

[11] Finney S J, DiStefano C. Nonnormal and categorical data in structural equation models [C] //G. R. Hancock & R. O. Mueller. A second course in structural equation modeling. Greenwich, CT: Information Age, 2006: 269-314.

[12] Podsakoff P M, Mackenzie S B, Lee J Y, Podsakoff N P. Common method biases in behavioral research: A critical review of the literature and recommended remedies [J]. Journal of Applied Psychology, 2003, 88 (5): 879-903.

[13] Guide V D R, Ketokivi M. Notes from the editors: Redefining some methodological criteria for the journal [J]. Journal of Operations Management, 2015, 37 (1): v-viii.

[14] Li J, Yu D. The path to innovation: The antecedent perspective of intellectual capital and organizational character [J]. Frontiers in Psychology, 2018 (9): 2445.

第十章
知性视角的二元创新与竞争优势

2018农历新年刚过,全国两会召开,会议上习近平指出,要使创新成为高质量发展的强大动能。事实上,自改革开放之后,随着经济模式变迁与产业技术进步,我国一直都在寻求和探索以创新谋发展的新战略,包括"科教兴国"、"自主创新"、"创新型国家"、"创新驱动发展"、"大众创业、万众创新"等。而随着近年互联网经济的繁荣发展以及人工智能、大数据技术的运用,在技术创新以外,商业模式创新成为我国经济发展的又一增长极。新经济环境中的企业组织,可以同时通过技术创新与商业模式创新来培育核心竞争力、创造竞争优势。当然,这是它们的发展新机遇,也是竞争形式多样化与复杂化的挑战。而且,在企业组织内部,技术创新与商业模式创新也不是独立的,如何促进二者的相互作用并引导它们共同作用于企业目标的实现,成为企业创新制胜的关键,也必然成为企业创新管理的核心内容。那么,技术创新、商业模式创新与企业竞争优势三者之间到底是何关系?为回答这一问题,本章通过问卷调查,对它们之间的作用关系与效应做了测量,以期为企业制定创新驱动发展战略提供指引。

第十章 知性视角的二元创新与竞争优势

一、理论基础与研究设计

（一）理论基础

创新这一概念由熊彼特于1912年首次提出，他认为创新是将从未出现过的生产要素新组合引入生产体系中。进入20世纪下半叶，学术界与实业界均认识到创新对于企业绩效的重要影响，继资本、土地、劳动力后，技术与知识的创新成为组织发展最为核心的驱动要素。技术创新已然发展成为管理学领域的重点研究方向，学者对于技术创新过程、影响因素、机理、路径的研究已经较为丰硕且系统。经过长期研究，技术创新是企业组织绩效、核心竞争力与竞争优势核心源泉这一观点已然取得共识。

但是，在中国新经济蓬勃发展的环境中，对于很多企业组织而言仅有技术创新是不够的，实现竞争优势需要技术创新与竞争战略的整合。技术创新要想转换为真实的经济效益，需要在有效的竞争战略安排下，有好的商业模式加以配合和转化。技术创新能为企业积累核心竞争力，但核心竞争力能否在市场上发挥作用并转化为竞争优势，需要依赖商业模式的成功应用。商业模式指导企业的盈利机制，引导企业通过提供更好的产品和服务来创造盈利空间。商业模式创新主要包含效率和新颖两类主题：很多制造型企业或物流企业往往通过工艺创新、供应链创新来提升组织效率，在降低成本基础上产生绩效；另一些商务型企业组织则通常通过新颖的消费模式、服务体验来提升顾客感知价值。研究表明，两类商业模式创新对企业绩效均有显著的正向影响，只是在企业生命周期的不同阶段、与合作伙伴关系强弱联结不同时会表现出差异性的作用效果。此外，作为企业组织创新战略的两个核心部分，技术创新与商业模式创新在目标趋同、组织兼容、资源共享、风险共担的情况下必然存在着相互作用关系。而且，从更好地实现组织创新目标的视角，也必然要求企业组织做好技术创新与商业模式创新的协调与耦合。学术界对二者关系的研究多以案例分析的方式，探索不同产业和经济背景下的耦合作用机制。例如，李翔和陈继祥（2015）提出，在新创企业中技术创新与商业模式创新之间存在着协同发展路径，在路径作用过程中二类创新均缺一不可；而戚耀元（2017）进一步指出，在"互联网+"背景下技术创新与商业模式创新的耦合机制体现在动因和内容两个方面，表现为开放式螺旋耦合关系，创新系统发展会受到它们的双向驱动。

（二）研究假设

1. 技术创新与商业模式创新的相互作用

技术创新网络的影响不仅局限于新产品的技术层面，还可以由此改变公司的经营战略和商业活动，催生全新商业模式。尤其对于大型、跨国企业，技术创新网络的延伸，往往意味着市场、客户、商业模式的延伸与转变使商业模式在国际化与本土化交融中发生变迁。同时，商业模式创新也会驱动技术创新发展。例如，在软件行业，由于现实环境和商业模式创新目标发生快速变化的双重刺激，促使软件开发企业不得不积极实施技术创新，自我推动软件产品的快速更新换代。即技术创新与商业模式创新之间应该存在着一定的交互作用，二者互为因果，建构为完整的企业组织创新系统。

但是需要强调的是，技术创新的驱动作用往往需要技术创新资本投入达到一定门槛时才会显著体现。例如，戴小勇和成力为（2013）研究指出，研发投入与企业绩效间并非简单线性关系，研发投入对于绩效的促进作用需要达到一定的门槛才能显现，使得两者间的作用机理趋于复杂。此外，大数据时代的到来，最为显著的变化在于改变了当前的商业环境，为商业模式创新降低了门槛，使得个性化的商业模式创新在众多中小企业中都得以容易实现，催生了我国当前蓬勃发展的以商业型中小企业为主体的新经济模式。通过实践总结可知，商业模式创新的驱动作用需要相应的资本投入，而只有资本投入达到一定门槛值时，商业模式创新才能成功并实现预期效能。有鉴于此，本书推论技术创新与商业模式创新之间的相互影响机制中也存在着门槛效应，由此提出如下假设：

H10.1：商业模式创新达到一定的门槛值时，会对技术创新产生正向促进作用。

H10.2：技术创新达到一定的门槛值时，会对商业模式创新产生正向促进作用。

2. 技术创新和商业模式创新对企业竞争优势的交互作用

注重可持续发展的企业家通常依靠创新商业模式、重塑商业逻辑来实现社会价值与企业理想。姚明明（2014）研究认为，对于后发企业而言，商业模式设计与技术创新战略的匹配对技术追赶绩效具有显著的正向影响。而Pan 等（2018）指出，就于高科技创业型组织而言，可持续增长的核心是内部和外部创新资源的有效整合，而整合的抓手有赖于技术创新与商业模式创新。胡保亮（2012）实证研究发现，在我国创业板上市公司中，商业模式创新与技术创新对企业绩效有着差异性影响，商业模式创新影响营业收入增长，而技术创新影响利润增长，二者之间是一种互补关系。更进一步地，李志强和赵卫军（2012）运用耗散结构理论和熵增原理，诠释了技术创新和商业模式创新的相互作用及协同机理，认为不同企业对技术创新与商业模式创新的依赖程度不同，二者的作用关系也会有异，企业应根据自身情形对内部熵变进行合理分析，选择合适的创新路径。由此，本书提出如下假设：

H10.3：技术创新与商业模式创新存在交互效应，且交互效应对企业竞争优势具有正向促进作用。

（三）模型设计

本书拟使用门限回归和带交互项的多元回归分析方法来验证上述假设。模型中的变量设置如下：

设计两个门限回归分析模型来分别验证 H10.1 和 H10.2。模型中技术创新与商业模式创新互为因变量和自变量，为避免两个模型互逆，分别为它们设计了不同的控制变量。

在参考已有文献的基础上，选取了四个较为重要的控制变量。第一，所属行业。不同行业对技术创新与商业模式创新的要求和依赖程度不同。例如，高新技术产业对技术创新要求极高，而线上零售业更倾向于创新商业模式。第二，以人力资本为基准来衡量的企业规模。人力资本与企业创新绩效有显著关联，但员工规模与结构不同的企业组织，在选择实施技术创新和商业模式创新时会提供不同的实践基础。第三，知识资本。作为创新的基础要素之一，知识资本的作用不容忽视。通常，在知识经济时代，知识资本成为企业组织技术创新与生产经营中最为核心的异质性资源，是组织持续创新与发展的保障。第四，组织性格。Liao 等（2017）的研究表明，组织性格决定着组织对风险、创新等方面的偏好也会影响组织对知识进行吸收与转移的能力，以及对外界环境进行感知与交互的能力，最终影响企业组织竞争优势的形成与可持续。

在交互效应的验证模型中，被解释变量为企业竞争优势，自变量为技术创新、商业模式创新及其交互项。有别于企业财务绩效指标的短期性和单一性，竞争优势更能衡量企业组织的综合素养与长期发展潜能，更加适合作为技术创新与商业模式创新交互作用的结果变量。

二、问卷调查与数据获取

（一）问卷设计

参考国外文献，结合研究进行问卷调查所需的量表题项设计。问卷调查的内容包含被调查者工作单位所属行业性质、企业规模、知识资本、组织性格、技术创新、商业模式创新、企业竞争优势等。其中：行业性质与企业规模为单选题，其他变量均采用 5 级李克特量表测量，对应 1~5 个选项分别为"非常不同意"、"较不同意"、"无意见"、"较同意"和"非常同意",被调查者将从中选取描述最为恰当的选项。每个变量下含有 4~5 个独立题项,旨在从多方面对变量进行综合描述。问卷题项设计如表 10.1 所示。

表 10.1　问卷题项及来源

变量	题项	文献来源
知识资本	1-1. 本单位为员工制定了完善的培训机制	Subramaniam 和 Youndt（2005）
	1-2. 本单位的业务流程信息化程度很高	
	1-3. 本单位拥有完善的组织制度与文化	
	1-4. 本单位拥有丰富的客户资源	
	1-5. 本单位在社会上有着良好的公众基础	
组织性格	2-1. 本单位总是根据客户需求和竞争者行为制定战略	hun 和 Davies （2006）
	2-2. 本单位善于持续更新观念,与时俱进	
	2-3. 本单位对员工给予充分的尊重与关怀	
	2-4. 本单位总是充分搜索信息后再做决策	
竞争优势	3-1. 与竞争对手相比,本单位成本控制得很好	Sigalas 等（2013）
	3-2. 与竞争对手相比,本单位产品或服务质量很好	
	3-3. 与竞争对手相比,本单位的利润率很高	
	3-4. 与竞争对手相比,本单位产品市场份额增长很快	
	3-5. 与竞争对手相比,本单位有更好的美誉度	
商业模式创新	4-1. 本单位总是根据不同的客户分类制定不同的运营策略	Zott 和 Amit（2007）
	4-2. 本单位善于整合内外部资源,借助外部资源寻求创新发展	
	4-3. 本单位善于采用新颖的方式将各种合作者紧密联系在一起	
	4-4. 本单位总能创造出新的盈利模式	
技术创新	5-1. 本单位总能迅速地发现客户需求	Camisón 和 Villar-López（2014）
	5-2. 本单位为研发人员提供很高的待遇	
	5-3. 本单位对技术研发的资金投入力度很大	
	5-4. 本单位与高校、科研院所有很多的合作创新	

（二）问卷发放

问卷委托中国专业问卷调查机构"问卷星"进行发放,时间为 2017 年

12月16~21日。回收问卷530份,被调查者来自全国25个省市区,113个地级市。经过对样本进行测谎题项检查、逻辑筛查,识别并删除内在逻辑不一致的样本161份。保留有效样本369份,有效率为69.62%。样本来源与分布情况如表10.2所示。

表10.2 样本来源与分布情况描述　　　　　　　　单位:个

有效样本数	涉及省份数	涉及地市数	所属行业		企业规模	
			工业企业	非工业企业	中小型企业	大型企业
369	24	91	184	185	235	134

(三) 信度与效度检验

运用SPSS24.0进行数据整理与信效度检验,结果如表10.3所示。5个变量的Cronbach's α均在0.6以上,信度达到良好水平;所有的KMO值达到0.6以上,Bartlett球形检验均为强烈显著,适合进行因子分析;各题项的因子载荷多数达到0.6以上,说明模型的内在质量稳定,所选题项适合变量测量。整体而言,各项检验指标达到良好水平,问卷具有较好的信度与效度。

表10.3 问卷的信度与效度检验

变量	KMO值	Bartlett球形检验	Cronbach's α	因子载荷				
				题项1	题项2	题项3	题项4	题项5
知识资本	0.723	0.000	0.635	0.743	0.589	0.651	0.497	0.688
组织性格	0.690	0.000	0.622	0.758	0.662	0.605	0.713	
竞争优势	0.713	0.000	0.681	0.559	0.736	0.687	0.685	0.652
商业模式创新	0.699	0.000	0.627	0.590	0.684	0.730	0.737	
技术创新	0.656	0.000	0.666	0.485	0.789	0.841	0.676	

三、研究结果

（一）数据处理与描述性分析

首先，将控制变量进行二分类处理：依据行业性质分为工业企业、非工业企业并分别赋值 1 和 0，得到工业企业样本 184 份，非工业企业样本 185 份；依据企业规模分类，企业规模 300 人及以上为大型企业，300 人以下为中小型企业，得到大型企业样本 134 份，中小型企业样本 235 份，分别赋值 1 与 0。其次，采用包含题项的平均值计算变量知识资本、组织性格、技术创新、商业模式创新、企业竞争优势的得分。最后，当知识资本、组织性格列为控制变量时，也对其进行二分类处理：平均得分 4 分及以上赋值为 1，其余为 0。根据知识资本变量，获得"1"类样本 174 份，"0"类样本 195 份；根据组织性格变量，获得"1"类样本 188 份，0 类样本 181 份。样本总体分布均匀。具体地，变量数据描述性统计情况如表 10.4 所示。

表 10.4 描述性统计

变量	平均值	标准差	相关系数					
			企业规模	知识资本	组织性格	商业模式创新	技术创新	竞争优势
所属行业	0.499	0.500	0.149***	0.057	0.068	0.111**	0.141***	0.067
企业规模	0.363	0.462	1	0.167***	0.031	0.023	0.101	0.003
知识资本	3.799	0.541		1	0.438***	0.438***	0.438***	0.481***
组织性格	3.762	0.598			1	0.511***	0.404***	0.440***
商业模式创新	3.614	0.617				1	0.516***	0.638***
技术创新	3.535	0.689					1	0.523***
竞争优势	3.565	0.558						1

注：***$P<0.01$；**$P<0.05$；*$P<0.10$。

(二) 典型相关分析

根据问卷设计,技术创新和商业模式创新可看作从题项中提取出的综合指标,而题项从不同角度对该综合指标进行描述。为检验技术创新与商业模式创新的整体相关性,对两组题项进行典型相关分析,结果如表10.5所示。

表10.5 典型相关分析的系数与统计量

序号	典型相关系数	特征值	威尔克检验	F值	自由度	显著性
1	0.565	0.470	0.646	10.603	16.000	0.000***
2	0.174	0.031	0.949	2.113	9.000	0.026**

注:表中省略两个显著性大于0.10的典型相关系数;*$P<0.01$;**$P<0.05$;***$P<0.10$。

由表可知,整体而言,技术创新与商业模式创新之间确实具有较强的相关性;而且,两个变量之间存在着两组较为显著的线性组合关系。这一结论为接下来从两个视角探索二者之间关系提供了依据。

(三) 门限回归分析

根据研究假设,技术创新与商业模式创新之间存在着相互促进作用,但是只有当它们达到一定门槛值时促进作用才会显著呈现。为探究技术创新与商业模式创新互促作用发生所需要达到的门槛值,在此运用Stata 13.0统计工具进行门限回归分析。

1. 商业模式创新促进技术创新的门槛效应

以商业模式创新为门槛变量,技术创新为因变量,将所属行业性质、企业规模和组织性格设置为控制变量,得到回归分析结果如表10.6所示。由表可知,门槛值为3.25,且在95%的置信区间内的取值范围非常窄,门槛回归分析结果具有显著性;当商业模式创新水平高于门槛值时,商业模式创新对技术创新的促进作用是显著的,作用强度系数值为0.202,而当商业模式创新水平低于门槛值时，这一作用路径不再显著。在369个样本中，依据门槛值的划分，商业模式创新平均得分在3.25以上的样本有251份，达到样本总数的68.02%。可见被调查者所属的企业组织大部分对于商业模式创新较为看重，而且已经能够发挥出商业模式创新对于技术创新的协调促进作用。

表10.6　商业模式创新促进技术创新的门槛效应及回归分析结果

门槛效应检验	门槛变量	被解释变量	门槛值	0.95置信区间	误差平方和	P值
	商业模式创新	技术创新	3.25	[3.25, 3.25]	124.63	0.061*
回归分析	自变量	未标准化系数	R^2	Adj R^2	F	Sig.
	商业模式创新（>Threshold）	0.202*	0.183	0.170	13.756	0.053
	商业模式创新（<Threshold）		0.188	0.159	6.538	0.187

注：***$P<0.01$；**$P<0.05$；*$P<0.10$。

2. 技术创新促进商业模式创新的门槛效应

以技术创新为门槛变量，商业模式创新为因变量，引入所属行业性质和知识资本为控制变量，得到回归分析结果如表10.7所示。由表可知，在95%的置信区间内，门槛取值范围较商业模式创新更大，但门槛值依然保持较高的显著性水平；与商业模式创新对技术创新的作用机制类似，当技术创新水平高于门槛值时，技术创新对商业模式创新的促进作用显著，作用强度系数值为0.165，而当技术创新水平低于门槛值时，这一作用路径不显著。这暗示着被调查者来自各行各业，由于企业性质不同，对技术创新的依赖、重视程度相差较大；但是，这些企业在技术创新水平较高时，建立起技术创新对商业模式创新的正向作用路径。门槛值依然是3.25，门槛值以上的样本有229份，门槛值及以下的样本140份，分别占样本总数的62.05%和37.95%。这意味着大多数企业组织都能达到较高的技术创新水平，以满足商业模式创新发展所需的要求。但同时，相较于商业模式创新，技术创新水平达到门槛值以上的样本数量有所减少，这也符合当前中国新经济发展阶段的特殊规律：与商业模式创新比较，技术创新对于大多数企业组织而言要更加困难。

表10.7 技术创新促进商业模式创新的门槛效应及回归分析结果

门槛效应检验	门槛变量	被解释变量	门槛值	0.95 置信区间	误差平方和	P值
	技术创新	商业模式创新	3.25	[2.75, 3.25]	97.84	0.076*
	自变量	未标准化系数	R^2	Adj R^2	F	Sig.
回归分析	技术创新（>Threshold）	0.165*	0.177	0.166	16.178	0.085
	技术创新（<Threshold）	0.203	0.260	0.233	9.713	0.164

注：***$P<0.01$；**$P<0.05$；*$P<0.10$。

综上，H1 和 H2 均被验证通过：技术创新与商业模式创新之间的互促作用需要达到一定的门槛值才会显著呈现，这一门槛值均为 3.25。因为技术创新和商业模式创新都由 5 级李克特量表测量得出，在该量表中，3.25 这一水平仅比预期均值 3.00 略高，说明二者互促作用的门槛实际上也不高，只要在两个方面都做得相对比较好足矣。当然，通过样本回溯发现技术创新、商业模式创新得分均在门槛值以上的样本企业一共有 192 家，约占总样本数的 52.03%。这又警示着企业组织想要建立有效的创新战略、系统与路径，也并不容易；至少目前来看，能够在技术创新与商业模式创新两方面都做得较好的企业比例也不大。

（四）交互效应分析

利用 SPSS 软件对技术创新与商业模式创新在企业竞争优势培育中的交互效应进行验证，结果如表 10.8 所示。

首先，以竞争优势为因变量，技术创新和商业模式创新为自变量，建立线性回归模型(模型1),发现商业模式创新与技术创新确实都能对企业竞争优势产生显著的正向影响。其次,将技术创新与商业模式创新的交互项引入模型(模型2),回归分析结果显示,交互项系数为负,且无法通过显著性检验。由此,绘制标准化后残差项的散点图,初步判断原因在于存在异方差性的干扰。而计算商业模式创新、技术创新与未标准化残差绝对值的Spearman相关系数(分别为-0.105和-0.121,且在0.05水平上显著)后,证实了存在异方差性的影响。据此,以"1/(商业模式创新×技术创新)"为权重,利用加权最小二乘法重新建立回归分析模型(模型3),估计回归方程系数。结果显示,在排除异方差的干扰后,常量、商业模式创新、技术创新和交互项的系数均在1%水平上显著,且交互项系数为0.105,可见技术创新与商业模式创新的交互作用对企业竞争优势确实具有正向促进作用,H3通过检验。

表10.8 技术创新与商业模型创新的交互效应

解释变量	模型1:未加入交互项			模型2:加入交互项			模型3:加权回归		
	未标准化系数	SD	T	未标准化系数	SD	T	未标准化系数	SD	T
商业模式创新	0.454***	0.041	11.178	0.450***	0.041	10.900	0.869***	0.033	26.049
技术创新	0.214***	0.036	5.876	0.209***	0.037	5.636	0.454***	0.048	9.525
交互项				-0.027	0.046	-0.591	0.105***	0.027	3.833
常量	1.168***	0.138	8.468	1.205***	0.151	7.963	-0.093***	0.016	-5.924
R^2	0.459			0.459			0.459		
Adj R^2	0.456			0.455			0.455		
F	155.007***			103.270***			659.802***		
Sig.	0.000			0.000			0.000		

注:***$P<0.01$;**$P<0.05$;*$P<0.10$。

（五）理论框架构建

根据上述研究结果构建技术创新、商业模式创新与企业竞争优势三者间作用关系的理论框架如图10.1所示。这一理论框架表达了三层含义：①技术创新与商业模式创新能够相互影响、相互促进，但是这种互促作用的路径需要当它们都达到较高水平时才能贯通；②在企业竞争优势培育过程中，技术创新与商业模式创新都是其重要前因要素，建立包含两种创新在内的完善创新体系，有利于企业组织竞争优势的培育与提升；③企业创新系统不仅要做好技术创新与商业模式创新，也要借助二者之间的互促关系，谋求实现它们在竞争优势培育过程中的交互效应。

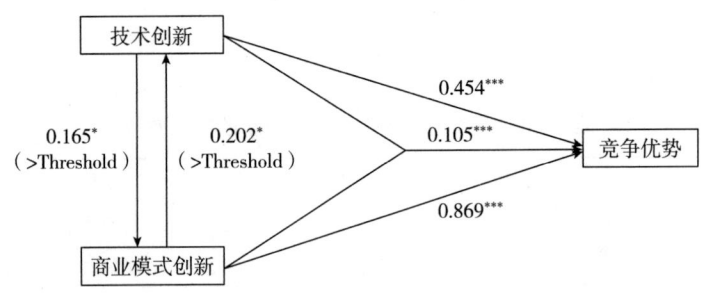

图10.1　技术创新、商业模式创新与竞争优势作用关系的理论框架

注：＊＊＊$P<0.01$；＊$P<0.10$。

四、本章小结

本章通过369份有效问卷样本的实证分析，探索了技术创新、商业模式创新与企业竞争优势三者间的关系。研究发现：①商业模式创新与技术创新之间存在互促作用，但互促作用的条件为达到门槛值3.25，即只有当技术创新与商业模式创新水平达到3.25这一水平以上时，对对方的促进作用才会显著呈现；②商业模式创新与技术创新以及二者交互效应都对企业竞争优势的培育与提升具有正向促进作用，而且直接效应与交互效应能对企业竞争优势达到45.5%的解释力。由此，企业组织应该专注于创新系统的建立与完善，通过遵循与引导创新系统的对内、对外作用机制，助推组织竞争优势的获得与强化。

根据研究结果与结论，为企业组织提出以下三点启示：

（1）企业发展应统筹兼顾技术创新与商业模式创新，建立健全的创新体系。一方面，企业组织需加大研发投入，开发技术创新系统，夯实技术创新驱动发展的潜能；另一方面，企业组织需加强对顾客和市场的适应、迎合与开发，通过差异化战略为顾客开发新型的商业模式，让顾客感知更加差异化和多样化的价值服务。

（2）企业组织应注重解决技术创新与商业模式创新互促作用发生时的门槛约束问题，在同时提升两类创新水平的同时，通过利用二者之间的互促规律来引导创新系统的自组织发展，这对于企业组织而言可能取得"事半功倍"的效果。而且，企业组织在建立创新系统时还可以根据其现有优势、资源条件、未来战略等因素，为自身确定创新发展的重点方向。例如，重点是加大技术创新，然后用技术创新来带动商业模式创新；还是重点进行商业模式创新，然后由商业模式创新引导技术创新发展？这种战略性的选择对于资源有限情况下的企业组织发展具有重要意义。显然，不同类型的企业组织，在这两个战略选择方向上，会有差异性的偏好。例如，高技术企业可坚定走技术创新道路，以技术创新为主导带动商业模式创新发展并最终反哺技术创新；电商企业则可专注于商业模式创新，通过商业模式创新获得的高收益来支撑技术创新投入。

（3）企业组织应建立起技术创新、商业模式创新对竞争优势培育与提升的作用通道，让创新系统为组织目标实现提供原动力。通过技术创新支撑组织的内涵式发展，通过商业模式创新支撑组织的特色化经营，由此共塑企业组织的核心竞争力与竞争优势，为组织获得持续竞争优势奠定坚实基础，这或许会成为新经济时代"百年企业"建立的经验模式。

本章参考文献

［1］李翔，陈继祥．新创企业技术创新与商业模式创新的交互作用研究［J］．现代管理科学，2015（3）：109－111.

［2］戚耀元．面向高新制造企业的技术创新与商业模式创新耦合关系及其对绩效的影响研究［D］．北京科技大学，2017.

［3］戴小勇，成力为．研发投入强度对企业绩效影响的门槛效应研究［J］．科学学研究，2013，31（11）：1708－1716，1735.

［4］姚明明．后发企业技术追赶机制研究：商业模式设计与技术创新战略的匹配视角［D］．浙江大学，2014.

［5］Pan, X., Zhang, J., Song, M., et al. Innovation resources integration pattern in high-tech entrepreneurial enterprises［J］. International Entrepreneurship and Management Journal, 2018, 14（1）: 51-66.

［6］胡保亮．商业模式创新、技术创新与企业绩效关系：基于创业板上市企业的实证研究［J］．科技进步与对策，2012，29（3）：95－100.

［7］李志强，赵卫军．企业技术创新与商业模式创新的协同研究［J］．中国软科学，2012（10）：117－124.

［8］Liao, S. H., Chen, C. C., Hu, D. C., et al. Developing a sustainable competitive advantage: Absorptive capacity, knowledge transfer and organizational learning［J］. Journal of Technology Transfer, 2017, 42（6）: 1431-1450.

［9］Subramaniam, M., Youndt, M. A. The influence of intellectual capital on the types of innovative capabilities［J］. Academy of Management Journal, 2005, 48（3）: 450-463.

［10］Chun, R., Davies, G. The influence of corporate character on customers and employees: Exploring similarities and differences［J］. Journal of the Academy of Marketing Science, 2006, 34（2）: 138-146.

［11］Sigalas, C. , Economou, V. P. , Georgopoulos, N. B. Developing a measure of competitive advantage［J］. Journal of Strategy & Management, 2013, 6（4）: 320 - 342.

［12］Zott, C. , Amit, R. Business model design and the performance of entrepreneurial firms［J］. Organization Science, 2007, 18（2）: 181 - 199.

［13］Camisón, C. , Villar - López, A. Organizational innovation as an enabler of technological innovation capabilities and firm performance［J］. Journal of Business Research, 2014, 67（1）: 2891 - 2902.

第十一章
知性管理对组织绩效的作用

在知识经济背景下,知识作为生产中的核心要素,已取代资本、土地与劳动力等传统生产要素,成为经济发展的重要源泉。知识资本及其管理也成为当前经济领域的研究热点。就如经济合作与发展组织(OECD)在《技术、生产率和工作的创造》报告中所称:"现今,多元化的知识资本在经济发展进程中发挥了重要作用,投资无形资产的效率远高于对有形资产的投资;高知识的人拥有高报酬的工作,高知识的企业赢取高收益,高知识的国家获得高产出"(宋晋明,1998)。企业组织掌握的知识资本越多,就越能为其在以知识和技术为支撑的竞争中博得优势。

依据竞争战略理论,企业组织的经营战略包括成本领先、差异化和集中化三种战略类型,其中集中化战略是前两者在市场细分时的具体应用。在企业实践中,成本领先战略通常依赖高技术或规模经济来支撑,差异化战略却缺乏较为系统、集中且普适性的理论支持。不同的企业组织可能因为特有的偏好(如高技术的产品定位、高品质的服务理念、特殊的使命与文化、注重员工职业发展等)选择完全不同的经营策略,使得其具有独特性并赢得差异化竞争优势。这些不属于生产要素但是嵌入组织、制度与流程中且能为企业组织带来价值增值的隐性资源,本书称为企业组织的性格特质。简言之,对知识资本的管理能有效支持企业组织的成本领先战略的实现,而差异化竞争战略可依赖性格特质的培育与管理。

Moore(2005)认为企业性格特质是一个相对广泛的概念,涉及了企业战略的多样性、组织文化的独特性、企业产品的特殊性和员工的个性发展等。相应地，性格特质的竞争与管理也涉及了企业战略、文化、产品、员工等，一种符合时宜且适应定位的性格特质管理模式已成为企业组织赢得差异化竞争优势的有效途径。在客户需求多样化与个性化的市场条件下，由先进技术和规模经济推动的成本领先战略遭遇挑战，而由性格特质主导的差异化竞争战略成为一些企业组织赢得客户与市场的重要辅助手段。正如 Resnick（2003）提出的，企业组织有两种竞争力来源：知识与技术是核心竞争力的源泉；组织性格是差异化竞争力的源泉。对于企业而言，这两种竞争力都不可或缺。企业组织的性格特质成为与知识、技术等要素同等重要的隐性资源。

然而，从文献检索来看，国内外关于企业组织性格特质的研究成果较少，将知识资本与性格特质相结合的研究更是鲜见。在实业界，管理者对二者的性质、功能定位、价值模式认识不一，在应用中尚未形成成熟的管理体系。为此，本章旨在通过构建知识资本和性格特质对企业绩效的交互作用模型，验证二者在驱动企业绩效提高过程中的交互作用，提出知识资本与性格特质协同治理的战略构想，为企业的组织治理提供一种新范式。

一、研究假设

（一）知识资本与企业绩效

知识资本是企业拥有或控制的能为其带来价值增值的知识资源，包括嵌入组织、制度与员工头脑中的隐性知识以及能被组织明文化或者结构化的显性知识。有关知识资本构成要素的研究主要分为二元论、三元论和多元论。持二元论观点的学者普遍把知识资本分为人力资本和结构资本；持三元论观点的学者把知识资本分为人力资本、结构资本和市场资本；持多元论观点的学者则把知识资本等价于无形资本，通过对无形资本概念的拓展和解析来对知识资本进行财务评估。目前，知识资本的三元论受到最为广泛的认同，在知识资本测量时也从三元论视角进行考虑，将知识资本分为人力资本、结构资本和市场资本三个维度。

企业组织中的员工是知识的主要依附载体和知识活动的参与主体。作为隐性知识资源的携带者，员工参与企业组织知识识别、获取、共享、创新与应用等一系列知识创造价值过程，是企业利润的根本来源与保障。人力资本是嵌入在企业组织员工中的具有经济价值的知识、技能和经验等因素之和，是企业组织绩效实现的重要投入要素。Shimizu（2001）利用荟萃分析的方法最终得出结论，卓越的人力资本投资会产生更高的企业绩效。Saenz（2011）（2006）以1554家制造业与服务业上市公司为研究对象，发现人力资本会显著影响企业的创新绩效。李金勇和胡伟清（2011）利用回归分析的方法发现在劳动密集型企业，知识资本与其企业绩效显著相关，其中人力资本对经营绩效有正向的影响。Martinez – Torres（2006）通过构建结构方程模型，发现知识资本的要素相互作用，其中人力资本会通过影响其他要素进而促进企业绩效的提升。在价值增值过程中，企业人力资本与各种投入要素结合转化为最终产品，创造产品的基本功能与附加价值，提升客户感知价值与企业经营绩效。为此，提出如下假设：

H11.1：人力资本对企业绩效存在正向促进作用。

结构资本专指组织内部形成的规范制度、作业流程、组织结构等资本。结构资本从多个层面对企业绩效产生影响，如对员工效率、薪资报酬、投入产出比等。Fernandaz – Gimenez（2000）通过对142家制造企业的调查问卷分析发现，结构资本有利于企业的创新能力与绩效的提升。Pablos（2004）的研究表明，结构资本会影响企业的学习能力与绩效。王霆（2006）认为，结构资本会通过系统效率的中介作用提升企业绩效，是企业需要高度重视的资本要素。Khalique等（2011）研究发现，结构资本和关系资本对企业绩效有显著性影响。胡淼鑫（2011）提出，结构资本不仅直接影响企业绩效，更重要的是其作为催化剂作用于市场资本影响企业绩效，是企业创造利润的源泉。结构资本与市场资本的相互作用体现在合理的规章制度、流程设计、组织结构有助于企业提高市场占有率、提升企业形象、开拓融资渠道、提高客户满意度和忠诚度，最终促进企业的价值增值。为此，提出如下假设：

H11.2：结构资本对企业绩效存在正向促进作用。

市场资本是企业与其外部市场和客户的有益关系，由营销策略、顾客关系、品牌声誉、销售渠道等构成。Luk 等（2008）认为市场资本会直接促进企业绩效，也会通过影响组织创新影响企业绩效。Cheng 等（2008）利用上市公司财务数据进行 Tobit 回归发现市场资本与企业绩效正相关，且显著促进企业价值的创造。陈武和常燕（2011）构建模型后发现，区域市场资本与区域创新绩效具有正相关关系。姜文杰和张玉荣（2013）认为市场资本直接促进集群制造企业创新绩效的提升。市场资本作为企业的软资本，是企业知识资本不可或缺的构成要素，其合理的积累与管理会促进企业知识资本价值的提升，进而驱动企业整体绩效增值。为此，提出如下假设：

H11.3：市场资本对企业绩效存在正向促进作用。

（二）性格特质与企业绩效

企业不仅是由数据和图表组成的商业实体，每个企业都具有独特的性格。企业的性格特质由两大核心要素组成，即内在性格与外在表现。内在性格存在于企业员工与股东的内心，具体包括员工的感受、股东的信念和价值观，其通过影响公司内部的方案执行与战略制定进而影响公司产出的产品质量与服务品质；外在表现反映于顾客和社会的反应，这种资本有时被称为品牌价值和商誉，已逐渐被越来越多企业组织所重视，成为企业无形资产的核心要素。付悦和陈国权（2012）采用调查问卷负的方式证明组织性格通过组织学习能力的中介效应显著正向影响组织绩效。例如，Kevin Thomson 在《情绪资本》一书中所说，"企业性格的主体是人的情绪，人是企业的命脉。只有成功地赢得利益相关者心灵和意志的企业，才可以塑造出符合时宜与定位的企业性格"（巩海霞，2008）。本书在性格特质测量时，也从内在性格与外在表现两个维度进行考虑，结合利益相关者理论将性格特质分为股东态度、员工感受、客户体验、社会责任四个组成部分。

企业对股东的态度可表现为负责与守信：对股东负责从短期来看即可表现为企业盈利与股东分红；而从长期来看即表现为产品开发与技术创新；对股东守信则表现为企业偿债与信批。企业所表现出的性格中，对股东的态度是对其他相关者态度的基础。王怀明和宋涛（2007）通过混合截面实证研究发现，上市公司可以通过履行对投资者的责任提升企业绩效。尹爱华（2007）研究2005年的工业板块发现现金股利与净资产收益率ROE显著正相关。陈德萍和曾智海（2012）以创业板上市公司为样本研究资本结构与企业绩效间关系发现，资本结构显著影响企业绩效，其中偿债能力与企业绩效存在正相关关系。张慧颖和李振东（2015）以天津市内1016家创新型企业为研究对象，论证了技术创新投入对新产品开发绩效、市场绩效均存在显著的正向影响。企业对股东的负责与守信会吸引资本市场投资者的追捧，其股票价格就会上涨，股东获得的投资收益率就会越高，影响企业的绩效。同时，企业重视对股东的回报，在企业与股东之间形成一种积极良性的互动，这样有助于股东对企业发展的定位与目标及时作进一步的决策，提升企业的整体绩效。为此，提出如下假设：

H11.4：股东态度对企业绩效存在正向促进作用。

诸多研究表明，员工是企业获得竞争优势的源泉，这种竞争优势是通过工作效率增长或边际收益增加来获得。对员工的有效管理以及协调企业与员工之间的关系，是员工劳动生产率的重要保证；而这种关系的协调需要企业组织给予员工一种优越的感受。企业给员工的感受可表现为注重员工职业发展与人文关怀：注重员工职业发展包括对员工培训的投入、晋升制度的完善、职业生涯规划的制定等；关怀员工则表现为员工福利、轻松与和谐的文化环境建设、领导关怀等。Youndt（1996）以制造业为样本的研究认为企业对人力资源的管理对于提高企业绩效非常重要。秦小蕾等（2007）利用回归分析实证研究发现，员工培训正向影响企业绩效。孙蕾（2015）以电力企业为案例进行分析论证了人文关怀在绩效管理中的重要作用，其能构有效促进企业绩效。企业内部凝聚力的高低取决于组成这个企业成员之间的感受如何。内部员工感受良好的企业，有利于促进员工间知识的流通和创新，企业文化的构建，等等，即直接决定着企业整体凝聚力的高低，外在直接表现就是生产能力的强弱，进而影响企业整体绩效。为此，提出如下假设：

H11.5：员工感受对企业绩效存在正向促进作用。

企业给客户的体验表现为对客户诚信与尊重：对客户诚信表现为高产品质量；对客户尊重则表现为提供良好的服务，增强客户满意度与忠诚度。Edward 和 John（2001）发现企业违背社会责任的行为会使其品牌形象减弱从而使市场价值下降。Waddock 和 Graves（1997）研究指出，客户对企业产品质量和安全性的积极评价将会带来销售的增加和售后服务成本的下降。丁伶俐（2008）发现，企业可通过产品质量的提高、服务品质的提升等方面来提高客户满意度。只有客户对企业的产品或服务满意了，客户对企业的忠诚度才会得到提高，企业才能最大程度上获得客户购买价值。忠诚度高的客户易于接受较高的产品价格，热衷于尝试企业新的产品和服务，能够重复购买企业的产品和服务。由于口碑作用的存在，忠诚的顾客对企业的产品和服务会进行口头上的宣传和向外辐射的效应，通过他们的宣传和向周围辐射可以起到间接广告的作用，带动他们周围消费者购买企业的产品和服务，能够很大程度上降低交易成本，最终影响企业绩效。为此，提出如下假设：

H11.6：客户体验对企业绩效存在正向促进作用。

企业对社会负责任体现为环境友好与为社会带来价值：环境友好表现为环保投入、限制排污、节约能源等；对社会有价值则表现为上缴税收与投身公益等。Klassen 和 Mclaughlin（1996）的研究发现，公司主动参与环境治理与环保活动会使公司股票的收益率有所提升，且影响人们的投资行为，为公司的发展创造机遇，实现公司绩效的可持续增长。Stanwick 和 Stanwick（1998）对连续五年的数据进行了回归分析发现，污染排放与公司财务绩效负相关。徐金发和郗河（2009）以华立集团为案例阐述了企业履行社会责任对企业来说不是成本，而是投资，它对企业塑造软实力、提升品牌价值起重要作用。Choi 和 Kwak（2010）选择 2002～2008 年 1122 家韩国公司的数据为样本,得出履行社会责任对企业价值的提升起到积极的推动作用的结论。李金娟(2015)选取上市商业银行年度财务数据和企业社会责任报告作为样本数据,分析发现商业银行履行社会责任对提高其绩效有显著作用。为此,提出如下假设:

H11.7:社会责任对企业绩效存在正向促进作用。

(三) 知识资本与性格特质的交互作用

作为人力资源管理和企业战略管理领域的研究热点,知识资本和企业绩效、组织性格和企业绩效之间的关系得到了国内外专家学者的广泛关注。然而,作为影响组织绩效的两个重要方面,将知识资本与性格特质联系的研究成果却未见发表。但是,管理理论与实践却提醒我们,这二者之间理应存在多重相互作用并共同作用于企业绩效的提升:一方面,高技术与知识密集型企业在差异化战略与性格特质的引导下,将使得其产品更加个性化与多样化,也能为企业自身塑造良好的品牌与形象,极大地提升企业经营能力;另一方面,具有独特性格特质的企业组织,需要有较高水平的知识、技能与先进技术的支持,才能满足其差异化经营战略的需求,生产特色产品和提供特色服务,实现目标定位的高附加值。充分利用知识资本与性格特质的交互作用,有利于企业组织实现成本领先战略与差异化战略的融合,在高技术的基础上打造个性化品牌,为企业组织赢得持续竞争优势。为此,提出如下假设:

H11.8:知识资本与性格特质对企业绩效具有交互性影响。

综上,知识资本可从人力资本、结构资本和市场资本三维度进行测量,性格特质则包括股东态度、员工感受、客户体验、社会责任四个方面。据此,可进一步设计一个3×4维度的矩阵架构来测量知识资本要素与性格特质要素在企业绩效形成与提升过程中的交互作用。

H11.8a:股东态度和人力资本对企业绩效具有交互影响;

H11.8b:股东态度和结构资本对企业绩效具有交互影响;

H11.8c:股东态度和市场资本对企业绩效具有交互影响;

第十一章　知性管理对组织绩效的作用

H11.8d：员工感受和人力资本对企业绩效具有交互影响；

H11.8e：员工感受和结构资本对企业绩效具有交互影响；

H11.8f：员工感受和市场资本对企业绩效具有交互影响；

H11.8g：客户体验和人力资本对企业绩效具有交互影响；

H11.8h：客户体验和结构资本对企业绩效具有交互影响；

H11.8i：客户体验和市场资本对企业绩效具有交互影响；

H11.8j：社会责任和人力资本对企业绩效具有交互影响；

H11.8k：社会责任和结构资本对企业绩效具有交互影响；

H11.8l：社会责任和市场资本对企业绩效具有交互影响。

二、研究设计与样本选择

（一）研究模型与变量设计

企业绩效的定义有多种解释。一是 1996 年我国颁布的《国有资本金绩效评价规则》中规定：公司绩效指公司在一定经营期间经营活动产生的财务绩效和经营绩效。二是企业绩效应该包括两部分：盈利性与成长性。本书对企业绩效的定义侧重后者，认为企业绩效应该表现为企业在一定经营期间内所取得的财务效益以及未来的发展潜力。换言之，将企业绩效分为财务绩效和市场绩效，前者反映企业目前的经营与财务状况，后者为资本市场对企业成长前景的认可和反应。

为探讨知识资本、性格特质及企业绩效三者之间的作用路径关系，根据研究目的与假设，构建框架模型如图 11.1 所示。

1. 知识资本的测量变量

知识资本由人力资本、结构资本和市场资本三部分构成。企业组织需要

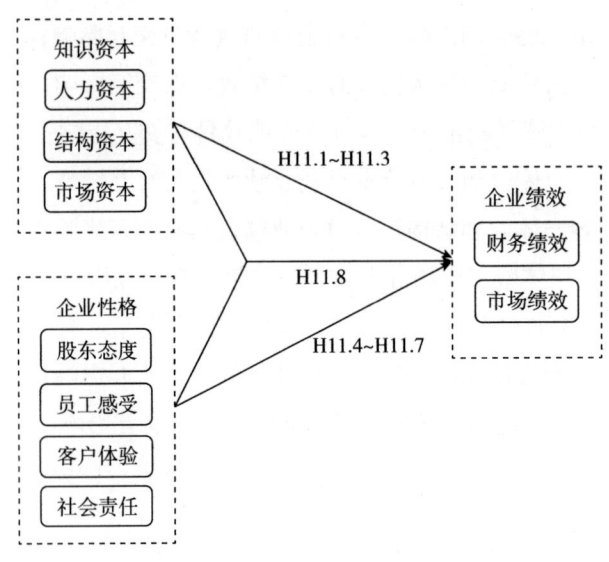

图 11.1 知识管理对组织绩效的研究假设模型

为其人力资本的投入付出相应的薪资报酬，在人力资源市场出清的假设条件下，薪资报酬等价于人力资本，因此，可以用薪资费用率来测量人力资本。结构资本是嵌入组织、制度、流程、设施等辅助性生产活动中的非物质投入要素，直接取决于企业的组织管理与关系运营能力，因此，可以用管理费用率来测量结构资本。市场资本是企业与其外部市场和客户之间的有益关系受到营销投入、营销策略、销售渠道等方面因素的影响，与销售费用投入存在较大的相关关系。据此，选用销售费用率来测量企业组织的市场资本。

2. 性格特质的测量变量

根据前述文献回顾与研究假设，将企业组织的性格特质按内在性格与外在表现两个维度，结合利益相关者理论，分为股东态度、员工感受、客户体验与社会责任四方面要素进行测量。这些要素的测量指标及其具体内涵如表 11.1 所示。

表 11.1　性格特质的内涵与构成

性格特质		指标	内涵
维度	要素		
内在性格	股东态度	负责	短期来看表现为企业盈利与股东分红；长期来看表现为产品开发与技术创新
		守信	表现为企业具有较高的偿债能力保障
	员工感受	注重职业发展	表现为对员工培训的投入等
		人文关怀	表现为员工福利与慰问
外在表现	客户体验	尊重	从客户满意度中间接体现
		诚信	表现为为客户提供与价格等价的产品功能与质量
	社会责任	环境友好	表现为环保投入、限制排污、节约能源等方面
		有价值	表现为企业上缴税收能力以及对公益的投入等

3. 企业绩效的测量变量

净资产收益率（ROE）不仅能直接反映股东的期间内收益，也能综合反映企业的营运能力和经营效果，因此，可以用该指标测量财务绩效。市盈率（PE）是资本市场投资者为获得公司股权和未来收益而支付高于当前股票实际价值的价格的意愿，反映的是投资者对公司的成长前景与潜力的预期程度，因此，可以用市盈率来测量企业组织的市场绩效。

由此，研究模型中各因素的测量变量设计如表 11.2 所示。

表 11.2　变量设计一览表

变量类型	变量名称	测度指标	变量定义	变量简称
因变量	财务绩效	净资产收益率	年收益/净资产	ROE
	市场绩效	市盈率	股价/每股收益	PE
自变量	股东态度	股东态度	负责与守信	SA
	员工感受	员工感受	注重职业发展与人文关怀	EF
	客户体验	客户体验	尊重与诚信	CE
	社会责任	社会责任	环境友好与有价值	SD
	人力资本	薪资费用率	工资薪酬/营业收入	WR
	结构资本	管理费用率	管理费用/营业收入	MR
	市场资本	销售费用率	销售费用/营业收入	SR

(二) 样本选择与数据收集

为研究知识资本、性格特质对企业绩效的关系,以 2012~2014 年为时间窗口,选择沪深市场 4 个行业共 30 家上市公司为研究对象,进行数据收集与实证分析工作。样本的行业分布情况如表 11.3 所示。

表 11.3 行业分布情况

行业代码	行业名称	样本数(家)	所占比例(%)
C0	食品、饮料	10	33.33
C1	房地产	10	33.33
C2	电力	5	16.67
C3	信息技术	5	16.67
合计		30	100.00

性格特质测量变量的数据源于和讯网和样本公司官方网站所披露的信息资料。和讯网详细地描述了每个指标的权重赋值以及数据来源情况,如表 11.4 所示。各指标根据性质分为数值型指标和逻辑型指标两大类。数值型指标根据和讯数据中心计算模型得出准确得分;逻辑型指标根据上市公司官网是否披露该项指标及披露情况详细与否进行计分。

表 11.4 性格特质变量测评体系

一级指标	二级指标	三级指标
股东态度(SA)	盈利能力(0.30)	总资产收益率(0.10)
		主营业务利润率(0.10)
		每股收益(0.10)
	投资回报(0.20)	分红融资比(0.10)
		分红占可分配利润比(0.10)
	创新与发展(0.30)	产品开发支出(0.15)
		技术创新项目数(0.15)

续表

一级指标	二级指标	三级指标
股东态度（SA）	偿债（0.20）	流动比率（0.10）
		速动比率（0.10）
员工感受（EF）	报酬与职业发展（0.50）	职工人均收入（0.40）
		员工培训（0.10）
	关爱员工（0.50）	慰问意识（0.10）
		慰问人数（0.20）
		慰问金（0.20）
客户体验（CE）	产品质量（0.70）	质量管理意识（0.30）
		质量管理体系证书（0.40）
	售后服务（0.30）	客户满意度调查（0.30）
社会责任（SD）	环境治理（0.40）	环保投入金额（0.20）
		排污种类数（0.10）
		节约能源种类数（0.10）
	贡献价值（0.60）	所得税占利润总额比（0.30）
		公益捐赠金额（0.30）

注：括号中数据为测量指标的权重。

资料来源：和讯网。

知识资本变量的数据源于 iFIND 财务报表数据库与治理数据库，企业绩效变量的测量数据源于 iFIND 财务报表数据库。

选用 Excel 2010 进行相关数据处理。为了减少市场波动随机性对研究结果带来的影响，将 2012～2014 年的数据进行代数平均处理，并使用 SPSS 17.0 对数据进行统计分析。

三、实证分析

（一）描述性分析

在回归分析前对拟进入模型的各变量进行描述性分析（见表11.5），以初步判断变量之间的分布齐次性、相关程度及其方向。对表中数据进行分析，可得到以下三点结论：

表11.5　各变量的 Pearson 相关性分析

变量	Mean	St. D	Correlation							
			EF	CE	SD	WR	MR	SR	PE	ROE
SA	0.616	0.315	0.674**	0.405*	0.534**	0.191	-0.367*	0.165	-0.559**	0.813**
EF	0.470	0.341		0.807**	0.824**	0.157	-0.412*	0.367*	-0.558**	0.514**
CE	0.441	0.429			0.822**	0.228	-0.141	0.323	-0.385*	0.174
SD	0.432	0.293				0.158	-0.396*	0.106	-0.502**	0.364*
WR	0.191	0.217					0.236	0.197	-0.120	0.135*
MR	0.213	0.225						0.192	0.709**	-0.407*
SR	0.278	0.261							0.017*	0.140
PE	0.191	0.234								-0.597**
ROE	0.387	0.281								

注：**$P<0.01$；*$P<0.05$。

（1）除客户体验 CE 的标准差相对于其他测量变量的标准差较大外，各变量之间基本服从齐次性假设，可以用于下一步的回归分析与假设检验。

（2）从相关系数来看，企业组织性格特质（股东态度 SA、员工感受 EF、社会责任 SD 等）与财务绩效（净资产收益率 ROE）之间的 Pearson 系数大多显著，说明它们之间存在一定相关性，且均为正相关，初步验证了H11.4~H11.7；知识资本中人力资本WR与财务绩效之间呈现显著的正相关，但是结构资本MR与财务绩效负相关，由此得出初步判断，H11.1可能被验证，而H11.2可能被拒绝。原因可能是现阶段企业组织的管理效率相对低下，造成组织管理方面投入产出不相匹配，反而对企业组织一定时期内的财务绩效带来负面影响。

（3）性格特质、知识资本各要素与市场绩效（市盈率PE）间的相关性较好，但大多都表现为负相关；相应地，市场绩效与财务绩效之间也存在显著的负相关关系，原因可能是中国资本市场有效性不足——中国资本市场中上市公司的股票价格无法充分反映投资者对上市公司绩效与潜力的价值判断。因为市盈率PE指标在反映市场绩效有效性上的不足，在下文进一步的实证研究中不再考虑知识资本与性格特质对市场绩效的影响。

（二）双因素分析

双因素方差分析可以用来分析两个因素的不同水平对结果是否有显著影响，以及两因素之间是否存在交互效应。运用双因素分析方法验证知识资本与性格特质各要素之间在企业绩效提升中的交互作用。在此之前，以各变量的均值为基准，对变量进行离散化处理，转化为适合双因素分析的二分类变量。双因素分析结果如图11.2所示。对图中结果进行分析，可得到以下两点结论：

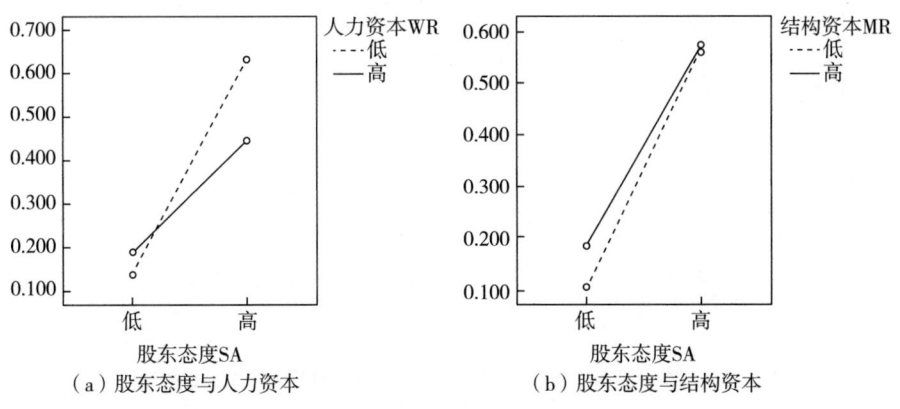

图11.2　股东态度与知识资本各维度间的交互作用验证

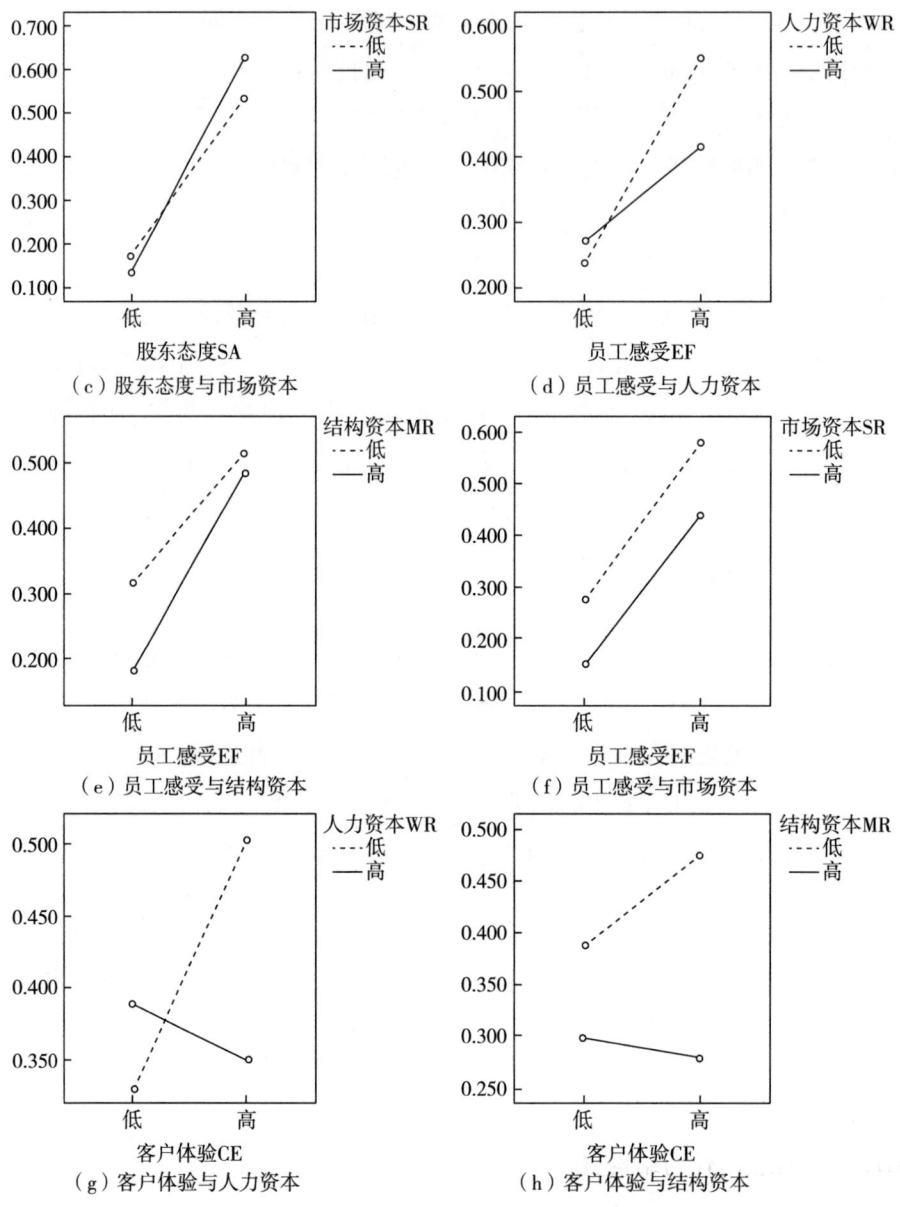

图11.2 股东态度与知识资本各维度间的交互作用验证（续图）

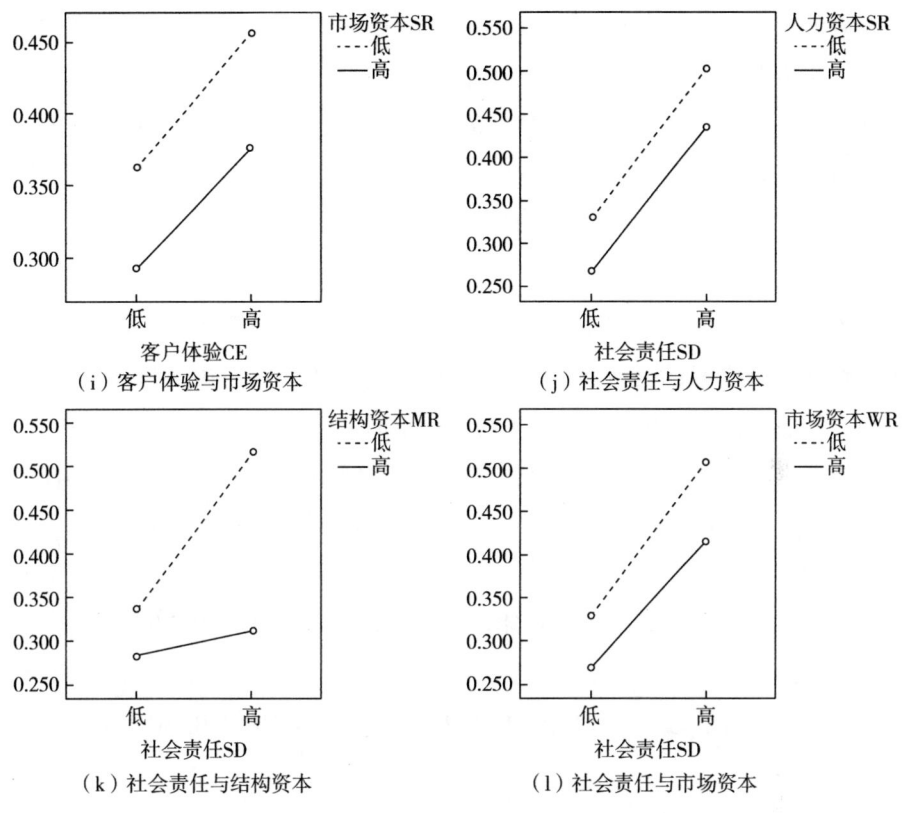

图 11.2 股东态度与知识资本各维度间的交互作用验证（续图）

（1）从总体上看，除市场资本以外，知识资本要素、性格特质要素对财务绩效的影响大部分均存在交互作用，需进行下一步的回归分析来判断知识资本各要素、性格特质各要素间交互作用的显著性、方向与大小。

（2）人力资本、结构资本均与股东态度、员工感受、客户体验存在交互作用，初步验证了 H11.8a、H11.8b、H11.8d、H11.8e、H11.8g、H11.8h；而市场资本与股东态度、社会责任存在交互作用，初步验证了 H11.8c、H11.8l；社会责任与结构资本存在交互作用，初步验证了 H11.8k。

（三）回归分析

本书选用线性回归分析方法测量知识资本、性格特质及其交互作用对企业绩效的影响。为验证 H11.1 ~ H11.7，将知识资本构成要素、性格特质构成要素作为自变量，将财务绩效作为因变量，设计如下模型：

$$ROE_i = a_{i1} + a_{i2}(WR/MR/SR) + \mu_i \quad i = 1, 2, 3 \tag{11.1}$$

$$ROE_i = b_{i1} + b_{i2}(SA/EF/CE/SD) + \mu_i \quad i = 4, \cdots, 7 \tag{11.2}$$

式中，英文缩写所指代的具体变量（见表11.2）。i 代表回归分析方程的编号。

为验证 H11.8，整合式（11.1）与式（11.2）中的模型，并加入知识资本与性格特质要素的交互项，建立模型如式（11.3）~式（11.6）所示。为防止过多交互项相互干扰及产生的较严重的共线性影响，研究设计中将知识资本要素与性格特质要素的交互项逐一纳入模型，增加模型的可识别性。

$$ROE_i = c_{i1} + c_{i2}SA + c_{i3}(WR/MR/SR)_i + c_{i4}(SA \times WR/MR/SR)_i + \mu_i \quad i = 8, 9, 10 \tag{11.3}$$

$$ROE_i = d_{i1} + d_{i2}EF + d_{i3}(WR/MR/SR)_i + d_{i4}(EF \times WR/MR/SR)_i + \mu_i \quad i = 11, 12, 13 \tag{11.4}$$

$$ROE_i = e_{i1} + e_{i2}CE + e_{i3}(WR/MR/SR)_i + e_{i4}(CE \times WR/MR/SR)_i + \mu_i \quad i = 14, 15, 16 \tag{11.5}$$

$$ROE_i = f_{i1} + f_{i2}SD + f_{i3}(WR/MR/SR)_i + f_{i4}(SD \times WR/MR/SR)_i + \mu_i \quad i = 17, 18, 19 \tag{11.6}$$

根据式（11.1）和式（11.2）中的模型设计，在数据无量纲化处理的基础上进行知识资本、性格特质与财务绩效之间作用关系的回归分析，结果如表11.6所示。

表11.6　知识资本、性格特质与财务绩效的回归分析结果

模型	自变量	因变量：ROE				假设通过情况
		Coefficient	R^2	Adj R^2	F	
（1）	WR	0.030*	0.232	0.171	5.334	H11.1 通过
	MR	-0.508**	0.166	0.136	5.569	H11.2 未通过
	SR	0.151	0.020	0.015	0.558	H11.3 未通过

续表

模型	自变量	因变量：ROE				假设通过情况
		Coefficient	R^2	Adj R^2	F	
(2)	SA	0.725***	0.661	0.649	54.547	H11.4 通过
	EF	0.424***	0.265	0.238	10.073	H11.5 通过
	CE	0.114	0.030	-0.004	0.873	H11.6 未通过
	SD	0.349**	0.132	0.101	4.264	H11.7 通过

注：***$P<0.01$；**$P<0.05$；*$P<0.10$。

从表 11.6 可以发现：H11.1、H11.4、H11.5、H11.7 均通过检验，这也与相关性分析所得结果较为一致。由回归方程系数可知，股东态度、员工感受对企业财务绩效提升起显著的正向作用，而社会责任、人力资本也会对财务绩效提升起到正向促进效果。但是，市场资本、客户体验对财务绩效提升的作用效果不显著，结构资本对企业绩效反而起到消极性影响。

进而引入交互项，根据式（11.3）~式（11.6）的模型设计进行知识资本与性格特质对企业绩效交互作用的测量，结果如表 11.7 所示。

表 11.7 知识资本、性格特质对企业绩效的交互作用

自变量	Panel A					
	模型（3）			模型（4）		
Constant	-0.026***	0.010***	-0.059***	0.232***	0.361***	0.251**
SA	0.721***	0.429***	0.719***			
EF				0.506***	0.372***	0.367**
WR	-0.237*			-0.111		
MR		-0.053*			0.044	
SR			0.002			0.008
SA×WR	0.062*					
SA×MR		0.380***				
SA×SR			0.011			
EF×WR				-0.429**		

续表

自变量	Panel A					
	模型（3）			模型（4）		
EF × MR					−0.523***	
EF × SR						−0.269
R^2	0.696	0.749	0.661	0.413	0.475	0.301
Adj. R^2	0.661	0.720	0.662	0.346	0.415	0.221
F	19.853	25.914	16.891	6.108	7.848	3.739
通过情况	H11.8a 通过	H11.8b 通过	H11.8c 未通过	H11.8d 通过	H11.8e 通过	H11.8f 未通过

自变量	Panel B					
	模型（5）			模型（6）		
Constant	0.370***	0.227**	0.315***	0.249**	0.405***	0.209*
CE	−1.325***	−0.365**	0.091			
SD				0.380	−0.291	0.349*
WR	−0.171			−0.105		
MR		−0.114			−0.329	
SR			0.097			0.121
CE × WR	1.583***					
CE × MR		0.866***				
CE × SR			0.024			
SD × WR				−0.019		
SD × MR					0.590	
SD × SR						−0.030*
R^2	0.314	0.406	0.038	0.139	0.264	0.343
Adj. R^2	0.235	0.337	0.013	0.040	0.179	0.301
F	3.966	5.923	0.346	1.398	3.110	4.491
通过情况	H11.8g 通过	H11.8h 通过	H11.8i 未通过	H11.8j 未通过	H11.8k 未通过	H11.8l 通过

注：***$P<0.01$；**$P<0.05$；*$P<0.10$。因变量为财务绩效 ROE。

由表11.7中的回归分析结果，可得出以下几点结论：

（1）企业组织性格特质中的股东态度、员工感受、客户体验与知识资本中的人力资本、结构资本之间均存在较为显著的交互作用，社会责任与市场资本之间也存在交互性影响。由此，H11.8a、H11.8b、H11.8d、H11.8e、H11.8g、H11.8h、H11.8l 均通过了检验，而 H11.8c、H11.8f、H11.8i、H11.8j 和 H11.8k 则未通过检验，这一结论基本与双因素分析的结果一致。因此，H11.8 部分通过检验。

（2）交互项的正负号反映出了交互作用的类型：正交互项反映二因素之间存在互补作用，负交互项反映二因素之间存在替代关系。因此，股东态度、客户体验与知识资本中的人力资本、结构资本之间存在互补性作用，这意味着针对这些因素的协同治理能有效提升企业绩效，提高企业组织经营管理的效率；而员工感受与人力资本、结构资本以及社会责任与市场资本之间存在替代性关系，这意味着在这些因素之间企业组织要做好取舍，以尽可能低的要素投入来获取同等的管理效能。

（3）交互项系数大小反映出了交互作用的强度。客户体验与人力资本、结构资本的交互作用最强，预示着企业经营管理者在知识资本等组织内部的投资要实现产出与绩效回报，最终还是需要通过提高客户体验而达成。客户体验在知识资本与组织财务绩效之间起到重要的调节作用。股东态度与客户体验在组织经营管理中的效用基本一致，也与人力资本、结构资本存在显著交互作用，但是相对而言，交互作用的强度要稍小。在负向交互项中，员工感受与人力资本、结构资本的交互作用较强，意味着由于显著替代关系的存在，企业组织需要权衡好在员工感受与人力资本、结构资本三个方面的投入比例，以最优的投资组合来赢得最大回报率。

（四）路径分析

汇总回归分析结果，结合研究假设模型，对知识资本、性格特质与企业绩效之间的作用关系进行路径分析，得到包含直接作用、交互作用的路径如图 11.3 所示。从中可以看出，知识资本要素、性格特质要素与企业绩效之间存在着多重作用通道，不仅部分要素对企业绩效提升产生直接影响，而且还能通过交互作用进一步促进企业绩效提升，由此验证了研究假设与主要观点。相对于知识资本,性格特质是关乎企业财务绩效的核心因素,在对股东、员工与社会等方面的态度体现与偏好选择会直接反映在财务绩效上;知识资本在本质上是企业组织的投资,它的增大在一定程度上负向影响企业的财务绩效,但是它与性格特质的互补或替代作用,有利于企业财务绩效的进一步提升。

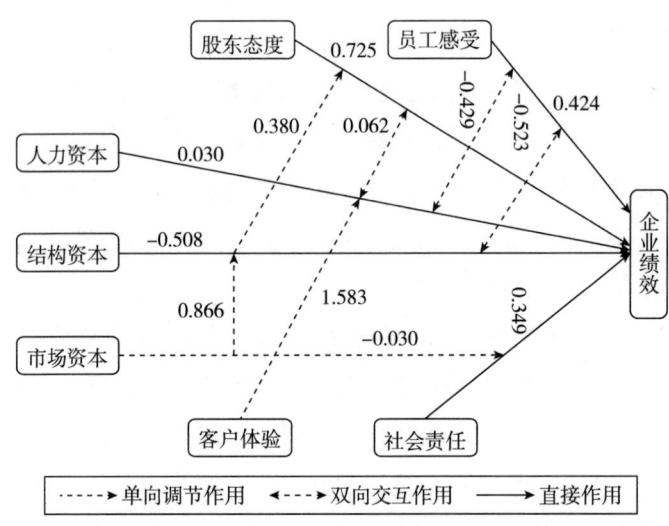

图 11.3 知识资本、性格特质与企业绩效的作用路径

四、本章小结

本章以知识资本三元论、情绪资本理论为基础,探索性地使用公司财务与组织治理数据来度量知识资本与企业性格特质,试图提供自报告式以外的经验证据。通过对 2012～2014 年我国 30 家上市公司的实证研究发现:知识

资本与性格特质会对企业组织财务绩效产生显著的直接影响，同时，二者的交互作用也会间接作用于企业财务绩效的提升。在细分指标方面，人力资本、股东态度、员工感受和社会责任均对企业绩效产生直接的正向影响，而结构资本对企业绩效的影响为负向作用，客户体验对企业绩效没有显著促进作用。在交互作用方面，股东态度、客户体验与人力资本、结构资本对企业绩效起着互补的促进作用，而员工感受与人力资本、结构资本在企业绩效提升中表现出替代性的作用关系，同时，市场资本与社会责任也体现为替代关系。

根据上述结论，得出以下五点启示：

（1）企业组织应同时致力于知识资本的投入开发和性格特质的塑造培养，并充分权衡与利用二者之间的交互作用，提高组织的经营管理效率，促进财务绩效的提升。

（2）在知识资本维度，企业组织应专注人力资本与结构资本的投入；在性格特质维度，企业组织的关注焦点应为股东态度与客户体验。而且，企业组织可以客户体验和股东态度为目标导向，通过大力投资人力资本与结构资本实现财务绩效的提升。

（3）由于替代性交互作用关系的存在，企业组织在已投资人力资本、结构资本的基础上，需权衡员工感受方面投入的边际效用，以最佳的投资组合起到促进绩效提升的效果。换言之，企业组织在人力资本、结构资本的投资上应遵循知识资源开发与员工发展为主、薪资与福利等物质激励为辅的原则，以更好地支撑企业组织长远发展。

（4）同样，由于替代性交互作用关系的存在，企业组织在市场资本与社会责任的投入上要有所权衡，以最佳投资组合来实现效用的最大化。换言之，企业组织在保障市场资本投入充分的情况下可通过适当地履行社会责任来强化产品品牌效应和树立良好的企业形象，起到辅助市场资本来赢得市场认同和客户忠诚的效果，提升企业绩效。

（5）综上四点可知，企业组织在知识资本与性格特质的投入上应遵循系统设计、相互协调、共同治理的原则，利用有效率的投资组合并充分发挥要素之间的交互作用,来整体谋求企业组织绩效的提升。

本章研究的局限性主要体现在:样本数量不够充裕,会影响研究结论的科学性与可信度;知识资本、性格特质的各构成要素均采用单变量测量,会影响变量的解释力。

未来,可通过以下三方面进一步完善优化:①更大范围、更多行业的数据为研究假设的验证提供更为丰富而可靠的证据;②对知识资本、性格特征和企业绩效的更加综合且系统的测量,提高研究结论的科学性与可信度;③从理论分析的视角阐释知识资本、性格特质与企业绩效之间的作用机理,将本研究结论拓展为知识资本与性格特质协同治理的理论,开创一种新的企业组织治理范式。

本章参考文献

［1］宋晋明. 知识经济——21 世纪世界经济的主宰［J］. 柳钢科技,1998 (6):7 - 8.

［2］Moore, G. Corporate character: Modern virtue ethics and the virtuous corporation［J］. Business Ethics Quarterly, 2005, 15 (4): 659 - 685.

［3］Resnick, J. T. Character is foundation of firm's reputation［J］. U. S. Banker, 2003, 113 (3): 24 - 26.

［4］Shimizu, K. Direct and moderating effects of human capital on strategy and performance in professional service firms: A resourced - based perspective［J］. Academic of Management Journal, 2001, 44 (1): 13 - 28.

［5］Saenz, N. A. J. Structural capital, innovation capability, and size effect: An empirical study［J］. Journal of Management & Organization, 2011, 17 (3): 307 - 325.

［6］李金勇,胡伟清. 知识资本对劳动密集型产业企业绩效的影响研究——基于对 2009 年工业类上市公司的分析［J］. 科技管理研究, 2011, 31 (16): 173 - 177.

［7］Martínez - Torres, M. R. A procedure to design a structural and measurement model of intellectual capital: An exploratory study [J]. Information & Management, 2006, 43 (5): 617-626.

[8] Fernandez - Gimenez, M. E. The role of Mongolian nomadic pastoralists' ecological knowledge in rangeland management [J]. Ecological Applications, 2000, 10 (5): 1318-1326.

[9] Pablos, P. O. D. Measuring and reporting structural capital: Lessons from European learning firms [J]. Journal of Intellectual Capital, 2004 (5): 629-647.

[10] 王霆. 结构资本：企业系统效率的源泉 [J]. 中共中央党校学报, 2006 (6): 75-78.

[11] Khalique, M., Shaari, J. A. N., Isa, A. H. M., et al. Role of intellectual capital on the organizational performance of electrical and electronic SMEs in Pakistan [J]. International Journal of Business & Management, 2011, 6 (9): 253-257.

[12] 胡淼鑫. 高技术企业结构资本对技术创新绩效的影响研究 [D]. 湖南大学, 2011.

[13] Luk, C. L., Yau, O. H. M., Sin, L. Y. M., et al. The effects of social capital and organizational innovativeness in different institutional contexts [J]. Journal of International Business Studies, 2008, 39 (4): 589-612.

[14] Cheng, M. Y., Lin, J. Y., Hsiao, T. Y. Censoring model for evaluating intellectual capital value drivers [J]. Journal of Intellectual Capital, 2008, 9 (4): 89-92.

[15] 陈武, 常燕. 智力资本对区域创新能力的影响机理研究 [J]. 技术经济, 2011 (7): 1-8.

[16] 姜文杰, 张玉荣. 制度资本、关系资本对集群制造企业技术创新绩效的影响 [J]. 管理学报, 2013, 10 (11): 1641-1647.

[17] 付悦, 陈国权. 组织性格决定组织命运？以组织学习能力作为中介的模型 [J]. 经济管理, 2012 (8): 97-104.

[18] 巩海霞. 智力资本的燃料——情绪资本 [J]. 经济师, 2008 (5): 216.

[19] 王怀明, 宋涛. 我国上市公司社会责任与企业绩效的实证研究——来自上证180指数的经验证据 [J]. 南京师大学报（社会科学版）, 2007 (2): 58 - 62.

[20] 尹爱华. 不同股权结构下现金股利的决定因素分析 [J]. 江苏商论, 2007 (18): 118 - 119.

[21] 陈德萍, 曾智海. 资本结构与企业绩效的互动关系研究——基于创业板上市公司的实证检验 [J]. 会计研究, 2012 (8): 66 - 71.

[22] 张慧颖, 李振东. 创新投入、新产品开发绩效与新产品市场绩效的关系研究——顾客隐性需求的调节作用 [J]. 科学学与科学技术管理, 2015, 36 (12): 128 - 138.

[23] Youndt, M. A., Lepak, D. P. Human resource management: Manufacturing strategy, and firm performance [J]. Academy of Management Journal, 1996, 39 (4): 836 - 866.

[24] 秦晓蕾, 杨东涛, 魏江茹. 制造企业创新战略、员工培训与企业绩效关系实证研究 [J]. 管理学报, 2007, 4 (3): 354 - 357.

[25] 孙蕾. 人文关怀在基层电力企业绩效管理中的作用 [J]. 人力资源管理, 2015 (10): 86 - 87.

[26] Edward, F. R., John, M. A stakeholder approach to strategic management [EB/OL]. Darden Business School Working Paper, 2001: No. 01 - 02. Available at SSRN: http://dx.doi.org/10.2139/ssrn.263511.

[27] Waddock, S. A., Graves, S. B. The corporate social performance - financial performance link [J]. Strategic Management Journal, 1997, 18 (4): 303 - 319.

[28] 丁伶俐. 企业如何提高客户满意度 [J]. 市场周刊: 理论研究, 2008 (3): 52 - 53.

[29] Klassen, R. D., Mclaughlin, C. P. The impact of environmental man-

agement on firm performance [J]. Management Science, 1996, 42 (8): 1199 – 1214.

[30] Stanwick, P. A., Stanwick, S. D. The determinants of corporate social performance: An empirical examination [J]. Latin American Business Review, 1998, 16 (1): 86 – 93.

[31] 徐金发, 郗河. 企业社会责任对企业软实力的提升机制——以华立集团为例 [J]. 经济管理, 2009 (2): 133 – 138.

[32] Choi, J. S., Kwak, Y. M. An empirical analysis on the relation between corporate environmental performance and discretionary environmental disclosure using stand – alone environmental reports or supplementary web disclosures [J]. 대한경영학회지, 2010, 23 (1): 545 – 573.

[33] 李金娟. 我国上市商业银行企业社会责任与财务绩效关系的实证研究 [D]. 云南大学, 2015.

第十二章
中小企业中的知性管理与组织绩效

　　知识经济时代，物质、资本和劳动力等传统生产要素已不再是组织绩效的决定性资源，单纯的有形资产投资越来越难以维持企业的持续竞争优势。依据竞争战略理论，企业组织的竞争优势来源于成本领先和差异化两种基本战略。在企业实践中，成本领先战略通常依赖高技术或规模经济来支撑，而差异化战略却缺乏较为系统、集中且普适性的理论支持。但根据 Resnick (2003) 的观点，企业组织有两种竞争力来源：知识与技术是核心竞争力的源泉；组织性格是差异化竞争力的源泉。这为我们探索竞争优势的来源指明了方向：或许，企业组织的组织性格能作为竞争优势的重要解释变量。

　　学术界多注重知识资本对组织绩效的积极影响，关于企业组织性格的研究较少，对组织性格与组织绩效之间的关系研究更是鲜见。综合当前市场中诸多企业的表现不难发现，具有较高水平的知识、技能与先进技术的企业组织，也需要培育独具特色且符合定位的组织性格，才能满足其差异化经营战略的需求，实现成本领先战略与差异化战略的融合，为企业组织赢得持续竞争优势。基于此，本章试图将知识资本与组织性格整合在同一个研究框架中，探究二者与组织绩效的作用关系。结构方程模型在揭示潜在变量作用路径的整体测量时具有优势，适用于本研究的框架。因此，本章利用结构方程模型测量知识资本、组织性格对组织绩效的作用路径揭示当前竞争环境下组织绩效的形成机制，为组织竞争优势理论的丰富与完善提供新的探索方向。

第十二章　中小企业中的知性管理与组织绩效

一、研究假设

（一）知识资本与组织绩效

知识资本是企业拥有或控制的、能为其带来价值增值的知识资源，包括嵌入于组织、制度与员工头脑中的隐性知识以及能被组织明文化或者结构化的显性知识。知识资本为诠释当今企业竞争优势的源泉展现了全新的视角，大部分研究均肯定了知识资本对组织绩效的影响；对知识资本的管理不仅影响企业短期绩效的提升，还能决定企业的未来成长潜力。杨建锋等（2010）在研究知识资本在组织学习与组织绩效间的完全中介作用时验证了知识资本与组织绩效的显著正相关关系。任俊义（2011）对知识资本的研究综述深入地探索了在中国情境下知识资本对组织绩效的直接效应与间接效应，验证了知识资本对组织绩效的重要作用。Berzkalne 和 Zelgalve（2014）采用 VAIC 系数使用上市企业面板数据进行实证研究发现，在传统企业中知识资本依然提升了企业价值。Wang 等（2014）利用结构方程模型验证了知识资本三要素均能提升企业财务绩效与经营绩效。Lu 等（2014）利用 DSBM 模型验证了知识资本与企业经营效率正相关，并得出结论企业管理者应投资并充分利用知识资本以获取竞争优势。金昕和陈松（2015）通过对 214 家知识密集型服务企业的实证研究发现，知识资本中知识源的广度与深度均对组织创新绩效有正向影响。为此，提出如下假设：

H12.1：知识资本对组织绩效存在正向促进作用。

（二）组织性格与组织绩效

企业是由人构成的有机实体，与人类相似，企业组织体现出自己独特的性格特征。从组织治理角度，Moore（2005）认为企业的组织性格是一个相对广泛的概念，包括组织战略、组织文化、产品定位、员工个性等多方面的选择偏好。而 Bridges（2009）将区分人体性格的 MBTI 理论应用到组织层面进行了更为系统的研究，将组织性格分为四个维度。在组织性格与组织绩效的关系研究中，喻登科等（2016）用多元回归统计发现股东态度、员工感受和社会责任三项性格因素会促进组织绩效。付悦和陈国权（2012）采用调查问卷的方式证明组织性格通过组织学习能力的中介效应显著正向影响组织绩效。付悦和韩菲（2013）以 2002~2011 年上市银行为样本，研究发现 SNIJ 型性格对组织绩效产生正向影响，且前瞻性性格的作用尤为显著。Hofmann 和 Jones（2005）验证了组织内所存在的集体人格显著影响组织绩效。Men 和 Tsai（2015）认为公众参与和亲密随和的企业特征有助于增强组织—公共关系，提升企业经营绩效。Church 等（2015）探讨性格特征与企业发展间的联系，发现性格特征在企业发展中的作用常常被忽视或低估，事实上性格特征与企业发展具有显著的相关关系。为此，提出如下假设：

H12.2：组织性格对组织绩效存在正向促进作用。

（三）知识资本与组织性格

高技术与知识密集型企业在差异化战略与组织性格的引导下，将使其产品更加个性化与多样化，也能为企业自身塑造良好的品牌与形象，实现目标定位的高附加值，极大提升企业经营能力。即企业组织组织性格在知识资本对绩效的作用路径中起中介作用：随着知识资本的创造与积累，企业组织逐渐改变其战略定位、决策方式与行为风格，对组织的组织性格产生潜移默化的影响，不断变化和适应性的组织性格又能持续地驱动组织绩效形成与提升。李平等（2007）认为不同水平的人力资本会带来不同的研发投入选择，进而影响企业组织的知识创新产出水平，换言之，知识资本中的不同的人力资本积累会影响组织性格中的智力因素，进而影响组织绩效。孙剑等（2008）研究高新技术企业发现其企业的外部性特性较高，且这种外部性显著影响组织绩效。冯延超（2010）发现作为知识资本密集的高科技企业，相比于传统企业，其股权集中程度会越高，公司绩效越低，即在高科技组织性格中随和性较低会导致组织绩效较低。充分利用知识资本与组织性格的中介作用有利于企业组织实现成本领先战略与差异化战略的融合，在高技术的基础上打造个性化品牌为企业组织赢得持续竞争优势。为此，提出如下假设：

H12.3：组织性格对知识资本与组织绩效间关系具有显著的中介效应。

二、研究设计

（一）变量设计

组织绩效包含两方面的内容：一是指企业在一定经营期间内所取得的短期财务绩效，反映企业组织目前的经营状况；二是反映企业未来发展潜力的长期市场绩效，表征企业可持续发展的态势以及市场投资者对这种发展态势的认可与期望程度。因此，本章将组织绩效分为短期绩效与长期绩效两个潜在变量。其中，短期绩效采用资本回报率、总资产报酬率和销售净利率三个显在变量来测量；长期绩效的测量变量则包括市盈率、营业收入同比增长率和净利率同比增长率。

知识资本由人力资本、结构资本和市场资本三部分构成。企业组织需要为其人力资本的投入付出相应的薪资报酬，在人力资源市场出清的假设条件下，薪资报酬等价于人力资本，因此，可以用薪资费用率来测量人力资本。结构资本是嵌入组织、制度、流程、设施等辅助性生产活动中的非物质投入要素，它直接取决于企业的组织管理与关系运营能力，因此，可以用管理费用率来测量结构资本。市场资本是企业与其外部市场和客户之间的有益关系，受到营销投入、营销策略、销售渠道等方面因素的影响，与销售费用投入存在较大的相关关系，因此，用销售费用率来测量企业组织的市场资本。

企业的组织性格由两大核心要素组成,即外部适应与内部整合。本书借鉴人格心理学的五因素模型,将组织性格从内外两个层面再细分为五个维度,如表 12.1 所示。用"广告投入占比"表示企业对获取社会关注的投入,即作为外倾性的测度指标;用"对外捐赠"表示企业对承担社会责任的投入,用来测量尽责性;"股权集中度"(前十大股东持股比例)表示企业内部决策的集中度,用来测度随和性;使用"对外投资/所有者权益"来测度企业组织的稳定性,因为稳定性得分越低的企业组织会更加激进和偏好风险,让其更多地从事主营业务以外的金融理财与投资业务;选择代表产品创新度的"研发投入强度"作为组织智力的测度指标。在这五个测量指标中,"股权集中度"和"对外投资/所有者权益"为负向测量指标在数据处理时需逆向转换。显在变量及测度方法如表 12.2 所示。

表 12.1　企业组织性格的五维度

分类依据	维度	内涵解释
外部适应	外倾性	乐于获得社会关注是外倾性的最重要特征
	尽责性	乐于承担社会责任
内部整合	随和性	在问题解决时,用协商解决冲突而不是强调权威
	稳定性	在风险决策上,聚焦过往主营业务基础上的稳定经营,专注组织稳健发展
	智力	在组织定位时专注技术创新、产品研发和提高领导者效能

表 12.2　变量的测度方法

潜在变量	显在变量	计算方法	变量简称
短期绩效	资本回报率	(净收入 − 税收)/总资本	Y_1
	总资产报酬率	(利润总额 + 利息支出)/平均资产总额	Y_2
	销售净利率	净利润/销售收入	Y_3
长期绩效	市盈率	每股市价/每股盈利	Y_4
	营业收入同比增长率	(当期营业收入 − 上期营业收入)/上期营业收入	Y_5
	净利率同比增长率	(当期净利润 − 上期净利润)/上期净利润	Y_6

续表

潜在变量	显在变量	计算方法	变量简称
知识资本	人力资本	薪资费用率：工资薪酬/营业收入	X_1
	结构资本	管理费用率：管理费用/营业收入	X_2
	市场资本	销售费用率：销售费用/营业收入	X_3
组织性格	外倾性	广告投入占比：广告费用/总费用	X_4
	尽责性	对外捐赠	X_5
	随和性	股权集中度：前十大股东持股比例	X_6
	稳定性	对外投资/所有者权益	X_7
	智力	研发投入强度：研发费用/营业收入	X_8

（二）模型构建

根据前文假设，构建知识资本、组织性格与组织绩效之间关系的研究框架模型如图12.1所示。

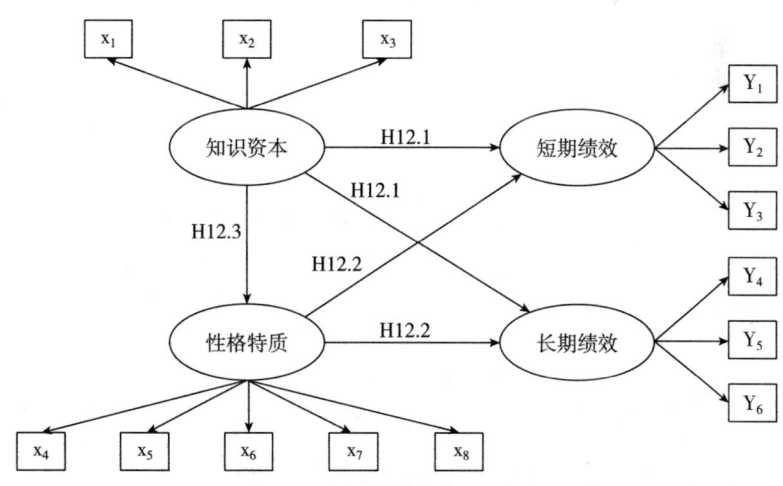

图12.1 知性管理与组织绩效研究框架

(三) 样本选择与数据来源

我国中小企业众多,已经成为经济发展中的主体力量。在众多中小企业中能够取得高绩效并获得上市资格的中小企业往往具备知识密集与细分市场差异化等特征,能在行业内赢得竞争优势并脱颖而出。因此,中小企业板块的上市公司在知识资本、组织性格与组织绩效等方面应该有着统计性规律,符合本书研究设计的样本需求。由此,本章以我国中小企业板上市公司为样本进行实证分析。样本选择与数据获取的过程如下:

(1) 选择沪深市场的中小企业板块上市公司为研究对象,剔除相关资料不全和数据残缺的公司,最终确定有效样本233个;

(2) 显在变量数据源于iFIND财务报表数据库;

(3) 为避免财务数据和上市交易数据波动性的影响,将数据的时间窗口选择为2013~2015年,在数据处理时对三年数据进行平均处理,数据整理采用Excel 2010完成;

(4) 为避免极值数据和多重共线性的影响,在实证分析前对数据进行中心化预处理。

三、实证分析

(一) 信效度检验

运用Cronbach's α系数来衡量数据的信度;同时,采用KMO值和Bartlett球形检验来反映变量设计的效度,结果如表12.3所示。从中可以看出,所有变量的Cronbach's α取值均在0.5~0.7,说明所采用的数据具有良好的信度;所有变量的KMO值均在0.5以上,大部分在0.6以上,说明各变量的效度检测结果比较好，研究变量具有较好的建构效度。

表 12.3 变量信效度检验

检验类型	信度检验		效度检验			
变量	指标数	Cronbach's α 值	KMO	CMIN	DF	Sig
知识资本	3	0.54	0.59	13.92	10	0.000
组织性格	5	0.58	0.64	37.12	3	0.000
短期绩效	3	0.69	0.77	341.01	3	0.000
长期绩效	3	0.61	0.61	21.30	3	0.000

（二）描述性分析

对拟进入模型的各变量进行描述性分析（见表12.4），初步判断变量之间的分布齐次性、相关程度及其方向。对表中的数据进行分析，可得到以下结论：各变量之间基本服从齐次性假设可以用于下一步的路径分析与假设检验；从相关系数来看，知识资本与长期绩效之间的相关关系大多显著，组织性格与短期绩效间的相关系数相对显著，组织性格与知识资本间也存在部分的显著相关关系。总体而言，相关分析的结果支持做进一步的路径分析。

（三）模型分析

1. 路径分析

运用 Amos 17.0 软件采用最大似然估计对初始模型进行运算，输出的适配度指标结果如表 12.5 所示。从输出的结果来看，显著性概率值 P = 0.21 > 0.05，CMIN/DF = 2.14 < 3，未达到显著水平，接受虚无假设，表示假设模型与观察数据契合。在模型分析中未发现负的误差方差，所有的误差标准的值也比较合适，且 GFI、IFI、NFI 均大于 0.9，RMR < 0.05，PNFI > 0.5，各拟合指数均良好。RMSEA = 0.06 在 0.05 ~ 0.08，说明模型适配合理。

表12.4 变量的描述性统计

变量	均值	标准差	X_2	X_3	X_4	X_5	X_6	X_7	X_8	Y_1	Y_2	Y_3	Y_4	Y_5	Y_6
									Correlation						
X_1	0.322	0.156	0.10	-0.09	0.15*	-0.14*	0.11*	0.21**	0.13*	-0.09	-0.03	0.05	0.16**	-0.14*	-0.08
X_2	0.270	0.148		0.02	0.01	0.16**	0.05	0.21**	0.24**	0.02	0.01	0.11*	0.14*	-0.12*	-0.07
X_3	0.489	0.167			-0.04	0.07	0.11*	0.12*	0.07	-0.14*	-0.13*	0.06	0.24**	-0.06	0.17**
X_4	0.391	0.163				0.03	0.02	0.10	0.08	-0.01	0.12*	0.15**	0.05	-0.08	-0.07
X_5	0.335	0.158					0.09	0.52**	0.24**	0.05	0.14*	0.17**	0.10	0.06	0.02
X_6	0.313	0.155						0.14*	0.10	0.11*	0.12*	0.13*	-0.01	-0.14*	0.01
X_7	0.386	0.163							0.36**	0.14*	0.08*	0.33**	0.09	-0.04	-0.06
X_8	0.352	0.160								0.11*	0.15**	0.30**	0.13*	0.05	0.09
Y_1	0.451	0.166									0.80**	0.54**	0.19**	0.14*	0.22**
Y_2	0.464	0.167										0.59**	0.25**	0.14*	0.22**
Y_3	0.481	0.167											0.19**	0.16*	0.12*
Y_4	0.335	0.158													0.10	0.04
Y_5	0.472	0.167														0.28**
Y_6	0.335	0.158														1

注:** $P<0.01$;* $P<0.05$。

第十二章 中小企业中的知性管理与组织绩效

表 12.5 模型适配度检验

P	CMIN/DF	GFI	IFI	NFI	RMR	RMSEA	PNFI
0.21	2.14	0.91	0.96	0.97	0.02	0.06	0.62

模型路径系数如图 12.2 所示。

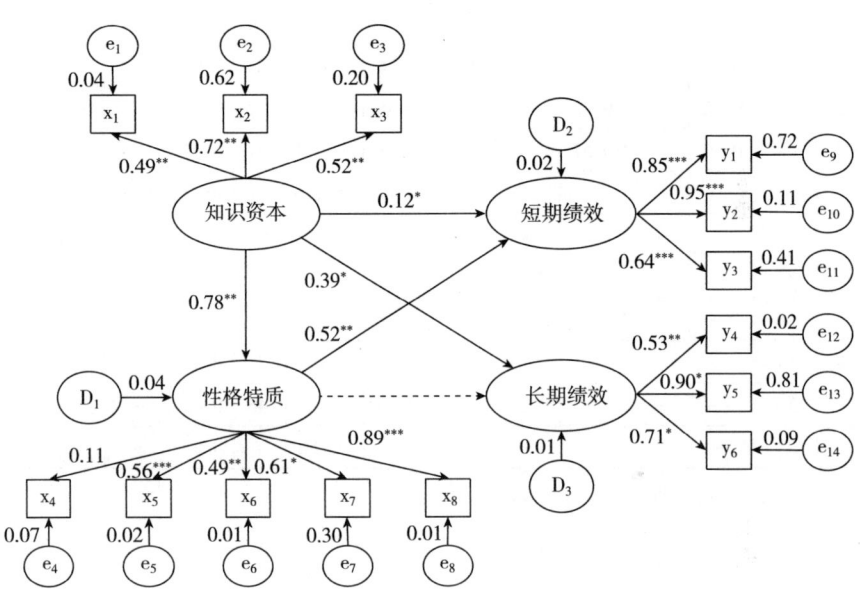

图 12.2 结构方程模型

图 12.2 给出了模型路径系数的估计结果，除组织性格与长期绩效的路径系数不显著外，其他路径系数都通过了 t 检验，达到了显著水平。由此可知，H12.1 通过检验、H12.2 和 H12.3 部分通过了检验。进而可得到以下结论：知识资本不仅会提升企业短期绩效，且对企业长期绩效的作用显著；组织性格对企业短期绩效有显著正向影响，但对提升企业长期绩效的作用不明显；企业组织组织性格在知识资本对企业短期绩效的作用路径中起部分中介作用。

2. 效果分析

变量间的标准化效果系数如表 12.6 所示。

表 12.6 变量间系数效果

因变量		知识资本			组织性格			短期绩效			长期绩效		
		直接效果	间接效果	总效果	直接效果	间接效果	总效果	直接效果	间接效果	总效果	直接效果	间接效果	总效果
知识资本	X_1	0.49	—	0.49	—	0.38	0.38	—	0.26	0.26	—	0.19	0.19
	X_2	0.72	—	0.72	—	0.56	0.56	—	0.38	0.38	—	0.28	0.28
	X_3	0.52	—	0.52	—	0.41	0.41	—	0.27	0.27	—	0.20	0.20
	综合	—	—	—	0.78	—	0.78	0.12	0.41	0.53	0.39	—	0.39
组织性格	X4	—	—	—	*	—	*	—	*	*	*	*	*
	X5	—	—	—	0.56	—	0.56	—	0.29	0.29	*	*	*
	X6	—	—	—	0.49	—	0.49	—	0.25	0.25	*	*	*
	X7	—	—	—	0.61	—	0.61	—	0.32	0.32	*	*	*
	X8	—	—	—	0.89	—	0.89	—	0.46	0.46	*	*	*
	综合	—	—	—	—	—	—	0.52	—	0.52	*	*	*

注：—表示无原假设；*表示假设检验不显著。

从表 12.6 中可得出以下结论：

（1）相对而言，知识资本对长期绩效的直接效果（0.39）要远远大于对短期绩效的直接提升效果（0.12）；但是，知识资本可以通过组织性格的中介作用对短期绩效发挥强有力的间接作用（0.41）。总体而言，知识资本对企业组织的短期绩效和长期绩效都具有非常高的解释力，是组织绩效形成与提升的重要影响因素。在知识资本三要素中，对组织绩效起促进作用的强弱顺序依次为结构资本、市场资本和人力资本。

（2）组织性格对企业短期绩效有显著正向影响（0.52），但对企业长期绩效的作用关系不显著。具体而言，企业组织的稳定性和智力在其作用路径中起着相对重要的作用，其次是尽责性和随和性，而外倾性因素对组织绩效的影响不明显。

（3）知识资本与组织性格对组织绩效的解释力基本相当，但二者对组织绩效的总体效果均超过50%，表明它们都是组织绩效形成与提升的关键性因素。同时，知识资本与组织性格的协同作用能对组织绩效进行约84%（0.53 + 0.52 − 0.53 × 0.52 × 0.78）的解释力，意味着组织绩效基本都能由知识资本与组织性格因素来决定。由此，企业组织对知识资本与组织性格的协同治理异常重要。当然，在协同治理机制建设时需要注意二者在组织绩效的形成机制中有着完全不同的意义——知识资本需要依赖组织性格的中介来发挥对短期绩效的提升作用，而组织性格则能够直接影响短期绩效；但是对于长期绩效而言，其根本来源还只能是知识资本——并根据知识资本与组织性格的各自功能进行合理定位与科学配置。

综上可知，企业组织可以重点依靠组织性格的直接或间接作用来建立暂时性的竞争优势，但应该主要依靠知识资本积累来培育其核心竞争力。对知识资本与组织性格的有效组合与协同治理，有助于企业组织建立一种随市场与外部环境动态调整的持续竞争优势。

四、本章小结

2015年，本书研究团队连续撰文，不仅系统论证了知性管理的科学哲学与理论体系，而且以个案研究的形式初步验证了知性管理思想的科学性。本章研究是在前期研究成果的基础上，对知识资本、组织性格与组织绩效之间的关系进行更广泛的探讨，为知性管理理论架构提供更充分的证据。

本章研究以知识资本三元论、借鉴大五人格的组织性格理论为基础，探索性地使用公司财务数据与治理指标来度量知识资本与组织性格，并测量知识资本、组织性格和组织绩效之间的作用路径与机制。通过对2013~2015年我国中小企业板233家上市公司的实证研究发现：知识资本与组织性格均是组织绩效的重要影响因素，二者均会对企业短期绩效产生较强的正向影响；但是，知识资本需要通过组织性格的中介作用才能更加有助于驱动企业短期绩效的提升；然而，对于企业组织长期绩效而言，知识资本积累是其根本性的来源。综上，企业组织能够通过培育独具特色的组织性格来大幅提升短期绩效，但从长远来看，只有专注知识资本创造与积累的企业组织才能获得长期绩效。

知识资本与组织性格共同促进组织绩效的提升，组织性格在知识资本与组织绩效的形成路径中起重要的中介作用，这一观点在本研究中得到了验证。根据本章研究结论，可提出以下两点启示：

（1）企业组织应充分利用知识资本与组织性格的多重作用关系来提升组织绩效。从企业组织运营层面来看，知识资本的创造与积累有助于企业组织组织性格的塑造与培育，并依靠组织性格向企业异质性、产品异质性的转化，实现短期绩效提升。从企业组织发展层面而言，知识资本着眼于保障企业的长期绩效，在组织核心竞争力和长期竞争优势的形成中起着决定性作用。

（2）知识资本与组织性格在组织绩效形成与提升过程中的协同作用机制表明，企业组织需要一种新型的管理理念来升级知识管理理论。本书研究结论为知性管理理论的提出提供了更为充分的证据。知性管理理念提醒企业经营者，除重视资产负债表的有形资产外，也需特别关注无法充分显示在传统报表上的无形的知识资本与组织性格，它们越来越成为企业价值创造与核心竞争力形成的重要来源。更重要的是，企业应关注知识资本与组织性格之间的互动关系，遵循不同知识资本要素与组织性格要素之间的作用原理、规律与路径，做好知识资本与组织性格的组合运营与协同治理，以此达到提升组织绩效的目的。同时，企业组织需建立知识资本与组织性格相互沟通、促进与转化的通道，让知识资本的创造与积累有利于组织性格的塑造与培育，让知识资本的经营为组织性格塑造带来新的活力，做好知识与性格相融合，引导企业组织在知性合一的行为准则下达到"知性美"，此即为企业组织进行知性管理的最终目标。

本章参考文献

[1] Resnick, J. T. Character is foundation of firm's reputation [J]. U. S. Banker, 2003, 113 (3): 24 - 26.

[2] 杨建锋,王重鸣,李家贵. 组织学习对组织绩效的影响机制研究 [J]. 科学学与科学技术管理, 2010, 31 (7): 158 - 162.

[3] 任俊义. 社会资本视角下企业智力资本形成机理研究 [J]. 科研管理, 2011, 32 (2): 136 - 144.

[4] Berzkalne, I., Zelgalve, E. Intellectual capital and company value [J]. Procedia - Social and Behavioral Sciences, 2014 (110): 887 - 896.

[5] Wang, Z., Wang, N., Liang, H. Knowledge sharing, intellectual capital and firm performance [J]. Management Decision, 2014, 52 (2): 230 - 258.

[6] Lu, W. M., Wang, W. K., Qian, L. K. Intellectual capital and performance in the Chinese life insurance industry [J]. Omega, 2014, 42 (1): 65 - 74.

[7] 金昕,陈松. 知识源战略、动态能力对探索式创新绩效的影响——基于知识密集型服务企业的实证 [J]. 科研管理, 2015, 36 (2): 32 - 40.

[8] Moore, G. Corporate character: Modern virtue ethic and the virtuous corporation [J]. Business Ethics Quarterly, 2005, 15 (4): 659 - 685.

[9] Bridges. The character of organizations: Using personality type in organization development [M]. California: Davies - Black publishing, 2009.

[10] 喻登科,肖欢,彭静等. 知识资本与性格特质对企业绩效的交互作用研究 [J]. 科技进步与对策, 2016, 33 (22): 146 - 155.

[11] 付悦,陈国权. 组织性格决定组织命运? 以组织学习能力作为中介的模型 [J]. 经济管理, 2012 (8): 97 - 104.

[12] 付悦,韩菲. 组织性格与组织绩效的关系研究——以中国上市银行为例 [J]. 投资研究, 2013 (11): 78 - 88.

[13] Hofmann, D. A., Jones, L. M. Leadership, collective personality, and performance [J]. Journal of Applied Psychology, 2005, 90 (3): 509 – 522.

[14] Men, L. R., Tsai, W. H. S. Infusing social media with humanity: Corporate character, public engagement, and relational outcomes [J]. Public Relations Review, 2015, 41 (3): 395 – 403.

[15] Church, A. H., Rotolo, C. T., Margulies, A., et al. The role of personality in organization development: A multi – level framework for applying personality to individual, team, and organizational change [J]. Research in Organizational Change & Development, 2015 (23): 91 – 166.

[16] 李平,崔喜君,刘建. 中国自主创新中研发资本投入产出绩效分析——兼论人力资本和知识产权保护的影响 [J]. 中国社会科学, 2007 (2): 32 – 42.

[17] 孙剑,薛惠锋,寇晓东. 企业文化对组织绩效的影响 [J]. 统计与决策, 2008 (10): 182 – 183.

[18] 冯延超. 高科技企业股权集中度与绩效的关系——与传统企业的比较研究 [J]. 科学学研究, 2010, 28 (8): 1192 – 1197.

第十三章
知识密集型服务业的知性管理与组织绩效

在新经济高速发展的背景下,单独依靠知识资本驱动组织绩效提升的方式已经难以满足大量存在的知识密集型小微企业发展的要求。根据 Resnick (2003) 提出的理念,企业组织的竞争力有两种来源,分别是依靠知识与技术驱动的核心竞争力和依靠组织性格为驱动力的差异化竞争力。在之后的一段时间内,组织性格理论得到越来越多学者的重视,并形成了一些具有影响力的成果。在当前中国新经济发展模式下,显然组织性格理论能够形成对知识管理理论的有力补充,以更有效地揭示知识密集型企业受到知识资本与性格特质双重驱动实现组织绩效的内在机理。但是从文献检索结果来看,鲜有将知识资本与性格特质相结合进行研究的文献资料,对于知识资本与组织性格特质之间的关系以及它们共同作用于组织绩效提升的机理都知之甚少。本章在知性管理理论基础上构建知识资本、性格特质、组织绩效的关系模型,将组织性格特质作为中介和调节变量,探究知识资本对组织绩效的作用路径以及明晰性格特质在组织绩效形成过程中的地位与作用,为丰富和完善知性管理理论提供更为充分的证据。

一、文献回顾

自1969年美国经济学家Galbrainth首次提出知识资本概念后，众多学者对其内涵及构成要素进行了广泛研究。通常，能够为企业组织带来价值增值或竞争优势提升且又未在其账面价值上体现出来的无形资产都可纳入知识资本范畴。在知识资本的构成方面，大致形成了H-S-C型、H-S型和E-I-E型三种具有代表性的分类方法。其中，H（人力资本）-S（结构资本）-C（顾客资本）型分类方法较全面地认识了企业中的知识资源，为后人提供了研究知识资本分类的指导性思想。本书研究选用该分类方法对知识资本进行测量。

性格特质是组织内不同个体共有的、能被外界识别的个性特征，它是组织间的关键差异所在。关于组织性格的构成维度，早期研究者大多沿用个体层面的人格分类法对其进行划分。但后期又有很多学者提出组织性格与个体层面的人格存在差异，个体人格的类型划分不完全适用组织性格的测量。例如，Slaughter等（2004）将组织性格划分为团队、创新、权威、节约、时尚五个维度；英国学者Otto等（2006）将组织性格划分为诚信、声望、创新和权力四个类型。本书借鉴Otto的划分方法进行性格特质的测量。

组织绩效的衡量方法大致分为两种：一是以自我评估方式得到认知性绩效；二是以财务或统计数据资料来评估组织绩效。在实证研究中出于可量化的实际需求及可比较的研究准则，大多采用第二种衡量方法。雷井生和关云飞（2009）在基于组织绩效的视角下研究中小企业知识资本的结构性时将组织绩效划分为财务绩效、技术创新能力和市场能力三部分；朱焱和张孟昌（2013）在利用2009~2011年200家制造业企业进行人力资本、研发投入与企业绩效关系的实证研究中，从短期和长期两个层面衡量组织绩效。朱文莉和耿宏艳（2011）、杨典（2013）、郝云宏等（2014）的观点非常类似，认为组织绩效可从财务和市场两个维度进行衡量。据此，本书将组织绩效划分为财务绩效和市场绩效两个维度。

关于知识资本、组织性格及组织绩效之间作用关系的理论研究现仍集中在对知识资本与组织绩效的作用关系探究。这些研究为知识驱动的绩效理论完善做出了极大贡献，但是，由于组织性格未被纳入，由差异化性格为组织带来的绩效提升无法被合理解释。

二、理论分析

随着组织绩效评估理论中核心竞争力理论的发展，逐渐形成了以知识为基础的企业组织发展观——认为组织绩效与竞争优势的决定性因素并不源于外部市场行为或市场竞争，而来自组织内部的资源、能力，尤其是来自依靠知识积累打造的核心竞争力。企业组织的本质是一个获取并利用知识的学习系统，当企业掘取知识投入并内化成为自身知识资本构建的组成部分时才得以形成有益于企业长久发展的核心竞争力。核心竞争力作为企业组织知识资本的汇总和反馈，使企业最大限度获取市场资源，形成外部竞争优势并最终实现组织绩效的提高。

由于组织性格具有的多维性特征以及关于组织性格划分维度并不统一的现状，关于以何种性格特质组合才能最大化组织绩效问题的答案依然是智者见智。但已被达成共识的是：企业组织由于内部需求或外部刺激形成的独特性格特质会使它们产生有别于其他竞争者的行为方式，这一独特的行为方式使得该组织在应对外部环境变化时产生独具一格的战略设计和策略选择，并借此形成具有企业特色的差异化竞争力。在其他方面高度同质的情况下，差异化竞争力的形成无异于是企业扩大市场份额的最佳机遇，也是组织绩效得以提升的后续保证。

　　知识资本、性格特质与组织绩效既相互独立，又合二为一，它们共同构建成一个完整的组织绩效生成系统。在这个系统中，知识资本和性格特质对组织绩效既能起到独立的作用，更能相互发挥、相得益彰，对组织绩效产生交互性、融合性的积极影响。这种交互性体现为：一方面，由获取、吸收、利用知识为企业带来的知识资本累积构成了对性格养成的内部需求，驱使企业形成与知识资本积累程度高度契合的性格特质；另一方面，由内部需求和外部刺激双重驱动形成的独特性格特质会让知识资本驱动的综合实力更具内部凝聚力和外部吸引力，从而提升知识资本对企业组织核心竞争力的贡献力。因此，在打造知识密集型企业组织时，辅以恰当的组织性格是企业差异化竞争力得以形成及核心竞争力得以强化的有效手段。由此，构建知识资本—性格特质—组织绩效的理论模型，如图13.1所示。

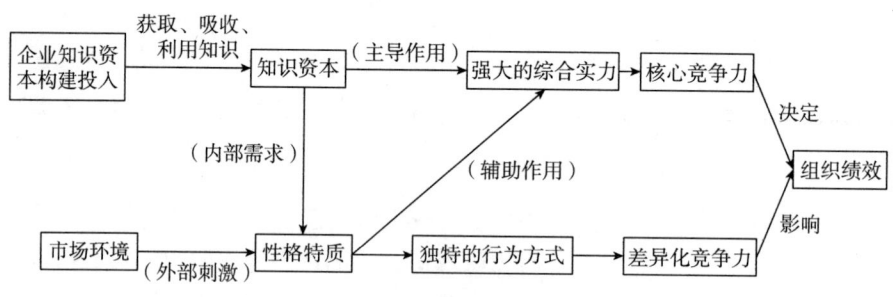

图13.1　知识资本—性格特质—组织绩效模型

三、研究假设

（一）知识资本对组织绩效的影响

　　人力资本强调企业组织对经过教育与培训而拥有知识与技术的人力资源

的投资，希望依靠嵌入人才头脑中的技术知识以及由此塑造的创新能力来为组织价值增值创造机会。姚艳虹和胡鹏（1998）研究指出，企业的经营发展与人力资本状况成正相关关系，人力资本存量的大小、人力投资的成本以及人才使用效率，都会直接影响企业效益；马金书和马国芳（2001）提出，通过继续教育与培训等方式促进员工的二次开发，提高人力资本而非简单的人员数量增长，能为组织可持续发展提供驱动力；锁箭和李先军（2015）以中国中小板上市公司为样本进行实证分析后得出结论，人力资本的数量、质量与结构均会显著影响企业组织的绩效改进。由此，提出如下假设：

H13.1：人力资本对组织绩效存在正向促进作用。

结构资本是蕴含在企业组织架构、规范制度、企业文化中的组织性资产。企业组织中的资金、土地、劳动力等资源，都需要结构资本的参与才能够实现有效整合和高效利用。郝文杰和鞠晓峰（2008）通过对沪深地区高技术企业研究发现，企业组织在经营管理与制度建设等方面的投入会显著提升其经营绩效；刘超和原毅军（2008）将结构资本引入生产函数并构建企业价值最优决策模型，通过模型分析发现，结构资本是影响企业价值的重要因素；徐建中和谢晶（2013）在研究企业组织门户网站与绩效之间的关系时发现，结构资本在其中起着重要的调节作用，换言之，结构资本会对组织绩效的形成与提升产生显著性影响。由此，提出如下假设：

H13.2：结构资本对组织绩效存在正向促进作用。

顾客资本是企业组织通过投入顾客或潜在顾客而实现关系维系并以此保障顾客满意和市场稳定的能力。在市场环境快速变化时，企业组织更需要通过顾客资本的投入来提高产品或服务的顾客感知价值，达到稳定和开拓市场的目的。众多国内外学者，如贾爱梅（2004）、李海舰和冯丽（2004）等均从不同视角论述了顾客与市场对组织绩效实现的重要性。而 Reichheld（1996）通过研究直接证实：忠诚顾客增长5%时，企业利润将按照所属行业增长25%~95%；Luo等（2013）通过中国262家样本企业的实证发现，企业组织对于顾客关系的投资相对于在合作伙伴关系和政府关系经营等方面的投资，更能影响企业的财务效益与战略目标实现。由此，提出如下假设：

H13.3：顾客资本对组织绩效存在正向促进作用。

（二）性格特质的调节作用

学术界已积累了较多关于知识资本对组织绩效作用关系的研究成果，在性格特质对组织绩效影响关系方面的研究也有一些涉猎，但却很少有学者将二者联系加以讨论。但是就成功的企业案例来看，将二者共同作为组织绩效的解释要素不仅必要而且重要，它意味着过去依靠单一要素竞争就能制胜的企业组织未来要赢得竞争优势需要有更加丰富的策略组合，而知识资本与性格特质的双重投入正是一个新的方向。喻登科等（2016）通过对国内30家上市公司的财务数据分析证实了知识资本与性格特质的交互作用有助于组织绩效的提升。这一文献为知识资本与性格特质在组织绩效提升过程中相互作用的关系假设提供了证据，但也因为样本量的局限和不够充分的作用关系而为进一步的研究提出了要求。因此，为从更广泛的视角探究性格特质的调节性作用，提出如下假设：

H13.4：性格特质在知识资本对组织绩效影响中起显著性调节作用。

（三）性格特质的中介作用

通过实践观察可提炼出一条企业组织的发展规律：组织在知识资本方面的投入与积累会逐渐孕育和塑造其性格特质并使得它与竞争对手区别，这种有效的辨识又能为其绩效提升起到积极的促进作用。Zabala等（2005）提出，当企业组织在知识资本上的投入被社会公众所感知并认同后，就会形成企业组织的社会声誉，而这种社会声誉又会作用于资本市场，提升潜在投资者对企业的投资意愿，从而带动企业组织市场绩效的提升；谢洪明和韩子天（2005）研究证实，创新这一组织特质在组织学习能力与组织绩效的关系中起显著的中介作用；窦红宾等（2013）认为，企业组织中知识资本的积累会通过改变其资源获取与整合的权力结构而最终对新创企业的绩效产生影响；刘丰（2016）通过调研发现，企业必须凭借诚信品质的培育及有效的诚信管理模式才能使知识得以转化和吸收并最终提高组织绩效。由此，提出如下假设：

H13.5：性格特质在知识资本对组织绩效影响中起显著性中介作用。

四、研究设计

（一）变量设计

1. 组织绩效测量

将组织绩效划分为财务绩效和市场绩效：用财务绩效衡量企业组织在成本控制、资产运用等方面的效能，反映组织的近期绩效实现能力；用市场绩效衡量外部市场对企业经营表现的认可程度，表征企业的长期潜在价值。相对于净利润率，营业毛利率更能体现企业组织财富创造的实际能力，因此选用营业毛利率来衡量其财务绩效；同时，选用托宾 Q 值衡量企业的市场绩效。

2. 知识资本测量

从人力资本、结构资本和顾客资本三个维度对知识资本进行观察。其中，人力资本通过企业组织内员工依靠高知识与技能为其带来高溢价的能力来集中体现，其测量指标为员工人均创收额；结构资本则采用管理费用率来衡量，反映企业在组织与管理方面的重视与投入力度；用销售费用率来测量顾客资本，以体现企业组织在营销人员、模式、渠道等方面的投入以及由此带来的顾客关系维系能力。

3. 性格特质测量

从诚信、声望、创新、权力四个维度衡量企业的性格特质。其中，选用流动比率衡量企业的诚信特质，因为高流动比率往往代表的是企业的高短期偿债能力和高资产变现能力；选用税收负担率衡量企业的社会声望，因为利税水平反映了企业组织在承担社会负担和经济建设责任方面的贡献；选用研发费用比率衡量企业的创新程度，因为研发投入能力对企业的创新能力与创新产出有着决定性作用；选用董事长持股比例衡量企业的权力结构，希望借此探索上市公司股权结构属性对其经营管理与产出绩效的影响。

（二）样本与数据

为保证样本对象同时在知识资本与性格特质方面具有典型性、代表性和异质性，选择中国知识密集型服务业的企业为样本来源——知识密集型产业表征业内组织的知识资本强度较高，而服务行业表征业内组织的性格特质较为突出。而且，近年来服务业的知识化和创新化趋势不断加强，部分大量使用计算机技术和网络技术的知识密集型服务行业的生产率水平甚至超过了一些技术先进的制造行业，以知识密集型服务业为研究对象也有着重大现实意义。为了保证样本数据的可获得性，将样本来源限定为中国沪深市场的上市公司。

样本与数据筛选的过程如下：

（1）按照我国国务院发展研究中心调查研究报告2001年7月3日第99号中对知识密集型服务业的定义，入选的上市公司有296家；剔除部分指标数据缺失的样本企业60家，最终确定236家知识密集型服务业上市公司为样本来源。

（2）知识资本和组织绩效的指标数据源于国泰安数据服务中心和巨潮咨询网；性格特质的测量数据来自国泰安及CCER经济金融数据库；少部分缺失数据通过上市公司的官方网站或其披露的报表补充得到。

（3）数据来源的时间窗限定为2014~2016年，通过三年数据的平均处理来降低财务数据随机波动对研究结果的影响，数据预处理过程采用Excel 2010完成。

第十三章 知识密集型服务业的知性管理与组织绩效

五、实证分析

(一) 描述性统计及相关性分析

对拟进入模型的变量进行描述性统计及相关性分析,如表 13.1 所示。由统计分析结果可知,所有统计量的变异系数均在可接受范围内,表明它们受极值数据的影响较小。由相关分析结果可知,统计量之间多重共线性问题大多不甚显著,样本数据适用于做进一步的研究。

表 13.1 描述性统计与相关分析

序号	均值	SD	2	3	4	5	6	7	8	9
1	0.589	0.485	-0.500**	-0.324**	-0.192**	-0.212**	-0.410**	-0.036	-0.428**	-0.219**
2	0.207	0.143	1	0.518**	0.313**	0.272**	0.793**	0.083	0.670**	0.361**
3	0.107	0.104		1	0.153*	0.190**	0.400**	0.203**	0.627**	0.193**
4	4.243	4.900			1	0.148*	0.326**	0.236**	0.337**	0.346**
5	0.069	0.040				1	0.175**	0.064	0.484**	0.196**
6	0.135	0.134					1	0.067	0.591**	0.344**
7	0.155	0.159						1	0.209**	0.244**
8	0.415	0.197							1	0.361**
9	5.925	3.948								1

注:**$P<0.01$;*$P<0.05$。"员工人均创收额"指标的初始数据存在极值影响较大的情况,采用 Winsorizing 处理方法对极值进行了修饰处理。变量说明:1 为员工人均创收额;2 为管理费用率;3 为销售费用率;4 为流动比率;5 为税收负担率;6 为研发费用比率;7 为董事长持股比例;8 为营业毛利率;9 为托宾 Q 值。

(二) 直接作用分析

采用一元线性回归分析方法建立知识资本构成要素对组织绩效作用关系

测量的模型，并采用 SPSS 软件进行参数估计，得到知识资本对组织绩效的直接效应如表 13.2 所示。结果显示，知识资本中的人力资本与组织绩效间存在显著的负向作用，而结构资本和顾客资本对组织绩效的正向作用显著，这与前文相关性分析得出的结论基本一致。由此，H13.2、H13.3 通过检验，H13.1 未通过验证。

表 13.2　知识资本对组织绩效的直接作用

自变量	因变量（财务绩效）			因变量（市场绩效）		
	模型 1	模型 2	模型 3	模型 4	模型 5	模型 6
常数项	0.517**	0.223**	0.286	6.976**	3.863**	5.137**
人力资本	-0.174**			-1.786**		
结构资本		0.927**			9.975**	
顾客资本			1.194**			7.341**
R^2	0.183	0.449	0.393	0.048	0.130	0.037
Adj R^2	0.179	0.447	0.391	0.044	0.126	0.033
F	52.361	190.748	151.637	11.841	34.982	9.042

注：** $P<0.01$；* $P<0.05$。为便于分析，表中不再使用"员工人均创收额"、"管理费用"等测量指标，而改用"人力资本"、"结构资本"等变量名加以展示，后文其他表格类同。

（三）调节作用分析

因知识资本和性格特质的测量指标都属于连续变量，采用层次模型并分析模型中调节项系数的显著性以及比较因调节项加入使得模型总体显著性改变两个途径来系统验证调节作用是否存在，检验结果如表 13.3 所示。结果显示，诚信特质在结构资本和顾客资本对组织绩效的影响过程中起显著负向调节作用；声望特质在结构资本对市场绩效的影响过程中起显著正向调节作用；创新特质在人力资本对财务绩效的影响过程中起显著正向调节作用，但在顾客资本对组织绩效影响中起显著负向调节作用；权力特质在顾客资本对财务绩效的影响过程中起显著负向调节作用。因此，H13.4 被部分证实。即

第十三章 知识密集型服务业的知性管理与组织绩效

诚信、声望、创新、权力等性格特质因素在知识资本对组织绩效的作用关系中起到显著性的调节作用。此外，引入交互调节项后模型的总体显著性水平均有不同程度的提升，性格特质与知识资本的交互调节项对组织绩效提升有较强解释力，进一步为 H13.4 提供了证据。

表 13.3 性格特质调节作用的检验结果

调节变量	因变量	Panel A：财务绩效							
	名称	诚信		声望		创新		权力	
	系数	0.006**	0.009**	1.477**	1.431**	0.248*	0.470**	0.122*	0.139*
原自变量	常数项	0.222**	0.195**	0.148**	0.137**	0.240**	0.122*	0.222**	0.203**
	人力资本	−0.034	−0.018	−0.025	−0.007	−0.036	0.066*	−0.038	−0.029
	结构资本	0.538**	0.618**	0.515**	0.562**	0.411**	0.657**	0.598**	0.627**
	顾客资本	0.718**	0.689**	0.679**	0.681**	0.718**	0.880**	0.672**	0.770**
调节项	AV×人力资本		0.000		0.013		0.045*		−0.011
	AV×结构资本		−0.026**		−0.013		−0.011		−0.012
	AV×顾客资本		−0.024*		0.005		−0.034**		−0.022*
	Adj R²	0.573	0.596	0.639	0.647	0.565	0.643	0.564	0.589
	ΔAdj R²	0.023		0.008		0.078		0.025	
调节变量	因变量	Panel B：市场绩效							
	名称	诚信		声望		创新		权力	
	系数	0.207**	0.282**	10.063	10.682	4.595	6.078	5.537**	5.737**
原自变量	常数项	3.736**	3.284**	3.654**	4.100**	4.319**	3.014**	3.604**	3.287**
	人力资本	−0.320	−0.183	−0.341	−0.817	−0.398	0.770	−0.470	−0.318
	结构资本	7.093**	8.676**	8.656**	6.511**	5.787	8.541**	9.319**	9.692**
	顾客资本	0.303	0.019	−0.086	0.622	0.242	2.815	−1.733	0.119
调节项	AV×人力资本		−0.482		−0.111		0.553		−0.085
	AV×结构资本		−0.683**		0.746**		−0.009		−0.366
	AV×顾客资本		−0.806*		−0.351		−0.489*		−0.263
	Adj R²	0.178	0.217	0.127	0.154	0.126	0.145	0.166	0.183
	ΔAdj R²	0.039		0.027		0.019		0.017	

注：**P<0.01；*P<0.05。

(四)中介作用分析

参考温忠麟等(2005)的研究,采取以下步骤验证性格特质的中介作用:①以各知识资本要素为自变量,分别建立对组织绩效的一元回归模型,将回归系数记为 a,若回归作用不显著,即不存在中介效应,若回归作用显著,进行第②步。②以各知识资本要素为自变量,分别建立对性格特质的一元回归模型,记回归系数为 b;同时,联立知识资本要素与性格特质要素,以其为自变量建立对组织绩效的回归模型,记性格特质要素的回归系数为 c;若 b、c 均通过显著性检验,进行步骤③,若至少有一个未通过检验,进行步骤④。③在步骤②构建的组织绩效对知识资本要素与性格特质要素的回归模型中,记知识资本要素的回归系数为 d,若 d 显著,则存在部分中介作用,若不显著,则存在完全中介作用。④做 Sobel 检验,进一步判断中介效应的显著性。上述步骤检验结果分别如表 13.4 和表 13.5 所示。除权力特质的少部分中介作用路径未被证实外,各性格特质要素在知识资本对组织绩效影响过程中的中介作用基本都被验证通过。由此,H13.5 基本通过检验。即企业组织中知识资本的积累会影响其性格特质的塑造,性格特质的表现能够作用于组织绩效的形成与提升,性格特质是知识资本对组织绩效作用路径上的重要中介变量。

表 13.4 系数 a 的检验结果

自变量	因变量	系数 a	结论
人力资本	财务绩效	-0.428**	进行系数 b、c 的检验
结构资本	财务绩效	0.670**	进行系数 b、c 的检验
顾客资本	财务绩效	0.627**	进行系数 b、c 的检验
人力资本	市场绩效	-0.219**	进行系数 b、c 的检验
结构资本	市场绩效	0.361**	进行系数 b、c 的检验
顾客资本	市场绩效	0.193**	进行系数 b、c 的检验

注:**$P<0.01$;*$P<0.05$。

第十三章 知识密集型服务业的知性管理与组织绩效

表 13.5 系数 b、c 和 d（或 Sobel）的检验结果

系数 b 的检验		系数 c 的检验		结论	系数 d 或 Sobel 的检验	
模型组 1	系数 b	模型组 2	系数 c		系数 d 或 Sobel	结论
人力资本→诚信	-0.192**	财务绩效	0.264**	检验系数 d	-0.377**	部分中介作用显著
人力资本→声望	-0.212**		0.411**	检验系数 d	-0.341**	部分中介作用显著
人力资本→创新	-0.410**		0.500**	检验系数 d	-0.223**	部分中介作用显著
人力资本→权力	-0.036		0.194**	进行 Sobel 检验	-0.222*	部分中介作用显著
结构资本→诚信	0.313**		0.141**	检验系数 d	0.626**	部分中介作用显著
结构资本→声望	0.272**		0.326**	检验系数 d	0.582**	部分中介作用显著
结构资本→创新	0.793**		0.160*	检验系数 d	0.543**	部分中介作用显著
结构资本→权力	0.083		0.154**	进行 Sobel 检验	0.469	中介作用不显著
顾客资本→诚信	0.153*		0.246**	检验系数 d	0.589**	部分中介作用显著
顾客资本→声望	0.190**		0.378**	检验系数 d	0.555**	部分中介作用显著
顾客资本→创新	0.400**		0.405**	检验系数 d	0.465**	部分中介作用显著
顾客资本→权力	0.203**		0.085	进行 Sobel 检验	0.508	中介作用不显著
人力资本→诚信	-0.192**	市场绩效	0.316**	检验系数 d	-0.159*	部分中介作用显著
人力资本→声望	-0.212**		0.157*	检验系数 d	-0.186**	部分中介作用显著
人力资本→创新	-0.410**		0.306**	检验系数 d	-0.094	完全中介作用显著
人力资本→权力	-0.036		0.236**	进行 Sobel 检验	-0.061*	部分中介作用显著
结构资本→诚信	0.313**		0.259**	检验系数 d	0.280**	部分中介作用显著
结构资本→声望	0.272**		0.106	进行 Sobel 检验	0.029*	部分中介作用显著
结构资本→创新	0.793**		0.157	进行 Sobel 检验	0.043*	部分中介作用显著
结构资本→权力	0.083		0.216**	进行 Sobel 检验	0.060	中介作用不显著
顾客资本→诚信	0.153*		0.324**	检验系数 d	0.143*	部分中介作用显著
顾客资本→声望	0.190**		0.165*	检验系数 d	0.161*	部分中介作用显著
顾客资本→创新	0.400**		0.318**	检验系数 d	0.066	完全中介作用显著
顾客资本→权力	0.203**		0.214**	检验系数 d	0.150*	部分中介作用显著

注：** $P<0.01$；* $P<0.05$；* Sobel <0.05。模型组 2 中列示的仅为因变量，对应的自变量囊括了模型组 1 中的因变量与自变量。

(五) 路径与效应分析

1. 路径分析

基于研究结果，绘制知识资本、性格特质与组织绩效之间相互作用的路径如图 13.2 所示。由图可知，人力资本、结构资本与顾客资本均能通过性格特质的中介作用路径实现财务绩效与市场绩效的提升，但人力资本对性格特质起负向制约作用，而结构资本和顾客资本对性格特质起正向促进作用。即在我国知识密集型服务业的当前发展阶段，人力资本投入具有成本属性，企业在人力资本的大量投资，同时导致了人力资本使用效率降低，影响企业整体意义上的绩效实现与可持续发展；但在结构资本与顾客资本方面的投资则不同，它们能够改造组织的内部组织模式与外部协作关系，并从长期上以性格特质塑造和优化的形式表现，进而达成投资效益，促进企业绩效提升。同时还需强调的是诚信、声望、创新、权力等性格特质对财务绩效与市场绩效具有积极、显著的影响，这意味着在知识密集型服务业中，性格特质已然是组织绩效形成机理的重要组成部分，对性格特质的培养与完善将成为企业组织竞争战略制定时必须考虑的重要因素。

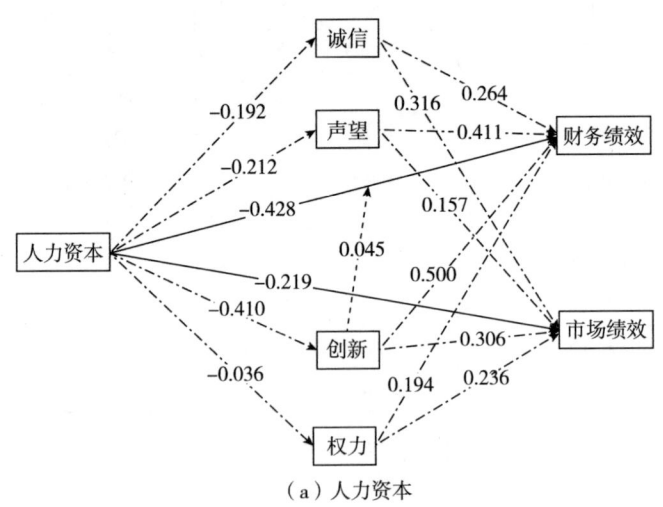

(a) 人力资本

图 13.2　知识资本、性格特质与组织绩效的作用路径

第十三章 知识密集型服务业的知性管理与组织绩效

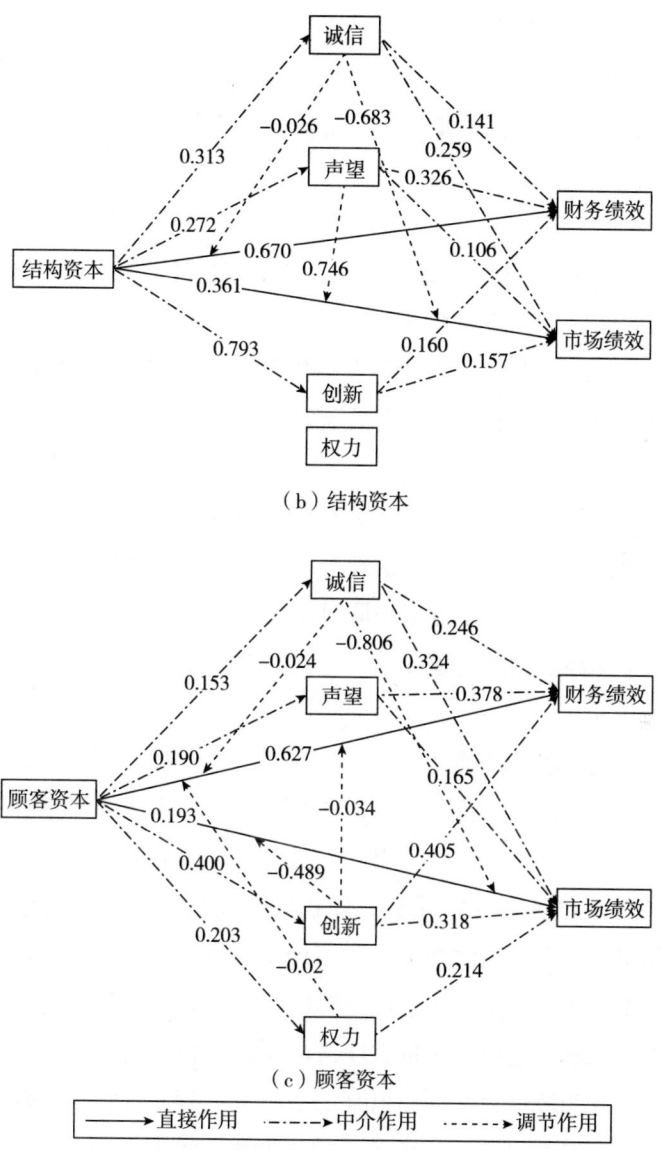

图 13.2 知识资本、性格特质与组织绩效的作用路径（续图）

性格特质对于知识资本在组织绩效作用路径上的调节作用，其关系相对较为复杂。创新特质和声望特质能够起到显著的正向调节作用，尤其是声望特质，其在结构资本作用于市场绩效的路径上有着异常重要的调节效能。因此，在资本市场上，上市公司要获得潜在投资者认可，需要不仅对内提高管理效能和组织经营能力，还要对外提高公司在公众中的认可与口碑，两个方面的有机组合尤为重要。其他性格特质，如诚信和权力等则主要起到显著的负向调节作用，尤其是诚信特质在结构资本和顾客资本影响市场绩效的路径中调节效应非常显著。这可以通过以下思路来解释：诚信特质主要指企业组织对债权人的诚信，诚信水平越高，意味着组织的财务杠杆能力越低和投资潜能越弱，因此结合组织内生性地在结构资本与顾客资本方面的大量投资，自然会对组织的长期发展潜力与市场绩效产生不利影响，即使这种组合在短期内可能会是一种相对较优的选择。

由此可进一步得出结论：知识资本与性格特质均为企业组织绩效形成的主要来源，遵循二者的相互作用机理，寻求有利于组织绩效提升的知识资本与性格特质组合策略，是企业组织同时获得核心竞争力与竞争优势并进而赢得可持续竞争优势的制胜之道。

2. 效应分析

为更明确地了解知识资本与性格特质要素在组织绩效形成机理中的效能，探悉组织绩效提升的核心路径，在知识资本、性格特质与组织绩效之间作用路径的基础上，进一步计算得到知识资本与性格特质作用于组织绩效的效应，结果如表13.6所示。由此，知识资本在组织绩效形成与提升过程中起到重要作用——在财务绩效中，知识资本的直接效应具有90%的解释力；在市场绩效中，知识资本直接效应的解释力更是接近92%。同时，性格特质的辅助性作用也不可忽视——依靠性格特质的中介与调节作用，能够为知识资本对组织绩效的解释力增加约10%，这已是一种非常行之有效的改进。换言之，在企业组织中倡导知性管理，促进知识资本与性格特质的交互作用，能够使得企业组织在原有知识管理模式下绩效能够拥有再提升近一成的希望。需要注意的是，对于企业组织绩效提升而言，对结构资本的投入尤为重要，其次是顾客资本；而人力资本对绩效的作用机理则为我们提出了警示——相对于依靠人力资源堆砌的传统发展模式，知识密集型服务业应该寻

第十三章 知识密集型服务业的知性管理与组织绩效

表 13.6 知识资本、性格特质作用于组织绩效的效应分析

	知识资本	直接效应	间接效应								小计	综合效应
			诚信		声望		创新		权力			
			中介	调节	中介	调节	中介	调节	中介	调节		
Panel A: 对财务绩效的作用效应	人力资本	−0.428	−0.051		−0.087		−0.205	−0.019	−0.007		−0.369	−0.797
	结构资本	0.670	0.044	−0.017	0.089		0.127				0.243	0.913
	顾客资本	0.627	0.038	−0.015	0.072		0.162	−0.021		−0.014	0.222	0.849
	小计	0.869	−0.001		0.074		0.044			−0.021	0.096	0.965
Panel B: 对市场绩效的作用效应	人力资本	−0.219	−0.061		−0.033		−0.125		−0.008		−0.227	−0.446
	结构资本	0.361	0.081	−0.247	0.029	0.269	0.125		0.043		0.257	0.618
	顾客资本	0.193	0.050	−0.156	0.031		0.127	−0.094			0.001	0.194
	小计	0.335		−0.333		0.296		0.033		0.035	0.031	0.366

求转型突破，未来需更多地依靠高技能人才来谋求知识驱动的发展。

在构成企业性格特质的四要素中，声望和创新特质对组织绩效均能起到正向的促进作用，而权力特质对财务绩效与市场绩效的作用方向相反，诚信特质对财务绩效与市场绩效均具有消极导向。但总体而言，企业性格特质的培养会进一步强化由于知识资本投入带来的绩效提升的优势。声望特质的养成对企业组织市场绩效的强化作用尤为显著，表明企业社会责任的及时履行、企业形象的有效塑造都会在一定程度上为其获得社会公众认可带来帮助。企业组织对财务信用的过分强调，虽然能为其规范经营提供保障，但它也会冲抵掉其他性格特质所带来的优势，因过于保守的财务策略影响企业组织的绩效实现与持续发展。

由此进一步得出结论：企业组织为提高绩效，可行方案为一方面加强结构资本与顾客资本的投入力度，另一方面要加强声望与创新特质的养成，而更为重要的是需着重建设性格特质在知识资本作用于组织绩效提升过程中的路径，培育适合于企业组织的知识资本—性格特质组合，这也正是知性管理理论的要义所在。

六、本章小结

本章在知识资本对组织绩效的作用路径上引入性格特质因素，考察其中介与调节作用，并以中国知识密集型服务业的上市公司为样本源，进行系统的实证分析。研究不仅证实了知识资本对组织绩效的直接效应，同时也证实了性格特质的间接作用，而且还直接指出，依靠知识资本与性格特质的组合效应，能够为知识资本对组织绩效提升的效能再带来约10%的提升。这是一个非常重要的结论，不仅定性地明确了知识资本、性格特质对组织绩效提升的作用路径与机理,而且定量地衡量了知性管理理论应用的潜在价值,为知性管理理论的成立与应用推广提供了证据支持。具体地,企业组织应致力于结构资本与顾客资本的投资,同时摒弃低水平的人力资源投入模式,转为知识型人才的引进和培养;在性格特质上则应更多地强调创新与声望,即对内营造创新氛围和培养创新精神,对外协调与利益相关者的关系,赢得在社会公众中的认可与声望;需要协调好知识资本与性格特质的作用机制,让它们之间的正向作用尽量发挥出来,共同为组织绩效的提升提供驱动力。

本章参考文献

[1] Resnick, J. T. Character is foundation of firm's reputation [J]. U. S. Banker, 2003, 113 (3): 24-26.

[2] Slaughter, J. E., Zickar, M. J., Highhouses, et al. Personality trait inferences about organizations: Development of a measure and assessment of construct validity [J]. Journal of Applied Psychology, 2004, 89 (1): 85-103.

[3] Otto, P. E., Nick, C., Stott, H. How people perceive companies: Personality dimensions as fundamentals? [C]. The 28th Annual Conference of the Cognitive Science Society Mahwah, 2006.

[4] 雷井生,关云飞. 基于绩效视角的中小企业知识资本的结构性分析 [J]. 软科学, 2009 (1): 87-93+98.

[5] 朱焱,张孟昌. 企业管理团队人力资本、研发投入与企业绩效的实证研究 [J]. 会计研究, 2013 (11): 45-52+96.

[6] 朱文莉,耿宏艳. 上市房地产企业经营风险、财务风险与企业绩效关系研究 [J]. 财会通讯, 2011 (27): 100-102.

[7] 杨典. 公司治理与企业绩效——基于中国经验的社会学分析 [J]. 中国社会科学, 2013 (1): 72-94+206.

[8] 郝云宏,甘甜,林仙云. 独立董事的身份对企业绩效的影响 [J]. 管理学报, 2014 (4): 520-524.

[9] 姚艳虹,胡鹏. 论人力资本与企业效益 [J]. 湖南大学学报,

1998，12（4）：93 – 96.

[10] 马金书，马国芳. 人力资本投资：促进我国企业发展的重要途径[J]. 学术探索，2001（2）：20 – 23.

[11] 锁箭，李先军. 中小企业人力资本与企业绩效的实证研究——以中小上市公司为例[J]. 经济问题探索，2015（9）：185 – 190.

[12] 郝文杰，鞠晓峰. 智力资本对高技术企业绩效影响的实证研究[J]. 北京理工大学学报，2008，28（5）：467 – 470.

[13] 刘超，原毅军. 结构资本视角下企业价值模型的动态分析[J]. 工业技术经济，2008，27（5）：128 – 130.

[14] 徐建中，谢晶. 门户网站视角下我国电子信息企业绩效影响机制——结构资本的调节效应检验[J]. 系统工程，2013（6）：1 – 13.

[15] 贾爱梅. 我国企业的顾客资本管理研究[D]. 哈尔滨工程大学，2004.

[16] 李海舰，冯丽. 企业价值来源及其理论研究[J]. 中国农业经济，2004（3）：52 – 60.

[17] Reichheld, F. F. The quest for loyalty：Creating value through partnership [M]. Boston：Harvard Business School Press，1996.

[18] Luo, X., Griffith, D. A., Liu, S. S., et al. The effects of customer relationships and social capital on firm performance：A Chinese business illustration [J]. Journal of International Marketing，2013，12（4）：25 – 45.

[19] 喻登科，肖欢，彭静等. 知识资本与性格特质对企业绩效的交互作用研究[J]. 科技进步与对策，2016，33（22）：146 – 155.

[20] Zabala, I., Panadero, G., Gallardo, L. M., et al. Corporate reputation in professional services firms："reputation management based on intellectual capital management" [J]. Corporate Reputation Review，2005，8（1）：59 – 71.

[21] 谢洪明，韩子天. 组织学习与绩效的关系：创新是中介变量吗？——珠三角地区企业的实证研究及其启示[J]. 科研管理，2005，26（5）：1 – 10.

[22] 窦红宾, 王超, 李海绒. 知识资本、资源获取对新创企业绩效的影响 [J]. 企业经济, 2013 (1): 47-50.

[23] 刘丰. 企业诚信对创新绩效的影响研究——基于社会资本视角 [J]. 经营与管理, 2008 (12): 118-121.

[24] 温忠麟, 侯杰泰, 张雷. 调节效应和中介效应的比较和应用 [J]. 心理学报, 2005, 37 (2): 268-274.

第十四章
知性管理、核心竞争力与竞争优势

自20世纪末提出知识经济概念以来,人们日益重视劳动、资本、土地等物质资本之外的生产要素——知识——作为一种新型资本在经济发展中的重要价值。随着技术变革、创新和知识型组织战略的兴起,企业竞争的基础已经从传统的物质和金融资源转向无形资源;在知识驱动的经济环境中,知识资本成为企业竞争优势的源泉。在知识经济时代背景下生存的企业,如何形成并管理好它们的知识资本成为竞争制胜的关键所在。

根据竞争战略理论,企业组织获得竞争优势可以源于成本领先、差异化和专一化三种战略,其中专一化战略仅是前两者在市场细分时的具体应用。在知识经济发展模式下,知识与技术创新成为企业组织在粗犷的规模经济、范围经济战略以外支撑其获得低成本优势的核心能力。但随着新经济发展模式的兴起,一些高技术密集的、行业领先的企业组织却被另一些"另辟蹊径"的新兴企业所替代(如诺基亚在手机行业的领导者地位被苹果替代),这些事实预示着,差异化战略在新经济环境中企业组织谋求竞争优势时变得更加重要。对当前新经济企业的观察发现,很多互联网技术应用背景的企业组织,实施差异化战略的途径通常是更多利用商业模式创新来寻求产品提供方式或渠道的差异化,很少能做到产品本身的异质性。此时,差异化战略的实施要求企业"特立独行",拥有与竞争对手相区别且能被客户所感知的性格特质,才能吸引和稳定住一些具有个性化需求的顾客群体,从而占据市场和赢得暂时性竞争优势。在此,将这种嵌于企业内部并催生差异化行为的特质称为组织性格。在已有研究中，有着"组织性格决定组织命运"的结论性观点。

核心竞争力也是企业持续竞争优势的关键来源。但核心竞争力与竞争优势有着本质区别：核心竞争力是企业长期以来积累的独特技能与智力，是组织的内蕴力量；而竞争优势是企业在市场竞争中所获得的优势，是组织实力的外在表现。拥有竞争优势的企业不一定具有核心竞争力，拥有核心竞争力的企业也不一定能获得竞争优势，但企业组织要谋求竞争优势的可持续性，必然依赖核心竞争力支持。

那么，知识资本、组织性格、核心竞争力与竞争优势，四者之间究竟是什么样的作用关系？这是一个需要认真探索且具有重要现实意义的研究命题。Resnick（2003）提出：企业拥有核心竞争力和差异化竞争力，知识和技术为企业带来核心竞争力，组织性格是企业差异化竞争力的来源，而这两种竞争力都可以支持企业获取竞争优势。参考上述观点，结合当前中国新经济发展模式的特点，本章引入商业模式创新能力和技术创新能力作为中间变量，讨论知识资本与组织性格对企业组织核心竞争力与竞争优势形成的重要作用，观测四者的作用机理与路径。本章的创新之处在于，将知识资本、组织性格、核心竞争力与竞争优势整合到同一个研究框架进行讨论，为知识资本与组织性格协同治理的思想理念提供了逻辑支撑。2015年，本书研究团队提出将知识管理与性格管理融合的知性管理理论，本章正是依托这一理论构架所做的扩展性研究，为该理论的核心观点提供经验证据支持。

一、文献回顾与研究假设

（一）文献回顾

知识资本是指企业内部各种以知识形态表现的资本资源，包括知识产权、核心技术、诀窍经验等。1969年美国经济学家Garbraith和Bryant首次提出"知识资本"概念，将知识资本界定为知识活动，是一种动态的资本。发展至今，知识资本理论已有二元论、三元论和多元论之说。二元论的代表是Edvinsson和Sellivan（1996）提出的H-S结构理论，将知识资本分为人力资本和结构资本。三元论的代表有Stewart（1994）提出的H-S-C理论，认为知识资本包括人力资本、结构资本和顾客资本；Sveiby（1997）提出的E-I-E理论，即员工能力、内部结构、外部结构；以及Edvinsson和Malone（1997）提出的人力资本、结构资本、市场资本理论；等等。多元论的代表为英国学者Brooking（2003）提出的M-K-H-O理论，他将知识资本分解为市场资本、知识产权、人力资本和基础结构四部分。

组织性格是企业所独有的特性，是企业形成差异化战略的主要来源。一些学者根据个体人格心理学理论研究组织性格，如比较经典的大五人格理论，认为组织性格的维度包括开放性、尽责性、外倾性、宜人性和神经质；而Davies（2004）将组织性格的维度归纳为宜人性、进取心、能力、魅力、无情五个方面；类似地，Slaughter等（2004）在Aaker（1997）提出的品牌性格理论基础上，提取了组织性格的构成维度，包括团队、创新、权威、借鉴、风度等方面；Otto等（2006）提取的结果则是诚信、声望、创新、权利四个部分。更系统地，Bridges（2000）提出了测量组织性格的MBTI理论，认为可以从外倾/内倾型、事实/直觉型、理性/情感型、判断/感知型四个维度八个准则来定义一个组织的性格类型。

核心竞争力是企业所独具且竞争对手难以模仿的能力。Prahalad和Hamel（1990）首次提出核心竞争力概念，认为核心竞争力是组织中积累的学识，指明了核心竞争力的知识性本质。Leonard-Burton（1992）更为直接地定义核心竞争力，认为核心竞争力就是为企业提供优势的知识体系，包括员工的知识和技能、物理的技术系统、管理系统和价值观念四个维度。在国内，核心竞争力的概念有所扩展，郭岚和张祥建（2007）将核心竞争力分为市场竞争力、管理创新能力、资本营运能力、企业资源和技术开发能力，余伟萍等（2003）将之划分为人力资源、创新能力、组织管理能力、市场营销能力、企业文化、战略管理能力、生产制造能力七大要素。核心竞争力概念的扩展过程，一定程度上是经济发展模式变迁的体现，也有核心竞争力与竞争优势概念与边界在逐渐模糊融合的原因。

竞争优势是企业长期在市场竞争中表现为行业领先的优势。Poter（1997）认为竞争优势是企业绩效的市场表现，主要由市场环境和组织定位对环境的匹配与适应性所决定，是竞争优势外生论的观点。后来也有学者认为企业竞争优势与内部因素有关，认为内部能力是竞争优势的重要支撑。例如，Man 等（2002）将中小企业的竞争优势归因为企业内部因素、外部环境和企业家的影响；而王建华和王方华（2002）将企业竞争优势来源归结为九种能力因素，包括经营环境、产品市场竞争力、战略能力、生产能力、市场能力、技术能力、营运能力、财务能力、可持续发展能力。关于竞争优势构成，李纲和安璐（2007）将之分解为时间、质量和竞争力三个维度。

（二）研究假设

1. 知识资本与竞争优势

竞争优势理论中的一种观点就是知识基础观，认为知识作为一种特殊的隐性资源，是企业组织竞争优势形成的根本来源。从知识基础观出发讨论企业竞争优势的形成路径与机制已积累了较多的研究成果。例如，Bavausad 等（2015）利用结构方程模型从知识资本的人力、客户、结构三个维度证实了知识资本对于企业获得竞争优势的积极影响；张芸和胡汉辉（2010）采用面板数据模型对 29 家金融上市企业 2005~2007 年的数据进行分析，验证了知识资本对金融企业长远发展有积极意义；而郭俊华（2004）则从知识资本的持续性和替代性两个方面分析了知识资本成为企业竞争优势来源的原因和机理。据此，提出如下假设：

H14.1：知识资本对企业竞争优势存在正向促进作用。

2. 知识资本与核心竞争力

Prahalad 和 Hamel（1990）对核心竞争力的定义事实上就已经阐明了核心竞争力的本质就是技术与知识。无论机器、资源还是技术，要发挥最大效能还得依赖人脑中具有的创造性知识,核心竞争力是企业知识资本发挥作用时的具象体现。慕继丰等(2002)指出,企业组织内存在着不同类型的知识,这些知识之间的相互转换能实现知识增长与价值创造,进而以核心竞争力的形式体现。范徽(2001)提出了三种分析与建构核心竞争力的工具,包括基于知识资本的核心能力轮轴、核心能力特征参量罗盘以及知识资本与核心能力耦合矩阵——显然,在这一理论中,知识资本是核心竞争力的本质源泉。刘丽珍和刘国伟(2007)从隐性知识的六个特性出发,论证了隐性知识对核心竞争力的积极影响。杨林平和许健(2014)通过对四个从事自然科学基础研究的实验型团队进行研究发现,人力资本、结构资本和关系资本对团队核心竞争力有着显著的积极影响。由此,提出如下假设:

H14.2:知识资本对企业核心竞争力存在正向促进作用。

3. 组织性格与竞争优势

企业是由许多个体所集合形成的群体组织,个体受基因和环境的影响会有着不同的性格表现,当众多个体性格在特定环境条件下通过筛选和组合融为一体时就形成了组织性格。无论是个体人格还是组织性格,都会通过作用于企业组织战略决策而对竞争优势形成产生影响。Scheider 和 Bartram(2017)基于大五人格理论,采用 A-S-A 方法探索了员工性格与组织绩效之间的关系,间接验证了组织性格对企业长期发展的重要意义。刘思强(2002)从品牌人格角度出发,观察发现独特的品牌个性可以提高消费者对品牌的忠诚度,从而为企业带来竞争优势。薄秋实等(2017)更是直接地阐述了企业性格的内涵、表现形式和演化机制,并归纳总结了组织性格对企业竞争优势形成的机理。由此,提出如下假设:

H14.3:组织性格对企业竞争优势存在正向促进作用。

4. 组织性格与核心竞争力

品牌人格不仅会为企业组织带来竞争优势,而且因为品牌固化和长期稳定作用的影响,由其驱动的竞争优势也具有可持续性和内化特征,此时外显的竞争优势会映射到企业组织内在的竞争力,因此,品牌人格也是企业组织核心竞争力的源泉。梁佳等(2016)对旅游行业进行研究时发现,形象趋同会降低竞争力,而品牌个性化有利于提升品牌认同,提高竞争能力。刘继青和邓薇(2003)从核心竞争力的定义出发认为既然只有具有独特的、有价值的、难模仿的异质性资源才是核心竞争力的来源,那么这种表征异质性的组织性格本身也应该具备塑造与提升核心竞争力的能力。薄秋实等(2017)在提炼组织性格对竞争优势的作用路径时,核心竞争力是一个最重要的中介变量,明确指出组织性格也能成为企业核心竞争力的基础。由此,提出如下假设:

H14.4:组织性格对企业核心竞争力存在正向促进作用。

5. 核心竞争力与竞争优势

核心竞争力与竞争优势是一体两面的关系,二者存在着非常强的关联作用。许正良和王利政(2003)提出,核心竞争力是竞争优势的本源,它通过企业文化力以及文化力作用下的学习力和创新力来塑造组织竞争优势。刘谷金和高波(2007)则辩证地认为,核心竞争力可以构建、增强并且持续影响企业的竞争优势,但竞争优势不一定源于核心竞争力。鹿盟等(2007)以我国手机行业为例进行探究,发现缺乏核心技术的手机制造企业仅凭规模上的优势难以持续,只有真正培育了核心竞争力的企业才能获得持续竞争优势。Kak(2008)将核心竞争力归结为人的能力和技术能力两个维度,通过实证分析得出:核心竞争力有利于企业获得可持续竞争优势,帮助企业取得成功的结论。由此,提出如下假设:

H14.5:核心竞争力对企业竞争优势存在正向促进作用。

6. 知识资本与组织性格

企业组织性格在一定程度上是员工个体人格的集合体,员工本身又隶属于知识资本构成要素中人力资本的范畴;同时,组织性格的形成过程还会受到市场和外部环境的影响,而在知识资本的构成维度中,这些影响因素可以归属为市场资本。因此,从知识资本与组织性格的构成维度进行剖析,二者之间存在着天然的联系。在个体层面,李存煌(1986)论证了人的思维与性格之间的关系,认为人的知识会影响性格转变,同时性格也会影响人的知识获取方式和能力。在宏观层面,潘朝东(2000)提出,在知识经济时代,创

造性性格的群体对组织、社会、国家发展有着决定性影响。由此,提出如下假设:

H14.6:知识资本对组织性格存在正向促进作用。

7. 技术创新能力的中介作用

技术创新能力是企业在现有知识与资源的情况下为满足企业长期发展需求进行技术创新的能力,其本质是运用知识和创造知识的能力。夏维力等(2009)运用 VAIC 与 DEA 模型对中国制造业 2002~2006 年的统计数据进行分析,证实了知识资本对技术创新能力的重要促进作用。而张滨滨和张同建(2011)在高技术中小企业中的问卷调查与数据分析也验证了同一结论。杨慧军和杨建(2016)验证了领导风格和技术创新之间的关系,而领导风格作为组织性格的一种表现形态,意味着组织性格对技术创新也存在一定的影响。更进一步地,张怀民等(2002)指出技术创新能力是企业核心竞争力的基础,重视技术创新的地位是提升企业核心竞争力的重要保障。袁青燕和胡大立(2013)以江西某跨国公司为例,为技术创新能力促进企业竞争优势的产生和发展提供了经验证据。由此,提出如下假设:

H14.7:技术创新能力在核心竞争力与竞争优势的形成路径中起中介作用。

H14.7a:技术创新能力在知识资本促进核心竞争力的路径中起显著中介作用;

H14.7b:技术创新能力在知识资本促进竞争优势的路径中起显著中介作用;

H14.7c:技术创新能力在组织性格促进核心竞争力的路径中起显著中介作用;

H14.7d:技术创新能力在组织性格促进竞争优势的路径中起显著中介作用。

8. 商业模式创新能力的中介作用

商业模式指企业价值创造的方式,商业模式创新是企业对生产要素进行创新性利用或对要素间关系进行重构的过程。易加斌等(2015)基于知识的视角，以高新技术企业研发人员为样本，论证了知识型员工对促进企业商业模式创新的积极性影响。郭韬等（2017）测量了企业家背景特征对商业模式创新的正面影响，间接论证了组织性格对商业模式创新的积极意义。曾涛（2006）研究指出，商业模式创新是一种关键的核心竞争力，可以作为企业持续竞争优势的保证。孙永波（2011）认为商业模式创新是企业获得竞争优势的一种新型驱动力。而吴群（2012）则认为商业模式创新是中小企业提升核心竞争力的主要途径。由此，提出如下假设：

H14.8：商业模式创新能力在核心竞争力与竞争优势的形成路径中起中介作用。

H14.8a：商业模式创新能力在知识资本促进核心竞争力的路径中起中介作用；

H14.8b：商业模式创新能力在知识资本促进竞争优势的路径中起中介作用；

H14.8c：商业模式创新能力在组织性格促进核心竞争力的路径中起中介作用；

H14.8d：商业模式创新能力在组织性格促进竞争优势的路径中起中介作用。

综合以上假设，建构研究概念框架如图14.1所示。

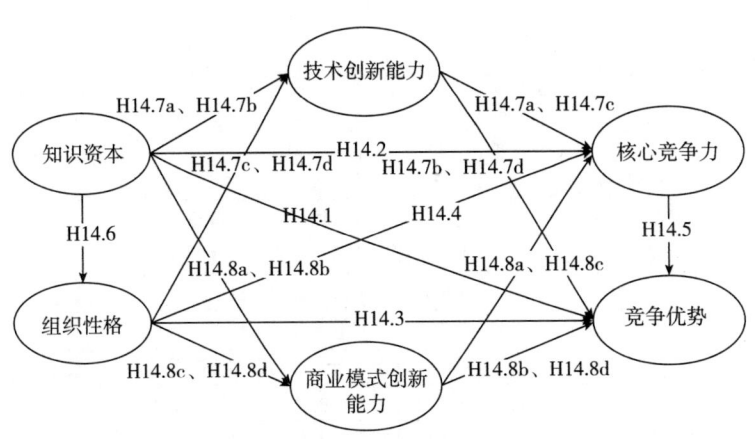

图14.1 知性管理、核心竞争力与竞争优势研究框架

二、研究设计

(一) 变量与题项设计

基于以上研究框架,借鉴前人研究成果,将知识资本、组织性格、技术创新能力、商业模式创新能力、核心竞争力、竞争优势的测量变量设计如表14.1所示。首先,借鉴知识资本三元论,从人力资本、结构资本、市场资本三维度考虑知识资本的测量,其中:选择员工的培训机制完善程度衡量人力资本,用企业流程的信息化程度、组织制度和文化衡量结构资本,采用客户资源和公众基础来衡量市场资本。其次,采用MBTI性格分类法观察组织性格,将组织性格测量工具转变为外倾型、直觉型、情感型、感知型四个基准评估。再次,从成本控制、产品或服务质量、利润率、市场占有率和美誉度五个方面衡量企业的竞争优势,从市场开拓能力、技术研发创新能力、核心业务能力和战略决策能力四个方面考察企业的核心竞争力。最后,从价值主张模式创新、价值网络模式创新、价值实现模式创新和价值维护模式创新

表14.1 知性管理、核心竞争力与竞争优势变量设计

潜在变量	观测变量	变量简称	题项
知识资本	培训机制完善程度	X_1	本单位为员工制定了完善的培训机制
	信息化程度	X_2	本单位的业务流程信息化程度很高
	组织制度和文化	X_3	本单位拥有完善的组织制度与文化
	客户资源	X_4	本单位拥有丰富的客户资源
	公众基础	X_5	本单位在社会上有着良好的公众基础
组织性格	外倾型	X_6	本单位总是根据客户需求和竞争者行为制定战略
	直觉型	X_7	本单位善于持续更新观念,与时俱进
	情感型	X_8	本单位对员工给予充分的尊重与关怀
	感知型	X_9	本单位总是充分收索信息后再做决策

续表

潜在变量	观测变量	变量简称	题项
商业模式创新能力	价值主张模式创新	X_{10}	本单位总是根据不同的客户分类制定不同的运营策略
	价值网络模式创新	X_{11}	本单位善于整合内外部资源，借助外部资源寻求创新发展
	价值实现模式创新	X_{12}	本单位善于采用新颖的方式将各种合作者紧密联系在一起
	价值维护模式创新	X_{13}	本单位总能创造出新的盈利模式
技术创新能力	创新倾向	X_{14}	本单位总能迅速地发现客户需求
	创新管理能力	X_{15}	本单位为研发人员提供很高的待遇
	创新投入能力	X_{16}	本单位对技术研发的资金投入力度很大
	创新资源能力	X_{17}	本单位与高校、科研院所有很多的合作创新
核心竞争力	市场开拓能力	X_{18}	本单位能有效获取市场信息，善于抓住市场机会
	技术研发创新能力	X_{19}	本单位拥有国内领先的产品生产技术
	核心业务能力	X_{20}	本单位有强势发展的核心业务
	战略决策能力	X_{21}	本单位总能做出正确的战略决策
竞争优势	成本控制	Y_1	与竞争对手相比，本单位成本控制得很好
	产品或服务质量	Y_2	与竞争对手相比，本单位产品或服务质量很好
	利润率	Y_3	与竞争对手相比，本单位的利润率很高
	市场占有率	Y_4	与竞争对手相比，本单位产品市场份额增长很快
	美誉度	Y_5	与竞争对手相比，本单位有更好的美誉度

四个方面测量商业模式创新能力，从创新倾向、创新管理能力、创新投入能力和创新资源能力四个方面考察组织的技术创新能力。进而，在为潜在变量系统设计观测变量的基础上，考虑到问卷调查的需要，结合国内外已有研究成果，设计对应观测变量的题项。

（二）问卷设计、数据来源与研究方法

在变量与题项设计的基础上，增加六个身份题项和必要的说明文字，生成完整问卷。调查问卷主要观测知识资本、组织性格、商业模式创新能力、技术创新能力、核心竞争力和竞争优势六个构念，对应题项采用5级李克特量表方式设计，用1~5标识被调查者对题项描述的同意程度：1表示非常不同意，5表示非常同意。

调查问卷委托国内专业问卷调查服务机构"问卷星"进行发放，受邀对

象身份不限。在问卷星通过测谎问题进行有效性识别的基础上，回收问卷530份；通过阅读问卷和逻辑分析，识别出无效问卷160份，最后得到有效问卷370份，问卷有效回收率为69.8%。

通过对身份题项数据整理与分析，发现样本来源中北京、上海、广州占比较大；工业行业被调查者占49.5%，服务业占30.0%；大型企业的被调查者占36.8%，中型企业占37.0%，小型企业占25.1%；民营企业的被调查者占51.9%，国有企业占27.3%，外资、合资企业占20.0%；3年以上工龄的员工占74.6%，1~3年工龄员工占23.8%；管理岗的被调查者占33.0%，制造岗占21.6%，研发岗占19.5%。

本章采用结构方程模型拟合核心竞争力与竞争优势形成路径上的效应参数。有效问卷的规模基本满足结构方程模型分析的样本量要求。

三、实证分析

（一）描述性分析

运用SPSS 20对数据进行整理和描述性统计分析，结果如表14.2所示。根据表中数据，可以得出以下结论：①变量数据大多服从左偏分布，分值集中在较高数值区域；②不同变量的均值之间、标准差之间的差异都不大，异方差性问题不突出；③变量间相关关系大多都显著，但是相关系数又都不大，说明数据之间的多重共线性问题也应该不突出。综合可以初步判断，数据适合进一步的路径分析。

（二）信度和效度检验

首先，运用SPSS 20对样本数据进行变量题项的区分效度分析，独立样本t检验结果如表14.3所示。结果表明，无论变量方差方程Levene检验的F

第十四章 知性管理、核心竞争力与竞争优势

表 14.2 描述性统计分析（均值、标准差与相关系数矩阵）

变量	均值	标准差	X_2	X_3	X_4	X_5	X_6	X_7	X_8	X_9	X_{10}	X_{11}	X_{12}	X_{13}	X_{14}	X_{15}	X_{16}	X_{17}	X_{18}	X_{19}	X_{20}	X_{21}	Y_1	Y_2	Y_3	Y_4	Y_5
X_1	3.710	0.740	0.684**	0.697**	0.582**	0.560**	0.239**	0.237**	0.312**	0.236**	0.174**	0.250**	0.188**	0.101	0.226**	0.281**	0.292**	0.286**	0.231**	0.234**	0.200**	0.284**	0.206**	0.217**	0.214**	0.167**	0.213**
X_2	3.860	0.731		0.734**	0.595**	0.548**	0.190**	0.198**	0.233**	0.188**	0.136**	0.216**	0.190**	0.067	0.171**	0.227**	0.224**	0.224**	0.231**	0.222**	0.238**	0.246**	0.194**	0.251**	0.201**	0.169**	0.212**
X_3	3.730	0.731			0.609**	0.598**	0.208**	0.197**	0.211**	0.194**	0.175**	0.216**	0.177**	0.115**	0.153**	0.210**	0.247**	0.202**	0.217**	0.200**	0.193**	0.232**	0.202**	0.273**	0.223**	0.216**	0.285**
X_4	3.900	0.684				0.462**	0.263**	0.193**	0.181**	0.221**	0.076	0.176**	0.083	0.075	0.216**	0.297**	0.274**	0.192**	0.229**	0.132**	0.196**	0.226**	0.222**	0.281**	0.258**	0.206**	0.266**
X_5	3.680	0.751					0.123*	0.145**	0.137**	0.068	0.166**	0.221**	0.151**	0.125**	0.229**	0.204**	0.244**	0.230**	0.158**	0.206**	0.148**	0.194**	0.182**	0.165**	0.220**	0.254**	0.195**
X_6	3.860	0.754						0.597**	0.608**	0.540**	0.148**	0.313**	0.178**	0.188**	0.207**	0.204**	0.201**	0.259**	0.269**	0.257**	0.295**	0.254**	0.198**	0.200**	0.170**	0.164**	0.208**
X_7	3.780	0.909							0.529**	0.465**	0.147**	0.350**	0.200**	0.165**	0.164**	0.104**	0.182**	0.190**	0.277**	0.267**	0.266**	0.315**	0.238**	0.149**	0.196**	0.221**	0.231**
X_8	3.760	0.861								0.500**	0.081	0.254**	0.085	0.055	0.174**	0.172**	0.142**	0.218**	0.197**	0.194**	0.244**	0.235**	0.158**	0.138**	0.146**	0.145**	0.138**
X_9	3.730	0.920									0.222**	0.280**	0.259**	0.209**	0.153**	0.204**	0.219**	0.238**	0.271**	0.216**	0.247**	0.258**	0.179**	0.143**	0.128**	0.165**	0.190**
X_{10}	3.610	0.830										0.625**	0.647**	0.586**	0.076	0.140**	0.160**	0.140**	0.167**	0.121**	0.122**	0.190**	0.132**	0.155**	0.162**	0.174**	0.121**
X_{11}	3.660	0.961											0.544**	0.451**	0.168**	0.244**	0.248**	0.216**	0.288**	0.223**	0.285**	0.325**	0.228**	0.152**	0.197**	0.213**	0.216**
X_{12}	3.650	0.729												0.505**	0.135**	0.219**	0.281**	0.220**	0.243**	0.227**	0.253**	0.280**	0.238**	0.204**	0.243**	0.261**	0.207**
X_{13}	3.320	0.769													0.166**	0.179**	0.200**	0.145**	0.165**	0.158**	0.140**	0.178**	0.109**	0.105**	0.134**	0.124**	0.150**
X_{14}	3.240	0.814														0.541**	0.598**	0.451**	0.186**	0.138**	0.200**	0.213**	0.134**	0.112**	0.141**	0.168**	0.161**
X_{15}	3.450	1.053															0.680**	0.434**	0.248**	0.180**	0.243**	0.239**	0.172**	0.203**	0.213**	0.191**	0.212**
X_{16}	3.460	1.077																0.531**	0.285**	0.183**	0.284**	0.284**	0.196**	0.190**	0.235**	0.239**	0.187**
X_{17}	3.240	1.056																	0.261**	0.195**	0.161**	0.217**	0.118**	0.115**	0.138**	0.158**	0.122**
X_{18}	3.700	0.849																		0.462**	0.490**	0.587**	0.162**	0.084	0.099	0.078	0.221**
X_{19}	3.430	0.794																			0.500**	0.529**	0.091	0.045	0.108**	0.105**	0.209**
X_{20}	3.610	0.830																				0.610**	0.199**	0.143**	0.219**	0.127**	0.259**
X_{21}	3.500	0.699																					0.198**	0.152**	0.230**	0.177**	0.381**
Y_1	3.620	0.688																						0.514**	0.532**	0.542**	0.451**
Y_2	3.680	0.781																							0.572**	0.553**	0.525**
Y_3	3.380	0.808																								0.532**	0.490**
Y_4	3.480	0.776																									0.484**
Y_5	3.270	0.756																									1.000

注：** $P<0.01$；* $P<0.05$。

表 14.3 独立样本 t 检验

	假设	方差方程的Levene检验		均值方程的t检验			假设	方差方程的Levene检验		均值方程的t检验	
		F	Sig.	t	Sig.(双侧)			F	Sig.	t	Sig.(双侧)
X_1	假设方差相等	0.183	0.669	-11.188	0.000	X_9	假设方差相等	7.764	0.006	-9.735	0.000
	假设方差不相等			-10.848	0.000		假设方差不相等			-9.083	0.000
X_2	假设方差相等	31.975	0.000	-9.763	0.000	X_{10}	假设方差相等	23.791	0.000	-7.909	0.000
	假设方差不相等			-8.590	0.000		假设方差不相等			-6.752	0.000
X_3	假设方差相等	2.345	0.127	-10.181	0.000	X_{11}	假设方差相等	15.969	0.000	-10.844	0.000
	假设方差不相等			-9.870	0.000		假设方差不相等			-9.798	0.000
X_4	假设方差相等	53.982	0.000	-9.614	0.000	X_{12}	假设方差相等	30.049	0.000	-9.215	0.000
	假设方差不相等			-8.157	0.000		假设方差不相等			-7.680	0.000
X_5	假设方差相等	3.249	0.072	-7.383	0.000	X_{13}	假设方差相等	13.397	0.000	-5.832	0.000
	假设方差不相等			-7.266	0.000		假设方差不相等			-5.773	0.000
X_6	假设方差相等	22.632	0.000	-8.282	0.000	X_{14}	假设方差相等	0.463	0.497	-6.510	0.000
	假设方差不相等			-7.606	0.000		假设方差不相等			-5.942	0.000
X_7	假设方差相等	3.530	0.061	-8.898	0.000	X_{15}	假设方差相等	0.974	0.324	-9.459	0.000
	假设方差不相等			-8.650	0.000		假设方差不相等			-9.290	0.000
X_8	假设方差相等	34.246	0.000	-7.989	0.000	X_{16}	假设方差相等	0.984	0.322	-10.762	0.000
	假设方差不相等			-6.979	0.000		假设方差不相等			-10.636	0.000

续表

	假设	方差方程的Levene检验		均值方程的t检验			假设	方差方程的Levene检验		均值方程的t检验	
		F	Sig.	t	Sig.（双侧）			F	Sig.	t	Sig.（双侧）
X_{17}	假设方差相等	2.242	0.135	-8.487	0.000	Y_1	假设方差相等	12.110	0.001	-8.859	0.000
	假设方差不相等			-8.247	0.000		假设方差不相等			-7.859	0.000
X_{18}	假设方差相等	0.508	0.476	-7.527	0.000	Y_2	假设方差相等	25.780	0.000	-8.254	0.000
	假设方差不相等			-7.381	0.000		假设方差不相等			-7.169	0.000
X_{19}	假设方差相等	22.582	0.000	-5.676	0.000	Y_3	假设方差相等	0.847	0.358	-8.447	0.000
	假设方差不相等			-5.836	0.000		假设方差不相等			-7.933	0.000
X_{20}	假设方差相等	0.103	0.749	-7.560	0.000	Y_4	假设方差相等	0.907	0.342	-7.887	0.000
	假设方差不相等			-7.216	0.000		假设方差不相等			-6.993	0.000
X_{21}	假设方差相等	5.639	0.018	-8.426	0.000	Y_5	假设方差相等	0.103	0.748	-8.546	0.000
	假设方差不相等			-7.958	0.000		假设方差不相等			-7.947	0.000

值是否显著,其对应均值方程 t 检验的 P 值都小于 0.05,说明变量间有着很好的区分效度。其次,采用 KMO 和 Bartlett 球形检验验证数据是否适合做因子分析,并采用 Cronbach's α 系数测量信度,结果如表 14.4 所示。从表可知,所有构念的 KMO 值均大于 0.70,说明数据适合做因子分析;各构念的 Cronbach's α 系数值均在 0.8 以上,且总量表的 Cronbach's α 系数值为 0.891,说明变量具有很好的信度。最后,运用 AMOS 21 进行验证性因子分析,使用固定负荷法,结果如表 14.5 所示。由表可知,各变量因子载荷均大于 0.5,R^2 大部分也在 0.5 以上,组合效度 CR 均大于 0.6 且平均方差抽取量 AVE 均大于 0.5,说明模型有较高的内在质量,聚敛效度高。

表 14.4 KMO 和 Bartlett 球形检验

潜变量	观测变量个数	KMO	CMIN	DF	Sig.	Cronbach's α
知识资本	5	0.879	982.912	10	0.000	0.885
组织性格	4	0.804	517.214	6	0.000	0.819
竞争优势	5	0.863	672.952	10	0.000	0.843
核心竞争力	4	0.797	500.109	6	0.000	0.814
商业模式创新能力	4	0.801	573.890	6	0.000	0.831
技术创新能力	4	0.786	547.709	6	0.000	0.819

表 14.5 验证性因子分析

变量	知识资本					组织性格				商业模式创新能力			
	X_1	X_2	X_3	X_4	X_5	X_6	X_7	X_8	X_9	X_{10}	X_{11}	X_{12}	X_{13}
载荷	0.818	0.836	0.864	0.711	0.676	0.816	0.727	0.731	0.670	0.843	0.737	0.763	0.662
R^2	0.669	0.699	0.740	0.505	0.457	0.666	0.529	0.534	0.449	0.710	0.544	0.583	0.438
CR	0.886					0.825				0.839			
AVE	0.611					0.543				0.567			

变量	技术创新能力					核心竞争力				竞争优势			
	X_{14}	X_{15}	X_{16}	X_{17}	X_{18}	X_{19}	X_{20}	X_{21}	Y_1	Y_2	Y_3	Y_4	X_5
载荷	0.690	0.772	0.870	0.610	0.701	0.652	0.734	0.823	0.703	0.754	0.742	0.731	0.673
R^2	0.481	0.597	0.758	0.372	0.491	0.425	0.539	0.678	0.494	0.568	0.550	0.535	0.453
CR	0.828					0.817				0.842			
AVE	0.550					0.530				0.516			

（三）路径分析

运用 AMOS 21 软件，采用极大似然估计方法拟合模型，对应的模型适配指数如表 14.6 所示。由表可知，卡方自由度比 CMIN/DF = 1.376 < 3，GFI、NFI、IFI 均大于 0.9，RMR = 0.037 < 0.05，RMSEA = 0.032 < 0.05，PGFI = 0.752 > 0.5，误差方差均大于 0，各项指数都表明模型的拟合度比较好。进而，给出模型的路径系数，如图 14.2 所示。由图可知，除核心竞争力对竞争优势、组织性格对竞争优势的作用路径不显著外，其他的作用路径均显著。由此可知，H14.1、H14.2、H14.4、H14.6 均通过检验，H14.3 和 H14.5 未通过检验。研究结果表明：知识资本对核心竞争力和竞争优势都存在显著的正向促进作用，同时也可通过技术创新能力和商业模式创新能力的中介作用来提升核心竞争力和竞争优势；组织性格直接提升核心竞争力，也通过技术创新能力和商业模式创新能力的中介作用提升核心竞争力，但是组织性格难以直接或者通过商业模式创新和技术创新能力的中介作用间接影响竞争优势；知识资本对组织性格的形成有显著的正向促进作用；核心竞争力对竞争优势的促进作用不显著。以上研究结果基本符合本书的预期目标和企业管理实践中的商业逻辑，具有较强的可信性和启示意义。

表 14.6 模型适配指数

适配指数	CMIN/DF	GFI	RMR	PGFI	NFI	IFI	RMSEA
指数值	1.376	0.926	0.037	0.752	0.913	0.975	0.032

组织性格对竞争优势形成的直接作用不显著，可能是出于两方面的原因：第一，选用的组织性格测量指标偏重观察组织内部的性格特质，对外化的组织性格没有着重强调，因此在组织性格与竞争优势之间需要一些中介变量来作为传导工具；第二，在竞争激烈化的市场环境中，投资者与客户对企业组织的观察越趋理性化，它们对组织差异化的衡量不会过分以组织性格为指标，而转向越趋重视企业组织在知识资本积累上的差量与异质性程度。核

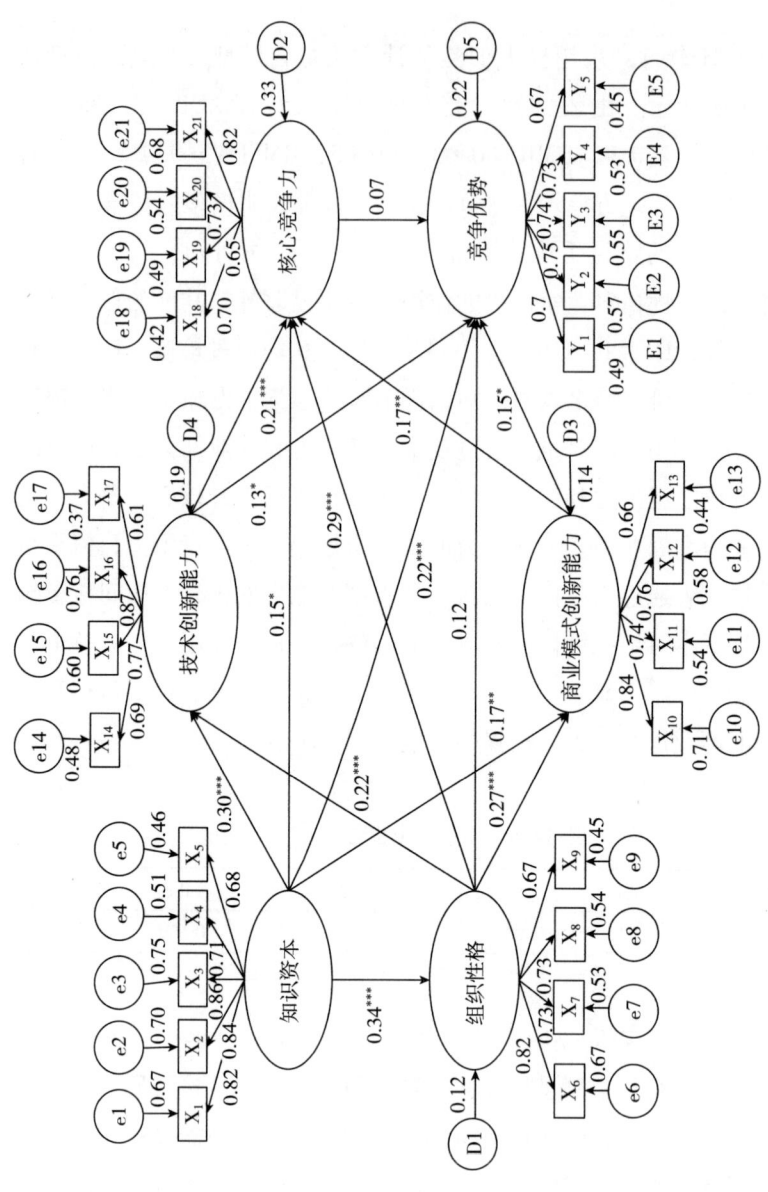

图 14.2 路径分析

注：*** $P<0.01$；** $P<0.05$；* $P<0.10$。

心竞争力对竞争优势的作用不显著,说明企业核心竞争力与竞争优势确实存在着本质差异:核心竞争力不一定能直接反映为竞争优势,同时竞争优势也不一定非要依赖核心竞争力,这与 Costa 和 McCrae(1992)论述的观点趋于一致。这也就意味着,企业组织在既要生存也要发展的情况下,就必须通过知识资本积累与组织性格塑造,依赖技术创新与商业模式创新,同时关注核心竞争力与竞争优势的培育与提升,转而谋求可持续竞争优势的形成路径。

(四)中介效应检验

由路径分析结果可知,知识资本可以分别通过技术创新能力和商业模式创新能力促进核心竞争力和竞争优势,组织性格可以通过商业模式创新能力和技术创新能力提升核心竞争力,通过商业模式创新能力增强竞争优势。为深度验证技术创新能力和商业模式创新能力的中介效应,采用 Mplus 7.4 软件中的 Bootstrap 程序做中介效应的显著性检验。在样本数 N=370 的情境下,抽取 Bootstrap 样本数设置为 1000 个,置信区间设置为 95%,计算结果如表 14.7 所示。由表可知,置信区间均不包含 0,说明技术创新能力和商业模式创新能力的中介效应在相应路径上均显著,即 H14.7 和 H14.8 均通过检验。

表 14.7 中介效应的 Bootstrap 检验

间接效应路径	标准化效应		占总效应比重(%)	95%置信区间	
	间接效应	总效应		上限	下限
知识资本—技术创新能力—核心竞争力	$0.30 \times 0.21 = 0.063$	0.368	17.120	0.016	0.121
知识资本—商业模式创新能力—核心竞争力	$0.17 \times 0.17 = 0.029$		7.880	0.005	0.075
知识资本—技术创新能力—竞争优势	$0.30 \times 0.13 = 0.039$	0.379	10.290	0.004	0.103
知识资本—商业模式创新能力—竞争优势	$0.17 \times 0.17 = 0.029$		7.650	0.001	0.072
组织性格—技术创新能力—核心竞争力	$0.22 \times 0.21 = 0.046$	0.383	12.010	0.014	0.105
组织性格—商业模式创新能力—核心竞争力	$0.27 \times 0.17 = 0.046$		12.010	0.013	0.110
组织性格—技术创新能力—竞争优势	$0.22 \times 0.13 = 0.029$	0.223	13.000	0.002	0.091
组织性格—商业模式创新能力—竞争优势	$0.27 \times 0.15 = 0.041$		18.390	0.001	0.098

(五) 效应分析

根据路径分析结果可进一步计算得到知识资本和组织性格对核心竞争力与竞争优势产生作用的直接效应、间接效应和综合效应（见表14.8），有利于判断知识资本与组织性格以及它们的构成要素在企业成长中的重要性。由表中结果可得出以下结论：

（1）知识资本对核心竞争力的作用路径中，间接效应（0.223）大于直接效应（0.145），说明在企业组织内知识资本相当于一种投入性资源，这种资源要形成有效产出，还需要有一个包括技术创新或者商业模式创新在内的转化过程。与之相反，知识资本对竞争优势的作用路径中，直接效应（0.220）大于间接效应（0.159），说明知识资本潜能在一定程度上能够直接对外呈现并被市场与客户感知，为企业组织直接带来竞争优势提升。总体而言，知识资本对竞争优势形成的作用（0.379）稍强于对核心竞争力提升的作用（0.368），这既暗示知识资本在企业组织生存与发展过程中的重要性，也意味在新经济环境中我国的一些企业组织可能需要改变对知识资本的管理理念：知识资本既是组织内一种维持企业长期可持续发展的核心资源，更是一种塑造企业特色文化和获得市场良好口碑的关键资源。企业组织要重视知识资本的管理，重视知识资本对技术创新能力与商业模式创新能力的引导与提升作用，为核心竞争力与竞争优势的培育蓄积力量。

（2）组织性格对于企业核心竞争力提升的作用机制既可以通过直接作用也可以通过技术创新和商业模式创新的中介作用来实现，并且直接效应（0.289）远大于间接效应（0.094）。这意味着在快速变迁的竞争环境中，或许很多企业组织都应转变观念：组织性格不仅能通过塑造文化或形象来获得暂时性竞争优势，事实上也可能会重塑企业组织从长远上为企业组织带来绩效提升能力，直接增强组织的核心竞争力。或者这一结论告诉我们，企业组织与人类个体有着完全相似的发展规律：作为具有先天遗传性质的基因，组织性格从根本上决定组织的命运，这一命运最终由核心竞争力来体现。此外，组织性格对竞争优势形成的促进作用主要来自间接效应，但间接效应相

第十四章 知性管理、核心竞争力与竞争优势

表 14.8 效应分析

效应		组织性格			商业模式创新能力			技术创新能力			核心竞争力			竞争优势		
		直接效应	间接效应	综合效应	直接效应	间接效应	综合效应	直接效应	间接效应	综合效应	直接效应	间接效应	综合效应	直接效应	间接效应	综合效应
知识资本	X_1	0.279	—	0.279	0.139	0.075	0.216	0.246	0.063	0.309	0.119	0.183	0.302	0.180	0.130	0.310
	X_2	0.286	—	0.286	0.143	0.077	0.221	0.252	0.065	0.317	0.122	0.187	0.309	0.185	0.134	0.319
	X_3	0.292	—	0.292	0.146	0.078	0.226	0.258	0.066	0.324	0.125	0.192	0.317	0.189	0.137	0.326
	X_4	0.241	—	0.241	0.121	0.065	0.188	0.213	0.055	0.268	0.103	0.158	0.261	0.156	0.113	0.269
	X_5	0.292	—	0.292	0.116	0.062	0.179	0.204	0.052	0.256	0.099	0.152	0.251	0.150	0.108	0.258
	总效应	0.342	—	0.342	0.170	0.094	0.264	0.300	0.077	0.377	0.145	0.223	0.368	0.220	0.159	0.379
组织性格	X_6	—	—	—	0.224	—	0.224	0.185	—	0.185	0.237	0.077	0.314	*	0.066	0.066
	X_7	—	—	—	0.199	—	0.199	0.164	—	0.164	0.211	0.069	0.280	*	0.072	0.072
	X_8	—	—	—	0.199	—	0.199	0.164	—	0.164	0.211	0.069	0.280	*	0.072	0.072
	X_9	—	—	—	0.183	—	0.183	0.151	—	0.151	0.194	0.063	0.257	*	0.081	0.081
	总效应	—	—	—	0.273	—	0.273	0.225	—	0.225	0.289	0.094	0.383	*	0.099	0.099

注:—表示未做假设,*表示假设检验不显著。综合效应=直接效应+间接效应;总效应为知识资本或组织性格作为一个整体时所能产生的作用效果。

对较小（0.099），这预示着可能很多时候企业组织的内隐性组织性格很难快速地被客户感知，因此无法为竞争优势形成提供直接支持，只能通过技术创新与商业模式创新来间接实现，这种间接促进作用又可能在系统综合作用中被稀释弱化。

（3）对核心竞争力形成而言，知识资本的综合效应（0.368）与组织性格的综合效应（0.383）差异不大，且二者的总体效应可以对核心竞争力起到75.1%（0.368+0.383）的解释力。这意味着知识资本和组织性格均是企业组织培育核心竞争力的重要因素，核心竞争力的形成机制遵循知识与性格的共轭双驱动规律，加强知识资本与组织性格的协同治理具有重要意义。对竞争优势形成而言，知识资本的综合效应（0.379）远大于组织性格的综合效应（0.099），这说明要维系企业组织的生存，对人才、技术、组织、机制、关系等知识资本进行高度投入与有效管理是关键。

（4）就具体的知识资本要素而言，表征人力资本与结构资本的"培训机制完善程度 X_1"、"信息化程度 X_2"、"组织制度和文化 X_3"在核心竞争力与竞争优势形成过程中的作用要强于表征关系资本的"客户资源 X_4"、"公众基础 X_5"的作用，说明在企业组织内部强化人力资本与结构资本的投入比强调从组织外部获得客户与公众认可来得更加重要。换言之，企业组织"攘外必先安内"，提升自身能力才是谋求生存与发展的"硬道理"。就组织性格的要素而言，四类性格特质对核心竞争力与竞争优势的作用效果基本无太大差异，这在一定程度上表明四类性格特质都应该是组织发展所必备，而且很可能四者之间是缺一不可、相辅相成的关系。特别值得注意的是，知识资本的各类要素均能对知识资本与核心竞争力的形成起到较强的促进作用，而且直接效应和间接效应差异不大；组织性格的各要素主要在核心竞争力形成路径中起促进作用，而且以直接效应为主。换言之，知识资本能够融入企业组织的整个系统，在系统中发挥非常强的作用效能；而组织性格的功能偏于表面化和直接化，对企业组织整个系统的优化作用不如知识资本强烈，但它对核心竞争力形成的强大促进作用也不容忽视。

（5）知识资本与组织性格均有利于提升企业组织的技术创新能力与商业

模式创新能力，相对而言，知识资本更倾向于提升技术创新能力，组织性格更倾向于提升商业模式创新能力，但组织性格在提升技术创新能力时也作用显著。商业模式创新能力和技术创新能力均能在核心竞争力或竞争优势形成路径中起到中介作用。而且，知识资本能够通过组织性格的中介作用来间接强化组织的商业模式创新能力与技术创新能力，但是这种间接强化作用相对于直接作用要偏弱。这一结论意味着虽然知识资本与组织性格在企业组织核心竞争力与竞争优势形成路径中是一种共轭双驱动机制，但二者之间还是有着弱因果关系；总体而言，知识资本更倾向于构成企业组织可持续发展的根本因素。

四、本章小结

本章从知识资本与组织性格相整合的新视角，再考虑新经济模式发展特色引入技术创新能力和商业模式创新能力为中介变量，构建一个系统研究框架以解释企业组织核心竞争力与竞争优势的形成路径，既丰富了核心竞争力与竞争优势理论，也为知性管理理论提供了经验证据。通过对370份问卷数据进行的结构方程模型分析发现，知识资本和组织性格均为企业核心竞争力和竞争优势形成的重要来源因素，知识资本既可以直接作用于核心竞争力和竞争优势形成，也可通过技术创新能力和商业模式创新能力的中介作用施以间接影响，而组织性格对核心竞争力形成存在直接或间接的正向促进作用，同时也可通过中介变量对竞争优势形成产生间接影响。知识资本与组织性格通过共轭双驱动机制促进核心竞争力与竞争优势的形成，二者能对核心竞争力建构起到很大部分的解释力。相较而言，知识资本更倾向于通过技术创新能力来提升核心竞争力和竞争优势，组织性格在核心竞争力形成路径中主要依赖商业模式创新的中介效应，对竞争优势的形成则能起到较高水平的直接作用。本章研究的结论基本与知性管理理论趋于一致，能够为知性管理提供立论性观点支持。未来新经济环境中企业组织应加强知识资本和组织性格的整合，系统设计培育核心竞争力和竞争优势的管理体系。

基于本章研究结论，提出以下管理启示：

（1）无论是知识经济还是新经济，知识资本都是企业组织最为重要的生产要素，企业应该加强对其知识资本尤其是人力资本和结构资本的管理，这对于它们培育核心竞争力和获得竞争优势至关重要。在人力资本管理方面，不仅要加强人力资源的投入与开发，更要重视知识型员工的学习与培训机制，提高人力资本的利用效率；在结构资本方面，需同时加强组织与文化建设以及技术平台和信息化建设，从硬环境和软环境两方面为企业组织发展提供保障。在此基础上，可适当考虑加强客户关系和公众关系的管理，为企业组织赢得竞争优势创造条件。

（2）在新经济发展背景和国内市场竞争日益激烈的情势下，企业组织的差异化竞争战略起到了越来越重要的作用。企业组织完全可以通过培育独特的组织性格为差异化竞争战略实施提供保障，通过组织性格塑造优化内部组织和打造外部形象，内外兼修地驱动核心竞争力提升与竞争优势的可持续发展。在具体的性格管理方面，建议企业组织借鉴MBTI理论，从组织定位、战略制定、决策方式、环境感知四个维度去设计组织的性格体系，并尽量引导组织性格向ISTJ（外倾—直觉—情感—感知）型发展，以保障企业组织"稳重与活力兼顾、长远与当下共促"地发展。

（3）最好的管理方式应该是整合知识管理与性格管理，在追求知识资本积累和组织性格塑造的同时做到二者的融合和互促，从而以共轭双驱动的方式为核心竞争力和竞争优势的形成创设条件。根据研究结论，知识资本的积累也能有利于组织性格的形成，因此，企业组织应充分重视二者之间的互动关系，在系统内搭建知识资本与组织性格相互促进和反馈增益的桥梁，促进二者的平衡与协同，谋求组织健康与可持续发展。企业组织应致力于建设一种特质化和高价值的管理体系，其经营管理的理想模式应该是知识管理与性格管理的统一，即在知性合一的基础上达成具有艺术性的"知性美"。

第十四章　知性管理、核心竞争力与竞争优势

（4）同时，新经济环境中的企业组织应时刻不忘技术创新与商业模式创新在核心竞争力和竞争优势形成路径中的重要中介作用，努力依靠知识资本驱动技术创新、依靠组织性格驱动商业模式创新，通过整合知识资本、组织性格、技术创新、商业模式创新等资源与能力来搭建完善的核心竞争力和竞争优势形成体系。技术创新和商业模式创新是新经济环境中企业组织创新与内涵式发展的两大核心模式，在同一家企业组织中同时做到技术创新与商业模式创新乃至融二者于一体，是对当下国内很多大中型新经济企业的最大考验。

当然，本章的研究工作还存在着一些局限，如虽然问卷调查的题项设计尽量参考了国内外已有的研究成果，但事实上题项设计的科学性、系统性和有效性还有待更多的验证；本章得出了有价值的研究结论，但这些研究结论在更大样本上解释的普适性，以及在不同类型企业组织中的稳健性；等等，都需要更进一步的探索。此外，研究结论对企业管理实践指导的实用性也需要从微观层面多加观察。因此，未来拟在拓展系统架构和样本规模的基础上做更为系统和深入的分析；同时，希望能以案例分析的探究视角对核心竞争力和竞争优势形成过程中的知识资本与组织性格整合作用路径做出微观解释。

本章参考文献

[1] Resnick, J. T. Character is foundation of firm's reputation [J]. U. S. Banker, 2003, 113 (3): 24-26.

[2] Galbraith, J. K., Bryant, S. H. Ambassador's journal: A personal account of the Kennedy years [J]. International Affairs, 1969, 46 (3): 630.

[3] Edvinsson, L., Sullivan, P. Developing a model for management intellectual capital [J]. European Management Journal, 1996, 14 (4): 356-364.

[4] Stewart, T. A. Your company's most valuable asset: Intellectual capital [J]. Fortune, 1994, (10): 34-42.

[5] Sveiby, K. E. The new organizational wealth, managing and measuring

knowledge – based assets［M］. San Fransisco, Berrett – Koehler Publishers, 1997.

［6］Edvinsson, L. , Malone, M. S. Intellectual capital: Realizing your company's true value by finding its hidden brain power［M］. New York, Harper Business Press, 1997.

［7］安妮·布鲁金. 智力资本：应用与管理［M］. 赵洁平译. 大连，东北财经大学出版社，2003.

［8］Costa, P. T. , McCrae, R. R. Normal personality assessment in clinical practice: The NEO Personality Inventory［J］. Psychological Assessment, 1992, 4 (1), 5 – 13.

［9］Davies, G. , Chun, R. , Rui, V. D. S. , et al. A corporate character scale to assess employee and customer views of organization reputation［J］. Corporate Reputation Review, 2004, 7 (2), 125 – 146.

［10］Aaker, J. L. Dimensions of brand personality［J］. Journal of Marketing Research, 1997, 34 (3): 347 – 356.

［11］Slaughter, J. E. , Zickar, M. J. , Highhouses, et al. Personal trait inference about organization: Development of measure and assessment of construct validity［J］. Journal of Applied Psychology, 2004, 89 (1), 85 – 103.

［12］Otto, P. E. , Chater, N. , Stott, H. How people perceive companies: Personality dimensions as fundamentals?［C］//The 28th Annual Conference of the Cognitive Science Society. Mahwah: 2006.

［13］Bridges, W. The character of organizations: Using personality type in organizational development［M］. California: Davies – Black Publishing, 2000.

［14］Prahalad, C. , Hamel, G. The core competence of the corporation［J］. Harvard Business Review, 1990, 68 (3): 275 – 292.

［15］Leonard – Barton, D. Core capabilities and core rigidities: A paradox in managing new product development［J］. Strategic Management Journal, 1992 (13): 111 – 125.

［16］郭岚, 张祥建. 基于BP神经网络的企业核心竞争力评价［J］.

科学学研究,2007,25(1):132-137.

[17] 余伟萍,陈维政,任佩瑜. 中国企业核心竞争力要素实证研究[J]. 社会科学战线,2003(5):82-89.

[18] 迈克尔·波特. 竞争优势[M]. 陈小悦译. 北京:华夏出版社,1997.

[19] Man, T. W. Y., Lau, T., Chan, K. F. The competitiveness of small and medium enterprises: A conceptualization with focus on entrepreneurial competencies [J]. Journal of Business Venturing, 2002, 17 (2): 123-142.

[20] 李纲,安璐. 基于竞争优势维度与团队经验水平的知识管理策略选择[J]. 情报理论与实践,2007,30(5):584-587.

[21] 王建华,王方华. 企业竞争力评价的指标体系研究[J]. 软科学,2002,16(3):63-66.

[22] Bavarsad, B., Rahimi, F., Kayedian, A. Studying the relationship between intellectual capital and competitive advantage: An adaptive study on public and private banks [J]. Entrepreneurship and Innovation Management Journal, 2015, 3 (4), 200-210.

[23] 张芸,胡汉辉. 我国金融行业知识资本对企业竞争力的贡献度分析[J]. 统计与决策,2010(2):86-88.

[24] 郭俊华. 知识资本竞争优势的特性分析[J]. 软科学,2004,18(1):78-80.

[25] 慕继丰,张炜,陈方丽. 企业知识的性质与企业核心竞争力[J]. 经济管理,2002(20):16-21.

[26] 范徵. 论企业知识资本与核心能力的整合[J]. 经济管理,2001(22):39-48.

[27] 刘丽珍,刘国伟. 隐性知识与核心竞争力[J]. 管理观察,2007(2):50-51.

[28] 杨林平,许健. 智力资本理论观念下的科研团队核心竞争力研究[J]. 管理评论,2014,26(6):135-142.

[29] Schneider, B., Bartram, D. Aggregate personality and organizational competitive advantage [J]. Journal of Occupational and Organizational Psychology, 2017 (2): 461-480.

[30] 刘思强. 树立品牌个性获取竞争优势 [J]. 经济管理, 2002 (21): 81-83.

[31] 薄秋实, 喻登科, 姜睿清. 企业性格内涵、表现形式与演化机制 [J]. 科技进步与对策, 2017, 34 (18): 67-73.

[32] 梁佳, 吕兴洋, 曲颖. 形象趋同与个性趋异: 资源同质目的地品牌差异化定位研究 [J]. 人文地理, 2016 (5): 113-118.

[33] 刘继青, 邓薇. 大学个性与大学核心竞争力 [J]. 教育理论与实践, 2003 (18): 30-32.

[34] 许正良, 王利政. 企业竞争优势本源的探析——核心竞争力的再认识 [J]. 吉林大学社会科学学报, 2003 (5): 99-106.

[35] 刘谷金, 高波. 知识管理、核心竞争力与竞争优势三者关系研究 [J]. 图书情报工作, 2007 (7): 6-9.

[36] 鹿盟, 霍国庆, 申爱华. 资源、核心竞争力和持续竞争优势: 我国手机制造业的实证分析 [J]. 当代经济管理, 2007, 29 (2): 38-41.

[37] Kak, A. Empirically testing the relationships between core competence, competitive advantage, and competitiveness: A study of medium size firms in India [J]. International Journal of Global Business and Competitiveness, 2008, 3 (1): 31-47.

[38] 李存煌. 抽象认识必须再上升到思维的具体——论人物性格复杂性的成因及其共性与个性"辩证统一"的生理、心理机制和运动过程 [J]. 天津社会科学, 1986 (6): 59-65.

[39] 潘朝东. 知识经济与创造性性格 [J]. 社会, 2000 (5): 38-40.

[40] 夏维力, 陈晨, 姜继娇. 中国制造业以技术创新为中心的知识资本测度研究 [J]. 科学学与科学技术管理, 2009, 30 (2): 78-83.

[41] 张滨滨, 张同建. 组织公平、知识资本开发与技术创新能力的相

关性研究——基于高科技中小风险企业的数据检验［J］．科技进步与对策，2011，28（15）：130-135．

［42］杨慧军，杨建君．领导风格、组织承诺与技术创新模式的关系研究［J］．科学学与科学技术管理，2016，37（1）：152-161．

［43］张怀民，汤萱，王卉珏．企业核心竞争力——技术创新和技术创新价值链［J］．科技管理研究，2002，22（6）：41-42．

［44］袁青燕，胡大立．价值网中技术创新能力与竞争优势关系［J］．求索，2013（10）：38-40．

［45］易加斌，谢冬梅，高金微．高新技术企业商业模式创新影响因素实证研究——基于知识视角［J］．科研管理，2015，36（2）：50-59．

［46］郭韬，吴叶，刘洪德．企业家背景特征对技术创业企业绩效影响的实证研究［J］．科技进步与对策，2017，34（5）：86-91．

［47］曾涛．企业商业模式创新：一种更重要的核心竞争力［J］．经济体制改革，2006（2）：70-73．

［48］孙永波．商业模式创新与竞争优势［J］．管理世界，2011（7）：182-183．

［49］吴群．中小企业商业模式创新的现实意义与实现途径［J］．经济问题，2012（9）：79-82．

# 第十五章
知性管理与组织惰性

在知识经济和贸易全球化的今天,随着技术创新不断涌现、产品周期急剧缩短、资源要素加速流动、商业理念层出不穷,如何适应环境变化以持续发展,已成为企业密切关注的存亡问题。比尔·盖茨曾感叹"任何一成不变的公司都很可能遭到淘汰"。企业只有在变化中持续推进组织变革和产品创新,才能在竞争中立于不败之地。然而大量研究发现,企业内存在的组织惰性(组织惯性)会严重侵蚀它们的变革力和创新力。组织惰性是指一种固化内存于组织中的保持或维护现有工作活动模式与习惯的工作行为倾向,具体表现为资源惰性和程序惰性。其中,资源惰性是指促进企业成长的各种关系资源、要素资源、知识资源等维持不变的状态;程序惰性是指利用组织资源的流程和惯例维持不变的状态。

长期以来,许多学者探究了组织惰性的成因,希望借此找到避免组织惰性的策略。如 Hannan 和 Freeman(1984)将组织惰性成因归结为内部因素和外部因素,内部因素包括内部资源的沉没成本、决策信息的不确定性以及满足现有的盈利模式,外部因素包括进入和退出壁垒、其他组织关系的限制、合法性威胁以及集体理性。可是后续学者在该框架内检验各影响因素的效果时,研究结论却难以统一。例如,威胁感知曾作为组织惰性的重要前因,但现今存在分歧性意见。近年来的研究显示,技术和管理创新、创业导向、组织学习以及网络联盟等都被认为是弱化组织惰性的重要因素。以上研究虽然丰富了惰性理论,但是,它们的结论无法对新经济时代背景下组织惰性的成因与规避路径做出充分的解释。

在知识经济时代，知识作为企业最重要的无形资本，在思维重塑、流程再造、技术升级、成本控制、文化传承中发挥驱动和核心作用，已成为铺就成本领先战略之路的关键一环。然而，随着新经济时代国民消费日趋多元化、信息化、品质化，一些实施商业模式差异化战略的新兴企业逐渐占据了市场中心，有些甚至取代了原有知识技术领先企业的领导者地位。例如，小米手机曾凭借互联网推进"低价格高性能好服务"成功抢占大量市场，拼多多借助独有的社交基因在阿里巴巴和京东的缝隙下野蛮生长。这些事实预示着，差异化战略对新经济环境下的企业组织谋求竞争优势变得更加重要。差异化战略要求企业具备与竞争对手不趋同的独特品质；特定细分市场的消费者能感知与认同这些品质，并在它们的吸引和感染下做出购买、宣传和共享行为，帮助企业完成其社会和市场责任。在此，将这种嵌于企业内部催生差异化行为的特质，称为组织性格。基于上述理念，本书研究团队于2015年建构了由知识管理与性格管理相融合的知性管理框架，论证了其对技术创新和商业模式创新有显著正向影响。

组织惰性的成因是否也与组织的知识和性格有关？进一步地，企业知识资本和组织性格的改进能否有效避免或弱化组织惰性？这是值得深思且具有重大现实意义的研究问题。为此，将组织惰性作为因变量，引入知性管理的解释架构中探究组织知识、组织性格对组织惰性的影响路径和机理，提出避免组织惰性的管理对策。创新在于将组织性格分解细化为组织思维、组织本能和组织情感三个维度，将组织知识、组织性格与组织惰性整合到同一研究框架下进行讨论，为知性管理理论提供了新的应用情境，为规避组织惰性提供了新的解决思路。

一、理论基础与研究假设

（一）理论基础

组织惰性始终存在于组织实践中，并随着市场理念和技术革新的加速发展得到更多关注。组织惰性理论已形成内部选择流派和外部适应流派两个。内部选择流派强调组织惰性是企业维持生存的内在必然选择，是组织内资源积累、沉淀、固化的必然结果；外部适应流派认为组织惰性会阻碍企业变革创新而使其难以适应环境，组织惰性形成的根本原因是组织为了规避环境变化压力而自然做出的自我保护与偏好取向。这两个流派的观点都可以从心理学理论中找到微观机理的解释。

1. 资源保存理论

资源保存理论是关于资源与压力之间关系的理论。该理论认为个体具有保存、保护和获取资源的倾向，潜在和实际的资源损失均会引发个体的紧张与压力。相反地，拥有良好资源条件或者具备获取优质资源能力有助于个体减轻压力。此外还有研究发现，工作压力与知识型员工的创新行为呈现显著的负相关关系。由此推出，个体所拥有的资源条件理应会显著促进其创新行为。

企业组织是由众多员工构成的有机体。在组织层面，组织资源的作用效应也会遵循资源保存理论。在知识经济时代，知识被公认为是企业组织最核心的竞争性资源。当一个组织拥有较多的知识资本或者较强的知识能力时，它所面临的竞争压力会更小，环境适应性也会更强。而且，根据知识管理理论也可推出，知识资源与能力构成了组织创新行为的先决性条件。以上观点都能为企业组织也存在资源保存机制提供证据。由此不难推出，企业组织的知识资本与组织惰性之间是负向作用关系。

2. 拓展建构理论

拓展建构理论致力于解释积极情绪对个体长期适应性与持续发展的影响。该理论提出了快乐、感激、兴趣、希望、鼓舞等10种积极情绪，并且认为它们对个体起到拓展作用（拓展认知、注意和行动范围）和建构作用（构建持久的个人生理、心理、社会资源）。因此，具有积极性格和情绪的个体能够更加具有认知远见和行动能力，从而获得更优质的资源，支撑个体可持续发展。

组织心理学理论认为，组织与人类个体类似，也存在组织性格。组织性格是员工个体人格上升到组织层面的体现，可独立于个体员工的性格特质而存在，对组织整体的情绪产生重要影响。将组织性格理论与拓展建构理论的逻辑进行对接可推出组织性格能够通过影响组织情绪这一中介效应对组织未来的可持续发展起到拓展与建构作用。这种持续的认知拓展与心理建构是企业组织保持活力、抑制组织惰性产生的核心机制。

3. 九型人格理论

虽然组织性格的研究文献已经开始从组织视角对其构成进行了分解和刻画，但是组织视角的组织性格维度存在心理学基础不牢固和微观机制诠释不清晰等问题。为夯实组织性格理论的微观心理学基础，本章尝试将九型人格理论迁移到组织性格的研究中，将组织性格分解为组织本能、组织情感和组织思维三个维度。其中，组织本能体现为组织对长期目标的持续追求以及为目标而奋进的外向行动；组织情感体现为组织内部和组织外部的情感关系；组织思维则体现为内向的理性决策思维和外向的问题解决思维。

九型人格理论还认为，人类个体的性格包括本能、情感和思维三维度，而它们又对应于身体的三个中心部位，分别是腹、心、脑。根据九型人格理论，三维性格由身体的三部位衍生，但在成长过程中又会反作用于身体发展。如果由知识资本来构造企业组织的"无形身体"，那么知识资本的三要素——结构资本、关系资本和人力资本似乎正好与人体结构有着异曲同工之妙。那么，企业的知识资本与组织性格之间也应该存在某种逻辑关联，能够在组织的持续成长过程中相互转化与促进。

整合上述三种理论，我们认为企业组织的知识资本与组织性格共同构成了抑制组织惰性的前因要素，而且知识资本与组织性格之间本身存在作用关联。由此，将知识资本、组织性格与组织惰性纳入一个体系，建构本章的理论框架，探索知性管理对抑制组织惰性的积极效果。

（二）研究假设

1. 知识资本和知识能力

知识能力是指企业具有的运用知识资本实现价值链增值的内在能力，是组织学习中的重要能力。知识能力概念源于企业的动态能力观和吸收能力观。动态能力观认为企业的成败取决于其动态适应外界环境的能力，并将动态能力定义为"面对快速变化环境时组织整合、创建、重组内外资源的能力"。Teece（2010）又进一步将动态能力分解为环境感知能力、合适行动决策能力和组织变革能力，但他忽视了知识能力在动态能力中的作用。吸收能力观认为企业最重要的能力是"认知外部新信息，模仿并运用到商业中的能力"，但是这种观念忽视了外部环境对企业的动态影响。为此，Zahra 和 George（2002）、Lane 等（2001）将两种理念相结合，提出从环境中获取和吸收知识的能力是组织的一种至关重要的动态能力，并将其定义为知识能力。

企业是由各种有形和无形的独特资源整合而成的，异质性核心资源可以进一步转化为具有价值创造性的能力，以维持和扩大企业的市场竞争优势。作为无形资源的重要组成部分，知识资本对提升知识能力有显著性的正向影响。知识的累积性和创造性决定了其学习、整合和创新的过程需要一定知识技能储备的人才方能有效完成；知识的可共享性和可重复利用性决定了良好的企业内外关系网络能最大限度地扩散知识单元。即人力资本与关系资本在组织知识能力提升过程中起着先决性作用。此外，相对于显性知识，隐性知识更是企业组织的核心资源，而隐性、有价值知识的载体是企业的知识型员工；只有充分调动知识型员工学习、分享、整合、创新和利用知识的主观能动性，才能真正实现组织知识管理的效能。在知识资本转化为知识能力的过程中有赖于各种学习与创新型组织以及文化制度的保障。石春生等（2011）对我国268家企业进行了实证分析，认为知识资本在组织公平的前因下能通过提高组织学习能力提升组织绩效。Singh和Rao（2016）在调查研究印度国有银行241位管理者后发现，人力资本和关系资本对个体的知识学习和整合能力有显著的正效应。张滨滨和张同建（2011）以我国境内的高科技中小风险企业为研究对象，实证研究发现知识资本能有效提高企业的技术创新能力。由此，提出如下假设：

H15.1：知识资本对企业知识能力存在正向促进作用。

2. 组织性格和知识能力

动态能力观认为企业需要具备认识各种外部环境变化以及应对其影响的能力，在吸收新知识、培育新能力、抓住新机遇中获得动态绩效。企业性格包含的重要维度之一是思维能力。具备系统思维能力的企业能更为及时地捕捉供应商、客户、技术、政府等环境的变化，并准确地分析这些变化对企业的潜在影响，由此客观地决策企业知识学习与整合创新的方向、范围和深度，最大化提升自身知识能力，以适应外部环境变化。在企业内部，深度思考和理性反思也有助于深化对自身知识体系与能力优劣势的理解，加速知识学习与整合，提高知识能力与效率。此外，当企业遇到问题时，富有想象力的外向思维能帮助企业快速思考并找到原因，在知识多元化扩张探索中，提高知识创新能力。Verona和Ravasi（2003）研究认为，企业管理层的理性思考能力和反思意识有利于提高企业动态知识学习能力。Ness和Riese（2015）收集了挪威天然气和石油公司的管理层性格数据，分析后发现，具有想象力决策和问题导向的企业组织更富有创新能力。由此，提出如下假设：

H15.2：组织性格中的组织思维对企业知识能力存在正向促进作用。

3. 知识能力和组织惰性

知识能力的提高能同步提升企业的变革创新能力，强化组织变革的适应性和主动性，并外化显现为企业灵活性的增强和惰性的减弱。一方面，企业知识学习与整合能力的提升有利于其吸收和利用外部知识资源来获得新的价值增值途径；在利益驱动下，企业组织会积极主动地提出组织变革或程序改进，以使得外部知识的增值能力最大化。另一方面，企业知识创新能力的提升同时增强组织内部的战略思维能力和对外部环境的吸引力，使得组织能够有机会获得并整合更多的内外部资源，形成稳定的关系联盟和资源协同网络，加速组织内的资源更新速率与利用效率。Lee等（2011）通过实证分析美国179个制造程序创新项目后认为，企业知识学习与共享能力提升能有效保障员工的心理安全感，鼓励员工参与程序创新，消除路径和程序惰性。Liao等（2008）利用结构方程模型证实了组织知识学习能力的提升能促进组织变革。Collinson和Wilson（2006）对两个日本企业深度调研后发现，知识整合和共享能力的下降导致了组织惰性，迟滞了当前日本企业的创新脚步。由此，提出如下假设：

H15.3：知识能力对企业组织惰性存在负向抑制作用。

H15.3a：知识能力对企业程序惰性存在负向抑制作用。

H15.3b：知识能力对企业资源惰性存在负向抑制作用。

4. 组织性格和组织惰性

组织惰性具体表现为程序、资源和路径缺乏变革，其前因可能是企业缺乏变革的外在压力，也可能是企业缺乏变革的内在动力。根据创新过程理论，组织具有创新力并不必然引发知识创新结果，只有当创新力得到组织环境支持时才能实现创新绩效。Sears和Baba（2011）将创新分解为个人、团队和组织三个层面，并认为组织层面创新的关键内在环境是组织视野和实施创新的文化环境。将二者对应到组织性格范畴内可知组织本能和组织情感是促进组织创新与变革的重要因素，它们主导着弱化组织惰性的关键内在环境。从组织本能角度而言，企业坚持不懈地追求清晰的长远目标，将为管理层和员工指明行动方向，达成共同愿景，避免因思想不一致产生的变革内耗。此外，具备好奇心和执行力的企业会主动探知行业发展前沿的新资源、新技术、新设备、新思想，通过高执行力学习与应用于企业实践中，克服组织惰性。从组织情感角度，企业与员工、员工与员工之间良好的互动互助关系有利于降低企业内部交易成本，降低组织变革的阻力。而且，当企业投入外部情感培育，致力于商誉塑造、品牌建设、社会责任担当时，社会环境也会给予良好的反馈，诸如良好的企业形象和市场口碑等，这些收获会刺激市场潜在的需求增长和资源供给，优化企业的生产力和生产关系，促使企业革新现有的资源和程序。Achilles 等（2010）认为，推进组织变革的第一步就是要让组织树立远大的目标，并认识到变革的迫切需求。张新国和陈漫（2014）以高科技行业为背景实证研究后发现，由商誉引致的顾客参与能帮助企业有效地克服组织惰性。Hung（2015）指出，良好的企业内部关系促进组织学习，组织学习可以推动产生新能力，而新能力又会促进组织积极认识与接受新事物，引导企业转变旧有的思维模式、认知观念与行为惯例。Khanagha 等（2013）也将引致企业应用新兴核心技术的惰性因素归结为企业内不愿分配资源以及协调与交流困难等。换言之，组织本能与组织情感是组织惰性的根源。由此，提出如下假设：

H15.4：组织性格中的组织本能对企业组织惰性存在负向抑制作用。

H15.4a：组织本能对企业程序惰性存在负向抑制作用。

H15.4b：组织本能对企业资源惰性存在负向抑制作用。

H15.5：组织性格中的组织情感对企业组织惰性存在负向抑制作用。

H15.5a：组织情感对企业程序惰性存在负向抑制作用。

H15.5b：组织情感对企业资源惰性存在负向抑制作用。

5. 知识能力的中介效应

结合 H15.1、H15.2 和 H15.3 可知知识资本与组织思维都能作用于组织知识能力的提升，知识能力又能在抑制组织惰性中起积极作用，由此，知识能力应该能在这两条作用路径上起到中介效应。中介作用体现在：其一，知识资本只有转化为知识能力后，才能在组织变革中真正发挥出显著性作用；其二，组织思维是一种潜在能力，只有转化为外显的能力后，才能发挥出效能。以知识能力为中介变量考察组织作用路径的研究成果，有较多积累。例如，武博和闫帅（2011）以组织学习能力为中介变量，探索了智力资本与知识创新绩效之间的作用路径；李忆和司有和（2009）则探索了组织知识管理战略思维与企业绩效之间的作用关系，在作用路径中考虑了组织知识能力的中介效应；张轶和姚树俊（2016）从知识产权战略性思维的视角探析了知识能力对创新绩效的影响。更为直接的证据有，杨林和俞安平（2016）以知识创造过程为中介变量，考察了企业家认知与战略变革前瞻性之间的显著性关系。根据他们的研究结论完全可以推导出，知识资本与组织思维共同作用所表现的企业家认知，能够通过知识创造能力的中介作用，对促进战略变革或抑制组织惰性起到积极影响。由此，提出如下假设：

H15.6：在知识资本作用于组织惰性的路径中，知识能力起到显著的中介作用。

H15.6a：在知识资本作用于程序惰性的路径中，知识能力起到显著的中介作用。

H15.6b：在知识资本作用于资源惰性的路径中，知识能力起到显著的中介作用。

H15.7：在组织思维作用于组织惰性的路径中，知识能力起到显著的中介作用。

H15.7a：在组织思维作用于程序惰性的路径中，知识能力起到显著的中介作用。

H15.7b：在组织思维作用于资源惰性的路径中，知识能力起到显著的中介作用。

综合以上假设，建构研究框架如图15.1所示。

第十五章 知性管理与组织惰性

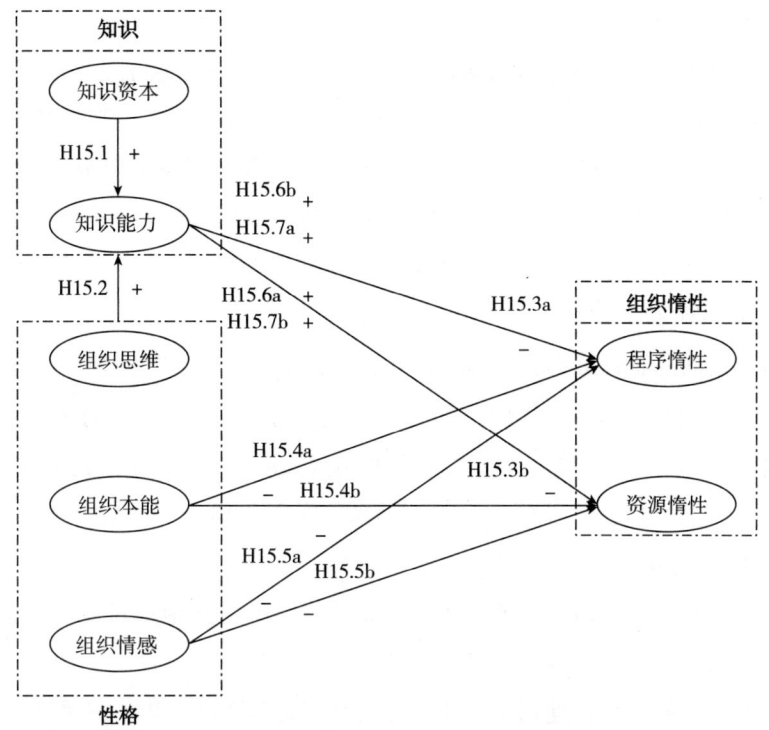

图 15.1 知性管理与组织惰性研究框架

二、研究设计

(一) 测量题项设计

本章围绕七个主变量(知识资本、知识能力、组织思维、组织本能、组织情感、程序惰性、资源惰性)进行分析和测量。在确定测量题项时把握以下原则:①为保证测量题项的信效度,主要测量题项均参考了国内外文献的成熟量表;②为保证测量题项的可行性,根据中国企业现实情境与中文语境对一些题项进行了改进；③在确定最终量表前进行了量表试测，根据信效度检验结果剔除少量题项；④为保证测量的简洁性，避免受测人员疲劳导致的回答偏差，所有构念均控制在 3~8 个题项，题项总体数量控制在 60 个以内（包括身份题项、测谎题项等）。按照惯例，绝大部分测量题项都采用李克特的 5 级量表进行设计，用 1~5 表示被调查者对题项描述的同意程度，其中，"1"表示"非常不同意"，"5"表示"非常同意"。

1. 知识资本

借鉴 Subramaniam 和 Youndt（2005）的量表，以技术研发人员占比（A1）、员工具有专科以上学历（A2）来衡量人力资本；以企业与客户（A3）、合作伙伴（A4）、地方政府（A5）的关系衡量关系资本；以企业完善的组织制度（A6）、特色文化价值体系（A7）、信息化程度（A8）衡量结构资本。

2. 知识能力

借鉴 Prieto 等（2009）的量表，以企业组织学习其他单位好的做法经验（B1）、定期开展员工的培训工作（B2）来衡量知识学习能力；以企业定期收集普通员工的合理化建议（B3）、员工专业的多样化（B4）来衡量知识整合能力；以企业不断推出新产品/服务（B5）、技术研发经费投入占营业收入比例（B6）来衡量知识创新能力。

3. 组织本能

从内向目标及其外向行动两方面设计组织本能的测量题项。借鉴九型人格 108 题量表将本能中心三个维度中适用于企业的题项选取、改进并试测信效度，最终确定测量题项。以长远发展定位（C1）、决策与行动围绕长远发展目标进行（C2）两个题项衡量内向目标；以高度关注行业新技术和新动态（C3）和员工具有较强执行力（C4）两个题项衡量外向行动。

4. 组织情感

组织情感的测量维度包括内部情感和外部情感。借鉴九型人格 108 题量表，以员工之间关系融洽（C5），以人为本的文化（C6）衡量内部情感，以参加慈善、公益等社会活动（C7）和产品或服务在市场上有很好的口碑（C8）衡量外部情感。

5. 组织思维

组织思维包括内向理性决策思维和外向问题解决思维。参考借鉴九型人格 108 题量表以重大决策非常理性（C9）和领导引导反思工作中存在的问题（C10）衡量内向理性决策思维；以决策层富有想象力（C11）和开会讨论工作中出现问题的原因（C12）衡量外向问题解决思维。

6. 程序惰性和资源惰性

Liao 等（2008）设计了组织惰性的测量量表，将组织惰性分解为程序惰性和资源惰性，已被许多研究者采用。借鉴该量表，以轮岗制（反向题 D1）、很少采纳普通员工建议对工作方式做出调整（D2）、环境变化难以做出及时调整（D4）和创造性地去解决新问题（反向题 D4）来衡量程序惰性；以企业获取新知识和新技术的渠道非常单一（D5）、新业务拓展得非常慢（D6）、员工大多缺乏主动学习新知识的积极性（D7），以及近三年大量引进新的设备与工艺（反向题 D8）来衡量资源惰性。

（二）数据来源

在以上题项的基础上加入问卷说明、身份题项和测谎题项，构成了本章的调查问卷。该问卷委托国内专业问卷调查服务机构"问卷星"进行发放，受邀对象限定为企业员工。在问卷星自动进行问卷有效性识别后，回收问卷 321 份；通过人工筛查问卷和逻辑分析识别出无效问卷 35 份。最后得到有效问卷 286 份，问卷有效回收率为 89.1%。

通过整理问卷的身份题项信息，可以观察样本的分布情况，如表 15.1 所示。由表可知，样本中问卷应答者男女比例、所在企业的规模比例均分布较为均匀；应答者学历集中于本科阶段，年龄集中在中青年（26~40 岁）阶段，表明样本来源的质量较高；地区集中在东中部，企业类型以民营为主，这与我国企业分布规律吻合，表明样本有着一定的代表性；应答者在企业的工作时间在 1 年以上，大部分超过了 3 年，说明他们对企业具有足够的了解，为样本数据的信度提供了保障。由此，本书研究所调查的样本基本可以反映中国企业的一些情况，样本选择偏差应该较小。

（三）研究方法

本章采用结构方程模型（SEM）拟合组织知识、组织性格对资源惰性和程序惰性作用路径上的效应参数。样本规模能够满足结构方程模型分析的样本量要求。信效度检验和调节效应分析采用 SPSS 工具包完成。结构方程模型拟合以及中介效应分析的 BootStrap 过程采用 AMOS 软件完成。

表 15.1 样本的来源与分布

身份题项	属性	频率（%）	身份题项	属性	频率（%）
性别	男	46.398	省级以上高新技术企业的资格认证	是	56.343
	女	53.602		否	33.082
学历	专科及以下	15.734	年龄	19~25 岁	13.636
	本科	73.427		26~40 岁	75.175
	研究生及以上	10.839		41~60 岁	11.189
地区	东北	4.137	企业类型	国有企业	29.021
	东部	57.692		民营企业	56.993
	中部	20.629		三资企业	10.839
	西部	17.483		其他类型	3.147
企业规模	10~100 人	27.273	工作时间	1~3 年	30.768
	101~300 人	35.315		4~10 年	55.245
	300 人以上	37.413		10 年以上	13.986

三、实证分析

（一）描述性分析

对样本数据进行整理和描述性统计分析，结果如表 15.2 所示。由表可知，各变量均值和标准差均相差不大，应该不存在异方差问题；资源惰性和程序惰性与其他变量相关系数小于0，初步支持研究的核心假设；各个潜变量之间的相关系数小于变量 AVE 的平方根，表明变量间区别效度较好；各变量相关系数（或其绝对值）小于或接近0.6且显著，说明变量之间确实存在相互作用关系，但多重共线性问题应该不太突出。可以认为，样本数据适合做进一步的结构方程路径分析。

表 15.2 描述性统计及相关系数矩阵

变量	均值	标准差	1	2	3	4	5	6	7
知识资本	3.813	0.459	**0.705**						
知识能力	3.808	0.643	0.610***	**0.777**					
组织思维	3.803	0.674	0.531***	0.583***	**0.767**				
组织本能	4.001	0.591	0.572***	0.551***	0.602***	**0.733**			
组织情感	3.830	0.630	0.585***	0.544***	0.551***	0.521***	**0.723**		
程序惰性	2.639	0.738	-0.443***	-0.529***	-0.580***	-0.544***	-0.504***	**0.766**	
资源惰性	2.563	0.801	-0.514***	-0.513***	-0.502***	-0.494***	-0.432***	0.610***	**0.763**

注：***P<0.001。对角线加粗数据为变量 AVE 的平方根。

（二）信效度检验

采用 KMO 和 Bartlett 球形检验验证数据是否适合做因子分析，并采用 Cronbach's α 系数测量每个潜变量的信度——每个潜变量都有 3~8 个观测变量，符合信度计算的基本要求（≥2 个题项）。结果显示，量表 KMO 值为 0.873（超过推荐值0.7），Bartlett 球形检验 P=0.000，表明问卷数据符合因子分析前提。

信效度检验的结果如表 15.3 所示。各变量的验证性因子分析显示，全部题项因子载荷均大于 0.5，显示良好的结构效度。除知识资本外，其他变量的平均变异萃取量（AVE）值均大于 0.5（知识资本的 AVE 值接近 0.5），显示构念具有良好的收敛效度。区分效度已在描述性分析中通过验证。

表 15.3　量表信效度检验结果

变量	因子载荷								AVE	Cronbach's α	CR
	1	2	3	4	5	6	7	8			
知识资本	0.558	0.581	0.654	0.621	0.699	0.718	0.623	0.650	0.497	0.623	0.657
知识能力	0.842	0.817	0.776	0.745	0.868	0.862			0.603	0.870	0.863
组织思维	0.757	0.744	0.820	0.804					0.589	0.763	0.802
组织本能	0.718	0.850	0.788	0.816					0.538	0.732	0.749
组织情感	0.811	0.792	0.755	0.779					0.523	0.709	0.716
程序惰性	0.776	0.748	0.840	0.802					0.586	0.737	0.800
资源惰性	0.847	0.770	0.817	0.803					0.582	0.745	0.799

除知识资本外，各构念的 Cronbach's α 系数值均在 0.7 以上，且总量表的 Cronbach's α 系数值为 0.803，说明数据具有较高信度水平。所有变量的组合信度 CR 均高于可接受值 0.6，可认为它们均通过了信度检验。

（三）同源方法偏差

为减少同源方法偏差，采用过程控制和统计分析技术。一方面，在问卷设计时，将所有的题项均打乱了顺序，以减少被调查者自我归因对数据真实性的影响；在问卷发放时，保证数据获取的匿名性，以及被调查者参与问卷调查的自愿性。另一方面，使用单因素检验来评估同源方法偏差的大小。对全部变量题项数据进行探索性因子分析，提取到 14 个特征值大于 1 的主成分，而特征值最大的主成分所提取方差占 14 个主成分所提取总方差的 35.304%，低于推荐值 40%。即同源方法偏差在可控范围内，不会对研究结果产生重大影响。

(四) 路径分析

采用极大似然估计,在 AMOS 21 环境下对研究框架做 SEM 路径分析(见图 15.2)。模型适配指数和主效应路径分析结果如表 15.4 和表 15.5 所示。由表 15.4 可知,结构方程模型 GFI、PGFI、IFI 和 RMSEA 等指标均在参考范围内,NFI 接近推荐值,基本通过模型整体检验,测量模型与数据的拟合程度较好。

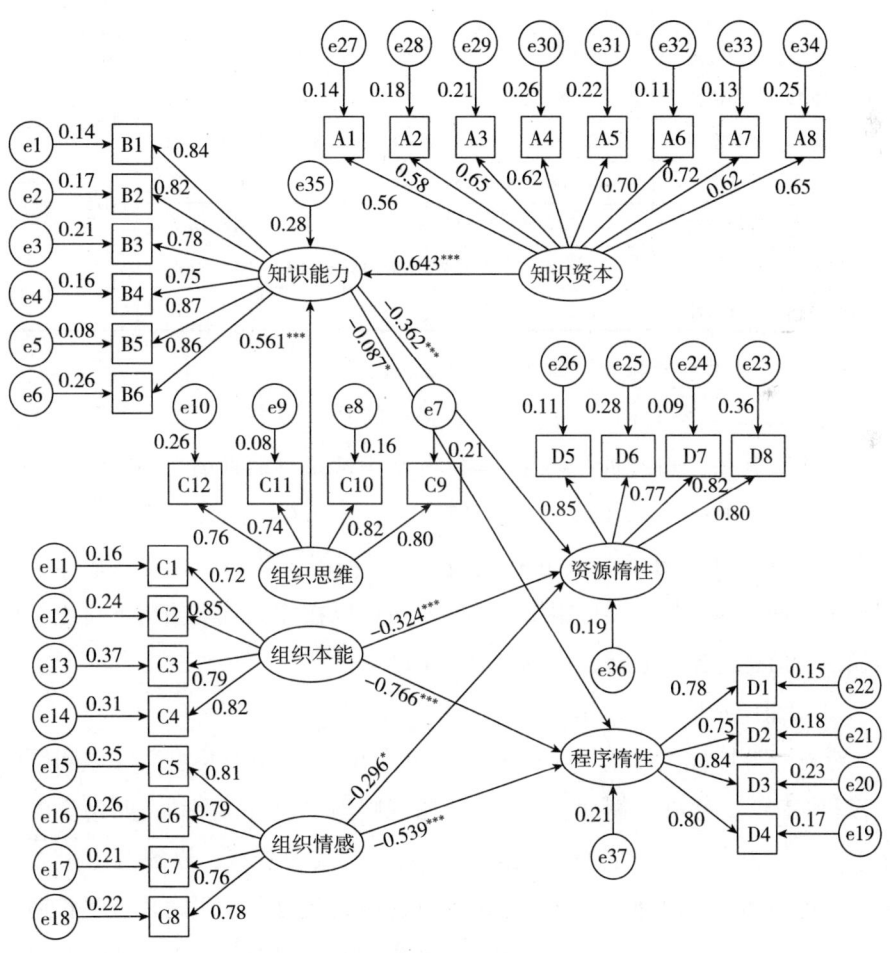

图 15.2 结构方程模型路径分析

表 15.4　模型适配指数

适配指数	CMIN/DF	GFI	PGFI	NFI	IFI	RMSEA
指数值	1.736	0.915	0.844	0.882	0.953	0.052
参考值	1~3	>0.9	>0.8	>0.9	>0.9	<0.08

表 15.5　主效应路径分析结果

影响路径	标准化估计值	S.E.	C.R.	P 值	假设通过情况	
知识资本→知识能力	0.643	0.127	5.045	***	H15.1 通过	
组织思维→知识能力	0.561	0.108	6.202	***	H15.2 通过	
知识能力→程序惰性	-0.087	0.057	-1.159	*	H15.3a 通过	H15.3 通过
知识能力→资源惰性	-0.362	0.130	-5.574	***	H15.3b 通过	
组织本能→程序惰性	-0.766	0.157	-4.869	***	H15.4a 通过	H15.4 通过
组织本能→资源惰性	-0.324	0.113	-2.872	**	H15.4b 通过	
组织情感→程序惰性	-0.539	0.124	-4.348	***	H15.5a 通过	H15.5 通过
组织情感→资源惰性	-0.296	0.124	-2.392	*	H15.5b 通过	

注：***P<0.001，**P<0.01，*P<0.05。

从图 15.2 和表 15.4 均可看出，各路径的 P 值均小于 0.05，达到显著性水平要求。其中，知识能力、组织本能和组织情感对两种惰性的影响路径系数均小于 0，H15.3（H15.3a 和 H15.3b）、H15.4（H15.4a 和 H15.4b）、H15.5（H15.5a 和 H15.5b）都得到验证，说明组织知识和性格因素确实是组织惰性的前因变量，避免组织惰性的对策可以在知性管理架构下讨论。对路径估计值进行比较分析，可以得出如下结论：

（1）组织本能、组织情感对程序惰性的影响（-0.766、-0.539）远高于二者对资源惰性的影响（-0.324、-0.296）。程序涉及组织处理问题的流程和惯例，是企业以制度、文化和明暗规则固定的行动路线，其惰性的产生主要是因为企业领导者决策缺乏远见或员工安于现状，以致变革阻力过强，即可归因为意愿缺失问题。组织本能的强化能使企业明确并追逐长远目标，强化员工执行力；组织情感能营造企业和谐的内外部氛围，减小变革阻力。因此，二者对程序惰性产生巨大影响。与之不同的是，资源获取涉及企业对外部知识、技术、原材料、设备、工艺等资源的更新、重组、整合和创新,其惰性的产生除企业要有意愿和动力外,更考验企业的能力问题。能力缺失可能才是资源惰性产生的根源。因此,组织本能和组织情感对资源惰性的影响就会相对较小。

(2) 知识能力对资源惰性的影响 (-0.362) 远高于其对程序惰性的影响 (-0.087)。这一结果也印证了上述分析。知识能力对程序惰性的影响较小,其路径影响力度接近 0 且显著性 (P = 0.037) 也不理想,原因可能是:当企业具有较高的知识能力时往往倾向于认为其内部的流程和惯例是合理的(才会形成企业的知识优势),对以往的行动路线形成盲目的路径依赖。

(3) 知识资本和组织思维对知识能力均存在正向影响,但作用系数(分别为 0.643 和 0.561) 相差不大。这是因为知识资本为知识能力提供人力、关系、结构资本等基础性资源,而组织思维则能理性合理地运用这些资源来形成对能力的转换,二者并重且有机结合能对知识能力提升产生显著的促进效果。

(五) 中介效应分析

为进一步验证知识能力在知识资本、组织思维对组织惰性影响路径中的中介效应,采用 AMOS 24 软件中的 Bootstrap 程序作中介效应的显著性检验。在样本数 N = 286 的情境下,抽取 Bootstrap 样本数 1000 个,置信区间设置为 95%,结果如表 15.6 所示。由表可知,各间接影响路径的 95% 置信区间均不包含 0,说明知识能力的中介效应在各相应路径上均显著。即 H15.6 和 H15.7 通过检验。

表 15.6 中介效应的 Bootstrap 抽样统计推断

间接效应路径	标准化效应		占总效应比重 (%)	Percentile Method (95%)		假设通过情况
	间接效应	总效应		LLCI	ULCI	
知识资本→知识能力→程序惰性	-0.056***	-0.192	29.167	-0.012	-0.108	H6a 通过
组织思维→知识能力→程序惰性	-0.049***		25.521	-0.009	-0.101	H7a 通过

续表

间接效应路径	标准化效应		占总效应比重（%）	Percentile Method（95%）		假设通过情况
	间接效应	总效应		LLCI	ULCI	
知识资本→知识能力→资源惰性	-0.233***	-0.798	29.198	-0.188	-0.295	H6b 通过
组织思维→知识能力→资源惰性	-0.203***		25.439	-0.152	-0.247	H7b 通过

注：***$P<0.001$。

四、本章小结

本章基于组织知识和组织性格相整合的前因视角，引入知识能力作为中介变量，威胁感知和网络嵌入性作为调节变量，构建知性管理框架以解释组织惰性弱化的路径。研究既丰富了组织性格和知性管理理论，拓展了知性管理理论的应用方向，也为企业避免组织惰性提供了全新的视角和逻辑。基于源自286份问卷的样本数据，通过结构方程模型分析，发现组织知识和组织性格对组织惰性有显著的负向影响，知识资本和组织思维（组织性格的维度）通过知识能力的中介作用对组织惰性施加影响，组织性格中的组织本能和组织情感则能直接作用于组织惰性。通过对影响路径系数比较发现，企业知识资本和组织思维通过知识能力中介对资源惰性的负效应要远大于对程序惰性的负效应；与之相反，企业组织本能和组织情感对程序惰性的负效应要远大于对资源惰性的负效应。这些结论能为新经济环境下企业组织搭建知性管理构架以避免或削弱组织惰性提供理论依据。

本章研究的理论贡献包括：①在知识和性格双视角下分析了知识资本和组织性格对组织惰性的影响机制，将组织知识、组织性格与组织惰性整合到同一研究框架下进行讨论，证实了知识和性格在避免组织惰性中的重要作用，为新经济背景下规避组织惰性提供了新的视角，这不仅丰富了组织惰性成因的相关理论，而且深化了对知识资本理论和组织性格理论的认识。②发现组织本能、组织情感、知识能力对程序惰性的影响，与三者对资源惰性的影响有巨大差异且各有侧重。已有研究多为单一研究知识或者组织性格某一特征对组织惰性整体的影响，缺乏对比和整体分析，该结论厘清了知识管理和性格管理的惰性条件，为正确避免不同类型的组织惰性提供了知识基础。③对资源保存理论和拓展建构理论进行了情景化。顺应对情景化研究的趋势，基于资源保存理论和拓展建构理论进行理论建构，解释了中国新经济背景下规避组织惰性的知性动力机制。已有研究多基于这两种理论探讨有关资源和情绪对个体或组织业绩及活力的影响，本章进一步具体分析和实证了知识资源和性格因素对组织惰性各维度以及整体的影响机制，拓展了资源保存理论和拓展建构理论的应用情境。④基于九型人格理论构建了全新的组织性格量表，充实了组织性格理论。当前主流的组织性格量表均是借鉴了诠释个人性格的理论，如 MBTI、Big Five 等。这些量表总有着一些局限，如 MBTI 量表更适合测量大型组织或进行大样本量研究；大五人格量表测量组织性格时，其信效度远不如个体层面的测量结果。本章借鉴当前人格心理学的重要量表——九型人格量表对组织性格实施全新测量并通过信效度检验，进一步深化和丰富对组织性格的理解。

基于研究结论，结合量表题项，可以得出如下管理启示：①在知识经济时代，知识资本是企业避免组织惰性（特别是资源惰性）的重要硬件。为此，企业应着力创造与积累其人力资本、关系资本和结构资本。在人力资本方面，要严把招聘关，实施"人才战略"以筑巢引凤，吸引高技能和高学历员工进入企业；强化对员工的知识技能培训，推进"传帮带"战略实施，鼓励员工出外深造和自主创新，形成良好的知识学习创新氛围。在关系资本方面，要完善企业与合作伙伴、客户的沟通渠道；同时还要学习政府最新战略和政策，主动和政府构建良好的政企合作关系。在结构资本方面，要建设有自己的特色文化与价值观体系，深化企业文化培训，增进员工文化认同；更要健全企业各项组织制度和信息化建设，推动内部知识固化和传播。②在新经济时代，培育异质性和丰富的组织性格也是企业避免组织惰性（尤其是程序惰性）的重要软件。为此，企业应持续强化其组织本能、组织情感和组织思维。在组织本能方面，企业要明确其长远目标和定位，加强使命宣传，将其融入员工日常决策和行动中；同时还要保持对行业新技术和新动态的高度关注。在组织情感方面，要坚持以人为本，推进员工参与管理制度，注重工会和小团体工作，形成融洽的内部员工关系；积极参加慈善、公益等社会活动，开展产品服务质量管理，形成良好的外部商誉。在组织思维方面，要培育企业理性和创意决策能力，发挥智库作用，减少个人决策；也要经常反思工作中存在的问题及其原因，为之后的决策提供经验依据。③知性管理能有效避免组织惰性，但知性管理中最重要的是要将知识资本与组织性格中的组织思维相组合，共同作用于组织知识能力的提升。知识能力是企业组织最为重要的能力，它在知识资本、组织思维与组织惰性的作用路径上起显著的中介作用。通过建立科学合理的组织、制度、文化，为组织内知识的学习、整合、共享和创新提供机制保障和能力生成条件，是企业组织能否实施变革和弱化惰性的关键。企业组织需建构知性管理架构，以着重于知识能力的塑造与提升。④为更有效地避免组织惰性，企业应该对其组织惰性的类型进行区分。当企业惰性更多是资源惰性时，在知性管理中应当偏重知识学习和思维创新，将企业资源向提高知识资本、锻炼组织思维的举措倾斜；当企业惰性更多是程序惰性时，在知性管理中应当偏重组织性格管理，将企业资源向丰富组织情感、强化组织本能的举措倾斜。

  本章研究的局限性存在两个方面：一是相对于中国众多的企业而言，样本数量不够充足，在一定程度上会对研究结果的普适性和精确性产生影响；二是借鉴"九型人格"量表对组织性格进行测量题项设计，这些题项未经过重复的信效度验证，可能会带来一定程度的测量偏差。未来研究应着重从以下三方面进行改进：一是以更大范围、更多行业的企业数据验证本章的理论假设；二是开发更为丰富、有效、可靠的组织性格量表，以降低变量的测量偏差；三是在组织性格影响组织惰性的路径上考虑可能的中介变量，以得到更为系统和科学的研究框架。

本章参考文献

［1］ Hannan, M. T. , Freeman, J. Structural inertia and organizational change［J］. American Sociological Review, 1984, 49（2）: 149 – 164.

［2］ Teece, D. J. Explicating dynamic capabilities: The nature and microfoundations of (sustainable) enterprise performance［J］. Strategic Management Journal, 2010, 28（13）: 1319 – 1350.

［3］ Zahra, S. A. , George, G. Absorptive capacity: A review, reconceptualization, and extension［J］. Academy of Management Review, 2002, 27（2）: 185 – 203.

［4］ Lane, P. J. , Salk, J. E. , Lyles, M. A. Absorptive capacity, learning, and performance in international joint ventures［J］. Strategic Management Journal, 2001, 22（12）: 1139 – 1161.

［5］ 石春生, 何培旭, 刘微微. 基于动态能力的知识资本与组织绩效关系研究［J］. 科技进步与对策, 2011, 28（5）: 144 – 149.

［6］ Singh, B. , Rao, M. K. Effect of intellectual capital on dynamic capabilities［J］. Journal of Organizational Change Management, 2016, 29（2）: 129 – 149.

［7］ 张滨滨, 张同建. 组织公平、知识资本开发与技术创新能力的相关性研究——基于高科技中小风险企业的数据检验［J］. 科技进步与对策, 2011, 28（15）: 130 – 135.

［8］ Verona, G. , Ravasi, D. Unbundling dynamic capabilities: An exploratory study of continuous product innovation［J］. Industrial & Corporate Change, 2003, 12（3）: 577 – 606.

［9］ Ness, I. J. , Riese, H. Openness, curiosity and respect: Underlying conditions for developing innovative knowledge and ideas between disciplines［J］. Learning Culture & Social Interaction, 2015（6）: 29 – 39.

［10］ Lee, Y. J. , Swink, M. , Pandejpong, T. Roles of worker expertise, information sharing quality, and psychological safety [J]. Production and Operations Management, 2011, 20 (4): 556-570.

[11] Liao, S. H., Fei, W. C., Liu, C. T. Relationships between knowledge inertia, organizational learning and organization innovation [J]. Technovation, 2008, 28 (4): 183-195.

[12] Collinson, S., Wilson, D. C. Inertia in Japanese organizations: Knowledge management routines and failure to innovate [J]. Organization Studies, 2006, 27 (9): 1359-1387.

[13] Sears, G. J., Baba, V. V. Toward a multistage, multilevel theory of innovation [J]. Canadian Journal of Administrative Sciences, 2011, 28 (4): 357-372.

[14] Achilles, A., Arthur, G., 陈福军等. 组织变革: 20 世纪 90 年代的理论与研究综述 [J]. 管理世界, 2010 (10): 158-166.

[15] 张新国, 陈漫. 顾客参与、战略柔性与产品创新关系研究 [J]. 科技进步与对策, 2014, 31 (12): 105-109.

[16] Hung, D. Sustained competitive advantage and organizational inertia: The cost perspective of knowledge management [J]. Journal of the Knowledge Economy, 2015, 6 (4): 769-789.

[17] Khanagha, S., Volberda, H., Sidhu, J., et al. Management innovation and adoption of emerging technologies: The case of cloud computing [J]. European Management Review, 2013, 10 (1): 51-67.

[18] 武博, 闫帅. 知识型企业智力资本对知识创新绩效的影响研究——兼论组织学习能力的中介作用 [J]. 求索, 2011 (9): 84-86.

[19] 李忆, 司有和. 知识管理战略、组织能力与绩效的关系实证研究 [J]. 南开管理评论, 2009, 12 (6): 69-76.

[20] 张轶, 姚树俊. 基于知识产权战略视角的知识能力对创新绩效的影响机理研究 [J]. 统计与信息论坛, 2016, 31 (2): 70-75.

[21] 杨林, 俞安平. 企业家认知对企业战略变革前瞻性的影响: 知识

创造过程的中介效应[J]. 南开管理评论, 2016, 19 (1): 120–133.

[22] Subramaniam, M., Youndt, M. A. The influence of intellectual capital on the types of innovative capabilities [J]. Academy of Management Journal, 2005, 48 (3): 450–463.

[23] Prieto, I. M., Revilla, E., Beatriz, R. Building dynamic capabilities in product development: How do contextual antecedents matter? [J]. Scandinavian Journal of Management, 2009, 25 (3): 313–326.

第十六章
创新型企业的知性管理与未来取向

自熊彼特率先认识到创新在经济发展中的重要性之后,创新管理就一直是学术界与实业界共同讨论的热点话题。进入 21 世纪后,全球竞争加剧,以创新为驱动力的知识经济增长模式成为各个国家经济发展的主流。2005 年,我国提出建设创新型企业试点的方案;2006 年,全国 103 家企业成为首批试点单位。同年,在全国科技大会上提出建设创新型国家的战略,并写入《国家中长期科学和技术发展规划纲要(2006-2020)》。到 2014 年,李克强在达沃斯论坛上又提出大众创业、万众创新的发展理念,而 2015 年的政府工作报告中更是直接将"双创"提升到国家战略层次。2016 年,《国家创新驱动发展纲要》发布,创新成为引领中国经济发展的第一动力。

企业是创新的主体,创新型企业是创新型国家建设的基本单元。然而,在全国所有的大中小企业都高举创新旗帜的同时,不少一度被认为有创新的企业纷纷倒闭。例如,成立于 2013 年的完美幻境,是国内最早进入 VR 全景相机行业的企业,拥有自主研发的 Eyesir 系列 VR 相机产品,2017 年倒在了 PPT 驱动的路演路上;2016 年底,Parrot、亿航、零度等无人机制造企业纷纷裁员,2017 年初,西安无人机企业斯凯智能宣布破产,它们的共同原因是产品滞销积压,导致资金链紧绷;2018 年,深圳百亿级企业沃特玛电池公司濒临倒闭,这家企业曾借助国家新能源汽车的补贴政策大跃进式发展,最终迎来的却是债台高筑。

这些创新型企业的昙花一现根本原因不在于创新能力缺失,而在于缺乏

第十六章 创新型企业的知性管理与未来取向

具有未来取向的发展战略。中国大多数新兴创新型企业的失败都可归因于在没有找到可持续发展道路之前就盲目扩张，技术不能稳健持续地转化为价值输出。在一定程度上也可以认为，创新型企业寿命短暂的根源在于缺乏对自己负责、对社会负责的意识。因此，在中国当前经济、社会、技术都快速变化的环境下，创新型企业要抵挡住"浮躁之风"的侵袭，必须得加强未来取向的战略规划与远景管理。

未来取向要落实，除路径选择要正确外，更要有以资源与能力为基础的核心竞争力的支撑。核心竞争力的来源应该是具有价值的异质性资源与核心能力，而异质性资源通常是企业所独有的无形资源。在无形资产管理理论中最具价值的无形资产当属知识。知识资本已然被众多学者确认为知识经济时代企业持续竞争优势的源泉。然而，在当前中国的新经济背景下，除知识资本能驱动企业组织获得竞争优势外，由组织性格支撑的差异化战略使得很多企业（如抖音、拼多多等）获得了迅速崛起、蓬勃发展的机会。组织性格与知识资本的融合与交互成为众多中小型新经济组织赖以生存的手段。对知识资本与组织性格加以协同治理，契合了知性管理理论的核心观点。

本章试图对话知性管理理论与未来取向理论，以中国情境中的创新型企业为样本，探索知识资本和组织性格对组织未来取向的作用关系与路径，为创新型企业做好未来取向应对提供理论指导。

一、基础理论与研究框架

（一）未来取向理论

未来取向概念来自心理学领域，指的是个体对未来做出的考虑、计划以及以未来期望结果优化为目标的决策等。在人格心理学中，未来取向是一个具有积极意义的概念，拥有未来取向精神的个体会更为理性地做出重大决策，如择业、投资甚至犯罪等。在管理学领域，未来取向实际上研究得并不多。根据 Rohrbeck 和 Bade（2012）的定义，组织未来取向是指企业所具备的及时识别与解码环境变化并做出充分应对以保证组织长期生存与发展的能力，具体包括环境扫描、未来探索、内部视察和战略预见四个方面的能力。

然而，Liang 等（2018）对未来取向的定义完全相反。虽然他们也同意未来取向重点反映企业组织对未来导向行为的关注度与参与度，但在他们的定义中：未来取向强被解释为企业组织更清晰明确当下与未来的界线，着眼于眼前利益而缺乏对未来的关注；未来取向弱的企业，因为对当前与未来的界线感知模糊，使得他们会对未来导向行为产生认知，有利于组织未来发展。在这种定义模式下，他们验证了未来取向与社会责任、研发倾向之间的负相关关系。

虽然 Liang 等（2018）对未来取向的定义与大多数学者的观点相背离，但是他们建立的未来时框架模型却值得借鉴。在其未来时框架模型中，社会责任与研发倾向被认为是可用来观测与预测组织未来取向的两个核心指标。事实上，这一观点与多位学者的观点暗合，如 Liu 等（2014）认为，组织未来取向对企业承担环境责任的行为与可持续绩效具有高度预测力，企业缺乏未来取向的表现就是在员工培训与绩效考核中都未对环境保护有所关注；Shirahada 和 Niwa（2007）的研究则证实，组织乃至员工的未来取向会显著正向激励它们对 R&D 的资源投入。

研发倾向与社会责任构成组织未来取向的系统逻辑在于：研发倾向引导组织加强技术研发以提升核心竞争力，通过核心竞争力可以为组织的可持续发展提供内源性动力；社会责任引导组织重视其与利益相关者和社会公众的关系处理，为企业组织的生存与发展创造和谐的外在环境并提供持续性的外源性动力。从内、外两层面为可持续发展提供动力保障，这是组织选择和具备未来取向的表现。

（二）知性管理理论

知性管理理论是本书研究团队整合了知识管理与组织性格理论之后开发

的一种新理论。该理论的逻辑是：一方面要通过知识管理促进组织知识资本的积累与知识产品的创新，为企业组织带来核心竞争力；另一方面需通过关注市场与客户，以组织性格支撑组织的差异化战略实施，为组织带来市场上暂时性的竞争优势；通过核心竞争力与暂时性竞争优势的组合，促进竞争优势的动态更新与演化，为组织培育出持续竞争优势，达到促进组织成长的战略目的。

在知性管理理论框架下，企业组织的核心资源是知识资本与组织性格两种无形资源。它们的耦合与转化关系体现为：知识资本积累引导与塑造企业组织的后天性格，在后天性格与先天性格的碰撞与交织中融合产生更加健全和适应环境的组织性格；组织性格影响组织对知识资本的偏好与重视力，进而影响组织对知识活动的投入与效能，积极的组织性格将极大提升组织内知识资本的学习、创造与积累速度。在整合知识管理体系与组织性格体系后，知性管理期望实现的目标是知性合一，即在知识与性格、理性与个性之间找到一个平衡，实现对组织的艺术性管理，提升组织的"知性美"。

（三）理论对话下的研究框架

知性管理的目标是促进组织实现长期的持续竞争优势，这与未来取向理论的目标趋于一致，因此它与未来取向理论之间存在较高的契合性。知性管理的实施应有助于企业的未来取向应对，具体表现为：知识资本积累与组织性格偏好是企业研发倾向发生的前因；组织性格偏好还会影响企业对承担社会责任的态度与行为。首先，根据创新理论，创新的基础是已有的知识与技术资源，而创新成果的表现是新的知识资源、产品或效益，知识资本积累的丰厚程度决定着也表征着企业组织研发创新的实力。其次，根据创新人格特质理论，研发人员的积极型性格特质（如外倾性、开放性和尽责性等）对他们的创造力有巨大的解释力上升到组织层面，也有学者证实了内向型、事实型、理性型和感知型等组织性格特质对引导企业组织进行研发创新的积极影响。再次，知识资本与组织性格对组织研发创新倾向的作用机制略有不同，知识资本是研发倾向的核心驱动力，而组织性格起到的主要是辅助调节作用——在积极型组织性格的引导与调节下,知识资本对组织研发创新的作用效能会更高。最后,社会责任理论产生的哲学基础本就是以人为本,人性(先天的自私心理与后天的道德观念)决定着个体对社会责任承担的取舍权衡,上升到组织层面亦如是。此外,根据最早的社会责任概念界定,它被认为是"企业具有按照社会的目标和价值观去确定政策、做出决策和采取行动的义务",因此,企业社会责任与组织目标、价值观、决策方式、行动惯例等密切相关。换言之,社会责任与组织性格之间存在着某种内在联系——社会责任的承担行为受到组织性格所引发的动机驱动。

知性管理理论包括本质、结构、模式、手段、目标五个层次,而在结构层次,知性管理被分解为内部管理和外部管理两个方面:知识管理侧重从组织内部加强知识的创造积累与价值转化,为组织的内涵发展提供支持;性格管理侧重塑造组织的气质、形象与品牌人格,为组织外向型的差异化战略提供支撑。内部知识与外在形象的双重治理是知性管理目标——知性合一和"知性美"呈现的手段。显然,知性管理的结构与本章选择的未来取向架构有着相同之处,都主张"内外兼修"的可持续发展模式,知性管理作为前因,能够驱动组织未来取向的实现。

由此,整合知性管理与未来取向理论提出一个新的研究框架,如图16.1所示。

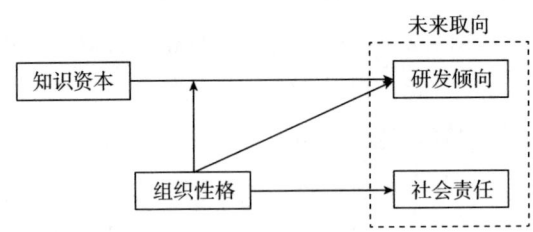

图16.1 创新型企业的知性管理与未来取向研究框架

第十六章　创新型企业的知性管理与未来取向

二、研究假设

（一）知识资本与研发倾向

知识资本一词最早由 Galbraith 提出，被认为是一种知识性活动，是一个动态概念。后来，Stewart（1997）又为知识资本引入静态内涵，认为知识资本是企业中最有价值的无形资产。关于知识资本的构成有多种学说，其中较为知名的有 Stewart 提出的人力资本、结构资本与市场资本构成说等。

人力资本是企业研发创新的基础，以研发导向为战略的企业大都需要保证高比例的研发人员投入水平。例如，我国 R&D 倾向最明显的企业——华为，2018 年全体员工数量为 18 万，而其中研发员工比例高达 45%；根据普华永道思略特发布的报告，阿里巴巴在全球知名科技公司中研发人员占比排名第一，是唯一研发人员占比超过 50% 的企业。在研究方面，多项研究成果也为人力资本与研发倾向之间的正相关关系提供了证据。例如，吴延兵和刘霞辉（2009）使用企业法人代表、总经理和员工的受教育水平等指标测量人力资本，在民营企业中证实了人力资本对企业研发行为的正效应；Dakhli 和 De Clercq（2004）采用居民受教育水平、平均收入和平均寿命三项指标综合测量人力资本，基于 59 个国家的数据资料，他们发现一国人力资本平均水平与企业研发创新平均水平呈显著正相关。由此，提出如下假设：

H16.1a：人力资本对研发倾向有显著的正向促进作用。

结构资本是嵌入组织、制度、文化、平台、流程等结构性资源中的有价值的资本，这些资本都能够成为促进企业增强研发倾向的动力。首先，扁平化、网络式、开放型的组织架构有利于信息的快速沟通和知识的学习共享，能够为研发活动顺利开展创造基本条件；其次，创新管理制度、知识产权制度、研发人员激励制度等都会对研发创新的意愿、动力与行为产生影响，有利的制度保障下才能激发有效的创新行动；再次，学习型文化、共享型文化、创新型文化等知识型文化以及包容型文化，通过营造创新导向的氛围，激励组织与员工积极开展 R&D 活动；最后，创新平台与创新流程对于企业组织的创新倾向也很重要。例如，华为之所以能在研发创新领域展示出竞争力，与它向 IBM 采购并自我完善而成的 IPD（集成产品开发）体系有重大关联。付向梅和曹霞（2015）证实，在产学研联盟中，组织的结构资本能够通过知识螺旋的中介作用和动态能力的调节作用对研发倾向和创新绩效产生显著影响；Mohd 等（2016）研究发现，创新型企业组织在结构资本上的投入能够激发它们的研发倾向，并由此带来市场绩效提升。由此，提出如下假设：

H16.1b：结构资本对研发倾向有显著的正向促进作用。

市场资本对组织研发倾向的影响主要体现在四方面：其一，快速变化的市场需求是企业持续科技创新的驱动力；其二，市场本身也在教化企业——不能通过创新来适应市场变化的企业要被淘汰，而企业组织的成功经验将被其他同行企业所学习、模仿与普及，一些后进的企业能够从竞争对手那里领悟到创新之道；其三，市场上先导型客户在企业研发创新过程中也很重要，他们的积极参与能够极大提高企业产品研发的成功率与效率（如小米利用 MIUI 社区吸引"发烧友"参与产品研发，就是将先导型客户引入创新实践的典型）；其四，市场与技术的交互能够形成一个知识与价值相互转化的循环，奠定企业组织持续经营与成长的基础。杨帆（2017）提出，在开放式创新理念下，客户与供应商参与企业组织的研发活动中，能够激发组织进行技术创新的动力与潜力，促进新产品开发绩效提升；Hurmelinna 等（2002）则从跨国企业构建全球创新网络的视角提出应该将顾客与供应商的参与度纳入研发生产函数，市场主体将密集参与到研发活动中并构成研发绩效形成的资本要素。由此，提出如下假设：

H16.1c：市场资本对研发倾向有显著的正向促进作用。

综合上述三项子假设，可归纳提出如下假设：

第十六章　创新型企业的知性管理与未来取向

H16.1：知识资本对研发倾向有显著的正向促进作用。

（二）组织性格的调节效应

组织性格是心理学与组织理论的结合，是组织心理学领域的重点内容。多项研究均表明，组织性格对组织行为有着较高的解释与预测作用。符合时宜且定位恰当的性格特质组合，是企业塑造个性化、差异化竞争优势的重要保证。关于组织性格的构成与测量，已形成了三种主流做法：早期，多数学者倾向于借鉴人格心理学中的大五人格理论来划分组织性格（包括开放性、责任心、外倾性、宜人性、情绪稳定性五种特质），并设计了大五人格类型量表；但后来，有研究显示大五人格量表在测量组织性格时存在局限性，为此 Bridges（2000）提出了一种更加适于测量组织性格的 MBTI 理论，它将组织性格分为四个维度八个方向，分别为直觉型（N）和事实型（S）、感知型（P）和判断型（J）、情感性（F）和理性型（T）、外向型（E）和内向型（I），这四个维度之间相互独立，但它们能够共同对组织行为与习惯产生解释力和预测力；当然，也还有学者认为 MBTI 理论仍旧脱胎于个体人格心理学，它的局限性已然存在，所以需要直接从组织理论出发，从组织管理视角考察组织性格的构成，这方面的成就包括 Otto 等（2006）提出的组织性格四维度（诚实、声望、创新和权力）、Okun 和 Finch（1998）提出的五维度（团结、进取、宜人、高雅和无情）等。目前，最为认可的是 MBTI 量表，因为从组织管理视角提出的组织性格维度存在严重的情境依赖性，难以在跨文化情境中推广应用。因此，借鉴 MBTI 理论，从直觉型、感知型、情感型和内向型等维度对组织性格的构成进行分析，相应地，对组织性格的内涵界定如下：表征企业组织在战略价值观（基于直觉还是基于事实）、外部环境适应方式（感知还是判断）、内部决策模式（情感驱动还是理性驱动）以及组织发展定位（内向还是外向）等方面的相对稳定的态度与心理特征。

直觉型性格表征对新问题、新现象、新事物、新技术、新商业的偏好与能力，直觉型性格显著的企业组织会比较擅长于学习新技能、处理新问题。与之对应的事实型性格表征企业对已有技能、真实场景、明确问题的偏好与能力，事实型性格显著的企业组织善于脚踏实地地处理好当下问题。两相比较，直觉型性格比事实型性格更强的企业组织更加喜爱与擅长创新，而事实型性格更强的企业组织则能够把惯例性动作做得更好。在直觉型性格的引导下，企业组织能够更高效率地将知识资本重组、融合并转化为创新能力，为组织带来更大的创新动能。Akinci 和 Sadler – Smith（2012）系统总结了管理学研究对于直觉型性格的关注点，确认了领袖型人物的直觉在管理决策中的重要作用，并指出在直觉导向下高层管理更倾向于做出长远视角的决策，如加大研发投入等。因此，提出如下假设：

H16.2a：直觉型性格对研发倾向有显著的正向促进作用，且在知识资本影响研发倾向的作用路径上调节效应显著。

感知型性格表征企业组织对外的开放性，它使得企业组织对外部环境保持好奇心，从而加强对外部资源的探索与开发；相反地，判断型性格表征企业组织的自我控制力与执行力，具备这种类型性格的企业组织对于明确的工作任务有着极高的完成效率，但在创造性工作方面却表现得不太擅长。在感知型性格的引导下，企业组织乐于从外部环境中学习与吸收知识，并能比较多地提出新想法和开展新项目。Lee 和 Shin（2000）以韩国的研发机构为研究对象，发现当研发人员对公平感知越强烈时，他们会越发努力地工作，即投入到研发活动；刘刚和王岚（2014）以汽车行业的研发合作为情境，研究发现企业对合作过程中的感知公平性影响着企业之间的信任与承诺关系，而关系质量与合作研发价值又存在显著关联。因此，提出如下假设：

H16.2b：感知型性格对研发倾向有显著的正向促进作用，且在知识资本影响研发倾向的作用路径上调节效应显著。

情感型性格表征企业组织的和谐、宽容与环境友好性，具备这种性格的企业组织会从更加主观、综合与人性化的思维进行决策，考虑自身行动对环境的影响，会考虑环境匹配对自身工作完成的重要性。理性型性格的企业组织总是喜欢采用分析、判断、鉴别、批评的视角看待工作中的任务与问题，它的一切行为总是在遵照着固有的逻辑与规则。一般而言，具有情感型性格的企业组织更偏好研发与创新，善于在与环境的动态交互中创造性地找到问题的解决方案；它们还会更加强调内外部环境中信息与知识的融合，放大知识资本对研发倾向的作用效果。在方雯等（2014）的研究中，管理者的情绪智力被认为是R&D活动中员工创造力的核心调节变量，并证实了它的显著调节作用；Scheve和Luede（2010）则提出，情感型性格会有利于企业组织建立友好的社会网络结构关系，为组织的合作研发与协同创新产生多方面影响，促进组织选择并实施开放式合作创新。由此，提出如下假设：

H16.2c：情感型性格对研发倾向有显著的正向促进作用，且在知识资本影响研发倾向的作用路径上调节效应显著。

外向型性格表征企业组织的对外交往意识，能够从社会交往中获得能量与动力；内向型性格的企业组织正相反，它们喜静、多思，对问题解决有独立、负责、细致的想法，能够坚持长时间地、勤奋地探索。具备外向型性格的企业组织能够处理好它们与利益相关者之间的关系，能够做好商业模式创新活动。但是，R&D活动考验长期坚持、独立自主的精神，因此，内向型性格的企业组织可能会更为适合且专长。在内向型性格的引导下，企业组织的知识资本能够在时间的作用下逐渐地转化为创新能力与创新成果。在实证研究中，虽然有较多学者从开放式创新的视角提出了组织的开放与外向型性格对研发倾向的重要影响，但同时也有学者，如周伟（2014）、Hung 和 Whittington（2011）等指出，相对于依赖外力推动的开放式创新，企业组织的自主R&D有助于带来持续的增长动力，而自主R&D有赖于内向型性格的驱动。由此，提出如下假设：

H16.2d：内向型性格对研发倾向有显著的正向促进作用，且在知识资本影响研发倾向的作用路径上调节效应显著。

综上可知，对于研发倾向而言，可把直觉型、感知型、情感型与内向型性格归纳称为积极型的性格特质。需要特别说明的是，此时将四者归纳为积极型性格特质是一种假设，而非结论。因为每个维度的性格特质都有两个方向，相对于研发倾向而言，两个方向的性格特质若产生作用，则要么为积极型影响，要么为消极型影响。做出积极型性格特质的假设是为了在表达上更能体现作用力的方向性。也正因为如此，对于"积极型"的判定仅是一个相对概念，它不能脱离研发倾向这一情境目标产生独立的解释力。而且，在经过实证研究后，对于积极型性格特质的构成还会有所调整和改变，以此发掘和匹配研发倾向所需求的性格特质。由此，提出如下假设：

H16.2：积极型组织性格对研发倾向有显著正向促进作用，且在知识资本影响研发倾向的作用路径上调节效应显著。

（三）组织性格与社会责任

从理性角度来讲，社会责任的承担并不会为企业组织带来直接性的经济价值，反而会消耗部分稀缺资源，这不符合组织"利润最大化"的目标要求。然而，在当前竞争环境下，虽然政府和监管机构并没有对企业组织承担社会责任做出硬性规定，但是大部分企业都在积极地履行社会责任并发布社会责任报告。这就涉及市场运行中的信号传递机制：企业组织承担社会责任通常不是道德高尚下的自我要求，而是因为机构投资者、消费者与社会公众的偏好与选择——机构投资者认为履行社会责任的企业组织更具有可持续性发展的眼光与意识，消费者认为对社会、环境与员工负责的企业组织应该也会对消费者更加负责，社会公众则认为企业组织从社会获得的商业利润理应用来回馈社会；在这种心理认知下，承担社会责任的企业组织更会被社会认可，从而有利于企业融资、营销乃至打造品牌与形象。于是，企业组织知觉到承担社会责任对自身发展的价值与意义，转而开始对社会责任担当产生偏好，主动发布社会责任报告，向投资者、消费者与社会公众发出和强化信号，以获得更大的间接回报。从上述机制过程的描述中可以看出，社会责任承担行为要受到心理感知的激发，而企业组织的心理感知能力与其组织性格密切相关，因此，组织性格与社会责任之间应该存在重要联系。

具有直觉型性格的企业组织善于洞察外部环境，并且能够长远地考虑问题，会有更为长远的发展目标与计划，因此，拥有该类型性格的企业会更加清楚地认识社会责任的潜在意义，也就会以更加积极和乐观的心态承担社会责任。相反地，具有事实型性格的企业组织会更关注短期目标的实现，它们对经济利益、当前业绩较为敏感，自然也就会削弱它们对承担社会责任的感知效用。Windsor（2010）曾指出，企业组织的社会责任行为能够被企业伦理理论解释，在企业伦理理论中选择直觉通常被认为是重要前因之一，由此推出，组织的选择直觉能够部分诠释它们愿意主动承担社会责任的动机。由此，提出如下假设：

H16.3a：直觉型性格对社会责任担当有显著的正向促进作用。

具有感知型性格的企业组织会更为开放和更具有格局，它们更关心利益相关者与社会公众对自身的评价与尊重；具有判断型性格的企业组织则会对时间、效率、业绩极为敏感，在做出决策前总喜欢用经济价值去权衡得失。显然，前者有利于引导企业组织承担社会责任，后者则会起到抑制作用。多项研究均证实了顾客与利益相关者感知与组织社会责任承担之间的正向联系，如 Dilling（2011）、Dennii 和 Harik（2010）等。由此，提出如下假设：

H16.3b：感知型性格对社会责任担当有显著的正向促进作用。

具有情感型性格的企业组织非常重视与环境的和谐，对于员工、消费者、投资者和社会公众都保持尊重，这样的企业组织更自觉地承担社会责任，并热衷于从社会责任担当中获得社会赞誉。具有理性型性格的企业组织，即便积极承担社会责任，也只是因为它们理性地感知社会责任对自身发展的重要性，在其他大多数情况下它们不会体现对社会的情感。甚至理性型企业组织由于高层管理者对个人利益的追求而强化企业业绩与社会责任担当之间的负相关关系。陈业玮（2010）指出，当前中国很多企业在已经树立起社会责任意识的情况下，却总是采取与之不匹配的社会责任行动，根源在于企业组织与消费者、社会公众等利益相关者之间缺乏情感依恋。由此，提出如下假设：

H16.3c：情感型性格对社会责任担当有显著的正向促进作用。

具有外向型性格的企业虽然偏好从社会环境中获得情感交流，却不愿意为社会付出；反而是内向型性格的企业组织，它们会本着勤奋、负责、周到的精神，对社会做出回馈。内向型性格的企业组织会表现出高度的尽责性，正是这种尽责性让企业组织更倾向于选择内涵式发展道路，同时也更关心企业发展为社会所做的贡献。姚飞和王晶晶（2013）选取2010年469家A股企业进行研究后指出，完整且高效的内部治理有助于企业履行社会责任。由此，提出如下假设：

H16.3d：内向型性格对社会责任担当有显著的正向促进作用。

综合上述四项子假设，可归纳提出如下假设：

H16.3：积极型组织性格对社会责任担当有显著的正向促进作用。

三、研究设计

（一）变量测量

1. 自变量

知识资本与组织性格的测量变量，主要参考喻登科等（2017）的设计，尽量采用上市公司财务报表中报告的指标合成，以保证变量测量的可行性。

2. 因变量

借鉴Liang等（2018）的研究结论，从社会责任与研发倾向两个方面观测组织的未来取向。其中，社会责任的评分指标借鉴和讯网的标准，采用税收额占利润的百分比和公司捐赠额度两个指标各以50%的权重合成；研发倾向直接采用研发经费投入强度来衡量。

3. 控制变量

参考付悦和陈国权（2012）、Cowen等（1987）、Trotman和Bradley（1981）的研究，在因变量为研发创新与社会责任的实证模型中使用频率较高的控制变量有企业规模、企业年龄、行业类型等。综合考虑影响企业未来发展的中国文化情景、时代背景和创新型企业的属性特征，设置7个控制变量，分别是员工规模、经费规模、企业年龄、所处地域、所有制形式、高技

第十六章 创新型企业的知性管理与未来取向

术属性、互联网属性。

所有变量的测量指标和测度方法如表 16.1 所示。

表 16.1 变量的测量指标和测度方法

变量		测度指标	测算方法	变量简称
组织性格	直觉型性格[a]	投资收益占比	投资收益/净利润	N
	感知型性格[a]	会议决议数[b]	年会议决议数量/年会议数	P
	情感型性格[a]	股权集中度	前十大股东持股比例	F
	内向型性格[a]	海外营收占比[b]	海外业务收入/营业收入	I
知识资本	人力资本	薪资费用率	工资薪酬/营业收入	HC
	结构资本	管理费用率	管理费用/营业收入	SC
	市场资本	销售费用率	销售费用/营业收入	MC
未来取向	社会责任	社会责任评级得分	税收额占利润的百分比（50%）公司捐赠额度（50%）	CSD
	研发倾向	研发投入强度	研发费用/营业收入	R&D
控制变量	员工规模	员工数量		Employee
	经费规模	净资产		Capital
	企业年龄	企业成立年限		Age
	所处地域	东部=1，中西部=0		Region
	所有制形式	是否国有制企业	是=1，否=0	Ownership
	高技术属性	是否高技术行业	是=1，否=0	Technology
	互联网属性	是否互联网行业	是=1，否=0	Internet

注：a 为每个维度的组织性格都有两个方向（如内向型性格的反向为外向型性格），在此每种性格都仅采用一个指标测量，指标数据越大，表示对应于该方向的性格特征越显著，而其反向的性格特征越不显著。即每个维度组织性格的两个方向之间都不具有清晰的界线，用连续变量会比离散、分类变量更好地表征组织性格的模糊特性。b 为逆向指标，在实证分析前需要先对指标数据进行逆向处理。

（二）数据来源

以进入 2018 年全球创新企业 1000 强（普华永道思略特发布）的 175

家中国企业为样本,除去在中国香港、中国台湾发行股票和在美国上市的公司77家,以及年报公开不全和数据缺失的4家公司,共计得到有效样本94家。

组织性格和知识资本的原始数据来自 Wind 数据库,部分数据补充自各公司披露的报告,经人工整理得到。研发投入强度的数据来自普华永道思略特官网。

社会责任得分来自和讯官网。需要特别说明的是,和讯网中公布的(广义)社会责任得分囊括了股东责任、员工责任、消费者权益责任、环境责任、(狭义)社会责任等内容,这一概念在范畴上太广,不适合完成本项实证研究:其一,包含内容太多的广义社会责任,其得分数据虽然有了全面、综合等优势,但信息量也会在数据综合过程中失真;其二,广义社会责任得分的计算环节中包含了很多财务指标,其中部分财务指标已经用于反映知识资本与组织性格。因此,选用狭义的社会责任概念,采用二级指标(狭义)社会责任的数据完成测算。由于行业不同,二级指标(狭义)社会责任的权重比例不同(制造行业中,狭义社会责任占广义社会责任的比重为10%,服务行业比重为30%,其他行业比重为20%),作者还对获取的(狭义)社会责任得分数据进行了权重一致性处理。

为兼顾研究结果的可靠性和统计数据的及时性,选取靠近2018年的时间窗口2015~2017年,收集3年数据进行平均处理。

(三)研究方法

使用层次/逐步回归分析方法完成路径作用关系强度的测量,使用的统计分析工具为 SPSS。

四、实证分析

（一）描述性分析

在回归分析前，对各变量进行描述性分析（见表 16.2），以此观察变量的分布特性以及变量间的相关关系。从相关系数看，组织性格中内向型性格（I）与社会责任（CSD）显著正相关；其他维度的组织性格与社会责任相关关系不显著；人力资本（HC）、结构资本（SC）和市场资本（MC）与研发投入强度（R&D）均呈显著正相关。鉴于部分自变量之间具有较强的相关性，后续的回归分析模型中将对变量进行标准化处理，并考察每个回归模型的最大方差膨胀因子（VIF），以观察和控制共线性问题所可能造成的偏差。

表 16.2 变量的描述性统计

变量	均值	标准差	相关系数							
			P	F	I	HC	SC	MC	CSD	R&D
N	0.487	2.064	0.114	-0.084	-0.017	-0.091	-0.041	-0.029	-0.081	-0.023
P	7.820	2.864		-0.329***	-0.050	0.041	0.091	0.004	-0.171	0.162
F	0.626	0.169			0.191*	-0.252**	-0.281***	-0.151	0.175*	-0.296***
I	0.181	0.209				-0.031	0.088	0.120	0.304***	0.047
HC	0.021	0.027					0.777***	0.434***	-0.052	0.728***
SC	0.096	0.100						0.471***	-0.030	0.907***
MC	0.621	0.067							-0.111	0.394***
CSD	2.762	1.843								-0.053
R&D	0.058	0.071								1.000

注：*$P<0.10$；**$P<0.05$；***$P<0.01$。

(二) 直接效应分析

1. 知识资本与研发倾向

根据表16.2中相关系数矩阵所反映的信息可知,知识资本三个构成维度对研发倾向的作用关系大小排序分别为市场资本最小、人力资本其次、结构资本最大。由此,以市场资本、人力资本和结构资本依次为自变量,以研发倾向为因变量,采用层次回归分析方法探察知识资本对研发倾向的直接作用关系,分析结果如表16.3所示。由表可知,市场资本($\beta=0.352$,$P<0.01$)、人力资本($\beta=0.660$,$P<0.01$)与结构资本($\beta=0.872$,$P<0.01$)均对创新型企业的研发倾向有显著的正向影响,因此H16.1a、H16.1b和H16.1c正式通过检验。即H16.1得到验证。而且,市场资本、人力资本和结构资本对企业研发倾向的正向影响依次增加,三者对研发倾向的共同解释力超过60%($\Delta R^2=0.612$),说明知识资本确实为企业组织的研发创新提供了动力与条件。

表16.3 知识资本对研发倾向的直接效应

变量		因变量:研发倾向				
		模型1	模型2	模型3	模型4	模型5
控制变量	Employee	-0.415**	-0.383**	-0.298**	-0.107	-0.111
	Capital	0.209	0.176	0.172	0.028	0.034
	Age	-0.178*	-0.225**	-0.075	-0.067	-0.060
	Region	0.153	0.180*	0.114	0.089*	0.088
	Ownership	-0.021	0.068	0.082	0.044	0.045
	Technology	0.204*	0.179*	0.133*	0.074	0.074
	Internet	0.180*	0.010	0.046	-0.028	-0.021
自变量	MC		0.352***			-0.022
	HC			0.660***		0.056
	SC				0.872***	0.838***

续表

变量		因变量:研发倾向				
		模型1	模型2	模型3	模型4	模型5
拟合优度	F-value	3.663***	4.725***	14.951***	55.981***	44.161***
	Adjust R^2	0.168	0.241	0.548	0.823	0.824
	R^2	0.231	0.309	0.584	0.840	0.843
	ΔR^2		0.078	0.353	0.609	0.612
	Max(VIF)	4.371	4.382	4.407	4.526	4.545

注:*P<0.10;**P<0.05;***P<0.01。

需要补充说明的是,当知识资本三维度都纳入回归分析方程时,仅有结构资本与研发倾向的关系达到显著水平,这暗示着结构资本对研发倾向的直接效应要远超市场资本与人力资本的影响。这一推论符合表16.2中结构资本与研发倾向的相关系数高达0.907所反映的信息。这一结论还指出,创新型企业在人力资本、市场资本方面所做的投入与努力,最终都会内化为组织的结构资本;也只有通过结构资本的作用,才能对组织的研发创新与未来发展产生更直接的促进性影响。

2. 组织性格与社会责任

由于表16.2中仅显示内向型性格与社会责任的相关关系显著,无法准确判断四个维度组织性格与社会责任之间作用关系的相对大小,因此,选择采用逐步回归分析方法,由SPSS工具自动逐步增加自变量,从而完成组织性格对社会责任的直接效应测量(见表16.4)。

表16.4 组织性格对社会责任的直接效应

变量		因变量:社会责任				
		模型6	模型7	模型8	模型9	模型10
控制变量	Employee	0.151	0.137	0.029	0.035	0.038
	Capital	0.005	0.014	0.098	0.119	0.091
	Age	-0.128	-0.131	-0.123	-0.149	-0.162

续表

变量		因变量：社会责任				
		模型 6	模型 7	模型 8	模型 9	模型 10
控制变量	Region	0.100	0.121	0.129	0.140	0.198*
	Ownership	0.147	0.158	0.163	0.188	0.146
	Technology	-0.085	-0.084	-0.092	-0.126	-0.075
	Internet	0.029	0.023	0.031	0.017	-0.002
自变量	N		-0.104	-0.090	-0.102	-0.102
	P			-0.139	-0.169	-0.156
	F				-0.113	-0.138
	I					0.294***
拟合优度	F-value	1.399	1.351	1.377	1.297	1.951**
	Adjust R^2	0.029	0.030	0.035	0.036	0.102
	R^2	0.103	0.115	0.129	0.136	0.208
	ΔR^2		0.012	0.014	0.007	0.172
	Max（VIF）	4.370	4.389	5.123	5.128	5.128

注：*$P<0.10$；**$P<0.05$；***$P<0.01$。

从表可知，仅有内向型（I）性格（β=0.294，P<0.01）对社会责任的作用关系显著，且作用方向为正。因此，H16.3d 通过检验，而 H16.3a、H16.3b 和 H16.3c 无法通过检验。综合而言，H16.3 部分通过检验。从这一结论可知，企业承担社会责任的行为，最受组织内向型性格（或许是内向型性格中的尽责特质）的影响：内向，对于创新型企业组织的未来可持续发展而言，应该是最为宝贵的品质。直觉型、感知型与情感型性格对社会责任担当的直接效应不显著，这意味着我国创新型企业绝大多数在承担社会责任决策中都异常理性，它们很少受到外部环境感知与心理偏好的影响。

综上所述，环境心理学理论（强调行为取决于组织与环境的互动）对于揭示我国创新型企业社会责任行为的发生机制失效；相反地，人格心理学（强调行为取决于组织的内生性格，如内向与尽责等）或许会有更强的解释力。此外，上述两点结论还意味着，我国创新型企业的社会责任决策机制已趋于成熟，这或许和我们选择的样本对象几乎都是国内知名大型企业有关。

（三）调节效应分析

组织性格在知识资本对研发倾向作用路径中的调节效应，采用引入交互项的层次回归分析方法测量，结果如表 16.5 所示。由表可知，大多数维度的组织性格对研发倾向的影响，只有在与知识资本形成特定的组合之后才会显著，这正好证明了组织性格所起作用为调节效应（而非直接效应或交互效应）的研究假设的科学性。

综合模型 12、模型 16 和模型 20 可知，直觉型性格与市场资本、人力资本的组合对研发倾向的影响不显著，但直觉型性格在结构资本对研发倾向的作用路径中起负向调节作用。因此，H16.2a 不能通过验证。这一研究结果意味着在高直觉型性格将弱化结构资本对研发倾向的积极影响。换言之，当一个组织较多依赖高直觉型性格时，它对结构资本的重视和依赖程度就会降低，从而使得后者对研发倾向的主导作用减弱。

综合模型 13、模型 17 和模型 21 可知，感知型性格与市场资本、结构资本的组合对研发倾向有显著的正向影响，但感知型性格在人力资本对研发倾向的作用路径中调节效应不显著。而且在与结构资本组合后，感知型性格对研发倾向也构成直接的显著正向影响。因此，H16.2b 部分通过验证。这一研究结果比较容易得到解释：人力资本是感知型性格触发的主体，市场资本与结构资本是组织感知的客体；在感知型性格驱动下，感知行为与客体之间理应会通过交互而产生更加强烈的效果。通过研究结果可知，感知型性格能够加强组织对外部市场资本和内部结构资本的有效认知，从而更好地整合内外部资源，为协同创新与技术研发带来促进作用。

综合模型 14、模型 18 和模型 22 可知，情感型性格在市场资本与人力资本对研发倾向的影响路径中起显著的负向调节作用，而在结构资本对研发倾向的作用路径中调节效应不显著。因此，H16.2c 不能通过验证。情感型性格与直觉型性格的作用规律类似：情感型性格的增强，会使得企业组织在长期决策上更加感性与情绪化，从而降低组织对资本在科学配置与理性利用方

表 16.5 组织性格在知识资本对研发倾向作用路径中的调节效应

因变量：研发倾向

项	变量	模型11	模型12	模型13	模型14	模型15	变量	模型16	模型17	模型18	模型19	变量	模型20	模型21	模型22	模型23
控制变量	Employee	-0.415**	-0.371*	-0.366*	-0.377**	-0.352*	Employee	-0.288**	-0.242	-0.284*	-0.307**	Employee	-0.110	-0.083	-0.091	-0.113
	Capital	0.209	0.162	0.171	0.187	0.139	Capital	0.156	0.129	0.131	0.165	Capital	0.024	0.015	0.030	0.032
	Age	-0.178*	-0.208**	-0.189**	-0.223**	-0.201**	Age	-0.065	-0.08	-0.105	-0.083	Age	-0.067	-0.080*	-0.080	-0.068
	Region	0.152	0.183*	0.156	0.189**	0.211**	Region	0.121	0.109	0.101	0.152*	Region	0.089*	0.069	0.099*	0.098*
	Ownership	-0.021	0.039	0.030	0.119	0.033	Ownership	0.061	0.074	0.108	0.051	Ownership	0.055	0.040	0.052	0.040
	Technology	0.204*	0.138	0.174*	0.100	0.205**	Technology	0.102	0.146*	0.124	0.159**	Technology	0.092*	0.086*	0.057	0.074
	Internet	0.180*	0.020	0.015	0.066	0.063	Internet	0.067	0.043	0.065	0.047	Internet	-0.015	-0.021	-0.037	-0.025
自变量	MC		0.296**	0.333***	0.290***	0.214	HC	0.506***	0.629***	0.492***	0.617***	SC	0.746***	0.847***	0.885***	0.828***
调节变量	N		-0.106	0.133			N	-0.242				N	-0.090*			
	P						P		0.102			P		0.085*		
	F				-0.280**		F			-0.086		F			-0.052	
	I					0.229**	I				0.146*	I				0.014
交互项	N×MC		-0.165				N×HC	-0.315				N×SC	-0.194***			
	P×MC			0.228**			P×HC		0.072			P×SC		0.147***		
	F×MC				-0.359***		F×HC			-0.231**		F×SC			0.027	
	I×MC					0.171	I×HC				0.050	I×SC				0.048
拟合优度	F-value	3.663***	4.035***	4.869***	7.103***	4.337***	F-value	12.279***	12.292***	13.501***	12.779***	F-value	49.337***	54.264***	44.393***	44.005***
	Adjust R^2	0.168	0.246	0.296	0.396	0.265	Adjust R^2	0.549	0.548	0.575	0.561	Adjust R^2	0.842	0.851	0.823	0.822
	R^2	0.231	0.329	0.372	0.462	0.345	R^2	0.598	0.597	0.622	0.610	R^2	0.857	0.867	0.843	0.842
	Max (VIF)	4.370	4.419	5.365	4.572	4.495	Max (VIF)	8.532	5.265	4.516	4.415	Max (VIF)	4.549	5.361	4.678	4.567

注：*$P<0.10$；**$P<0.05$；***$P<0.01$。

面的关注，削弱知识资本驱动下的研发倾向。

综合模型 15、模型 19 和模型 23 可知，内向型性格与其他三个维度的组织性格不同，它对研发倾向的作用关系不是调节作用，而是直接的显著正向作用。因此，H16.2d 不能通过验证。这一研究结果意味着，内向型的企业组织更偏向于做出研发导向型的战略决策，但内向型性格本身无法与知识资本产生交互，从而强化或弱化知识资本对研发倾向的影响。

在组织性格的 MBTI 理论中，四个维度的性格都具有双向性，这就意味着起负向调节作用的组织性格，其反向的组织性格应该就会起到正向调节作用。由此，还可得出两点推论：事实型性格在结构资本对研发倾向的作用路径中起显著的正向调节作用；理性型性格在市场资本与结构资本对研发倾向的影响路径中起显著的正向调节作用。因此，组织性格在知识资本对研发倾向作用路径上的调节效应应该被确认为真实、显著地存在，即 H16.2 部分通过检验，只不过研究假设中关于"积极型组织性格"的认知与界定需要修正。

根据上述结果，两种偏向于非理性和激越的组织性格（直觉型和情感型）对研发倾向起抑制作用，而另外两种偏向于理性和安静的组织性格（感知型和内向型）对研发倾向起促进作用。这暗示着我国创新型企业的创新活动已经跳跃过了依赖灵感、直觉、情绪支持的阶段，进入科学的创新管理阶段。从创新管理成熟度而言，这是"好事"；但同时也可能是"坏事"，因为它意味着我国创新型企业的创新可能多为只需要"按部就班"的利用式创新，而缺乏需要依赖"妙手偶得"的探索式创新。利用式创新的过度与探索式创新的不足，从短期而言能够提高我国创新型企业的创新效率，但从长期而言并不利于企业组织的可持续发展。

五、本章小结

企业组织的未来取向关系可持续发展,在企业管理实践中是一个重要问题。对于创新型企业这一契合我国当前国家战略意图的特殊组织类型,探究它们未来取向的形成路径更是极具意义。本章融合知性管理理论与未来取向理论,提出了知识资本、组织性格对未来取向的作用关系框架,并以中国知名创新型企业为样本,采用回归分析方法对作用关系做了测量。研究结论主要有:

(1) 知识资本对研发倾向有显著的直接作用,且知识资本中的结构资本影响效果最显著。

(2) 组织性格中,只有内向型性格与创新型企业的社会责任担当显著正相关,而直觉型、感知型和情感型的作用效果不显著。

(3) 组织性格在知识资本对研发倾向的作用路径中起调节作用,其中感知型性格的调节效应为正,而直觉型和情感型的调节效应为负。

(4) 内向型性格对研发倾向的正向作用机制更倾向于直接效应,而非调节效应。

总体而言,知识资本直接促进企业组织的研发倾向;直觉型、感知型与情感型性格在其中起调节作用;内向型性格对研发倾向与社会责任均起直接促进作用;组织知性管理确实存在对未来取向的激发与作用机制。由此可将知性管理导向的未来取向实现框架加以修正,如图 16.2 所示。

根据研究结论,可为创新型企业更有效地定位与实现未来取向提出以下启示:

(1) 企业需从研发创新与承担社会责任两方面定位组织的未来取向,研发创新提升组织的未来发展潜力,社会责任担当体现组织的使命与提升组织的形象。

第十六章 创新型企业的知性管理与未来取向

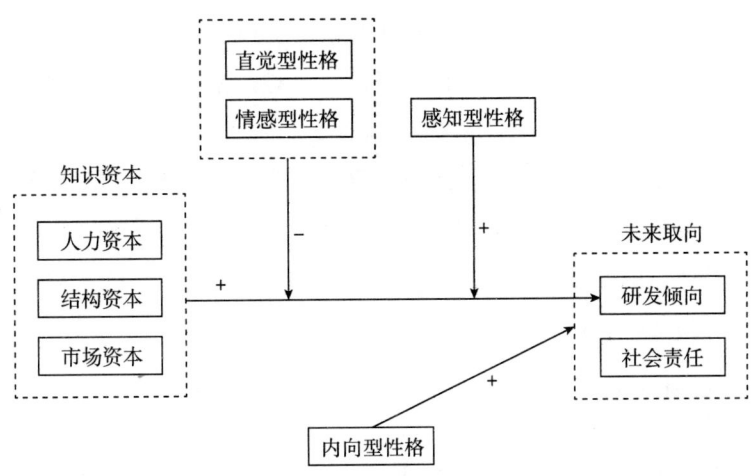

图 16.2　创新型企业未来取向的实现框架

（2）创新型企业实现未来取向需从知性管理入手，一方面加强知识资本的开发与积累，另一方面培育利于未来可持续发展的性格特质。

（3）人力资本、结构资本与市场资本都对组织的未来发展有促进作用，但是最根本的动力因素是结构资本，企业组织需高度重视将人力资本与市场资本内化、融合为结构资本，才能最大程度发挥知识资本的效能。

（4）组织性格有多重维度，但不同维度性格对组织未来取向的作用机制有非常大的差异，企业组织需探索发现和遵循引导这些作用机制来加强组织性格与未来取向的正向匹配。

（5）在我国创新型企业的发展情境中，感知型性格与内向型性格会有利于组织实现未来取向，而直觉型性格与情感型性格对未来取向起抑制作用。

（6）加强知识资本与组织性格的组合配对与协同治理，既是知性管理的精髓，也是企业组织通过未来取向谋求可持续发展的关键。

当然，本章研究也存在一些局限，如①受限于样本来源，所得结论可能仅适用于揭示大型创新型企业的规律，对于中小型、创新型特质不显著的企业可能会缺乏解释力。②组织性格对未来取向的影响机制一定是线性的吗？为了更好地检验组织性格作为调节变量时交互项的显著性，本章未考虑非线性作用机制的验证。③研究变量几乎都改编自上市公司发布的财务指标,这虽然有利于保障数据的信度,却在一定程度上对数据的效度有损失。④不同行业的企业组织在未来取向上应该会有较大差异,这些差异中未能有效地甄别。⑤研究结果与结论具有非常强的情境依赖性,它应该不适合解释与预测外国文化情境中创新型企业的未来取向行为。未来将从样本来源、研究假设、指标设计、稳健性检验等方面综合考虑,对研究进行完善,以建构更具普适解释力的创新型企业未来取向理论。

本章参考文献

[1] Rohrbeck, R., Bade, M. Environmental scanning, futures research, strategic foresight and organizational future orientation: A review, integration, and future research directions [C]. ISPIM Annual Conference, Barcelona, Spain, 2012.

[2] Liang, H., Marquis, C., Renneboog, L., et al. Future-time framing: The effect of language on corporate future orientation [J]. Organizational Science, 2018, 29 (6): 1093-1111.

[3] Liu, Z., Li, J., Zhu, H., et al. Chinese firms' sustainable development-the role of future orientation, environmental commitment, and employee training [J]. Asia Pacific Journal of Management, 2014, 31 (1): 195-213.

[4] Shirahada, K., Niwa, K. Future-oriented mindset's contribution to management of corporate R&D personnel motivation in Japan [J]. International Journal of Innovation & Technology Management, 2007, 4 (4): 375-392.

[5] Stewart, T. A. Intellectual capital: The new wealth of organizations [M]. New York: Doubleday, 1997.

[6] 吴延兵,刘霞辉. 人力资本与研发行为:基于民营企业调研数据的分析 [J]. 经济学(季刊), 2009, 8 (4): 376-399.

[7] Dakhli, M., De Clercq, D. Human capital, social capital, and innovation: A multi-country study [J]. Entrepreneurship & Regional Development,

2004, 16 (2): 107-128.

[8] 付向梅, 曹霞. 产学研联盟结构资本对创新绩效的影响研究 [J]. 预测, 2015 (2): 22-27.

[9] Mohd, A. A. H., Ainul, I., Tony, V. Z. Intellectual capital and market performance: The case of multinational R&D firms in the U. S. [J]. The Journal of Developing Areas, 2016, 50 (5): 487-495.

[10] 杨帆. 供应商和客户参与对企业新产品开发的作用机制研究 [D]. 天津大学, 2017.

[11] Hurmelinna, P., Peltola, S., Tuimala, J., et al. Attaining world-class R&D by benchmarking buyer-supplier relationships [J]. International Journal of Production Economics, 2002, 80 (1): 39-47.

[12] Bridges, W. The character of organizations - Using personality type in organisational development [M]. Palo Alto, California: Davies-Black Publishing, 2000.

[13] Otto, P. E., Nick, C., Stott, H. How people perceive companies: Personality dimensions as fundamentals [C]. Proceedings of the 28th Annual Conference of the Cognitive Science Society, 2006.

[14] Okun, M. A., Finch, J. F. The Big Five personality dimensions and the process of institutional departure [J]. Contemporary Educational Psychology, 1998, 23 (3): 233-256.

[15] Akinci, C., Sadler-Smith, E. Intuition in management research: A historical review [J]. International Journal of Management Reviews, 2012, 14 (1): 104-122.

[16] Lee, M., Shin, W. An empirical analysis of the role of reference point in justice perception in R&D settings in Korea [J]. Journal of Engineering & Technology Management, 2000, 17 (2): 175-191.

[17] 刘刚, 王岚. 公平感知、关系质量与研发合作关系价值研究 [J]. 科研管理, 2014, 35 (8): 25-33.

[18] 方雯,王林雪,冯耕中等. 内在动机、管理者情绪智力与员工创造力关系研究——基于3类所有制企业 R&D 背景的实证 [J]. 科技进步与对策, 2014 (7): 142-148.

[19] Scheve, C. V., Luede, R. V. Emotion and social structures: Towards an interdisciplinary approach [J]. Journal for the Theory of Social Behaviour, 2010, 35 (3): 303-328.

[20] 周伟. 内向型 FDI、自主 R&D 与经济增长——来自中国的实证分析 [J]. 南京社会科学, 2014 (12): 15-22.

[21] Hung, S. C., Whittington, R. Agency in national innovation systems: Institutional entrepreneurship and the professionalization of Taiwanese IT [J]. Research Policy, 2011, 40 (4): 526-538.

[22] Windsor, D. Choice institutions, moral theories, and social responsibilities [J]. Proceedings of the International Association for Business & Society, 2010, 21 (1): 12-22.

[23] Dilling, P. F. A. Stakeholder perception of corporate social responsibility [J]. International Journal of Management and Marketing Research, 2011, 4 (2): 23-34.

[24] Dennii, A., Harik, L. Consumers' perception of corporate social responsibility in a developing country [J]. International Journal of Consumer Studies, 2010, 34 (1): 46-51.

[25] 陈业玮. 情感依恋对企业社会责任和消费者忠诚意向的影响机制研究 [D]. 浙江工商大学, 2010.

[26] 姚飞,王晶晶. 公司内部治理与企业社会责任关系研究——基于中国 A 股上市公司数据 [J]. 郑州航空工业管理学院学报, 2013, 31 (1): 80-86.

[27] 喻登科,肖欢,彭静等. 性格特质对企业绩效的影响:知识资本的中介与调节作用 [J]. 情报杂志, 2017 (5): 203-211.

[28] 付悦,陈国权. 组织性格决定组织命运?——以组织学习能力作

为中介的模型 [J]. 经济管理, 2012, 34 (8): 97-104.

[29] Cowen, S. S., Ferreri, L. B., Parker, L. D. The impact of corporate characteristics on social responsibility disclosure: A typology and frequency-based analysis [J]. Accounting, Organizations & Society, 1987, 12 (2): 111-122.

[30] Trotman, K. T., Bradley, G. W. Associations between social responsibility disclosure and characteristics of companies [J]. Accounting Organizations & Society, 1981, 6 (4): 355-362.

第十七章
员工的知性特质与社会认同

21世纪初,中国政府在党的十六大和十六届三中、四中全会上都提出要构建"社会主义和谐社会"的战略目标。它是我国改革开放之后30年的经济快速发展,国家治理战略从经济增长向社会和谐、人民幸福的重心转移。而党的十八大又进一步提出了社会主义核心价值观,十二条准则中的一条正是和谐。根据社会学与心理学相关理论,社会和谐的基础是社会认同:只有社会个体在职业、社交、情感、政治、阶级、服务等各方面均表示认同并达成心理共识和产生心理保障,社会矛盾才不会突出,社会和谐才能实现。因此,深入建设社会主义和谐社会的关键在于培育民众的社会认同感。

根据中国统计局的数据,2017年就业人口为7.76亿,占劳动力人口的96.2%,占人口总数的55.9%。因此,培育民众的社会认同,可以就业人口(员工)为主要抓手。而且,因为就业人口往往是家庭的经济支柱,他们的安全、保障与发展,决定着整个家庭的社会认同感。从员工视角考虑社会认同问题,将为中国政府建设和谐社会提供一个高执行力和高效率的微观操作指引。

随着经济、社会、科技、教育的持续发展,我国就业人口的平均受教育年限在迅速提高。2018年,李克强在政府工作报告中指出,劳动年龄人口的平均受教育年限已提高到10.5年,开始接近一些发达国家的水平。知识型员工成为我国企业组织可持续发展的核心力量。

在知识经济环境中,"知识就是力量"对于组织而言可能是真理。但对于整个社会而言,仅有知识与科技的支撑还不够;塑造民众正确的价值观和荣辱感才能让知识型人才变成社会财富,而不是潜在危害。这就是我国近年来不断加强党风廉政建设和推行社会主义核心价值观的原因。一名员工的性格决定着他自己的命运;众多员工的性格决定着社会的和谐与稳定。知识与性格组合起来才构成了一名员工的完整特质,是为"知性"。

在古希腊,柏拉图就提出了"知性"这一概念。他将知识分为想象、常识、科学和数学、哲学四类,掌握四种知识的人相应地具备想象、信念、知性、理性四种认识能力。康德认为,知性是介于感性和理性之间的一种特质。中国人多用"知性"一词来形容有文化、内涵、包容、优雅的现代女性。

2015年本书研究团队将"知性"理念迁入组织管理领域,提出了知性管理理论。该理论的核心观点是企业组织的核心无形资产包括知识与性格两方面,二者之间的相互协同与转化,通过作用于核心竞争力提升与暂时性竞争优势培育,为组织创新驱动的可持续成长提供原动力。知性管理,既是对知识资本与组织性格的管理,也是对"知性"这一独特特质的培育。

本章把知性管理理论迁移至个体层面,希望探索组织员工的知性特质及其对社会认同的影响路径。显然,知性管理理论在个体层面的发展,会更具有自洽性。

一、理论架构

社会认同理论是社会心理学中最有影响的理论之一。其创建者Tajfel等(2010)将社会认同定义为"个体认识到他/她所处特定社会群体,以及这个群体的成员带给他/她的情感和价值意义"。经过发展,当前的社会认同理论通常将社会认同分解为类化、认同、比较三个过程。类化指个体察觉与其他个体之间的相似性与差异性，并将其放大强化；认同是指根据相似性与差异性的自我评估，个体自主归类于某一群体，并赋予社会身份；比较指个体会观察比较群体内和群体外两个层面，从而修正或强化对群体的情感与价值意义。社会认同理论对于理解人际和群际行为的动因，指导社会治理具有重要的意义。

社会认同包括多个层面。国内学者研究比较集中的领域有：阶级认同和民族认同（这两者决定着社会矛盾与国家稳定）、制度认同和政府服务认同（这两者决定着人民群众对执政党的拥护程度）、职业认同和文化认同（这两者决定着个体的经济基础与精神归依）。加强社会主义和谐社会建设的关键就是要消除和降解这三个层面的矛盾：阶级与民族矛盾、执政者与人民群众之间的矛盾、人民群众内部的经济差距和文化冲突。相对于阶级矛盾，民族矛盾有着更大的客观性，需要长时间的民族融合才能逐渐缓和；相对于国家制度的战略性，政府组织所提供的公共服务更具有弹性和直接性，能起到调和矛盾的作用；同时由于"经济基础决定上层建筑"，职业认同比文化认同的强化可享有更高优先级。因此，本章选择阶级认同、公共服务认同、职业认同三个维度建构社会认同的研讨架构。

社会认同融合了社会学与心理学两个学科的理论思想。这就意味着，它既与客观存在的社会属性（如工作、财富）有关，也与主观感受的心理状态（如公平、调适）有关。有稳定工作和经济来源、较高的社会名望和地位的个体更容易产生较高的社会认同感；同时，对公平感知不甚敏感、能够自我调适的个体，更容易对社会形成认同。换言之，社会认同的前因，工作业绩（表征工作岗位、职级和经济收入等）和自我调适（表征心理素养和情绪调节能力）应该能够达到较高的解释力。

在知识经济时代，知识型员工的工作业绩主要取决于他们的知识竞争力。越有丰富知识、经验和技能的员工，在工作中越有更好的岗位、更高的职级和更强的绩效。因此，知识水平对员工的工作业绩能起到解释作用。当然，无论在任何时候，个体作为社会群体中的一员，都不可避免地需要沟通协调各种工作。工作业绩，也就与沟通协调能力不无关联。而一名员工的沟通协调能力,大部分时候与其性格密切相关。

自我调适和他人调适是心理学概念心理调适的两种方式。自我调适是指个体根据环境发展变化进行心理控制与调节,从而维护心理平衡,消除心理问题,并发挥心理潜能。在人格心理学理论中,个体性格和自我调适能力之间存在密切因果联系。但社会学提示我们,人类个体的修养是可以后天培育的,个体性格也部分可以后天改造。这个培育与改造的过程正是我们学习与获取知识的过程。经过高等教育、精英教育的大多数个体都能够有更好的大局观与社会责任感,他们面对社会矛盾时会更好地自我调适,以保持积极的心态去面对和解决问题。

由此,本章构建知性特质、工作业绩、自我调适和社会认同之间的作用关系框架如图 17.1 所示,拟解决的关键问题是证实这一作用路径并测量作用关系强度,为社会认同理论提供微观基础。

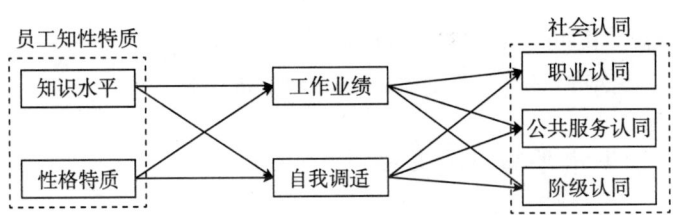

图 17.1　员工的知性特质与社会认同的研究框架

二、研究假设

(一) 知识水平与工作业绩

在知识经济时代,知识被认为是个人和组织最重要、最具竞争力的资源。拥有丰富知识和高超技能的员工会具有更强工作能力和更高工作效率，还能赋予所生产的产品或所提供的服务以更多的知识含量，为组织带来知识附加值。根据 Hogarth 和 Einhorn（1990）提出的绩效公式，个人的工作业绩由其掌握的技能、受到的激励、把握的机会和身处的环境所决定。根据功能进行分类，知识包括受教育水平、工作技能、日常知识等。早在20世纪80年代，就有学者讨论了员工受教育水平对其工作业绩的积极影响，而 Blickle 等（2011）、Rosen 和 Levy（2013）等都论证了工作技能与业绩之间的直接作用关系。有来自案例资料的证据显示，虽然日常知识不起眼，但很多大型企业的成功经验往往源自善于从日常工作中发现问题和提炼知识。此外，根据野中郁次郎（2006）的观点，知识按照形态可分为显性知识和隐性知识。很多学者都强调，相对于显性知识，隐性知识因其难以模仿性、专有性、高价值性等特征，更容易为个人或组织带来高额的工作回报。因此，通过"干中学"获得和积累隐性知识是知识型员工提升工作能力和获得高水平工作业绩的重要途径。由此，提出如下假设：

H17.1：知识水平对工作业绩存在正向促进作用。

（二）知识水平与自我调适

相比于未接受过高水平教育的个体而言，知识分子通常表现出更高的整体意识、自尊意识、自主意识、价值意识和竞争意识。这些意识使得他们能够更加智慧和系统地看待社会矛盾问题，提高他们自我调适并适应环境的能力；有时也会使得他们对社会矛盾的认识更加敏感和深入，对自我认知产生高度自信，在自我调适时遇到观念转变困难。但整体而言，受教育水平的提升和知识技能的积累，能够对员工的自我调适产生积极影响——知识能让员工个体变得更为自信和乐观，进而做出改变自己的行为。有研究表明，进入管理层的高知员工比普通员工具有更强的自我调适能力，他们必须具备在面对困境时及时调整情绪、恢复状态并解决问题的能力。由此，提出如下假设：

H17.2：知识水平对自我调适存在正向促进作用。

（三）性格特质与自我调适

性格是个体对现实的稳定态度以及与这种态度相应的、习惯化了的行为方式中表现的人格特质。根据心理学中的大五人格理论，个体性格可以从神经质、外向性、开放性、宜人性和尽责性等方面去阐释。外向性和开放性性格的个体容易从外部环境中获得积极的心理回馈，强化他们的自我调适能力；宜人性和尽责性性格的个体，容易从内心生成环境友好型的心理意向，指引自我完成心理调适。但是，具有神经质性格的个体可能会让他们容易产生焦虑、愤怒、敌意、抑郁、冲动、脆弱等情绪，使得他们自我调适能力较弱且不稳定。总而言之，积极的个体性格特质对自我调适产生正向影响，而且随着年龄增长，个体性格完善，他们的自我调适能力也在逐渐增强。由此，提出如下假设：

H17.3：积极的性格特质对自我调适存在正向促进作用。

（四）性格特质与工作业绩

用性格特质预测工作业绩一直是心理学研究领域的重点。20 世纪 80 年代出现的大五人格理论及量表测量了广泛而稳定的人格因素，被众多的大型企业用于员工招聘工作，预测新进员工的工作业绩。研究表明，在大五人格中：尽责性对各行业员工的工作绩效都有较好的预测性；宜人性在服务业及那些人力密集行业中有较好的预测性；外向性在社会性行业（如管理咨询行业）中对员工绩效有显著的预测性；开放性在需要面对跨文化背景的工作或者工作要求有求新性时预测性有效；几乎所有研究结果都指向神经质在任何情境下都与工作业绩负相关。霍兰德提出的人格—工作适应理论，则为性格特质与工作业绩之间的关系提供了理论诠释：员工对工作的满意度和流动性倾向取决于个体的人格特质与职业环境的匹配程度。在与性格匹配程度高的岗位上工作，个体会获得较高的工作满意度，由此促进工作绩效提高。此外，还有研究发现：性格特质对工作业绩的中介变量为知识学习方式，不同性格特质的个体会采用不同的知识学习方式，而学习到的知识决定着他们的工作业绩。这一研究也为工作环境中的知识水平与性格特质建构了一重联系。由此，提出如下假设：

H17.4：积极的性格特质对工作业绩存在正向促进作用。

（五）工作业绩与社会认同

工作性质和岗位会对员工的阶级认同产生影响。白领与蓝领的区别、普通员工与管理层的博弈、工人阶级和资产阶级的斗争，其实都源于员工对自身所处阶级的类化与认同。工作业绩以及因为业绩带来的差异性回报会回馈员工的职业认同：在一项对小学教师的职业认同研究中发现，工资报酬和职称水平越高的教师对职业的满意度和认同度也越高。此外，工作业绩所影响的经济收入差异，让员工个体享受不同水平的社会服务。有研究表明，高收入群体会对政府公共服务和社会服务有更高的满意度，而且他们会更主动地寻求通过干预和参与公共服务来提升个人幸福感和家庭生活品质。由此，提出如下假设：

H17.5：工作业绩对社会认同存在正向促进作用。

（六）自我调适与社会认同

自我调适能够从两个方面对社会认同产生积极影响：其一，自我调适能力较强的个体善于以积极的态度面对问题和解决问题，在高水平的环境适应力作用下总能够寻找到有效途径来满足自己的需求，减少抱怨和增强认同；其二，自我调适能力较强的个体总能找到有效的途径来娱乐和释放自己，缓解因社会环境和矛盾带给自身的心理压力。在社会环境快速变化的时代，组织内的员工会遭遇很大的职场压力、生活压力和社交压力，只有自我调适能力够强，才能够保持心态平衡，积极面对社会并认同社会。不少学者在研究社会认同问题时，都指出了心理调适这一策略。由此，提出如下假设：

H17.6：自我调适对社会认同存在正向促进作用。

（七）工作业绩的中介作用

员工的知性特质与社会认同分属于内部属性和外部认知两个层次，二者之间的逻辑关系并不直接，需要有中介变量的作用传递。根据上文分析可知，工作业绩是一个比较显著的中介变量：一方面，具有知性特质的员工，无论是工作技能还是组织协调能力都会更强，工作业绩也自然会相对更高；另一方面，员工在工作中的高业绩，会对其自身的职业认同感和职业幸福感产生正反馈，因高绩效带来的高薪酬也会改善个人和家庭的经济状况，从精神和物质两方面满足员工的需求，整体强化员工的社会认同感。由此，提出如下假设：

H17.7：工作业绩在知识水平对社会认同的作用关系中起显著的中介作用。

H17.8：工作业绩在性格特质对社会认同的作用关系中起显著的中介作用。

（八）自我调适的中介作用

类似地，自我调适的中介作用也体现在两个方面：一方面，知识（日常知识、工作技能、专业知识）为员工个体进行自我调适（解决问题、排解困难）提供了途径，积极的性格特质强化自我调适的意愿和引导自我调适的正确方向；另一方面，在自我调适后，个体的获得感、幸福感和满足感会极大增强，负面情绪会大为减弱，社会认同感会得到强化。员工个体在知识水平与性格特质等两方面的修养，会通过自我调适的作用将他们的心理状态引向有利于社会认同的方向。在整个作用路径中，自我调适决定着作用关系发生的方向、途径和强度，中介效应应该非常显著。由此，提出如下假设：

H17.9：自我调适在知识水平对社会认同的作用关系中起显著的中介作用。

H17.10：自我调适在性格特质对社会认同的作用关系中起显著的中介作用。

三、研究设计

（一）题项设计与数据来源

研究数据从中国综合社会调查（CGSS）2015年调查数据中提取。CGSS是我国最早的全国性、综合性、连续性的学术调查项目，收集社会、社区、家庭、个人等多层次的数据，适用于社会问题的学术探讨。2018年1月1日，CGSS 2015年数据在中国国家调查数据库的官网上发布，覆盖全国28个省市区的478个村庄，有效问卷高达10968份。所有变量的题项均从CGSS量表题项中筛选得到。全部题项均根据逻辑直接或改编为采用1~5级分值正向处理。具体的题项选用情况如下：

1. 知识水平

将知识水平分成受教育水平、工作技能和日常知识三个维度进行测量。其中，受教育水平重点考察员工个体的受教育程度、英语能力以及普通话能力；工作技能重点观察员工的工作经验积累情况，题项包括"从工作技能来看，单位给我的待遇合理"和"从工作资历来看，单位给我的待遇合理"；日常知识考察员工进行日常学习和充电的情况，选取"过去一年，我经常在空闲时间从事读书/报纸/杂志的活动"和"过去一年，我经常在空闲时间学习充电"等题项。

2. 性格特质

借鉴大五人格的五维度进行观察和测度。其中，情绪稳定性的测量题项为"在过去四周，我经常感觉精神疲惫"、"在过去四周，我感觉再也受不了了"、"在过去四周，我感觉心情平静"；外向性的测量题项为"我经常喜欢去尝试新的不寻常的事情"和"与平凡稳定的生活相比，我更喜欢充满风险与机遇的生活";尽责性的测量题项为"我倾向于事前做计划"、"当做事情时我倾向坐等别人去做";开放性的测量题项为"当学习新东西时,我更喜欢尝试自己的独特方法"、"我喜欢采用别人的方法解决办法";宜人性重点观察个体是否关心他人幸福和愿意为他人提供帮助以及尊重他人,不与人争执和发生冲突。宜人性的题项包括个体对在公共场合大声喧哗、吸烟者在非吸烟者附近吸烟、随地吐痰、随手扔垃圾、讲粗话、插队、不按交通指示灯过马路、不守时、不守信、不关爱老弱病残孕幼等他人行为的看法。

3. 工作业绩

观察员工个体的收入水平和上升空间,题项包括"我的收入高"和"我的升职机会大"等。

4. 自我调适

自我调适是一种心理行为,它很难通过问卷调查的方式客观描述。根据心理决定行为的观点,认为可以通过个体日常放松休闲等行为的频繁程度来评估他们的自我调适能力。因此,自我调适的观察变量包括"过去一年,我在空闲时间经常参加文化活动"、"过去一年,我在空闲时间经常与朋友聚会"、"过去一年,我在空闲时间经常在家听音乐"等。

5. 社会认同

拟从阶级认同、职业认同和公共服务认同三个维度对社会认同加以测量。阶级认同的题项选取为"我认为自己目前在哪个等级"、"我认为自己10年后在哪个等级"、"我家的经济水平状况在哪一档"、"与同龄人相比,我的社会经济地位"等;职业认同的题项包括"我对我的工作满意"、"我的工作稳定"、"我的工作对社会有益"、"能为单位工作我感到自豪"、"我为我从事的工作类型感到自豪"等;公共服务认同的题项聚焦在观察个体对环境污染、城市建设、道路交通、社会治安、食品安全、市场秩序等方面依法办事的认可程度。

(二)样本分布

对获得的数据按如下条件进行整理:①必须处于"就业"状态,而不是创业、自主就业、无业或其他类型；②存在缺失值的题项不超过2个（对样本中的缺失值，取均值作为替代）。最终，筛选获得3984个有效样本。样本分布情况如下：49.7%为男性，50.3%为女性；从事非农工作的占比为48.0%，从事农业相关工作类型的占比为52.0%；家庭经济状况远低于平均水平的占比为4%，低于平均水平的占比为30.2%，处于平均水平的占比为57%，高于平均水平的占比为8.7%，远高于平均水平的占比为0.2%。

（三）研究方法

采用结构方程模型（SEM）方法进行路径分析，分析工具为AMOS 21。

四、实证分析

（一）描述性分析

对样本数据进行整理和描述性分析，结果如表17.1所示。由表可知，各变量的相关系数小于变量AVE（平均变异萃取量）的平方根，表明变量间区别效度良好；变量间相关系数（或其绝对值）普遍较小但又显著，说明变量之间确实存在相互作用关系，而多重共线性问题应该不突出。样本数据适合做进一步的结构方程路径分析。而且还可以初步得出一条结论：员工的性格特质与知识水平之间不存在显著的相关关系。这虽然有悖于知性管理理论的核心观点，但也暗示我们，至少在本书研究框架中，确实没必要纳入知识水平与性格特质之间的关系假设。

（二）信效度检验

采用 KMO 和 Bartlett 球形检验验证数据是否适合做因子分析，并采用 Cronbach's α 系数测量每个变量的信度。结果显示，量表 KMO 值为 0.849（超过推荐值 0.7），Bartlett 球形检验 P = 0.000，表明问卷数据符合因子分析前提。

信效度检验的结果如表 17.2 所示。验证性因子分析显示，全部题项因子载荷均大于 0.5，显示良好的结构效度。所有变量的 AVE 值均大于 0.5，显示构念具有良好的收敛效度。

除自我调适（0.503）、尽责性（0.441）和开放性（0.155）外，各构念的 Cronbach's α 系数均在 0.6 以上。兼顾数据信度和模型完整度，适当放宽 α 系数标准，仅删除开放性这一变量。总量表的 Cronbach's α 为 0.715，说明数据总体具有较高的信度水平。所有变量的组合信度 CR 均高于可接受值 0.6，可以认为它们均通过了信度检验。

（三）同源方法偏差

使用 Harman 的单因素检验评估同源方法偏差的大小。在探索性因子分析提取到 10 个特征值大于 1 的主成分，而特征值最大的主成分所提取方差占比为 10.47%，远低于推荐值 40%。因此，同源方法偏差在可控范围内，不会对研究结果产生重大偏差性影响。

（四）路径分析

1. 初始模型

采用极大似然估计法，在 AMOS 环境下对研究框架做 SEM 路径分析。模型适配指数和主效应路径分析结果如表 17.3 和表 17.4 所示。由表 17.3 可知，模型 CMIN/DF、GFI、PGFI、NFI、IFI 指标均不在参考范围内，提示需要对初始模型进行修正。

表 17.1 描述性统计及相关系数矩阵

变量	均值	标准差	1	2	3	4	5	6	7	8	9	10	11	12	13
开放性	3.010	0.367	**0.736**												
宜人性	1.710	0.569	0.000	**0.752**											
尽责性	3.160	0.421	0.000	0.000	**0.801**										
外向性	2.910	0.451	0.000	0.000	0.000	**0.853**									
情绪稳定性	3.160	0.433	0.000	0.000	0.000	0.000	**0.833**								
日常知识	2.930	1.378	0.000	0.000	0.000	0.000	0.000	**0.879**							
工作技能	2.950	0.307	0.000	0.000	0.000	0.000	0.000	0.000	**0.933**						
受教育水平	2.930	1.378	0.000	0.000	0.000	0.000	0.000	0.000	0.000	**0.843**					
自我调适	2.170	0.796	0.081	−0.064	−0.020	0.063	0.058	0.656	−0.007	0.452	**0.719**				
工作业绩	2.940	0.390	0.002	0.018	0.026	−0.017	0.036	−0.002	−0.005	0.036	0.014	**0.986**			
阶级认同	3.740	1.047	0.027	−0.020	−0.005	0.020	0.022	0.220	−0.003	0.154	0.336	0.066	**0.773**		
职业认同	3.440	0.369	0.015	−0.011	−0.003	0.011	0.012	0.121	−0.001	0.085	0.185	0.047	0.065	**0.767**	
公共服务认同	3.050	0.494	−0.005	0.005	0.002	−0.004	−0.003	−0.043	0.000	−0.029	−0.065	0.021	−0.021	−0.011	**0.748**

注：采用 AMOS 输出相关系数矩阵，不提供相关系数的显著性水平参数；对角线加粗数据为变量 AVE 的平方根。

表17.2 信效度检验

变量	因子载荷									AVE	Cronbach's α	CR
	1	2	3	4	5	6	7	8	9			
开放性	0.736	0.736								0.542	0.155	0.703
宜人性	0.736	0.663	0.828	0.839	0.796					0.566	0.899	0.921
尽责性	0.801	0.801								0.642	0.441	0.782
外向性	0.853	0.853								0.728	0.626	0.842
情绪稳定性	0.878	0.817	0.801							0.693	0.777	0.871
日常知识	0.879	0.879								0.773	0.694	0.872
工作技能	0.933	0.933	0.924	0.920						0.870	0.851	0.931
受教育水平	0.832	0.670	0.741							0.710	0.659	0.906
自我调适	0.695	0.719					0.733	0.714		0.516	0.503	0.762
工作业绩	0.986	0.986								0.972	0.970	0.986
阶级认同	0.850	0.795	0.740	0.700						0.598	0.741	0.855
职业认同	0.784	0.745	0.778	0.785	0.743					0.589	0.816	0.877
公共服务认同	0.719	0.778	0.763	0.759	0.685	0.778			0.703	0.559	0.839	0.884

表 17.3 模型适配指数（初始模型）

适配指数	CMIN/DF	GFI	PGFI	NFI	IFI	RMSEA
指数值	12.973	0.879	0.785	0.845	0.855	0.055
参考值	1~3	>0.9	>0.8	>0.9	>0.9	<0.08

表 17.4 主效应路径分析结果（初始模型）

研究假设	路径	标准化估计值	S.E.	C.R.	P		假设通过情况
H17.1	工作业绩←日常知识	0.004	0.008	0.210	0.834	未通过	H17.1 部分通过
	工作业绩←工作技能	-0.008	0.025	-0.413	0.679	未通过	
	工作业绩←受教育水平	0.046	0.008	2.838	***	通过	
H17.2	自我调适←日常知识	0.656	0.013	18.129	***	通过	H17.2 部分通过
	自我调适←工作技能	-0.009	0.026	-0.385	0.700	未通过	
	自我调适←受教育水平	0.453	0.011	17.957	***	通过	
H17.3	自我调适←宜人性	-0.066	0.012	-3.263	***	通过	H17.3 部分通过
	自我调适←尽责性	-0.012	0.013	-0.640	0.522	未通过	
	自我调适←外向性	0.077	0.029	3.105	***	通过	
	自我调适←情绪稳定性	0.060	0.023	2.814	***	通过	
H17.4	工作业绩←宜人性	0.032	0.011	1.919	*	通过	H17.4 部分通过
	工作业绩←尽责性	0.035	0.013	2.226	**	通过	
	工作业绩←外向性	-0.024	0.026	-1.248	0.212	未通过	
	工作业绩←情绪稳定性	0.048	0.022	2.774	***	通过	
H17.5	阶级认同←工作业绩	0.045	0.019	2.74	***	通过	H17.5 完全通过
	职业认同←工作业绩	0.044	0.019	1.67	*	通过	
	公共服务认同←工作业绩	0.022	0.014	-5.187	***	通过	
H17.6	阶级认同←自我调适	0.336	0.035	12.527	***	通过	H17.6 完全通过
	职业认同←自我调适	0.19	0.021	8.446	***	通过	
	公共服务认同←自我调适	-0.066	0.027	-3.126	***	通过	

注：***P<0.01，**P<0.05，*P<0.10。

由表 17.4 可知，部分路径未通过显著性检验，故先逐条删除不显著的路径。但为保证知识水平这一变量作用关系的合理性和完整性，保留工作技能到工作业绩的作用路径。根据 AMOS 工具在拟合初始模型之后给出的修正建议，对模型进行如下修正：受教育水平和日常知识之间引入相关关系；情绪稳定性和尽责性之间也引入相关关系；阶级认同、宜人性中各自有两个题项的测量误差之间存在共变关系。

2. 修正模型

修正模型的 SEM 拟合结果如图 17.2 所示，模型适配度如表 17.5 所示。由表可知，模型 GFI、PGFI、IFI、RMSEA 指标在参考范围内，NFI 接近推荐值。CMIN 受样本大小影响，研究样本数为 3984 个，样本规模较大是导致 CMIN/DF 较大的原因。由此，修正模型的拟合程度较好。

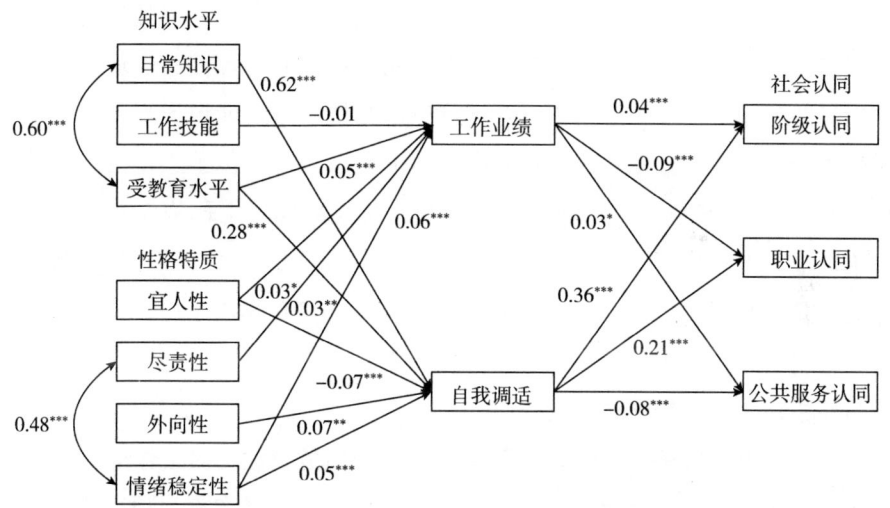

注：***P<0.01，**P<0.05，*P<0.10；开放性变量已因信度通不过检验而被删除。

图 17.2　SEM 路径分析结果（修正模型）

表 17.5　模型适配指数（修正模型）

适配指数	CMIN/DF	GFI	PGFI	NFI	IFI	RMSEA
指数值	9.070	0.911	0.815	0.891	0.902	0.045
参考值	1~3	>0.9	>0.8	>0.9	>0.9	<0.08

注：***P<0.01，**P<0.05，*P<0.10；开放性变量已因信度通不过检验而被删除。

3. 结果讨论

从图 17.2 可以看出，大多数变量间作用路径系数均达到较高的显著性水平且系数为正，意味着从总体而言研究的理论架构得到验证。但是，也有少数的作用路径不显著，或者作用系数为负，这和本书的预期逻辑不相符，需要做更深入的可能成因讨论。

第一，与知识管理理论不一致，员工知识水平与工作业绩之间的正向促进作用几乎未被验证。日常知识与工作技能对工作业绩的作用效果均不显著，受教育水平虽然被证实对工作业绩存在显著正向影响，但作用强度不高。可能原因有两个方面。其一，在 CGSS 调查量表中未找到非常合适和满意的工作技能题项，只能将就使用"从工作技能来看，单位给我的待遇合理"和"从工作资历来看，单位给我的待遇合理"这两个题项来间接测量工作技能，但其实都存在包含多重含义的问题：待遇合理性和合理性的心理评价。即工作单位是否给员工以合理待遇以及员工是否能根据其工作技能而对待遇合理性做出无偏评价，都会影响两个题项对观察员工工作技能的准确性。其二，CGSS 是一项综合性社会调查，在观察样本中，从事非农工作的员工数也仅占 48%，意味着大部分的调查对象都不是从事知识密集型行业工作的高技术型精英人才。对于这样的观测样本，工作业绩存在较大的不确定性，难以依靠知识水平去预测；而且相对于知识水平而言，工作业绩可能会更与性格特质存在较强相关关系。

第二，大五人格中的情绪稳定性、宜人性和尽责性均对工作业绩产生显著正向影响，但外向性的作用效果不显著。这一结论基本符合预期假设。外向性的效应不显著的原因可能在于：在普通工作岗位上，外向性主导的外部信息获取能力、沟通协调能力等在工作中不起主要作用，起决定性作用的是能够让员工兢兢业业工作的性格特质，如尽责性、情绪稳定性等。

第三，知识水平对自我调适的作用非常显著而且作用强度非常高。这一结论既在意料之外（相比较于知识水平对工作业绩不太显著和强烈的作用效果），又在情理之中（知识水平更高的个体确实应该会更乐于和善于自我调适）。

第四，与人格心理学不完全一致，在大五人格中，只有外向性和情绪稳定性对自我调适起到了显著的正向效果，而尽责性的作用效应不显著，宜人性的作用系数甚至为负。尽责性与自我调适之间的作用关系不显著比较容易解释，因为它们刻画的是个人心理上两个完全不同的维度：尽责性引导个体对他人、工作承担责任，具备这种特质的个体在自我调适方面可能会有不足；类似地，善于自我调适的个体，虽然不一定不尽责，但他们往往更关注满足自我需求。宜人性作用系数为负，可能的原因是：宜人性专注个体对他人的响应，自我调适专注个体对自我的调整，它们二者似乎都追求心理与环境的匹配，但匹配时的调整方向其实相反。

第五，工作业绩对社会认同存在显著影响，但让人意外的是，工作业绩有利于提升员工的阶级认同和公共服务认同，反而对职业认同产生负向影响。之所以得出这一结论，究其原因可能有二：其一，在普通甚至底层岗位工作，越是有工作能力、越是工作业绩好的职工，越可能希望调离现有岗位，这使得他们对现有工作产生不满；其二，在普通岗位工作，对于那些工作能力强、业绩好的员工而言，可能无法为他们提供相匹配的薪资待遇和晋升条件等，这使得他们的职业认同感可能反而低于那些业绩平庸的员工。

第六，自我调适对阶级认同、职业认同都起到非常显著且强烈的正向影响，但对公共服务认同起到显著的负向影响。这一结论也容易解释，因为阶级与职业是可以通过员工持续不断的努力来优化的，所以不认同和抱怨不会成为自我调适能力强的员工的心理抉择；但是，政府提供的公共服务是外生的，是员工无论如何努力都不能改变的，员工的自我调适自然不会起到增强公共服务认同的作用。甚而员工可能会因为公共服务认同在自我调适能力作用范围外，而对公共服务中存在的问题产生更大不满，降低公共服务认同水平。

第七，相较而言，知识水平对自我调适的作用效果要强于对工作业绩的作用效果，性格特质对工作业绩的作用效果要强于对自我调适的作用效果。虽然本章研究没有做这种比较性的假设，但实际上这一结果并不符合我们的心理预期。但是这一结果却也不难解释，反而能提供更多的信息和启示。工作业绩更多取决于性格特质而不是知识水平，说明在中国大部分的工作岗位都不具有知识密集和技术依赖特性，而且即使在工作环境中，中国文化也呈现明显的"人情社会"性质，性格特质能够极好地辅助员工完成工作任务。随着社会环境复杂化和压力多元化，员工依靠性格特质去调整心态，不如依靠知识技能去分析和解决问题，这样反而更能达到自我调适的效果，这或许是知识水平能极高预测自我调适能力的原因。

第八，相比于工作业绩，自我调适对社会认同的正向促进作用更强。这意味着社会认同的心理属性比社会属性更强烈，它更多地还是要求个体具有心理和精神上的修养；纯粹地提倡劳动光荣或职业竞争以及提供丰厚的经济回报都只能是一种辅助手段，而不能成为社会认同感提升的主要途径。因此，对于一个国家而言，精神文明建设和文化治理，还是极为重要的。

（五）中介效应分析

为进一步验证自我调适和工作业绩的中介作用，采用 AMOS 软件中的 Bootstrap 程序做中介效应的显著性检验。在样本数为 $N=3984$ 的情境下，抽取 Bootstrap 样本数 1500 个，置信区间设置为 95%，结果如表 17.6 所示。由表可知，大部分间接效应路径的 95% 置信区间均不包含 0，说明工作业绩和自我调适的中介效应确实存在，H17.7 和 H17.8 部分通过检验，而 H17.9 和 H17.10 完全通过检验。

表 17.6　中介效应的 Bootstrap 抽样统计推断

假设	间接效应路径	标准化效应	Percentile Method(95%)		假设通过情况	
			LLCI	ULCI		
H17.7	工作技能→工作业绩→阶级认同	0.000*	−0.001	0.000	通过	部分通过
	受教育水平→工作业绩→阶级认同	0.002**	0.000	0.005	通过	
	工作技能→工作业绩→职业认同	0.000	0.000	0.001	未通过	
	受教育水平→工作业绩→职业认同	−0.004	−0.010	0.001	未通过	
	工作技能→工作业绩→公共服务认同	0.000*	0.000	0.000	通过	
	受教育水平→工作业绩→公共服务认同	0.001**	0.000	0.002	通过	

续表

假设	间接效应路径	标准化效应	Percentile Method(95%) LLCI	Percentile Method(95%) ULCI	假设通过情况
H17.8	宜人性→工作业绩→阶级认同	0.002*	0.000	0.004	通过
	尽责性→工作业绩→阶级认同	0.001***	0.000	0.003	通过
	情绪稳定性→工作业绩→阶级认同	0.003***	0.001	0.005	通过
	宜人性→工作业绩→职业认同	-0.003	-0.009	0.001	未通过
	尽责性→工作业绩→职业认同	-0.003	-0.007	0.001	未通过
	情绪稳定性→工作业绩→职业认同	-0.005	-0.012	0.001	未通过
	宜人性→工作业绩→公共服务认同	0.001	0.000	0.002	未通过
	尽责性→工作业绩→公共服务认同	0.001***	0.000	0.001	通过
	情绪稳定性→工作业绩→公共服务认同	0.002***	0.001	0.002	通过
H17.9	日常知识→自我调适→阶级认同	0.224***	0.193	0.259	通过
	受教育水平→自我调适→阶级认同	0.100***	0.076	0.125	通过
	日常知识→自我调适→职业认同	0.129***	0.101	0.157	通过
	受教育水平→自我调适→职业认同	0.058***	0.041	0.075	通过
	日常知识→自我调适→公共服务认同	-0.048***	-0.071	-0.026	通过
	受教育水平→自我调适→公共服务认同	-0.021***	-0.034	-0.011	通过
H17.10	宜人性→自我调适→阶级认同	-0.024***	-0.039	-0.010	通过
	外向性→自我调适→阶级认同	0.025***	0.011	0.041	通过
	情绪稳定性→自我调适→阶级认同	0.020***	0.004	0.036	通过
	宜人性→自我调适→职业认同	-0.014***	-0.022	-0.006	通过
	外向性→自我调适→职业认同	0.014***	0.006	0.024	通过
	情绪稳定性→自我调适→职业认同	0.011***	0.003	0.019	通过
	宜人性→自我调适→公共服务认同	0.005***	0.002	0.010	通过
	外向性→自我调适→公共服务认同	-0.005***	-0.010	-0.002	通过
	情绪稳定性→自我调适→公共服务认同	-0.004***	-0.009	-0.001	通过

注：***P<0.01，**P<0.05，*P<0.10。

（六）进一步讨论

鉴于工作技能与工作业绩之间的关系不符合本书研究预期，采取如下三种方案对相关结论进行了进一步的验证。

（1）在图17.2修正模型的基础上进一步修正——将工作技能构念以及与之有关的路径都直接从模型中删除，进行结构方程模型的拟合，发现其他路径上的作用系数几乎没有发生大的变化，但是模型的适配指数在恶化，甚至有两个适配指数不再达到要求。因此，工作技能这一潜变量对于整个体系框架而言是有意义的，而且所测得的结果与结论也是稳健的。

（2）将工作技能的测量题项改变为"工龄"变量，这是CGSS 2015中最可能替代性反映工作技能的指标。替代之后进行模型拟合，发现工作技能对工作业绩的作用路径仍旧不显著，其他变量之间的路径系数有细微改变，模型的适配度在降低。因此，工作技能在体系中的作用仍旧未能得到验证，支持现有的研究结论。

（3）考虑到目前测量工作技能的两个题项是"从工作技能来看，单位给我的待遇合理"和"从工作资历来看，单位给我的待遇合理"，这两个题项既与工作技能有关，也可能与员工性格特质有关——宜人性、尽责性和情绪稳定性水平高的员工通常更倾向于认为组织给予他们的待遇合理，同时也会表现出更高水平的工作业绩。因此，我们测量的工作技能与工作业绩之间可能存在内生性，宜人性、尽责性和情绪稳定性的性格特质正是内生性的来源。又因为宜人性与尽责性本身已经纳入了模型，所以工作技能的作用无法体现。基于上述分析，我们用线性回归分析拟合宜人性、尽责性、情绪稳定性（解释变量）与工作技能（被解释变量）之间的关系，计算得到工作技能未被解释的残差项，将残差项作为变量用于测量工作技能。在重新建构与拟合结构方程模型后，仍然发现工作技能与工作业绩之间的作用路径不显著，通不过假设检验。

因此，可以认为，在CGSS 2015的调查情境下，工作技能与工作业绩之间的作用关系确实得不到证据支持。或许，这种关系只能在特定的小情境（如单独的一个企业）中才会表现得比较显著；而在大范围上，如果行业、岗位、个体特征等多方面因素未加控制，工作技能与工作业绩之间就会呈现出稳定的非相关关系。

五、本章小结

将知识水平与性格特质作为构成员工特质的两大核心,提出知性特质的概念。在此基础上引入工作业绩和自我调适为中介变量,探索了员工社会认同的形成机制。本章研究不仅丰富了社会认同影响因素的内容,还可引发对知性员工这一群体的思考,为国家从提升就业人员修养方面加强社会和谐治理提供新思路。

基于源自 3984 份问卷的样本数据,通过结构方程模型分析得出以下结论:知识维度的受教育水平以及性格特质中的宜人性、尽责性和情绪稳定性对员工的工作业绩有显著的正向影响,但知识维度的工作技能对工作绩效反而起显著负向作用;知识维度的日常知识与受教育水平以及性格特质中的外向性和情绪稳定性对员工的自我调适起显著的正向促进作用,但宜人性对自我调适起负向作用;工作业绩与自我调适对社会认同中的阶级认同、职业认同和公共服务认同的作用效果都显著,其中正向作用占主要地位;在员工知性特质与社会认同的大多作用路径上,工作业绩和自我调适都能起到显著的中介作用。

此外,通过对影响路径系数的比较还可发现知识水平对自我调适的影响大于性格特质对自我调适的影响,性格特质对工作业绩的影响大于知识水平对工作业绩的影响,这种可能颠覆本书预期认知的结论恰恰提供了更多的信息,对我们提出社会治理政策更具有启示性意义;知性特质通过自我调适中介社会认同的正效应要远大于其通过工作业绩的中介效应,意味着全面提升人民群众的思想道德修养比提高人民的平均知识素养,对于加强和谐社会建设而言更为重要。这些结论为发掘社会认同的微观机理做出了贡献,也能够为中国政府制定有利于社会治理的微观操作政策提供启示。

当然，本章研究确实还存在多个局限：其一，数据来自综合性的问卷调查，他们中的就业人员在很多变量和关系上可能都会和高技术型就业人口、专业技术人才有所不同，这就使得研究结论可能不适合专门用于解释知性员工的心理认同规律。其二，数据来自现成的调查，属于二手数据的性质，研究团队可能无法确保对各题项的真实含义有完全理解，数据质量也不在研究团队的控制范围内。其三，研究员工的知性特质更好的样本可能会是知识密集型行业中的知识型员工，本书研究样本选择不恰当。但是，这样一份样本集所探究得到的结论也有着它自身的优势。例如，相对于聚焦在特定的行业或具有特定属性的样本上进行研究，本章研究基于全国抽样调查数据得来的结论更具有普适性的解释力；数据来源经过了专业团队的质量控制与其他研究者的检验，研究结果相对而言还比较真实可信。未来研究团队拟从以下两个方面加以扩展和改进，以补充证据，弥补本章研究结果的局限：其一，自主开发问卷量表并大规模发放问卷——提高量表的科学性与有效性以及多层面保证样本的代表性；其二，依据属性特征对样本进行分类，进行分类样本下的模型测量，以检验研究结论的稳健性，建构更具有普适解释力的理论模型。

本章参考文献

［1］Tajfel, H., Billig, M. G., Bundy, R. P., et al. Social categorization and intergroup behaviour［J］. European Journal of Social Psychology, 2010, 1(2): 149-178.

［2］Hogarth, R. M., Einhorn, H. J. Venture theory: A model of decision weights［J］. Management Science, 1990, 36(7): 780-803.

［3］Blickle, G., Fröhlich, J. K., Ehlert, S., et al. Socioanalytic theory and work behavior: Roles of work values and political skill in job performance and promotability assessment［J］. Journal of Vocational Behavior, 2011, 78(1): 136-148.

［4］Rosen, C. C., Levy, P. E. Stresses, swaps, and skill: An investigation of the psychological dynamics that relate work politics to employee performance [J]. Human Performance, 2013, 26 (1): 44 – 65.

［5］野中郁次郎, 竹内弘高. 创造知识的企业: 日美企业持续创新的动力［M］. 李萌, 高飞译. 北京: 知识产权出版社, 2006.

第十八章
知识型员工的知性特质与工作绩效

自罗默和卢卡斯提出新经济理论以及20世纪末《以知识为基础的经济》报告发表以来,知识经济逐渐走入大众视野。在知识经济时代背景下,知识型人才成为国家、社会、组织中竞争力与竞争优势的源泉。按照德鲁克的观点,在知识型组织中,"那些掌握并运用符号和概念、利用知识或信息工作的知识型员工"决定着组织的战略决策与运营效率,对组织发展至关重要。其实,德鲁克当时定义的知识型员工主要还是指高层管理人员(CEO或执行经理),但到了今天,知识型员工的内涵被放大到了大多数的白领和专技工作者。由此,知识型员工更是构成了知识经济发展的主体,对科技、经济、社会、文化的发展进程都起着决定性作用。

在企业组织层面,知识型员工已经取代土地、资本、劳动力等要素,成为企业竞争性、可持续性发展的核心资源。知识型人才的竞争已然成为企业组织之间竞争制胜的关键所在。但是,在企业忙于招聘、挖掘、揽住、储备人才的同时,在如何利用人才方面却往往出现问题。毕竟企业组织需以利润最大化为经营目的,而组织绩效构成的微观单元是员工个人绩效。因此,如何最大限度地激发知识型员工内在潜能,提高员工绩效,受到越来越多的关注。

关于知识型员工工作绩效的影响因素,国内外学者都多有探索,主要集中在三个层面:员工个体层面的因素,如工作能力、胜任力、知识管理能力、敬业度等;工作岗位方面的因素,如薪酬奖励、岗位匹配度、工作满意度等；工作环境方面的因素，如领导者风格、组织氛围、组织文化、组织制度等。但这些研究存在着两个方面的局限：其一，缺乏对知识型员工工作绩效实现的根本动因的考量，没有抓住工作绩效的关键内驱力；其二，缺乏对三个层面多种影响因素之间关系的梳理，未能整合出一个知识型员工绩效实现路径的系统框架。

人职匹配理论对于预测员工工作绩效有着强大的能力。该理论的核心观点是：员工要与其所从事的工作相匹配才能最大程度发挥其潜能，实现更高工作效率，取得职业成功。人职匹配分为三个层次：员工个体与岗位职责的能力匹配；员工个体与组织文化、领导风格等环境匹配；员工个体与企业组织在发展目标上的一致性匹配。三者又可进一步归纳为两种匹配机制：以知识为基础的能力匹配和以性格为基础的环境匹配——目标一致性匹配实际上是这两者的组合。从人职匹配理论中可提取影响员工工作绩效的三个要素，分别是个人特质（包括知识与性格）、工作岗位和工作环境。对于知识型员工而言，他们对三种要素的依赖性更为明显。

因此，本章利用人职匹配理论来统领研究框架，将知识型员工的知性特质、工作岗位、工作环境三个层面整合，探究它们对员工工作绩效的影响，希冀能为企业更加系统地管理知识型员工、提高员工工作绩效提供启示。

一、理论基础与研究假设

（一）理论基础

知识型员工与普通员工的主要区别就在于，前者的工作绩效取决于知识技能与创造力。知识管理领域的研究成果证实，知识、经验与技能是知识型员工进行创造性工作并取得高于普通员工绩效的基础。而知识型员工创造力理论中,智力、知识与性格通常被认为是决定性因素。大五人格理论被广泛应用于指导企业组织预测员工的工作绩效,在很多大型知名企业中经常引入大五人格量表来进行员工招聘时的人格测试。多项研究成果均表明:尽责性对所有职业群体的工作绩效都有很高的预测力,宜人性、神经质和开放性的预测效度次之。知识与性格经常被一起作为员工创造力的解释变量。然而,知识和性格的融合机制所表现的交互作用在员工绩效管理领域缺乏讨论。但是,借鉴个体层面的"知性"概念,本章研究团队从企业层面提出了知性管理理论,探究了知识资本与组织性格之间的作用关系与协同治理机制。把知性管理理论引回到个体层面,更有着天然自洽性。知性特质,应该成为区分知识型员工和普通员工的标准,也应该被纳为知识型员工绩效管理的核心因素。

此外,对于知识型员工,岗位匹配和环境支持等外在因素也很重要。根据人职匹配理论可知,在掌握员工特质基础上,为其匹配最为恰当(能力胜任且性格适合)的工作岗位是员工工作绩效的保证。因此,工作岗位应该是员工知性特质影响工作绩效的中介性因素。但是,很多企业的问题恰恰就出现在很难保证为知识型员工匹配他们所适合的工作岗位。影响知识型员工工作岗位满意度、稳定性、胜任力的环境因素很多,如组织文化、领导风格等。在不同环境因素的作用下,即便是同一员工身处同一个工作岗位,他对工作岗位的满意度感知也可能完全不同,工作绩效自然也会有异。因此,工作环境应该会在知识型员工个人特质与工作岗位的作用关系中起调节作用。

由此,提出研究的理论框架如图18.1所示。

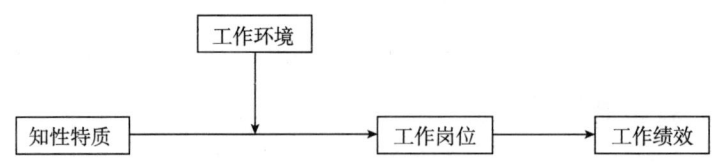

图18.1　知性特质与工作绩效研究的理论架构

（二）研究假设

为测量理论架构中各因素之间的关系，需要对因素进行变量化处理。参考喻登科和严红玲（2018）的观点，知识型员工的知性特质可分解为知识与性格两个变量来测量。在 Tsui 等（1997）的研究中，员工对工作岗位的认同性采用岗位满意度、在岗稳定性和组织公民行为来测量。其中，岗位满意度属于对员工岗位认同与满意的直接测量变量，而在岗稳定性和组织公民行为分别是对员工岗位认同的"基础状态"和"最佳状态"的测量。Abdul 和 Raheela（2015）验证了工作环境对员工绩效的积极影响。他们将工作环境分解为组织文化、个人—组织匹配度（以下简称组织匹配度）和领导风格三个变量来测量，分别观测员工个体所面临的宏观环境、交互性环境和微观个体环境。工作绩效就用它自身作为变量进行测量。

1. 员工的知识与工作绩效

员工的工作绩效来自他们在两方面的资源投入：一为劳动力资源的投入，二为专业技能、经验、技术等知识型资源的投入。根据个人知识管理理论可知，前者为员工带来基础性绩效，后者才构成了他们工作高效率和高业绩水平的条件。根据 Wake（2015）的研究，员工的个体知识与工作绩效之间的作用路径有四条：其一，个体知识作为资源投入，直接参与员工工作中的价值转化过程，将知识转变为价值，为企业带来绩效输出；其二，拥有更多知识的员工个体通常会对组织目标、制度、文化、体系等有着更强的理解力，他们的理解与支持有利于提高管理效率，降低管理成本；其三，拥有专有技能的员工是组织不可替代的资源，拥有核心竞争力并为组织和自身提供更大的价值增值能力；其四，知识型员工通常能成为企业组织中最有活力和竞争力的个体，他们能带动其他员工，提高企业员工工作的整体积极性。由此，提出如下假设：

H18.1：员工的知识对工作绩效起显著的正向促进作用。

2. 员工的性格与工作绩效

积极心理学是人格心理学的一个新兴研究分支。积极心理理论认为，个体的人格特质具有两面性——积极与消极，积极心理能够诱发个体的积极态度、良好品质和有益行为。诸多研究都证实，积极型的人格特质有利于引导个体进行正向思考并解决问题，还可以有利于个体加强与他人的沟通与协作。在企业组织中，这两种能力都会帮助员工取得高业绩。例如，Tett 和 Burnett（2003）研究发现，人格特质中的公正性因素在很多职业领域中都与工作绩效显著正相关；Barrick 和 Mount（1991）的研究显示，大五人格中的开放性、外倾性、宜人性、尽责性等都对员工的工作绩效具有高解释力；而 Schneider 和 Bartram（2017）研究指出，积极型人格特质不仅会影响员工的工作绩效，还会对员工的职业发展乃至企业的持续成长产生重要影响。由此，提出如下假设：

H18.2：员工的性格对工作绩效起显著的正向促进作用。

3. 岗位满意度的中介作用

员工对岗位工作的满意度与工作绩效之间的正向联系已经有了充足的证据。根据资源保存理论可知，当员工对岗位工作不满意时，他们不会有意愿投入个人资源去努力工作，工作取得的业绩回报自然也就较低。从反面，职业倦怠理论也证实，能力较强的员工却取得低工作绩效，往往是他们对当前工作不满意产生倦怠的结果。员工对岗位工作的满意程度取决于员工与岗位在两个方面的匹配：性格与知识。当员工性格与岗位需求高度匹配时，员工对工作有很浓的兴趣和工作意愿；当员工的知识与岗位需求一致时，员工才能胜任工作，较好地完成岗位工作任务。基于性格与知识的员工—岗位匹配，不仅直接强化员工的岗位满意度，而且还能通过高工作绩效为员工带来正向反馈，间接激励和强化员工对岗位工作的喜爱度、满意度和忠诚度。由此，提出如下假设：

H18.3：在知性特质对工作绩效的作用路径上，员工的岗位满意度起显著的中介作用。

4. 在岗稳定性的中介作用

员工流失为很多企业造成了效益损失，由此，在岗稳定性成为这些企业重点考虑解决的难题。但实际上，对于员工而言，岗位的稳定性也会影响他们的绩效。一方面，当岗位工作不稳定时，他们需要持续性地付出成本（包括时间和精力等）去适应新的工作环境和岗位需求；另一方面，总在尝试不同类型的工作岗位，使得他们无法在一个固定的领域积累经验与学识，自然无法保证他们工作时总能取得高绩效。而在岗稳定性的影响因素除企业组织一方的环境和制度外，主要源自员工的知识能力条件和性格特质。当员工的知识与性格与当前的工作岗位不匹配时，他们对工作的认知就会是无趣的、痛苦的，更换工作岗位自然是他们的选择。甚至有时知识与性格本身就会构成员工离岗的直接原因，如有些知识经验丰富的员工总是喜欢接受新的工作挑战，以此更好地实现人生价值；有些性格好动的员工，总是很快地产生职业倦怠，然后转向新的职业。由此，提出如下假设：

H18.4：在知性特质对工作绩效的作用路径上，员工的在岗稳定性起显著的中介作用。

5. 组织公民行为的中介作用

面对快速变化的生存环境，员工主动性成为组织发展的必要条件，因此，组织公民行为引发较多关注。根据 Organ（1997）的定义，组织公民行为是在企业组织没有明确规定或激励的情况下，员工主动做出的有利于组织绩效提高的行为。因此，组织公民行为这一概念天生就与组织绩效、员工绩效存在联系，前者是后者的原因。组织公民行为理论强调员工的利他主义（帮助同事）、责任意识（爱岗敬业）、公民道德（不生事争利和团结同事）、组织认同（保护组织的资源与名誉）等。这些心理上的因素显然都会和员工的性格密切相关：具有外倾性、开放性、宜人性和尽责性等积极性人格特质的员工会有更高频率的组织公民行为发生。此外，组织公民行为还需要员工有更丰富的经验、技能和知识，因为在岗位职责需求范围内的知识，无法支撑他们完成组织公民行为（如提出工作改进意见、向领导谏言等）。由此，提出如下假设：

H18.5：在知性特质对工作绩效的作用路径上，员工的组织公民行为起显著的中介作用。

6. 组织文化的调节作用

根据认知评价理论，激励员工工作的因素包括内源性因素和外源性因素。外源性因素主要指组织工作环境，尤其是组织文化。但是，认知评价理论同时也强调，内源性因素才是员工工作的根本动力源，外源性因素只能起到强化或削弱的作用。组织文化构成了员工工作的软环境。在好的或者说适合员工的组织文化情境中，员工的工作满意度增强；反之，如果员工不喜欢当前的组织文化，也会降低员工对岗位工作（哪怕这个岗位本身是受到员工认同的）的满意度。好的组织文化能够为员工提供舒适的环境和氛围，提升工作绩效。诸多研究都确认了组织文化对岗位工作满意度的显著积极影响。在岗位满意度的前因中，员工的知性特质是内因，组织文化是外因。二者的关系应该是，内因起主要作用，外因起调节作用。组织文化的"好"与"差"会改变知性特质对岗位满意度乃至工作绩效的作用强度。由此，提出如下假设：

H18.6：在知性特质对岗位满意度的作用路径上，组织文化起调节作用。

7. 组织匹配度的调节作用

根据人职匹配理论，员工—组织的匹配和员工—岗位的匹配都很重要，但二者属于两个不同的层次，员工的组织匹配度在一定程度上会影响员工岗位匹配度所带来的效果。即当一位员工对他的工作单位不满时，也连带着对他的工作岗位产生种种不满；而如果一位员工对他的工作单位很满意（如在薪资福利等方面）时，工作岗位不匹配为他所造成的负面效应他可能也能忍受。进而，员工的满意与不满意决定着他们的离职倾向。换言之，组织匹配度是员工在岗稳定性的前因。但是，它的作用和组织文化的作用类似，员工在岗稳定性的主要前因仍会是知性特质，而组织匹配度起调节作用：在员工—组织匹配度高的企业环境中工作，员工的知性特质会让他们感觉到舒适，可强化在岗稳定性；而当员工—组织匹配度低时，员工的知性特质会放大他们对工作的不满且增强他们对更换工作岗位的意愿和能力，可降低在岗稳定性。由此，提出如下假设：

H18.7：在知性特质对在岗稳定性的作用路径上，组织匹配度起调节作用。

8. 领导风格的调节作用

在领导理论中有各种各样的领导者风格假说，如放任型领导、交易型领导、参与型领导、变革型领导、辱虐型领导、魅力型领导、工具型领导等。针对这些领导风格，研究者聚焦于探究他们对下属员工工作方式与绩效以及整个企业组织绩效的影响。结果显示，领导风格确实对下属员工的行为产生重要影响。例如，交易型领导有利于引导员工的角色外行为；变革型领导有利于通过心理授权而强化员工的组织公民行为；辱虐型领导可能有利于督促员工完成工作任务，但却难以激励员工主动地产生组织公民行为。在中国的"关系社会"情境中，领导风格对组织公民行为的影响更为显著：员工的"知恩图报"心理会让变革型或魅力型的领导者在施惠下属员工后得到回馈，而这种回馈主要会通过激发组织公民行为来对工作绩效提升产生积极效果。受员工欢迎的领导者风格，能够在员工的组织公民行为发生机制中起激发与调节作用。由此，提出如下假设：

H18.8：在知性特质对组织公民行为的作用路径上，领导风格起调节作用。

二、研究设计

（一）题项设计

为保证测量工具的效度和信度，尽量选用前人使用过并证明有效的题项，整理并修改完善而成。在问卷设计时，除身份题项及企业相关控制题项以外，其他大多数题项均采用李克特5点法度量。问卷回答者按1~5级进行打分，"1"表示"非常不同意"，"5"表示"非常同意"。

员工知识的测量借鉴Batey等（2010）和Feldhusen（2011）的量表筛选

出9个题项，包括"我经常阅读与工作有关的专业期刊和书籍"和"我经常与同事进行专业的交流与切磋"等。

员工性格的测量参考Furnham和Bachtiar（2008）、Chiang等（2017）的量表筛选出10个题项，包括"我很少感觉孤独和忧郁"、"我尽量对他人做到体贴周到"等。

工作绩效的测量题项改编自Tsui等（1997）开发的量表有8个题项，包括"我的工作质量比大多数同事要高"和"我完成的工作任务数量比大多数同事要多"等。

在岗稳定性、组织公民行为和领导风格的测量题项来自Tsui等（1997）的研究，分别包含2、3、3个题项。其中，在岗稳定性的题项为"我未来12个月内可能离开此工作单位"和"如有薪酬更高的新工作，我可能会离开此工作单位"；组织公民行为的测量题项为"我会提出改进工作流程的建议"、"我会主动承担本岗位工作职责以外的任务和责任"和"我发现工作中存在的问题时会报告上司"；而领导风格的测量题项包括"我的领导能体谅下属，照顾下属情绪"、"我们单位的经营者都很努力听取员工的建议"和"我认为领导并没有和我朝着共同的团队目标努力"。

岗位满意度的测量题项筛选自Snipes等（2015）和刘洋等（2018）的研究包括"我对工作单位非常满意"、"我对单位制定的晋升制度非常满意"和"我对单位给我的工作报酬非常满意"三个题项。

组织文化的测量题项来自Pool（2000）的研究，包括"在我的团队中大家彼此信任"、"我的单位拥有同甘共苦的团队精神"、"我的单位社会责任感很强"三个题项。

组织匹配度的测量题项来自Wayne（2010）和马贵梅等（2015）的研究包含"我所学的专业与现有工作完全相关"和"我现有的工作与我所期待的工作完全吻合"两个题项。

（二）数据收集

以企业员工为调查对象，通过问卷星网络平台发放调查问卷。电子问卷

第十八章 知识型员工的知性特质与工作绩效

通过微信群、朋友圈和QQ群等方式推荐、共享和扩散,因此,抽样方式等同于滚雪球抽样。在2018年10月25~29日发放并回收问卷468份;经过身份题项和测谎题的有效性识别,发现无效问卷153份;经研究助理人工筛查,剔除无效问卷15份。最终得到有效问卷300份,问卷有效回收率为64.10%。

规模为300的样本能够满足本章研究的需求:其一,在统计抽样中,样本量的确定依据为大数中心定律,根据该定律并结合本章研究的结构与变量设计,180多个样本就能满足参数估计的基本要求;其二,Fritz和Mackinnon(2007)曾进行过结构方程模型中样本量确定的研究,经统计,带中介效应检验的结构方程模型研究成果中,50%以上的样本量都小于200,对照他们给出的样本规模推荐表也发现300个样本的规模已经远远超过了路径系数估计的需求;其三,Maccallum等(2001)发现,当模型估计的显著性水平超过95%($P<0.05$)后,显著性水平随着样本规模扩大,提升的边际效应迅速下降——在本章研究中,大多数参数估计值的显著性水平都达到了99%($P<0.01$),此时扩大样本规模所带来的效应不会非常显著。因此,样本量符合模型估计的要求,是有效且适宜的。

在被调查者中,年龄处于28岁以下的占比36.0%,29~48岁者占比60.7%,49岁及以上者占比3.3%。被调查者工龄1年以内占3.7%,1~3年者占25.3%,4~5年占24.3%,6~10年占31.0%,10年以上占15.7%。来自高新技术企业的样本占比57.7%,非高新技术企业的被调查者占比42.3%。大部分被调查者来自私营企业(占比57.0%),其次是国有企业(32.0%)和三资企业(10.0%)。来自大型企业的被调查者占比稍大(39.0%),中型企业(33.7%)和小型企业(27.3%)次之。根据被调查者的网络IP地址,被调查者生活或工作地域覆盖了中国25个省区市。总体而言,样本具有一定的代表性。

运用SPSS 25工具对数据进行整理和描述性统计分析,结果如表18.1所示。变量间相关关系都具有较高的显著性水平,但相关系数不大且小于变量平均提取方差(AVE)的平方根,意味着变量间有着非常好的区分效度;变

表 18.1 均值、标准差与相关系数

变量	均值	标准差	Know	Person	Satis	Stab	Behav	Perfor	Cult	Fit	Lead
Know	3.831	0.695	**0.741**								
Person	3.488	0.792	0.149**	**0.752**							
Satis	3.196	0.934	0.353**	0.330***	**0.874**						
Stab	3.585	1.002	0.070***	0.103***	0.005***	**0.906**					
Behav	3.797	0.791	0.328**	0.315***	0.227***	0.068*	**0.844**				
Perfor	3.713	0.671	0.269***	0.276***	0.361*	0.260***	0.407***	**0.765**			
Cult	3.768	0.796	0.207***	0.159**	0.340***	-0.020***	0.175**	0.263***	**0.844**		
Fit	3.388	1.131	0.169**	0.099**	0.141*	0.087*	0.191***	0.237***	0.158***	**0.929**	
Lead	3.563	0.934	0.168***	0.065***	0.125***	0.048***	0.256***	0.126***	0.227***	0.084***	**0.865**

注：***$P<0.01$；**$P<0.05$；*$P<0.10$。对角线上黑体数据为 AVE 的平方根。

量间相关系数均为正数,预示着本章研究所做的正向作用假设都有着成立的基础。

(三) 信效度与同源方法偏差

信效度检验的结果如表 18.2 所示。问卷整体的 Cronbach's α 系数为 0.905,绝大多数变量的 Cronbach's α 系数都大于 0.8,说明各变量均具有很好的信度。各变量的组合信度(CR)均大于 0.6,表明量表具有良好的内部一致性。探索性因子分析计算得到 KMO 值为 0.879,大于 0.7,表明变量间有共同因素的存在;巴特利特球形检验的 P 值为 0.000,小于 0.05。因此,数据适合进行因子分析。探索性因子分析提取到 9 个特征值大于 1 的主成分,题项与变量间的对应关系与验证性因子分析一致,表明变量构念具有良好的效度。验证性因子分析中的所有题项的因子载荷都超过 0.7(仅有知识的第 7 个题项的因子载荷为 0.694);并且全部因子载荷系数都通过了 T 值和 P 值检验,说明量表具有良好的聚敛效度。

为减少人为的共变性,采用过程控制和统计分析技术。在问卷发放时保证被调查者参与问卷调查的自愿性以及数据获取的匿名性。所发放问卷的题项均打乱了顺序,减少了被调查者自我归因反应对数据真实性的影响。收集整理数据后,使用 Harman 的单因素检验评估同源方法偏差大小。通过探索性因子分析提取到 9 个特征值大于 1 的主成分,特征值最大的主成分所提取方差占 9 个主成分所提取总方差的 33.5%,低于推荐值 40%。同源方法偏差在可控范围之内,不会对研究结果产生重大偏差性影响。

(四) 研究方法

本书采用结构方程模型测量员工的知性特质、工作岗位、工作环境与工作绩效之间的作用路径,采用 Bootstrap 程序检验工作岗位在路径中的中介效应。调节效应采用在结构方程模型中引入交互项的形式进行参数拟合。

表18.2 信效度检验结果

变量	因子载荷（T-Values）：验证性因子分析										AVE	Cronbach's α	CR
	Item 1	Item 2	Item 3	Item 4	Item 5	Item 6	Item 7	Item 8	Item 9	Item 10			
Know	0.772*** (34.068)	0.812*** (42.802)	0.711*** (22.363)	0.725*** (26.384)	0.744*** (26.942)	0.724*** (24.998)	0.694*** (21.441)	0.744*** (26.738)	0.737*** (24.368)		0.549	0.896	0.916
Person	0.782*** (34.806)	0.864*** (61.289)	0.752*** (27.663)	0.718*** (25.725)	0.701*** (23.313)	0.790*** (35.926)	0.684*** (24.366)	0.753*** (29.538)	0.708*** (27.414)	0.754*** (29.873)	0.566	0.912	0.928
Satis	0.855*** (54.123)	0.868*** (57.440)	0.899*** (78.693)								0.764	0.843	0.907
Stab	0.926*** (57.682)	0.887*** (42.075)									0.822	0.785	0.902
Behav	0.831*** (43.601)	0.872*** (55.502)	0.829*** (43.580)								0.713	0.795	0.882
Perfor	0.765*** (34.505)	0.785*** (35.158)	0.736*** (25.281)	0.845*** (50.122)	0.772*** (31.713)	0.736*** (27.706)	0.734*** (25.050)	0.742*** (30.283)			0.585	0.898	0.919
Cult	0.814*** (26.849)	0.814*** (36.019)	0.877*** (40.103)								0.713	0.800	0.882
Fit	0.890*** (5.215)	0.967*** (5.782)									0.863	0.840	0.926
Lead	0.829*** (24.027)	0.914*** (59.207)	0.848*** (29.205)								0.747	0.832	0.899

注：***P<0.01；括号中数据为T值。

三、研究结果

借助 AMOS 软件，采用极大似然估计方法拟合模型，模型拟合的路径系数如图 18.2 所示。除拟合优度指标 GFI 略低于标准值外，其他指标均通过了模型适配性检验，表明模型拟合度较好。

研究结果表明：

（1）员工个体的知识与性格对工作绩效的直接作用系数分别为 0.058（$P>0.01$）和 0.069（$P>0.01$），因此，H18.1 和 H18.2 不能通过检验。

（2）知识与性格对岗位满意度的作用关系显著，系数分别为 0.267（$P<0.01$）和 0.237（$P<0.01$），且岗位满意度对员工工作绩效的作用关系也显著（$\beta=0.250$，$P<0.01$）。初步认为岗位满意度的中介路径有可能成立，中介效应（H3）的准确判断需要通过 Bootstrap 程序进行更深入的检验。

（3）知识对在岗稳定性的作用（$\beta=0.049$，$P>0.01$）和性格对在岗稳定性的作用（$\beta=0.089$，$P>0.01$）均不显著，但在岗稳定性确实对员工工作绩效起显著的积极影响（$\beta=0.228$，$P<0.01$）。可以初步认为在岗稳定性的中介效应不显著，即 H18.4 不能通过检验。

（4）知识与性格对组织公民行为的作用关系显著（分别为 $\beta=0.270$，$P<0.01$ 和 $\beta=0.259$，$P<0.01$），且组织公民行为对员工工作绩效的作用关系显著（$\beta=0.295$，$P<0.01$）。即组织公民行为的中介效应（H18.5）有可能通过检验。

（5）组织文化在知识对岗位满意度作用路径上的调节效应（$\beta=0.195$，$P<0.01$）和在性格对岗位满意度作用路径上的调节效应（$\beta=0.237$，$P<0.01$）均显著，H18.6 通过检验。

（6）组织匹配度在知识、性格对在岗稳定性作用路径上的调节效应（$\beta=$

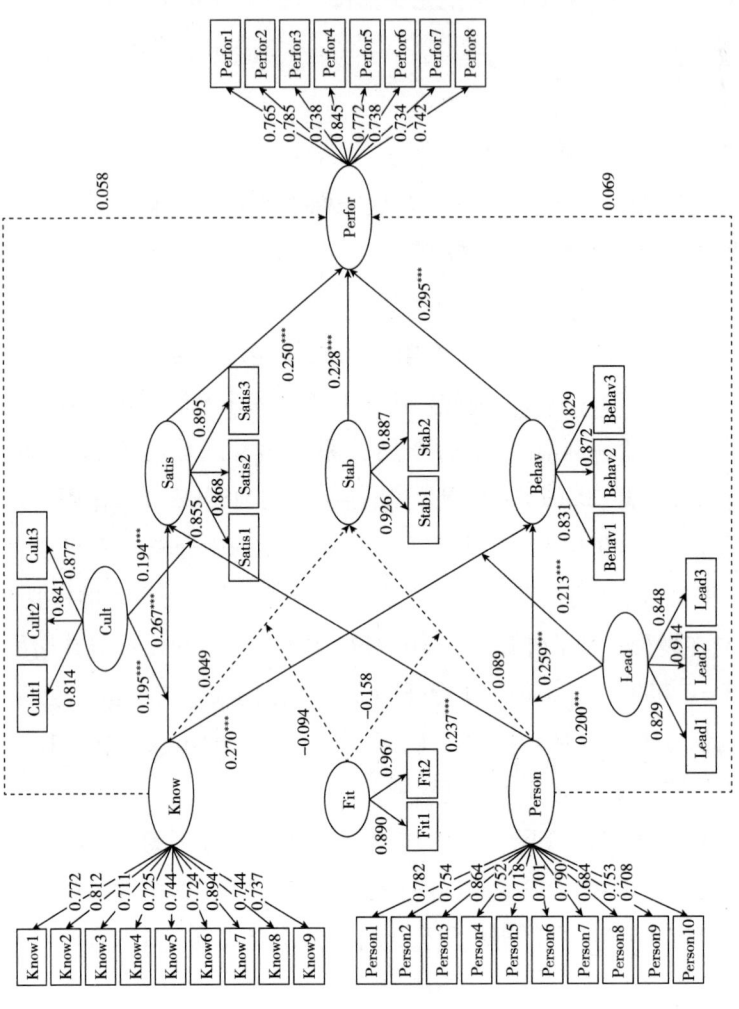

图18.2 结构方程模型路径

注：***P<0.01；虚线为不显著的路径。模型适配指数：$\chi^2/df=1.054$；SRMR=0.043；RMSEA=0.013；GFI=0.887；IFI=0.992；TLI=0.992；CFI=0.992；PNFI=0.773；PCFI=0.795；PGFI=0.907；CN=308。图中的结果变量实际上经过了简化与归并处理，在结构方程模型中实际上还引入了一些虚拟的交互变量，包括组织文化与知识、组织文化与性格等。交互变量题项为参与交互的两个潜变量所对应的观测变量的乘积项。

−0.094 和 −0.158，P > 0.01）均不显著，H18.7 不能通过检验。

（7）领导风格在知识对组织公民行为作用路径上的调节效应（β = 0.213，P < 0.01）和在性格对组织公民行为作用路径上的调节效应（β = 0.200，P < 0.01）均显著，H18.8 通过检验。

（8）由于知识与性格对工作绩效的直接效应显著，而岗位满意度和组织公民行为在知性特质影响工作绩效的路径上起显著的中介作用，因此，可以认定为员工知性特质与工作绩效之间的作用机制遵循完全中介效应。

为了深度检验工作岗位的中介效应，在 SPSS 工具中启用 Process 中介效应检验程序 Bootstrap。在样本数 N = 200 的情况下，进行 5000 次重复抽样，采用 Percentile Method 方法进行中介效应检验，结果如表 18.3 所示。岗位满意度和组织公民行为的置信区间均不包含 0，说明中介效应显著，H18.3 和 H18.5 确认通过检验；在岗稳定性的置信区间包含 0，中介效应不显著，H18.4 确认无法通过检验。

表 18.3 中介效应的 Bootstrap 抽样统计推断

路径	总效应	直接效应	多重中介效应	估计值	标准误	Percentile Method (95%)		假设通过情况
						LLCI	ULCI	
知识→工作绩效	0.226***	0.061	总中介效应	0.165	0.035	0.102	0.242	H18.3 和 H18.5 通过检验，H18.4 不通过检验
			岗位满意度	0.072	0.023	0.035	0.124	
			在岗稳定性	0.013	0.014	−0.012	0.042	
			组织公民行为	0.080	0.023	0.041	0.134	
性格→工作绩效	0.230***	0.065	总中介效应	0.165	0.032	0.106	0.229	
			岗位满意度	0.069	0.022	0.035	0.122	
			在岗稳定性	0.019	0.014	−0.005	0.052	
			组织公民行为	0.077	0.022	0.041	0.130	

注：***P < 0.01。

四、本章小结

在知识经济背景下,作为核心竞争力源泉与可持续成长动力的知识型员工备受企业组织重视。作为人力资源管理理论的重要研究领域,知识型员工的绩效形成与提升路径已经积累了较多的研究成果。人职匹配理论是其中一种常用来诠释员工绩效形成机理的理论。本章研究以人职匹配理论为基础,在融入知性管理理论的启发性知识后,建构了一条员工工作绩效形成的新路径:它从员工的知性特质出发,经工作环境的调节,以工作岗位的认知和行为为中介,实现工作绩效。通过基于300份调查问卷的结构方程模型测量,验证了知性特质对员工工作绩效的间接作用、工作岗位的中介作用和工作环境的调节作用,基本形成了一个完整的理论框架。这对于企业组织加强知识型员工的知性特质培育、工作岗位匹配、工作环境美化和工作绩效提升均有重要的启示性意义。

从路径分析和中介效应分析,可以互相补充得到如下结论:

(1)知识型员工的知性特质对工作绩效不会有直接作用,但是可以通过工作岗位这一变量的中介来施加间接性影响。即知性特质有利于提升员工对工作岗位的满意度以及在工作时的组织公民行为,而岗位满意度和组织公民行为又会显著提高员工的工作绩效。这其实和人职匹配理论非常一致,该理论也认为员工个体的属性只有在与工作岗位匹配后才会对工作绩效产生影响。从表18.3中还可发现,员工的知识与性格经过工作岗位的中介作用后,对工作绩效的影响基本等同(总效应分别为0.226和0.230),这和知性管理理论中将知识与性格作为同等重要因素纳入组织绩效前因的观点保持一致。因此,从员工个体层面,可考虑提出知性特质或知性管理理论,同时加强员工知识与性格的管理,也加强二者的协同治理。

第十八章 知识型员工的知性特质与工作绩效

（2）虽然工作岗位对工作绩效的影响都被验证为显著，但员工的知性特质对在岗稳定性的作用却不显著，在岗稳定性的中介效应也被确认为不显著。这一结论其实在做研究假设时就已有端倪。因为在岗稳定性虽然部分原因可确认为员工的知性特质，但更大的直接原因应该是岗位满意度。知性特质应该会通过岗位满意度对在岗稳定性产生显著的间接影响。即在这一条路径上的逻辑链可能还是设计得不够缜密。但是，这也能为我们提供重要启示：员工的流失对于组织绩效实现而言非常重要，要加强在岗员工的人本管理；员工的流失有时并不是员工自身因素直接引起的，可能是企业组织未能提供好的工作环境或合适的工作岗位引起的，因此企业组织要更多地从自身视角考虑和缓解员工流失问题。

（3）工作环境确实在知性特质影响工作岗位认知与行为时产生调节作用，组织文化和领导风格的调节效应显著，但是员工—组织匹配度的调节效应不显著。这也比较容易得到解释：组织文化和领导风格都是员工面对的工作软环境中最为重要的因素，而员工—组织匹配度甚至都不能算是纯粹的环境因素，它实际上是一种对状态的观测。环境因素在工作岗位认知与行为乃至绩效实现过程中起调节作用，这符合管理学的理论与实践规律。在一定程度上，员工—组织匹配度甚至都是由工作环境来调节的。不过，组织匹配度调节效应的不显著也启发管理实践者们：或许，组织环境的"好"与"坏"存在某种普遍性的客观标准，它与员工本身的偏好性认知关系不大。因此，打造真正的"好"环境，比一味地"讨好"员工、为员工提供匹配其需求的"恰当"环境要更有效果。

（4）从图18.2中可以看出，除不显著的路径系数外，显著的路径系数大多都集中在[0.19，0.29]区间内。即各变量之间的作用强度比较均匀、一致，意味着在由知性特质驱动工作绩效实现的系统内，已经形成了较为稳定的作用机制——经过持续正向传导和逆向修正的系统才会具有这种特征规律。这也预示着，本书测量的结果、结论以及由此建构的理论，将会有着稳健性。

综上，我们检验证实了以工作环境为调节、以工作岗位为中介的员工知性特质对工作绩效施加影响的路径。这一路径可以为人职匹配理论补充证据，但同时也拓展了人职匹配理论——通过研究，可以推导出人职匹配的两种匹配机制，即知识匹配和性格匹配。只有同时匹配了员工的知识与性格，才能保证员工真正满意他的工作岗位和工作环境，才能产生高的工作绩效。而加强员工知识与性格的识别、认知、匹配与治理，这显然又对建构员工层面的知性管理理论提出了需求，可以纳入知性管理理论的体系框架。

本章研究的理论贡献主要体现在两个方面：其一，强调了影响知识型员工工作绩效最为关键的内因是员工知性特质，将知性管理理论引入员工层面拓展了知性管理理论的诠释范围，也是对知性管理理论的丰富和完善；其二，建立起了更为系统和具体的人职匹配机制框架，既验证了工作岗位和工作环境在人职匹配中的重要作用，也为人职匹配策略下的知识型员工工作绩效实现路径提供了证据，这为人职匹配理论的发展做出了贡献。

提高员工的工作绩效是一项系统工程，需要组织在宏观环境和微观个体上都加以兼顾，需要遵循科学的绩效实现机制与路径。根据本章研究的结论，可以得到以下三点重要的管理启示：

（1）培育员工的技术知识与职业性格非常重要，组织应加强二者的兼容管理和协同治理。知识型员工应该是知识与性格的统一体，他们既具有丰富的职业技能和先进的专业技术，也具有尽责性、开放性、外倾性、宜人性等积极的个体人格。在为组织工作的过程中，通过组织文化的引导，知识型员工的知识与性格会逐渐地相互转化、融合和共演，产生对组织目标高度认同的知性员工，成为企业组织发展的中坚力量。企业组织可以通过知识管理加强开发员工的技术知识，也可以通过组织文化和组织性格管理塑造员工的职业性格。即企业层面的知性管理将最终落实为员工知性管理，为知识型员工的工作绩效实现与提升提供原动力。

（2）岗位满意度和组织公民行为是员工发挥潜能并创造绩效过程中的重要桥梁，企业组织尤其要重视这两种因素的优化管理。员工对岗位的满意是他们尽职服务于岗位工作和取得工作绩效的前提；员工的组织公民行为是对员工提出了更加潜意识认同组织和积极发展组织的高要求。企业组织在招人、用人、留人的过程中要根据知识型员工的知性特质，安排最为契合他们的工作岗位，最大化员工的岗位满意度和职业认同感，激发他们的组织公民行为。员工内具的知识与能力只有通过岗位工作与公民行为才能转化为工作绩效，这是本章研究给企业管理者的最大触动与启示。

（3）作为企业组织的软环境，组织文化和领导风格也很重要，企业组织需要从宏观上营造良好的工作文化，也需要根据其经营性质做好领导者风格的定位。组织文化和领导风格分别从宏观和微观上构成了企业员工工作过程中所接触到的环境因素。良好的组织文化与工作氛围能够强化员工的职业认同感与工作满意度；与员工性格与目标追求一致的领导风格能够让员工感到被尊重和舒适，更加专注于工作目标的实现而非忙于适应和对付领导。企业组织需要考虑知识型员工的知性特质来建构有助于他们工作与发展的组织文化，包容性文化、开放性文化、共享性文化等；也要为知识型员工提供具有关怀理念、专业技能、长远发展眼光甚至儒雅的领导，这样才能在知识型员工的群体中产生威望，领导团队或组织工作，达成领导者效能。

当然，本章研究可能还存在着一些局限性：问卷调查侧重询问员工态度，在员工工作绩效方面可能存在自我认知偏差，同源方差偏差问题应该仍会存在；知识型员工与非知识型员工是否有区别，未加严密论证；研究所验证的路径在理论上是怎样的作用机制需要补充个案的证据。因此，未来将重点考虑从补充案例研究和增强理论分析等方面加以完善，为理论完善提供更多的证据支持。

本章参考文献

[1] 喻登科，严红玲. 科研团队内部合作：知性互补还是强强联合[J]. 科技进步与对策，2018，35（23）：9-16.

[2] Tsui, A. S., Pearce, J. L., Porter, L. W., et al. Alternative approaches to the employee–organization relationship: Does investment in employees pay off? [J]. Academy of Management Journal, 1997, 40 (5): 1089–1121.

[3] Abdul, R., Raheela, M. Impact of working environment on job satisfac-

tion [J]. Procedia Economics and Finance, 2015 (23): 717 -725.

[4] Wake, N. J. The use of the balanced scorecard to measure knowledge work [J]. International Journal of Productivity and Performance Management, 2015, 64 (4): 590 -602.

[5] Tett, R. P., Burnett, D. D. A personality trait - based interactionist model of job performance [J]. Journal of Applied Psychology, 2003, 88 (3): 500 -517.

[6] Barrick, M. R., Mount, M. K. The Big Five personality dimensions and job performance: A meta - analysis [J]. Personnel Psychology, 1991, 44 (1): 1 -26.

[7] Schneider, B., Bartram, D. Aggregate personality and organizational competitive advantage [J]. Journal of Occupational and Organizational Psychology, 2017, 90 (2): 1 -20.

[8] Organ, D. W. Organizational citizenship behavior: It's construct clean - up time [J]. Human Performance, 1997, 10 (2): 85 -97.

[9] Batey, M., Furnham, A., Safiullina, X. Intelligence, general knowledge and personality as predictors of creativity [J]. Learning & Individual Differences, 2010, 20 (5): 532 -535.

[10] Feldhusen, J. F. Creativity: A knowledge base, metacognitive skills, and personality factors [J]. Journal of Creative Behavior, 2011, 29 (4): 255 -268.

[11] Furnham, A., Bachtiar, V. Personality and intelligence as predictors of creativity [J]. Personality and Individual Differences, 2008, 45 (7): 613 -617.

[12] Chiang, Y. H., Hsu, C. C., Shih, H. A. Extroversion personality, domain knowledge, and the creativity of new product development engineers [J]. Creativity Research Journal, 2017, 29 (4): 387 -396.

[13] Snipes, R. L., Oswald, S. L., Latour, M., et al. The effects of specific

job satisfaction facets on customer perceptions of service quality: An employee – level analysis [J]. Journal of Business Research, 2005, 58 (10): 1330 – 1339.

[14] 刘洋, 刘筱萌, 李爽怡等. 家长式领导对工作满意度的影响: 上下级关系的中介作用 [J]. 心理技术与应用, 2018, 6 (9): 513 – 521.

[15] Pool, S. W. Organizational culture and its relationship between job tension in measuring outcomes among business executives [J]. Journal of Management Development, 2000, 19 (1): 32 – 49.

[16] Wayne, D. Alive and well: Optimizing the fitness of an organization [J]. Performance Improvement, 2010, 47 (5): 21 – 26.

[17] 马贵梅, 樊耘, 颜静等. 员工—组织匹配对建言行为影响机制的实证研究 [J]. 管理工程学报, 2015, 29 (3): 51 – 61.

[18] Fritz, M. S., Mackinnon, D. P. Required sample size to detect the mediated effect [J]. Psychological Science, 2007, 18 (3): 233 – 239.

[19] Maccallum, R. C., Widaman, K. F., Preacher, K. J., et al. Sample size in factor analysis: The role of model error [J]. Multivariate Behavioral Research, 2001, 36 (4): 611 – 637.

第十九章
高校教师的知性管理与职业发展

伴随国家教育事业发展"十三五"规划浓墨重彩地铺开,国内高校积极响应,贯彻落实建设高水平教学研究型大学的步伐坚定有力。作为教学活动的执行主体,德才兼备的教师是高校最核心的人力资源,其发挥的作用举重若轻。而"一流大学、一流学科"建设的战略目标又意味着在中国的高校中,教师的职能不仅包括教学,更包括科研。事实上,在世界上第一所现代大学——柏林洪堡大学的建设理念中就已经将"教学与科研相统一"作为一项重要的治校原则。而在我国的高等教育系统中也一直将教学、科研与社会服务作为基本职能列入高校教师的考核体系,教学成效与科研成果成为决定教学职业发展前景的核心指标。那么,在现有的考核指标引导下,高校教师职业发展的影响因素是什么呢?换言之,哪些因素决定着高校教师的教学与科研能力?

由于重视力度加大和经费投入能力增强,当前中国高校的科研成果迅猛增长。以科学引文索引检索的论文为例,中国在国际期刊发表高水平学术论文的数量连续多年位居世界第二。而为了"炮制"大量的"高水平"论文与科研奖项,以实现绩效提升与排名进步,中国很多高校都将科研作为第一要务,不惜"高薪挖人"和"重奖论文"。这种风气愈演愈烈必然引发很多的争议和思考:科研成果真的重于教学质量吗?对这一问题的不同答案会给高校教师的职业生涯规划提供完全不一样的方向性引导。对于很多教学型老师而言,以科研为导向的职能定位与绩效考核给他们带来了太多的困惑与无助。"讲好一门课可以折算成几篇论文",类似的问题既是戏谑也是质疑。在这种文化导向下,"传道授业解惑"如何能成为高校教师最后的坚守?对于一名具有良知的高校教师,如何在科研与教学之间做好平衡?甚至可以进一步提出问题:教学与科研存在必要矛盾吗,二者是否存在互促的可能?

可是,笔者作为高校教师中的一员,同时也观察到即使在高校大力鼓励科研的环境下,仍有很多老师在三尺讲台上默默奉献。而且甚至有很多科研业绩不俗的老师也表示,他们更多的自我成就感其实来自人才培养。那么,我们就应该思索:去除高等教育体系大环境因素的影响后,指引一位高校教师"重科研轻教学"还是"重教学轻科研"的根本性因素是什么?除世俗因素外,作为高级知识分子的高校教师,是否有一些特别性的内驱性因素在决定着他们的教育理念、职业使命与价值观?

《教育部关于全面提高高等教育质量的若干意见》将高校教师的管理重点界定为"加强师德师风建设"和"提高教师业务水平和教学能力"两个方面。笔者在从事高等教育工作实践中也往往听到类似的感慨:高等教育不仅是一项技术活,更是一项良心活。而李方安和陈向明(2016)也提出,在大学里对于一个"好老师"的理解通常可归结为"德艺双馨"。以上证据都表明,影响高校教师的内驱性因素可以归纳为知识和性格两方面:业务水平、教学能力等"艺"的方面主要取决于教师的知识水平;师德、师风、良心等方面表征的是高校教师作为一个特殊职业所应该具有的人格特质,它与个体性格密切相关。高校教师在教学与科研方面能否有意愿和能力并取得业绩,取决于他们的知识水平与性格特质。但是,高校教师在知识与性格方面有何特殊要求?二者又如何协调、统一地作用于高校教师的职业发展?

为回答上述科学问题,本章设计 2×2 维度分析框架,探索高校教师的知识与性格和他们的科研与教学之间的关系,并进一步对高校教师职业发展做出解释。通过基于教师访谈的质性研究,希望获得高校教师职业发展在知识与性格维度的归因,并由此提出性格与知识融合视角的高校教师知性管理理念,为高校对其师资人才的内涵型培养提供启示。

一、文献回顾

高校教师职业发展一直是高教探索领域关心的议题,在国内外均有较多的文献积累,研究重点集中在影响因素、现状、问题、对策、前景等方面。在影响因素方面,国内外的研究基本趋于一致,偏向从教学与科研两方面进行讨论。在教学能力专业化发展方面,如李春燕等(2013)研究指出,提升高校教师职业发展的关键在于提高其教育教学能力;Merkt(2017)讨论了专业教学技能与竞争力对高校教师职业发展的重要影响。在科研与学术能力方面,如曲铁华和冯茁(2009)认为高校教师是一种学术性专门职业,学术性是衡量高校教师职业发展水平的主要价值向度;杜学元和彭雪明(2013)进一步指出,从高校教师学术职业的视角出发,我国高校教师管理制度创新应该回归学术职业本源,激励教师往学术职业方向发展;耿加进(2017)通过对高校教师职业特点的分析,认为学术性与社会性的交融是未来我国高校教师职业发展的方向。还有学者从教学与学术相整合的视角总结高校教师职业发展的新规律,如昌晓莉(2011)和沈洁等(2014);而在高校教师职业发展道路选择中,如何平衡教学与科研之间的关系,事实上早在20世纪70年代就有研究,如Hartman(1974)。

影响高校教师科研能力的因素有哪些?有学者从个体角度进行归纳,包括职称、学历、年龄、投入、动力、能力、学科、学缘、职位等;也有学者从机构角度进行诠释,包括高校文化与学术氛围、高校科研投入、高校管理制度等。影响高校教师教学能力的因素又是什么?通常被纳入考虑的因素也包括教龄、职称、学历、性别等个体因素和课程性质、教育体系、教育效能感激励、教学与科研的关系、教学管理、教学能力开发等环境因素。但是,从机构或环境视角对影响因素的解释缺乏对教学与科研能力形成内驱力考虑，而目前从个体角度的解释则又过于偏重外在特征，未深入高校教师个体差异的本质。在众多已有研究成果中，有一些观点值得重视，如Teodorescu（2000）指出教师个体的性格特质是其科研产出绩效的重要影响因素之一；李明玉和王春平（2013）认为提升高校教师教学质量的关键在于有完备的知识结构与能力。显然，知识与性格相比于外在的职称、学历、职位等身份符号更适合解释高校教师在科研与教学能力等方面出现极大差异性的根源。

高校教师的知识构成及其重要性，在国内外均有讨论。比较受认可的观点是，高校教师的主要知识构成包括宽厚的基础理论知识、尖深的专业领域知识以及关于教育教学的理论、方法与技能知识等。有研究表明，知识结构对高校教师的教学能力与科研水平均有显著性影响。由此，有学者引入管理学中的知识管理理论开展了高校教师知识管理的理论探索，并讨论知识管理在高校教师职业发展过程中的价值与意义。

高校教师的性格特质以及由此展示的性格魅力也有一些相关研究成果积累。较多讨论的性格特质因素包括责任心、激情与情绪、权威性、个体人格、职业性格等。陈秀梅（2008）提出，高校教师与其职业发展目标契合的理想性格应该包括高度责任感和舍己奉献精神、平易近人、锐意创新、坚忍执着等。而且，也有证据表明，性格特质在高校教师的教学与科研工作中有着重要的影响作用。甚至有学者提出，作为科研工作者身份生存的高校教师，应该在人格修养基础上塑造学术性格。

以上文献为本章研究的主题确立和观点提炼提供了先验性知识支持，对本书研究成果的完成起到了重要的启发性作用。然而，通过对上述文献进行分析归纳却发现在高校教师性格与知识的关系以及二者整合促进职业发展领域，几乎是研究空白。但是，作为高校教师隐性能力的两大核心支撑要素，知识与性格的融合才会是促进其职业发展潜力提升的最大力量。从知识与性格融合管理的视角探究高校教师教学、科研乃至职业发展的机理与路径，有着重要的现实意义。由此，我们确定了研究目标、逻辑与思路，并决定采用质性分析方法，完成本章研究颇具先创与探索性的研究目标。

二、研究设计

（一）研究对象与资料

为收集质性研究所需数据资料，笔者因在南昌大学管理学院工作，对南昌大学 16 位教师进行了深度访谈。南昌大学属 211 工程建设综合性高校，教育部第一批"卓越工程师教育培养计划"试点学校，多年来积极响应国家教育部号召，肩并教学与科研砥砺前行。其在 2015 年印发的《南昌大学专业技术职务评聘管理办法》中，将教师分为教学科研并重型、基础教学型和社会服务型三类，以此细化职务考核与晋升条件，引导教师寻求职业发展。

访谈设计的程序如下。首先，研究团队在大量查阅相关文献和结合自身多年教学经验体会的基础上拟定了访谈计划和提纲草稿，并确定了访谈小组成员与分工安排。其次，于 2017 年 4 月 20 日对 1 位管理学院管理科学与工程系具有 30 年以上教龄的老教授进行了试访谈，访谈时长达 2 小时 34 分 16 秒。通过试访谈，发现：①相对于设定提纲的结构化访谈，非结构化访谈的方式可能更适合高校教师之间的轻松交流，也能获得更多有价值的信息；②预设的访谈提纲基本囊括了研究所需获取数据的题项，但也遗漏了少数几点可能有价值的内容。最后，在完善访谈计划和确定非结构化访谈形式的基础上于 2017 年 6 月对其他 15 位教师进行了深度访谈。访谈主要围绕四个方面展开：①教学过程中的知识与性格体现；②科研过程中的知识与性格体现；③知识与性格在教师职业发展中的关系及重要性比较；④科研与教学之间的关系。访谈全程录音，每位对象的访谈预期时长为 30~40 分钟。2017 年 7~8 月，研究团队成员将全部录音材料转换成了文字脚本。

研究对象均为笔者在南昌大学工作的同事，以滚雪球抽样的形式确定。

第十九章 高校教师的知性管理与职业发展

研究对象及访谈情况如表19.1所示。16位教师中,有10位来自南昌大学管理学院,从事管理科学与工程、信息管理等专业的教学与科研工作;6位来自南昌大学理学院、信息工程学院等,从事自然科学、工学等方面的岗位工作。在这些教师中绝大部分人拥有博士学位;他们的性别结构、职称结构、年龄结构、教龄结构分布都比较合理,与南昌大学教师总体的统计数据较为一致,有一定的代表性。

表19.1 研究对象及访谈情况

序号	姓名代码	性别	学位	职称	年龄范围	教龄范围	行政职务	访谈时间	访谈时长	整理资料字数
1	A	男	博士	教授	50~55岁	30年以上	系主任	2017.4.20	2:34′16″	36835
2	B	男	博士	副教授	35~40岁	5~10年	无	2017.6.2	0:33′12″	7082
3	C	女	博士	副教授	35~40岁	10~15年	无	2017.6.2	0:41′33″	9104
4	D	女	硕士	副教授	40~45岁	15~20年	无	2017.6.8	0:37′53″	8678
5	E	男	博士	教授	50~55岁	30年以上	院长	2017.6.2	1:56′17″	29654
6	F	女	博士	教授	45~50岁	15~20年	副院长	2017.6.14	0:40′55″	10503
7	G	男	博士	副教授	50~55岁	30年以上	无	2017.6.2	0:23′18″	5753
8	H	男	博士	副教授	30~35岁	5~10年	无	2017.6.14	0:55′14″	10757
9	I	女	博士	副教授	50~55岁	25~30年	无	2017.6.2	0:28′49″	5266
10	J	男	博士	讲师	35~40岁	5年以内	无	2017.6.2	0:47′07″	3870
11	K	男	博士	副教授	35~40岁	5~10年	无	2017.6.8	0:24′23″	8720
12	L	女	博士	教授	40~45岁	5~10年	系主任	2017.6.27	0:33′37″	10394
13	M	男	博士	教授	40~45岁	15~20年	学科带头人	2017.6.8	0:37′52″	9742
14	N	女	博士	讲师	30~35岁	5年以内	无	2017.6.6	0:41′47″	9110
15	O	男	博士	讲师	30~35岁	5年以内	无	2017.6.2	1:00′38″	16315
16	P	女	博士	副教授	35~40岁	10~15年	无	2017.6.2	0:28′09″	4294

注:考虑可能存在的隐私权问题,教师姓名用字母代替;教师A为试访谈时的对象。

(二)研究方法

采用质性分析方法对访谈材料进行编码、分析和提炼,以归纳得到核心观点并形成理论。具体研究步骤包括：①采用主题分析方法，在高频词统计的基础上提取核心概念；②基于扎根理论思想，围绕核心概念进行编码，提取核心观点；③以个案分析的方式，集中展示观点，并进行研究结果呈现，生成研究结论。

三、研究结果

（一）教学与科研工作中的知识体现

人类个体的一生都是知识体系在不断更新与增长的过程：通过向环境中学习、汲取和吸收知识实现输入，通过头脑中整合、创新之后转换为知识输出，具体形式表现为经验、意识、信念、认知、理解、技巧等。高校教师作为高级知识分子，其知识体系在完备性、科学性、价值性、前沿性、流动性等方面的要求更高。要成为一名自信的师者、学者，必须持续地学习和创新知识，充实和更新知识体系，这是职业与岗位所赋予的特殊需求。高校教师扮演着多重知识角色：一方面，他们是知识的接受者和利用者，要化知识为成果、效益，推动技术进步和经济发展；另一方面，他们又是知识的创新者和传播者，要培养更多的高级知识型人才。因此可以说，高校教师是一份高度依赖知识体系的职业，知识体系对高校教师的业务活动与职业发展起着至关重要的作用。

1. 教学过程中的知识体现

通过整理访谈资料，对教学而言，大多数教师都认为本科生课程并不深奥，有别于硕博研究生的培养，本科生培养侧重通识教育和专业教育；在本科教育教学活动中对高校教师的知识需求并不在于高、精、尖，而在于教师能否理解透彻知识点，并通过有效的转换和输出过程实现知识表达与传授，

第十九章 高校教师的知性管理与职业发展

强调知识的全面性和基础性。教学过程中的效果体现要求高校教师的知识体系具有广博性，能够灵活运用和整合学科相关的各类型知识，并运用较好的知识技巧进行深入浅出的表达。对社会科学与自然科学两类专业的教师访谈记录进行比较发现，自然科学领域的高校教师在课堂上对知识需求更偏向专深与前沿，而社会科学领域的教师通常更偏向能够理论知识与社会现象相结合，通过旁征博引展示高校教师睿智渊博的风范。

访谈中人文社科领域的女教师 D 举例表达了她认为社会科学专业教学需要广阔知识的观点：

我觉得这个知识结构可能和讲的课程有关系。比如说我讲过的国际贸易实务，其实它是围绕着合同来进行的，就是签署合同和履行合同的一个过程，实务性较强，那我在讲课时也会讲很多国际贸易理论方面的知识作为基础，围绕这门课程进行拓展，而且这门课会涉及很多经济学知识。围绕着课程完善知识储备，像你（访谈者）的课要求计算机、数学，我这门课就要求外语水平比较高。从备课到讲解这一过程中，我一般是先买几十本书，结合网上精品课程视频自己先弄懂再备课，讲课过程中还要不断巩固。

从她的表述中可知，教师的知识结构并非一成不变，根据所授课程需要不断补充掌握相关知识，循环巩固理解透彻后才能进行较好的知识输出和传播；同时，教师还需要有意识地关注前沿焦点和经典案例，实践性知识的引入有利于激发学生学习兴趣，达到实践与理论结合的授课效果。很多时候，在高校课堂上教师能否有效传授有价值的知识并给学生以启发，直接决定了他们在学生面前的权威性。

教师 K 则站在学生的角度，阐述了高校课堂教学需要宽深兼具的看法：

传授知识是一个方面，另一方面如果能以广阔渊博的学识引起学生内心对知识的渴望和崇拜，也是一种效果。从这个角度上说，教师的知识面要宽，不能仅仅停留在专业知识的传授上，而是要开阔大学生的视野和提高品位，其实说到底不同层次高校的学生差距的还是视野。但从实践方面而言，在教学过程中拥有一个在自己领域里比较深度的见解更是一种常态；一个人精力有限，不可能门门课程都做到专深，但博而不专在社会上缺乏竞争力……这或许是现在市场营销、会计等专业在高校招生时吃香，而我们管理科学却被称之为万金油专业在就业时被无端质疑的原因。

术业有专攻。事实上随着知识越来越丰富，尤其在人文社会科学领域，高校教师要所有知识都有所涉猎，已经很难做到，因此，在教学实践中高校教师通常会根据自己的专长和特色固定性地选择教授一些课程，保证自己在这些课程的教学过程中做到宽深并举。而学校从便于管理、打造精品课程等角度出发，乐于固化教研室、设计课程群，让高校教师在长时间的教学实践中积累经验、丰富知识。

此外，元知型知识对教学效果的呈现有重要影响。访谈过程中多位老师均强调，在高校教师大多都是博士学历出身的情况下，在本科教学对知识高尖精水平要求不高时，事实上老师在知识渊博方面的差距并不像教学效果所表现的差距那样大。而影响教学效果的主要原因在于高校教师对元知型知识的掌握程度，授课效果较好的老师通常具有较强的逻辑思维能力、语言表达能力、人际交流能力等知识素养，并善于通过反思和纠偏来持续提升其教学能力。教师 A 甚至强调，本科生教学、传授知识不是重点，关键在于传授学生思维方法。

2. 科研过程中的知识体现

与教学相异，科研则像韩愈在《游褒禅山记》中所述，"入之愈深，其进愈难，而其见愈奇"。在科研活动中，知识专深的重要性甚于宽广，当然，这并不表示知识渊博就不重要，因为专深需要建立在博观基础上，这是访谈中大部分教师持有的观点。科研是知识的创新与利用，需要在透彻理解和融会贯通前人研究成果的基础上发现新规律、创造新理论。一位高校教师的科研业绩不取决于他在相关学科知识的广博程度，更重要的是他能在一个特定领域有新见解和新发现。

教师 O 是一位"985"高校刚毕业不久的博士，他的从教经历不足 5 年，但他对科研工作中知识结构和知识行为的观点具有一定的代表性：

知识的创造过程要远远比知识的整合过程让科研人员觉得更充满激情。但是知识创造，我们叫作一将功成万骨枯，就是不一定能换来好的结果，这也是一个矛盾，一个非常大的矛盾。所以我觉得这就是一个平衡，对于每一个科研人员来说，要迅速出成果，可以依赖知识整合；但是要真正能够"生出自己的亲孩子"，或者说真正去掌握科研的真谛，获得科研乐趣，确实还是要做一些知识创造工作。就看个人追求，要追求确实做一些东西出来，那就（知识的）深和宽都得有；如果就想评职称，谋求生活与眼前，那只要能"造"出文章来就可以了，钻得深、有创新就好了，这样（成果会）来得快一点。

处于现今的教育体制下，中国的高校教师普遍受到来自国家和学校的压力。尤其是近年来"双一流"建设成为"科研大跃进"现象的催化剂，大部分教师都顶着每年要发论文、拿基金的硬指标。为了快速出成果，基于知识组合和集成的低水平科研、象征性创新在竞争中反而占据有利地位，而这种文化与机制事实上不利于高校科研体系和国家创新系统的可持续发展，这也可能正是我国论文发表数量位居世界前列而真正高水平论文却出产不多的原因。在这种体制导向下，高校教师的科研活动更容易倾向于追求学习和整合前沿知识，而非根本性发现和创造知识。在访谈中，一些老教授对这种科研现状表示了担忧。他们表示，真正的知识探索和创造需要时间沉淀与知识积累，学术研究是一个知识循序渐进从量变到质变的过程，要求教师有完备而前沿的知识体系，有先进的研究工具和理论方法，有开阔的学术视野和创造性的科学思维。因此，对于严谨的科学研究，在知识存量、知识结构、知识专精等方面都有严格要求，也只有经过了长期思考与训练的教师，才能做到科研突破，取得创造性成果。

总而言之，无论是科研还是教学活动，都对高校教师的知识体系提出了要求：只有拥有广博而专精知识的教师，才能具备较强的岗位胜任力，取得教学成效和科研成果，有较好的职业发展前景。但是，科研与教学活动对高校教师的知识体系要求略有差异，通常教学活动更优先倾向于要求知识的广博性，而科研活动更强调知识的专精性。

（二）教学与科研工作中的性格表征

通过对访谈资料的整理与统计，除与知识、能力有关的描述外，刻画人格魅力、教学习惯、语言风格、表达和逻辑能力、责任担当等因素的词语成为访谈逐字稿中的高频词。这些因素实际上很难给它们下准确的定义，但都与高校教师的个体性格或职业性格有关。由此，将这些除知识外的无形因素都归纳为性格，确切地说，应该是广义上的性格。每一位教师都有着自己的个体性格，这些性格镌刻着他们的基因与成长经历，是先天性格与后天性格的融合体。但是，当他们以教师这一特殊职业身份出现时，他们还会赋予教师独特的职业性格。此时，个体性格中不符合教师职业性格的部分要压抑、隐藏，以此在学生和同事面前表现出与教师职业一致的行为举止；而个体性格中符合教师职业性格的部分要发扬，从而使其在教学与科研等行为中更具天然优势。经过所有教师的共同努力和自组织选择，高校教师队伍就形成了一些特定的人格形象，就是外界公众所认知的知性——一种独属于高知分子的魅力。当然，受限于教师的个体性格，并不是每一位教师的职业性格都会表现出高度一致，而是各自有着特色，也正是这些特色在影响着他们在课堂教学、科研行为等方面的差异。探索高校教师的职业性格及其对教学与科研活动的作用机制对于从内驱、自适角度提高教学动力与科研意愿有着重要意义。

1. 教学过程中的性格表征

如果将知识在教学中的作用视为基石，那么性格就像水泥，刚柔并济，在教学活动中起到黏合与凝聚的作用。访谈资料表明，在性格维度，男教师多偏向责任心和权威性，女教师更强调亲和力和个人魅力。例如，女教师F的访谈记录，将以亲和力为特色的职业性格溢于言表：

（我的课堂氛围）很活跃，如果不活跃我会和同学们说，不用这么紧张啊，特别是有时候要提个问题，我说不用紧张，愿意讲的就讲，而且我一贯的教学风格可能就是这种很开放，愿意跟他们去沟通，并不是说太刻板地觉得你是老师，人家是学生，而是教学相长。有的老师他就缺少亲切感，其实他的课讲得很好，但是最终可能学生的评价没有那么理想，所以亲切感也是要有的。

女教师F应该算得上是职业生涯中表现比较突出的一位：博士、教授、

第十九章 高校教师的知性管理与职业发展

副院长。多年来，因其亲切平和、教学相长的特点颇受学生欢迎。在她眼中，教师并没有"高高在上"的特权，教师与学生都可以作为知识的共同探讨者；不应该刻意地保持仰视感，拉近距离有利于教学。

另一位有着多年教龄的男教师 B 分享了他授课过程中关于责任心体现的事例：

责任心是一堂课能够讲好的重要基础前提，其实责任心我深有体会。我每上一堂课，比如说两个小时的课程，我要花两个小时去备课，不管是我上过多少遍，我每次都有新感觉，每个知识点，每一个覆盖的我认为比较重要的，无论理论方面还是工程实践方面，我肯定要给他们讲通。

无论是亲和力还是责任心或是语言表达抑或教学态度习惯，都是当代师者必备的性格特质。高校教师的性格特质构成因素非常庞杂，这些因素中并没有孰轻孰重，只要选择与其性别、生活、文化、经历、习惯、课程性质、学生规模与类型等匹配的一部分性格特质加以张扬和应用就能取得较好的教学效果。每个老师在责任心、人格魅力、亲和力等性格特质方面所选择的比例不同，就构成了各种颇具特色的教学风格，获得不一样评价但都是受欢迎的教学成效，殊途但同归。

现代教育日益追求人性化。在访谈过程中，很多老师都表达了类似的教学理念：大学的教学不仅是知识与文化传播，更重要的是要感染学生、影响学生，做学生成长道路上的引路人，让学生成为人格健全的文化人。老师 A 认为，他的教学风格是与生活体验高度结合，从理论与实践的对接中让学生领悟知识的应用方式和价值意义，而他这种教学风格的深层意义在于让学生感受知识渊博的魅力，希望自己能做到知识渊博，从而将学习过程化被动为主动。老师 A 还提到他所关注的另一位老师（未在受访者名单）的教学风格，那位老师因严谨的教学风格、严厉的学风治理、严格的成绩管理而受到学生褒贬不一；但无可否认的是，经过这位老师教过的班级，学生都会有一种做事要认真的感悟，而且期末时大多数学生都表示这种老师其实也乐于接受，而且成效显著——学生表示，他们"确实能学到很多知识"。

在访谈过程中还有老师表示，即使是同一位老师，在授课对象、课程类型不同时,他们在教学过程中所体现的性格特质也会是动态调整的。例如,在讲授管理模型中数理建模有关的课程时,通常会中规中矩一些,专注于"以理服人",教授学生知识,培养学生思考能力;而在讲授社会学、组织行为学等人文社科类型的课程时,通常会课堂气氛活跃,致力于"以情感人",让学生在潜移默化中学到知识。还有老师反映,在上课时如果发现班级反应沉闷,那么他上课就会表现幽默一些;而如果发现课堂已经较为活跃,那他就会把更多精力用来讲好课程知识点。换言之,一位负责任的教师在关注学生学习状况的情况下,会有意愿对自身所展示出来的性格特质做出调整,以取得更佳的教学效果。概括而言,高校教师在课堂教学中的性格特质表征是与学生群体性格表征互动的结果,是教师有意识外放和扩大某些性格张力的体现。

2. 科研过程中的性格表征

在外界看来,科研可能是一项高脑力的技术活,与性格关系不大;但身处其中的老师则会发现,性格对于科研活动的影响很大,它决定着一位教师适不适合做科研以及做科研的意愿、动力和成果水平。即使高校教师在职业发展路径上的最重要选择——教学科研并重型、基础教学型还是社会服务型,都与教师的性格密切相关。访谈对象之一,刚入职3年的女讲师N表达了这样的观点:

从性格角度来说,关键是老师是否热爱教育事业和学生,价值观的选择决定教师是甘心默默做国家栋梁身后的点烛人,或是不问桃李只醉心于科学研究的探索者,还是希望在育人的同时为自身职业发展谋求更高的层次。这些想法并不存在对错,因为存在即为合理,都是现代高校教师发展的主流价值观。

由此总结,性格对高校教师职业发展的作用逻辑在于:性格特质决定着师德师风,师德师风影响着教学行为和准则,而行为决定着作为教师在教学产出方面的绩效,以及逆向影响着其对教学工作的热忱和兴趣;同时,性格左右着价值观,价值观又影响着教师的绩效观,绩效观决定着教师在不同业务行为方面的精力与时间投入比例,或者说他是否会选择从事科研这种比较枯燥、低报酬但高创造的活动来作为其终生奋斗的事业。

那么，在高校教师眼中，科研工作者需要具备怎样的性格特征？从访谈资料的归纳与比较分析来看，受访教师的观点主要集中于尽责性、开放性和情绪稳定性等方面。他们普遍认为，作为科研人员，要有社会责任感、进取心和求知欲，要有追求卓越的精神；在从事具体的科研工作时要思辨性强，善于分析与抽象思维；而且，由于科研工作的高创新性和风险性，科研人员还必须有韧性、抗挫抗压性，要始终做到情绪平稳，能够沉心静气。经过对访谈材料的提炼，在此将科研工作中的性格表征总结归纳为以下三个方面：

其一，要有坚韧、刻苦、喜静、"甘坐冷板凳"的"老黄牛"精神。科学研究是一项需要有长期积累和沉浸其中的工程，从选题到文献查阅、从研究设计到成果实现、从局部到系统所耗时间漫长、所费精力浩大、经历过程枯燥，极度考验从事科研工作高校教师的恒心与耐力。女教授 L 是南昌大学管理学院信息管理系的主任，她在访谈中以该系一位颇有成就和励志精神的教师为例，讲述了科研过程所需要的性格与品质。

科研这方面，我觉得这类人可以成功。比如说像我们系郭老师，他做科研的性格非常像老黄牛，踏实吃苦。说实话，我在高校待了几十年，搞科研也有几十年了，我可从来吃不了他那样的苦。他白天有很多事情要做，还有家庭要管。晚上大概十点来钟，等家庭的所有事情弄完了，小孩子学习完上床睡觉就开始做科研，直到半夜两点，甚至到三点。并且他能沉下心来做。郭老师一年 8~10 篇 C 刊（CSSCI 期刊来源论文），对于一个硕士出身的老师来说也算是非常有成就了。

其二，要从先天就具有一定的天赋，具有较强的系统思考与抽象思维能力，善于开拓与总结，要保持思想纯粹以及对科研真挚的热爱。多位被访者均表示，好奇心是科学研究的原动力，科研人员要有探究未知领域的欲望；同时，他们还要对科研工作有着发自内心的热爱，只有热爱才能坚持，才能在持之以恒的长期耕耘中找到解决科学问题的答案。教授 A 是一位具有 30 年以上教龄的教师，从事科研工作也近 20 年，他认为科研工作人员应该兼具好奇的眼光和宁静的内心。

我觉得好奇心是最本质的。就像你刚刚所说的，知道有这个现象，我就想去解释它，对吧。我觉得兴趣是什么呢？兴趣是对于这样一种学术的生活，他能乐在其中。因为学术生活是一种相对来说比较安静的生活方式。所以我个人认为科研分为两种：一个是那种真正的科研，好奇心的。他愿意去探索这个东西，不探索清楚他就觉得难受。再加上如果是有很好的天赋，那这些人可以成为非常牛的人。但大多数的人可能只是另一种——科研工作者，就是他喜欢过这么一种生活，喜欢这种生活方式。因为他的性格就是，觉得这种生活方式可以更单纯一点，不需要有那种乱七八糟的东西，是吧。如果有这样一种性格，还有一个很好的目的性，然后研究方法能规范，把自己的时间精力比较多地集中到某一个研究领域里去，那他就是可以的。

其三，科研也需要有情商，要有组织、协调与沟通能力。访谈过程中，多位资深研究型教师均表示，无论国外还是国内，科研工作其实都不是那么理想的、纯粹的事情。因为支撑一项大型的科研工作不可缺少地需要有经费支持，而只要涉及资金、团队就会有利益关系。而能够争取到庞大经费来源和组建起高水平的科研团队已经成为很多顶级的科研工作者所必须具备的能力。即使是在成果的发表与传播过程中，也存在着学术共同体的微妙影响；在成果的扩散与推广应用过程中需要与企业、政府等组织打交道。大型的科研项目从开始到结束是一项复杂的系统工程，需要科研团队负责人有很高的情商支持，能够处理好各种组织与沟通问题。很多高校教师自省后就发现，当科研做到一定程度后，限制他们职业发展的因素通常不是智商、创造力，而是情商、影响力；因为在长期的科研训练与工作后，他们往往在情商开发与组织协调等方面缺乏经验，除非有少数人天赋使然，而这些人通常会成为高校教师科研工作中的最成功者。对于情商与沟通能力，教授 A 如是表达观点：

人脉交流以后，它就涉及怎么能够拿到更多的基金，然后跟学术杂志搞好关系……就这种人（特指某些类型的从事科研工作的高校教师），你说它有东西（科研成果）吧，它确实有东西，而且东西还不差。但他为什么就可以比我们更好？因为这个时候你就会发现他拥有这个东西的原因是，他有一个很好的人才资源支持，比如说招到博士、博士后，还搞很多实验室、基地。有这么一帮子人，他只要对外多做些交流，就能很快形成圈子，被圈子内人员所熟知。这就是一个虚实结合，这种人能做得很好。

总而言之，高校教师无论是作为老师还是作为科研工作者的身份，都有着一些特殊而普遍性的、专属于这一职业的性格特质。但是，在教学活动中与科研工作中，对性格特质的要求事实上是各有侧重的，有时甚至还是一种矛盾统一的关系。一位成功的高校教师正是要在这种对立中找寻平衡，在统一中做到动态适应，才能同时在教学与科研方面都取得显著成效。高校教师，需要学会对自身的性格做好管理。

（三）教学、科研与职业发展

教学与科研并重是现代大学的特征。绝大多数高校的教师职称晋升体系都同时纳入了科研与教学两块内容。以南昌大学为例，在其最新版的《专业技术职务评聘管理办法》中，对专业技术人员的正高、副高级职称晋升都规定了明确的教学质量条件和科研能力条件。教学质量条件包括主讲课程、指导毕业论文、指导学生竞赛获奖、指导研究生、教学成果奖、教学质量奖、精品课程、编写教材、完成教改项目、撰写教改论文等；科研能力条件包括主持且完成基金项目、发表学术论文、获国家或省部级科研成果奖、出版专著、咨询报告被采纳或批示等。在这些条件中通常教学质量被设置成基础条件，只有达到条件才有晋升资格；科研能力被设置成竞争条件，当多位老师都满足基础条件但晋升人员名额有限的情况下，会根据科研成果进行打分或投票来确定晋升者。这就导致在一些高校教师的观念里，教学质量只要达标就好，而科研成果是数量越多、档次越高越好。重科研、轻教学，就是在这种高校管理体制下逐渐被引导出来的。四川大学教师周鼎在其《自白书》中发问"为什么大学的教学质量每况日下"？并自嘲作答"因为一个老师的职称只与他的科研成果相关"。这表达虽然有些绝对化，但也不失道出了很多高校在人才管理方面的现状和弊病。

但无论如何，作为高校教师个体，他们很难去过多批评或企图改变这种体制，而只有善于利用体制、适应体制的教师个体才能更好、更快地获得职业发展。换言之，只有教学不差、科研较好的教师才能有较好的职业发展前景。而任何一个个体在工作时间有限的情况下就需要在教学与科研之间做好时间与精力的比例分配决策。由此，就不可避免地出现了教学与科研存在矛盾的观点。就在访谈中也发现不止一位老师对教学工作量过大、科研压力过大的抱怨，而且他们将这两方面的压力归结为同一个原因——既要做教学，又要做科研。尤其是访谈对象中的年轻老师都或多或少地倾向于做科学研究，而抱怨学校对考核教学工作量要求太高。那些教龄较长的老教授的价值观中更倾向于教师应以育人为本，当然他们也不否认科学研究的重要性，因此他们更多抱怨现在的学校与年轻教师目光短浅，将太多精力分配在"制造"低水平科研成果上，反而缺失了作为教师的理想与使命感。而且，有一些老教师通过自己的经验和对其他教师的观察，从更长远的视角提出教学与科研在内在逻辑上应该是互促、相长的关系。根据他们的观察和总结，很多科研做得好的老师，教学往往不差；而很多缺乏科研经历的老师，教学往往也不好。在16位访谈对象中，6位教师认为科研与教学是相互促进、彼此推动的；其余的10位则认为，虽然存在一定程度的促进关系，但前提条件是要科研方向与教学课程相关度较高，而大多数情况下，人的精力有限，二者的矛盾与冲突更加显著，尤其是对于有晋升压力的年轻老师和每年的年底年初——一年一度国家级基金项目申报书撰写和提交的时间，很多教师都希望多将时间和精力分配在科研上，而对不得不完成的教学任务有所抱怨。

1. 教学与科研良好共促、互相推动

教学与科研之间的互促关系主要由两种逻辑来建立：第一，只有具备科研经历的老师才能有更宽、更广的视野，才能有更严谨的思维和更深刻的理解，由此更好地教导学生；第二，通过备课与教学能够加深教师自身对知识的体悟，以及从教学过程中获得灵感启发，辅助科学研究。并且有时在课堂上表现积极的学生也能吸收到科研团队，成为科研队伍的后备军甚至生力军，对科学研究有所帮助。例如，在南昌大学管理学院为本科生开展第三学期活动，并将学术研究作为第三学期模块之一在本科生中推广后，每一届本

第十九章 高校教师的知性管理与职业发展

科生中都有一定比例能成为部分老师科研团队的正式成员,出产一定的科研成果;而这一科研活动本身又是第三学期教学活动的拓展,有效地以创新性教学模式提升了人才培养质量。这是一个非常好的教学科研相长的实例。

访谈对象之一,老师 B 如此表达了科研与教学之间的关系:

对于我自身来说,科研对教学绝对有本质性的帮助。只有搞科研,才知道课本以外的广阔世界。在上课过程中讲到我做过研究的部分,对那一套东西我就会理解得更深更透彻,就能将其引申,吸引学生兴趣。每次上课,只要是我把知识引向课本之外时,学生就会特别注意,尽管有时候听不懂,但学生还是会表现得非常感兴趣……作为老师,一碗水教不了一碗水,一桶水才教得了一碗水。

而教授 A 作为系主任,在访谈中如此评价了访谈者的课程教学:

我就觉得我听了你那节课,是很认同你上课方式的。我一直很赞同张维迎、郑强的观点,就是大学老师没有科研就基本上不要再谈教学。我给你的教学评价表上面,那个特色点的地方就是这样写的,"用科研的思维去表达教学"。有一次我们开会讨论上课的风格,有老师强调教授两端(指知识体系介绍以及知识的应用),而你强调教授中间段(指知识的原理与系统逻辑)。我觉得,如果我们只是做通识教育,那教授两端没错;但如果要做精英教育,中间段却是必须的。做大学教育,要通识教育与精英教育相结合:要有着精英教育的理想,当然也要有着做成通识教育的心理准备。而精英教育就必须在教学中嵌入科研。

还有老师表明类似的观点:如果不做科研,教师仅仅是课本知识的搬运工,教得好也可能只是因为熟练而已;但有科研经历,教师会养成一种自然而然的逻辑思维能力,引导学生思考,这是一种更高水平的教学成效。

笔者作为高校教师中的一员就有教学辅助科研的亲身经历。在承担《评价理论与方法》这门课程的教学过程中,习惯用随机数生成的形式在课堂上临时编一个算例,让学生用所学的评价方法来解决问题,并总结所学评价方法的优点和缺点。在一次课上却偶然性地生成了一组随机数,这组数据的结果根本支持不了笔者理解和事先准备好的关于优缺点的见解,由此课上遭遇尴尬——面对学生解释不通知识点。这一问题困扰笔者半个月，在不断的公式推演和算例仿真后终于发现了课上所教这种评价方法的一个新问题。这一问题的发现让笔者对其优点和缺点有了一种颠覆式的认知。因此，笔者总结归纳，撰写了一篇学术论文专门讨论这种评价方法，并在高等级学术期刊上发表。通过这次事件，让笔者认识到教学对科研的真实帮助，也在此后愿意将更多精力认真地放在教学工作上。

2. 教学与科研的矛盾冲突

教学与科研在客观资源条件上必然存在矛盾，需要教师个体做出权衡与资源分配。多位教师均强调，在时间有限的情况下，教学任务往往会影响科研工作的开展。例如，教师P在访谈中表达了这样的观点：

我们现在的这样一种教学方式我觉得是对科研的一种伤害，左检查右检查，而且很多东西是重复的，很多表格信息都要填来填去。然后就是一个学期上好几门课，哪有时间做科研。学校规定教学要多少多少学时的工作量，除非有些年轻人还没成家的，我这种成家的既要顾及家庭，又要教学，根本没时间做科研。

而教师H则认为：

（教学与科研的对立关系）不同阶段不大一样。你看每年3月要写国家基金（申报书）的时候，就特别讨厌，教什么学，我这两节课要不上多好。但是你平常不是太忙的时候，教学倒也算是一种（科研疲劳时的）调剂。

访谈中，有一位教龄超过30年的老教师G——他平常不大从事科研活动——他的观点比较特别，认为教学与科研事实上并不存在必然关系。他的分析如下：

一个纯粹做科研的老师，让他来上课，课堂能够达到什么效果，是没有必然关系的。反过来，教学做得好的老师，也不一定会做科研。教学要对科研起到启发与促进作用，有一个前提条件，科研与教学得是一条道上的。而我们现在很多老师的现状是，科研是一个领域，而教学的课程又是另一个领域。这两个不同的体系，怎么能做到互促呢？

显然，这位教师认识到一个事实，教学与科研的互促关系难以建立，很多时候其实只是因为它们属于不同领域和知识体系。教学课程与科研领域的重合是二者互促关系成立的前提条件。否则,二者很可能就没关系。

还有教师更为理性地分析,认为教学与科研在理论上是可以相辅相成的,而现实中二者的矛盾冲突关系也是可以协调的。只不过,这需要有体制机制的引导,更需要教师自己做好规划与安排。教授 L 就持类似观点:

教学和科研既不是相辅相成的极端融洽,也不是水火不容的对立个体,实际情况是根据大环境和个人能力把握各自的权重。从目前高校情况来看,一些中老年教师囿于历史原因,学历较低,心有余而力不足,导致科研是他们的短板,于是主要专注教学;年轻的教师通常是又做科研又做教学,但是潜意识肯定是把重心放在科研上的,毕竟评职称的条件摆在那儿。对我自己来说,还是希望达到二者的平衡,肯定要先把教学上的事情做好,毕竟教学的时间是硬性的,科研任务相对软性,可以根据教学进度适当调整分配时间和精力。

教师 B 也表达了同样的观点:

实际情况就是你怎么样把握各自的权重,教学、科研在你职业生涯当中各占多少分量。这个权重就要看大环境、看个人以及每个老师在教学与科研方面能力的相对优势。

(四) 知识、性格与职业发展

根据访谈,可以总结发现高校教师的职业发展围绕科研与教学两个方面展开,而科研与教学活动又都离不开知识与性格的支撑与驱动。即知识与性格是决定高校教师职业发展潜力的主要前因。那么,知识与性格之间是何关系?在一名高校教师职业发展路径中,知识与性格的作用孰轻孰重?这两个问题的回答对于更好地加强知识与性格的管理,更好地实现教师职业发展具有重要的现实意义。

1. 知识与性格的关系

到底是知识影响性格发展,还是个体性格影响知识学习?不同教师在自身的体验中感悟有所不同。例如,教师 O 认为性格决定知识:

性格是一个人固有的，是难以改变的。为什么有的人不适合做科研，有的人就适合做科研，是性格决定的。即使是一个人对知识体系的掌握，本身也是性格推动的。不同的性格会让你拥有的知识在宽度和深度上不一样，性格决定了你所能够拥有的知识体系。知识是后天习得，是不断积累的，而积累的方式也是由性格所决定的。

而教师 I 则持相反观点，认为知识会改变一个教师的性格：

（性格影响知识）是初始状态，到后面的话，我觉得还是知识改变性格。因为知识会推动你读书，知识会培育、影响、改变一个人的性格。

对上述两种观点进行分析可以发现，事实上二者并不矛盾，只不过表达的是知识与性格相互作用的不同阶段。因为知识是后天习得，但性格却同时包括了先天和后天成分的。先天性格影响知识筛选、学习、整合、创新、利用等行为的习惯与方式，导致每个个体在知识结构与体量上有区别；而知识结构与规模又会影响个体的后天性格，在对先天性格进行潜移默化改造的基础上，让个体性格更加知识化。知识与性格是可以融合的，这种融合状态或许可以用"知性"这个形容词来概括，指在渊博知识基础上形成的性格特质。而访谈对象教师 L 则将高校教师这种知识与性格的融合体称为思维，她认为独特的思维才是让教师在教学与科研方面有优异表现的根本，是决定教师职业发展潜力的本源。她在访谈中表示：

（对于大学老师而言）我还是强调思维，思维太重要了。思维是知识与性格融合的复合体，思维里面有着你的先天性格，也有持续不断的能力，还有你时刻不断积累的知识。它是一个综合体，一个有思维能力的人知道怎么去做，知道如何做教学，也知道如何更好地去做科研。

2. 知识与性格，孰轻孰重

通过教学与科研工作中知识与性格体现的分析可知，知识与性格均是高校教师职业发展的重要因素。但是，通过对访谈材料的整理，虽然在知识与性格孰轻孰重上有着观点分歧，但他们几乎都认为：知识与性格的相对重要性在教学与科研工作中的体现是不一样的，而且教学与科研工作所需求的知识结构与性格特质也是不一样的。在科研工作中知识与性格都重要，完备的

第十九章 高校教师的知性管理与职业发展

知识结构和深度的领域性,知识是基础,而性格特质方面主要要求有好奇心、热爱、专注力、吃苦耐劳的精神等。意料之外的是,很多被访者表示,相对而言,甚至性格要比知识对高校教师的科研能力更为重要一些。例如,教师 A 表示:

> 要做得好,做好学问,对领域的理解,或者说是知识,更重要。但现在的大多数高校教师,科研与学术就是一种工作,那我觉得性格更重要,性格决定了一位教师是否能一直坚持地做下去。对大多数老师而言,修修补补性质的科研工作最重要的是要有兴趣,要适应且享受这种生活方式,要保持关注和专注。当然,如果要做得更好,那就取决于能力,知识的作用就更重要。

教师 E 也认为:

> 科研可以分成不同的等级,但能做到哪种层次,我认为性格起到很大的作用。很多老师的知识结构都是很不错的,但他为什么做不出来成果来?性格决定。有些人比较浮躁,精力分散坐不住;有些人所谓淡泊名利,其实就是不想去做,他觉得他现在这种日子过得挺好,缺乏做科研的动力。

在教学工作中知识与性格都很重要,但是相对而言教学活动更倾向于要求知识结构的完备性,而对高精尖知识要求不高;对性格特质的要求通常会偏向责任心、亲和力、威严性等。而且,被访者纷纷表示,教学工作中性格通常要比知识更重要,知识是讲好一门课的基础,但性格才是让这门课具有特色、取得学生认可的成效的关键。知识结构不健全导致学生对教学效果评价减分;而教师性格魅力的展示才会让学生对教学效果的评价增分不少。南昌大学每年均会开展校内授课竞赛和教学标兵评选,很多评选出的授课名师往往并不是因为知识特别渊博而著称,而是因为授课有特色、受学生欢迎而入选。当被问到对教学效果的影响因素时,教师 O 是这么回答的:

> 你这个教学效果是怎么定义的?是自我感知的,还是学生感知的?这个会很不一样。对于学生感知的效果,我觉得性格因素更重要。因为我们学院经常评选"我最喜欢的大学老师",总是就那么几个。我去听过他们的课,我个人觉得他们讲的东西有时候过于浅薄,从专业的角度来说会这么觉得。

比如说有时候我去听人文学院的那些课，跟中学语文差不多，但是它就是能够获得满堂彩。究其原因，是老师本身的人格魅力，或者说他的教学方式，一种气质在那里。他能够让学生愿意跟你一起参与课程讨论，或者说参与你设定的知识体系。但事实上他不一定知识渊博，更不是掌握高精尖知识的人才。但如果是老师感知的效果，我们通常更愿意从学生对课程知识的掌握情况去做出判断。作为老师，我们自认为把知识讲透了，把知识体系讲清楚了，学生考试成绩也反映出他们掌握了，那我们就会有较高的自我满意度评价。从这个角度来说，知识在教学中相对会更重要。

当然，实际上我们也没必要纠结于知识与性格到底孰轻孰重的问题；只需要肯定地明确一点——知识与性格对于高校教师职业发展而言都非常重要——就非常具有实际价值。而且，有教师也指出，其实二者无所谓孰轻孰重，而在于它们在科研与教学中的作用是不一样的，是分工的；整合知识与性格，充分发挥二者的作用才能在教学中取得更好成效，在科研中取得更高水平、更多数量的学术成果。正如教师H所指出的那样：

知识水平是基础，但基础再好，如果性格上缺乏吃苦耐劳的精神、缺乏探索与钻研的性情、缺乏良好的行为习惯，也无法在教学与科研中表现出色。实际上任何行业、任何岗位都是如此。

四、高校教师知性管理的理论框架与管理逻辑

综上，知识、性格、教学、科研与职业发展之间存在作用关系：知识与性格共同影响高校教师的教学与科研行为，而教学成效与科研成果则决定着教师职业发展的潜力与前景。因此，知识、性格成为高校教师职业发展的前因变量，而二者的分工协作与融合发展是高校教师在职业生涯中取得成功、获得发展前途的关键。2015年，喻登科等基于知识与性格融合的视角提出了

第十九章 高校教师的知性管理与职业发展

知性管理的崭新理念，认为知识管理与性格管理的整合是未来企业组织持续竞争优势的源泉。虽然这一管理理论是基于企业组织的立场提出的，但也不妨碍将其引申拓展到个体层面。高校教师将知识学习与性格培育相融合，实施知性管理，将会让他们更加在教学与科研工作中体现出竞争优势，有助于其实现职业发展。由此，提出高校教师知性管理的基本逻辑如图19.1所示：

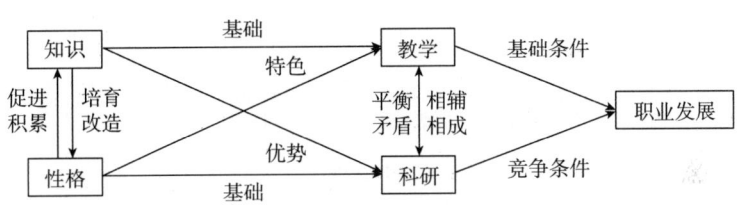

图19.1　高校教师知性管理的逻辑

因此，高校教师个人层面的知性管理就是要加强性格特质对促进知识积累以及知识积累对性格特质培育与改造的作用，做到知识与性格的融合，并共同在教学与科研活动中发挥出应有的作用；同时，利用知识与性格的统一、复合作用，在教学与科研任务上做好时间与精力上分配的平衡，更要从本质上引导教学与科研的相辅相成；在获得教学成效与取得科研成果的基础上谋求教师的职业发展。

那么，具体地，如何才能做到知识与性格的融合呢？或者说，从人为引导和外在干涉的视角，如何加强性格培育和知识积累，或者说通过整合知识管理与性格管理实现知性管理呢？高校教师知性管理的理论框架应该如何搭建呢？根据对全部访谈材料的加工整理，以及结合对理论观点的思辨推演，知性管理应该包括知识管理、性格管理和知性融合管理三个模块的内容：①高校教师的知识管理，包括教学层面的知识输出与传播过程管理、科研层面的知识创新与应用管理，以及打好知识体系基础的知识学习与吸收管理；②高校教师的性格管理，包括先天性格的作用与改造管理、后天性格的形成与培育管理，以及在教学与科研过程中选择性发挥的动态管理；③知性融合管理主要遵循两条路径，分别为性格特质促进知识积累与应用的路径和知识体系驱动性格培育和改造的路径。而高校教师在知性管理上最终需要做到的是知性合一，即知识与性格的复合与一体化，展现出独特的"知性美"，让学生、同事、公众感受到显在的知性魅力。由此，建构高校教师知性管理的理论框架如图19.2所示。

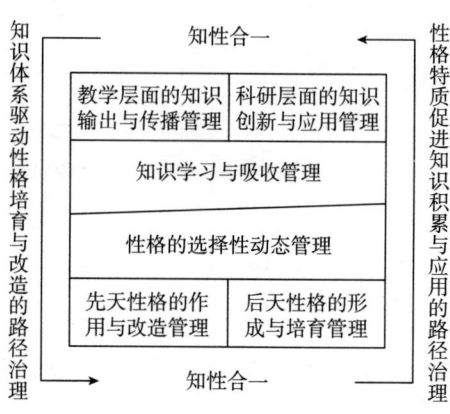

图19.2　高校教师知性管理的框架

根据知性管理理论，为加强高校教师的行政与自我管理提出如下建议：①在高校层面，应尽可能遵循教师职业发展的内在逻辑，以制度和机制为引导，以为教师提供知识学习和性格张扬的环境为抓手，在人才治理去行政化的基础上做好师资队伍知识开发、性格培育的工作。②在教师层面，应在加强个人知识管理与性格管理的基础上尽量发挥自身知识与性格的优势，同时遵循知识与性格的相互作用与转化机制，追求知性合一状态下科研与教学活动的互促共进，从而为教师自身谋求更好的职业发展前景。③还应做好高校与教师在职业发展理念上的对接与协调工作，以完善的体制和优良的环境，让高校与教师在知性管理上达成行动与目标的一致性，建立一种全新的师资人才培养体系，让高校教师都能走上最适合自身职业的发展路径。

第十九章 高校教师的知性管理与职业发展

五、本章小结

在高等教育日益普及、高校师资队伍日益壮大的今日中国,探索高校教师的职业发展管理路径有着现实意义。本章从知识与性格出发,以深度访谈与质性分析为手段,讨论知识、性格、教学、科研与职业发展五者之间的关系,希望从知识与性格融合的视角对高校教师职业发展路径做出前因性诠释。研究结果证实,在高校教师的教学与科研活动中,知识与性格均充当着主要角色,有着各自的特殊表现;高校教师的知识与性格之间存在相互促进与转化关系,而教学与科研行为之间存在对立统一的关系;高校教师可以通过知识与性格的融合性管理来提升教学成效与科研能力,最终在教研相长的情势下提升职业发展潜力。

由此,本章提出了高校教师知性管理的理念,建构了知性管理的基本逻辑与框架体系,为教师的自我管理与高校的师资管理提供了重要的启示性建议。高校教师的知性管理必将成为指导我国高校进一步贯彻落实建设高水平教学研究型大学的新型管理理论。当然,本章研究的结论有待在实践中做出更加普适性的检验,在理论上也有待丰富与充实,这是研究的局限性所在。未来将从理论思辨与实证分析的角度入手,在高校教师知性管理理论领域做出更扎实的研究工作。

本章参考文献

[1] 李方安,陈向明. 大学教师对"好老师"之理解的实践推理——一项扎根理论研究的过程及其反思 [J]. 教育学报,2016,12(2):58-70.

[2] 李春燕,林海,袁虎廷等. 推进高校教师专业发展,提高教师教育

教学能力[J]. 中国大学教学, 2013 (4): 85-87.

[3] Merkt, M. The importance of academic teaching competence for the career development of university teachers: A comment from higher education pedagogy[J]. GMS Journal for Medical Education, 2017, 34 (4): 1-4.

[4] 曲铁华, 冯茁. 基于学术特质的高校教师专业发展论[J]. 教育研究, 2009 (1): 60-63.

[5] 杜学元, 彭雪明. 我国高校教师管理制度创新的思考——基于学术职业视角[J]. 国家教育行政学院学报, 2013 (6): 9-13.

[6] 耿加进. 学术性与社会性交融: 大学教师专业发展路向发微[J]. 黑龙江高教研究, 2017 (4): 12-12.

[7] 昌晓莉. 高校管理者教学学术理念的确立与大学教师的专业发展[J]. 当代教育科学, 2011 (11): 86-88.

[8] 沈洁, 曾德伟, 徐萍. 教学学术视角下高校教师教学专业发展的路径选择[J]. 常州大学学报（社会科学版）, 2014, 15 (2): 99-102.

[9] Hartman, J. B. Teaching and research: Their relation in the university.[J]. Canadian Journal of Higher Education, 1974, 4 (1): 31-32.

[10] Teodorescu, D. Correlates of faculty publication productivity: A cross-national analysis[J]. Higher Education, 2000, 39 (2): 201-222.

[11] 李明玉, 王春平. 高校青年教师提高教学质量的知识能力分析框架[J]. 高等农业教育, 2013 (4): 51-54.

[12] 陈秀梅. 教师专业发展的内在影响因素[J]. 天中学刊, 2008, 23 (2): 105-106.

[13] 喻登科, 周荣, 涂国平. 论"知性管理"[J]. 情报杂志, 2015, 34 (6): 200-207.

第二十章
结论与启示

一、主要结论

随着互联网经济、数字经济与电子商务的蓬勃发展,中国迎来了一种全新的经济发展模式,即新经济。2016年,在中国政府工作报告中将新经济发展模式正式纳入国家发展战略。根据中国总理李克强的解读,新经济既包括第三产业中以电子商务和互联网经济为核心的新兴业态,也包括新技术与新商业模式在第一产业和第二产业中的应用。从该定义可以看出,囊括技术创新与商业模式创新的创新,是新经济的根本特征与核心驱动力。在中国的新经济发展情境中探究"通往创新之路"有着重要的现实意义。

"通往创新之路"可能有很多条。在知识经济环境中,不少研究都已经证明了知识资本与技术创新之间的关系,认为技术创新与知识生产是互动与耦合的过程:依靠知识生产实现知识资本积累,而知识资本积累为技术创新创造条件,技术创新的成果表现为知识成果的增长。中国的新经济是知识经济的延伸,但又加入了"新业态"和"新商业模式"等新内涵。所以,知识资本仍应是新经济情境中企业组织创新的前因,但也应该为支持新业态和新商业模式的发展寻找新动力。本书将这种新动力的来源归因到了组织性格这一因素。

组织性格既包括来自个体员工的心理特质与行为模式，也包括组织在成长过程中逐渐固化形成的心理、偏好、风格与模式，实际上是由知识资本升级为组织心智后外显化的结果。因此，知识资本积累有利于组织性格的形成与演化。随着知识资本的创造与增长，组织在战略定位、决策方式、生产流程与营销手段等方面都会做出调整，从而潜移默化地改变其思考与行动的模式，即组织性格迁移。知识资本与组织性格之间的协同、互促、共演构成了知性管理理论的基本前提。

因为组织性格是组织的心理特质与行为模式，它基本算是组织的心智中枢，所以它会对技术创新与商业模式创新均产生正向影响。但是，组织性格对技术创新的影响和对商业模式创新的影响，无论是功能目标还是作用机理都应该是有区别的：组织性格主要影响技术创新的定位、决策、方向、实现模式等，最重要的作用体现在技术创新的前期；而它对商业模式创新的影响却要贯穿商业模式创新全过程，包括客户定位、价值构建、价值实现、盈利设计、战略控制等。而且，商业模式创新的"新"更依赖组织性格的异质性；而技术创新的"新"更依赖知识资本的异质性。

技术创新与商业模式创新之间是双向互促的：技术创新为商业模式创新提供技术支持；商业模式创新为技术创新提供价值实现途径。本书从企业组织的目标出发，认为其行动逻辑应该遵循"知识—产品—价值"这一转化过程，价值实现是企业组织的最终目的。以知识资本来促进技术、产品创新，再由产品创新促进商业模式创新与价值实现，应该是企业组织的运营逻辑。

由此，中国新经济情境中的"通往成功之路"应该是一条以知识资本为起点，以组织性格为桥梁，促进技术创新并驱动实现商业模式创新，最终帮助企业提升绩效、获得可持续竞争优势的路径。在这条路径上持续成长是终极目标所在，技术创新与商业模式创新是途径，组织性格与知识资本构成了双核动力源。只有遵循这一路径规律的企业组织才能打造出健康、茁壮、可持续发展的创新体系，通过"知识—产品—价值"转化过程为企业组织价值性成长带来持续动力。

二、管理启示

对于学者而言，本书的启示在于：其一，指出了一条新经济情境中新出现的创新之路，这条创新之路的研究对于丰富创新理论具有重要的理论意义；其二，将组织性格构念引入，指出了一种观察影响创新的前因要素的新视角；其三，未来要促进创新，很显然应该强化知识资本与组织性格，而探究知识资本与组织性格之间的互动关系与协同治理，将为后来者研究企业组织的创新成长路径打开一扇新的大门。从知性管理理论出发连通二元创新到持续成长的作用路径，丰富与深化了创新理论与企业成长理论。

从实践的角度来看，本书研究结果对企业组织的管理者也有着重要的启发性意义。首先，证实了知识资本对技术创新和商业模式创新都有直接或间接的促进作用，表明企业组织应高度重视知识资本的开发和积累。例如，需要提高员工的业务熟练度，通过系统的培训增加他们的工作技能；建议组织多与利益相关者进行沟通，以便及时感知环境和市场的变化，提升组织适应性与柔性；设计高效的管理流程，制定完善的管理制度，开发健全的信息技术平台，降低组织成本、提高运营效率。

其次，研究结论提醒着管理者，不能忽视组织性格的培育。组织性格在知识资本和创新之间扮演着至关重要的角色，它能够极大地促进知识资本转化为商业模式创新能力。因此，企业组织要注意组织性格的塑造和培育，遵循知识资本与组织性格的转化与互动规律，强化二者的组合运营和协同治理，完善创新路径与系统。关于组织性格的培育，需做好内部修炼与外部呈现两方面，内部修炼包括打造良好的组织文化、树立员工良好的价值观与职业道德观，外部呈现包括培育良好的企业形象与品牌认知、勇于承担社会责任等。

最后，为新经济环境中企业管理者做好新的二元性创新提供了指引。中国新经济环境具体表现为两个显著特征：一为竞争加剧，很多个人都加入了新经济、新商业行列；二为新的发展思维，关系新经济环境中很多规模极小经营个体飞速发展的内在逻辑。大中型企业组织虽然在知识资本的积累方面有着优势，但要论及商业模式创新能力还得跟创意无限的小微企业学习。将技术创新与商业模式创新结合，才是企业在新经济环境中获得生存与发展的有效途径。平衡、匹配、组合、协调这种新的二元性创新模式，本书研究给出一条指示：以知识资本开发和积累为核心、以组织性格培育和发展为辅助，将二者融为一体、协同治理，可得创新持续发展动力。